Studium, Forschung, Lehre im Ausland
Förderungsmöglichkeiten
für Deutsche

Akademisches Jahr 2002/2003

 Deutscher Akademischer Austauschdienst

Herausgeber
Deutscher
Akademischer
Austauschdienst
(DAAD)
Kennedyallee 50
53175 Bonn
Telefon (02 28) 8 82-0
Telex 08 85 515 daad d
Telefax (02 28) 88 2-4 44
E-Mail postmaster@daad.de
Internet http://www.daad.de

Redaktion
DAAD

Verlagstechnische Betreuung
Trio Verlag
Kronprinzenstraße 4
53639 Königswinter

Druck
Bundesdruckerei GmbH
Zweigniederlassung Bonn
Südstraße 119
53175 Bonn

3/2001 – 45.000

ISBN
3-87 192-779-1

© DAAD 2001
Redaktionsschluss: Januar 2001

Vorwort

Seit Jahren gibt die vorliegende Broschüre einen möglichst vollständigen Überblick über das Angebot an Auslandsstipendien für Deutsche. Diese Informationen stehen auch als Datenbank im Internet (http:/www.daad.de) zur Verfügung. – Die Broschüre umfasst, wie bereits in den letzten Jahren, sowohl die klassischen Voll- und Teilstipendien für Studierende und Graduierte als auch weitere Förderungsmöglichkeiten für Wissenschaftler und Wissenschaftlerinnen, Hochschullehrer und Hochschullehrerinnen. Sie gliedert sich in

Allgemeine Hinweise für Studierende, Graduierte und Promovierte
zum Auswahlverfahren, zu den Bewerbungsunterlagen und den Stipendienleistungen

Teil 1   **DAAD-Stipendienprogramme für Studierende**

Teil 2   **DAAD-Stipendienprogramme für Graduierte und Promovierte**

Teil 3   **DAAD-Förderungsmöglichkeiten für Wissenschaftler und Hochschullehrer**

Teil 4   **DAAD-Stipendien und Förderungsmöglichkeiten: besondere Hinweise für einzelne Länder und Regionen**
Hier wird, von den Ländern und Regionen ausgehend, auf die Angebote der Teile 1, 2 und 3 verwiesen. Außerdem werden zum Teil weitere regionale Stipendienmöglichkeiten aufgeführt.

Teil 5   **Programme der Europäischen Union**
Angaben zu den wichtigsten Bildungs- und Stipendienprogrammen der EU

Teil 6   **Gesetzliche Förderungsmaßnahmen**
Zusammenfassung der Förderung von Auslandsaufenthalten nach dem BAföG und den Landesgesetzen zur Förderung des wissenschaftlichen und künstlerischen Nachwuchses

Teil 7   **Auslandsstipendien anderer Organisationen**
Angaben zur Förderung von Auslandsaufenthalten durch andere Organisationen

Den Selektionskriterien der Internet-Stipendiendatenbank entsprechend, können Interessentinnen und Interessenten in den Teilen 1 bis 3 nach Programmen für ihren jeweiligen **Status** suchen. In Teil 4 findet man die Programme für bestimmte **Gastländer** (bzw. Regionen) aufgeführt. Wer nach Programmen sucht, die für seine **Fachrichtung** angeboten werden, sollte im Index die entsprechenden Seitenverweise nachschlagen.

Für Studierende stehen Teilstipendien für Studienaufenthalte im europäischen und außereuropäischen Ausland zur Verfügung. Bei denjenigen, die kein BAföG beziehen, wird eine Eigenbeteiligung von DM 700,– in Anschlag gebracht. BAföG-Empfänger sollen BAföG zur Absicherung der Eigenbeteiligung in Anspruch nehmen; sie können vom DAAD eine Aufstockung auf die BAföG-Auslandsförderung erhalten. Der Antrag auf BAföG-Auslandsförderung sollte beim zuständigen Ausbildungsförderungsamt (s.S. 312 ff.) gleichzeitig mit dem Antrag auf DAAD-Aufstockung gestellt werden.

Vorwort

Die Programme des DAAD wenden sich an weibliche und männliche Hochschulangehörige. Wir haben uns bemüht, dies im Text der Broschüre durch Verwendung weiblicher und männlicher Bezeichnungen zum Ausdruck zu bringen. Auch wenn aus Gründen der Lesbarkeit nur eine Form verwendet wird, mögen sich bitte Frauen und Männer in gleicher Weise angesprochen fühlen.

Eine Haftung für die Richtigkeit aller Angaben kann vom DAAD oder von einzelnen Mitarbeiterinnen und Mitarbeitern nicht übernommen werden. Ebenso müssen sich der DAAD sowie die anderen Förderungsorganisationen aufgrund des frühen Redaktionsschlusses die Möglichkeit vorbehalten, einzelne hier angekündigte Programme im Jahr 2002/2003 nicht oder unter veränderten Bedingungen durchzuführen oder hier nicht angekündigte zusätzliche Programme aufzunehmen. Für aktuelle Informationen empfiehlt sich daher ein Blick ins Internet.

Inhalt

Allgemeine Hinweise für Studierende, Graduierte und Promovierte   13

1   DAAD-Stipendien für Studierende

Zusätzliche Hinweise für Studierende   24

Jahresstipendien
- Jahresstipendien für alle Fächer   26
- Kombinierte Studien- und Praxissemester im Ausland für Studierende   28
- Jahresstipendien zur künstlerischen Weiterbildung: 30
  Musik
  Bildende Künste/Design/Film
  Tanz/Choreographie/Schauspiel/Theaterregie/Musical
- Studierende der Anglistik nach Großbritannien und Irland   35
- Studienprogramm für Politologen, Historiker und Wirtschaftswissenschaftler nach Frankreich   36
- Theologie-Studienjahr in Jerusalem   38

Semesterstipendien
- Semesteraufenthalte an einer ausländischen Hochschule für Studierende   40
- Studierende der Romanistik nach Frankreich, Italien und Spanien   42
- Studierende der Slavistik und Russistik in die Russische Föderation   45
- Semesterstipendien an der Universität Warschau   47
- Arabisch in Kairo   48
- Studienpraktika in Japan   50

Kurzfristige Studienaufenthalte
- Kurzfristige Studienaufenthalte für Abschlussarbeiten von Studierenden   51
- KOSEF-Kurzstipendien für natur- und ingenieurwissenschaftliche Fachrichtungen in Korea   54

Sprachkursstipendien
- Sommersprachkurse   55
- Sprachkurse für Anfänger: Polnisch, Tschechisch, Slowakisch   59
- Arabisch   61
- Hebräisch   63
- Hausa bzw. Bambara   65

Fachkursstipendien
- Fachkursstipendien – Allgemeine Hinweise   67
- Rechtswissenschaften   69
- Musik   70

Inhalt

Gruppenprogramme

Internationale Studien- und Ausbildungspartnerschaften (ISAP) — 72

Informationsaufenthalte / Studienreisen von Gruppen von Studierenden unter Leitung von Hochschullehrern — 74

Studienpraktika von Gruppen von Studierenden unter Leitung von Hochschullehrern — 78

Teilnahme deutscher Gruppen von Studierenden an internationalen Wettbewerben — 82

Vermittlung berufsbezogener Fachpraktika

Kurzstipendien für Praktika im Rahmen von auslandsbezogenen Studiengängen — 84

Fachpraktika IAESTE — 85

2 DAAD-Stipendien für Graduierte und Promovierte

Zusätzliche Hinweise für Graduierte und Promovierte — 88

Jahres- und Kurzstipendien für alle Fächer

Jahresstipendien für Ergänzungs-, Vertiefungs- und Aufbaustudien sowie Forschungsaufenthalte (außer Dissertationsvorhaben) — 90

Jahres- und Kurzstipendien für Doktorandinnen und Doktoranden — 92

Forschungsstipendien für promovierte Nachwuchswissenschaftler (Post-Doc-Programm) — 97

Semesteraufenthalte an einer ausländischen Hochschule im Rahmen von Masterstudiengängen — 101

Kurzfristige Studienaufenthalte zur Anfertigung einer Masterarbeit — 103

Jahresstipendien für bestimmte Fächer und Länder

Forschungsstipendien für promovierte Naturwissenschaftler, Ingenieurwissenschaftler und Mediziner (NATO) — 106

Post-Doc-Stipendien für Forschungsaufenthalte am International Computer Science Institute (ICSI) in Berkeley, Kalifornien, USA — 109

Stipendien für promovierte Nachwuchswissenschaftlerinnen und Nachwuchswissenschaftler aus dem Bereich der Biotechnologie zu Forschungsaufenthalten in den Ländern Brasilien, VR China (einschließlich Hongkong) und Indonesien — 112

John F. Kennedy-Gedächtnis-Stipendien (Harvard) für die Fachgebiete Politische Wissenschaft, Zeitgeschichte, Öffentliches Recht, Wirtschafts- und Sozialwissenschaften und Public Policy — 115

FAPESP-DAAD-Forschungsstipendien für promovierte deutsche Nachwuchswissenschaftlerinnen und Nachwuchswissenschaftler an Hochschulen im Bundesstaat São Paulo, Brasilien — 117

Forschungsstipendien an der Maison des Sciences de l'Homme (MSH) für promovierte Geistes- und Sozialwissenschaftler — 120

Inhalt

Stipendien an der Ecole Nationale d'Administration (ENA)
für Juristen, Volks- und Betriebswirte sowie Politologen 122
Aufbaustudium Master of Business Administration (MBA) 124
Stipenden für ein LL.M (Master of Laws)-Aufbaustudium 126
Stipendien zum Studium ostasiatischer Sprachen 128
Monbusho-Stipendien für Ergänzungs- und Aufbaustudien
sowie Forschungsaufenthalte in Japan 129
Zwei Jahre „Sprache und Praxis in Japan" 131
Zwei Jahre „Sprache und Praxis in China" 133
Dissertations- bzw. Forschungsstipendien am Europäischen
Hochschulinstitut Florenz für die Fachgebiete Geschichte und
Kulturgeschichte, Wirtschaftswissenschaften, Rechtswissenschaft,
Politikwissenschaft und Sozialwissenschaften; Stipendien für ein
einjähriges Master-Programm in Rechtswissenschaft 135
Stipendien am Bologna Center der Johns Hopkins University,
Paul H. Nitze School of Advanced International Studies für die
Fachgebiete Internationale Beziehungen, Politikwissenschaft,
Wirtschaftswissenschaft 137
Jahresstipendien zur künstlerischen Weiterbildung: 139
Musik
Bildende Künste/Design/Film
Tanz/Choreographie/Schauspiel/Theaterregie/Musical
DAAD-Sprachassistentinnen und -assistenten an ausländischen
Hochschulen 144

Kurzfristige Studienaufenthalte für bestimmte Fächer und Länder
Stipendien des DAAD und des British Council für Juristen 146
Semesterstipendien an der Universität Warschau 47
Kurzfristige Studienaufenthalte für Bildende Künstler 147
Monbusho-Kurzstipendien für Japan 148
KOSEF-Kurzstipendien für natur- und ingenieurwissenschaftliche
Fachrichtungen in Korea 149

Sprachkursstipendien
Sommersprachkurse 151
Sprachkurse für Anfänger: Polnisch, Tschechisch, Slowakisch 59
Hebräisch 63

Fachkursstipendien
Fachkursstipendien – Allgemeine Hinweise 154
Rechtswissenschaften 156

Inhalt

3 DAAD-Förderungsmöglichkeiten für Wissenschaftler und Hochschullehrer

Programme des Projektbezogenen Personenaustausches (PPP) — 160
Bilateraler Wissenschaftleraustausch — 164

Lehrtätigkeit an einer ausländischen Hochschule durch Vermittlung des DAAD
Lektoren — 166
Dozenturen — 170

4 DAAD-Stipendien und Förderungsmöglichkeiten – besondere Hinweise für einzelne Länder und Regionen

Europa

Albanien — 182
Belarus — 184
Belgien — 187
Bosnien und Herzegowina — 212
Bulgarien — 189
Dänemark — 191
Estland — 193
Finnland — 196
Frankreich — 198
Griechenland — 201
Großbritannien — 203
Irland — 206
Island — 208
Italien — 210
Jugoslawien — 212
Kroatien — 212
Lettland — 193
Litauen — 193
Mazedonien — 212
Moldawien — 214
Niederlande — 217
Norwegen — 219
Österreich — 221
Polen — 223
Portugal — 226
Rumänien — 228
Russische Föderation — 230
Schweden — 234
Schweiz — 236
Slowakische Republik — 238
Slowenien — 212
Spanien — 241
Tschechische Republik — 243

Inhalt

Türkei	246
Ukraine	248
Ungarn	251

Länder und Regionen außerhalb Europas

USA und Kanada allgemein	256
Kanada	258
USA	261
Australien	266
Neuseeland	269
Lateinamerika (einschließlich Karibischer Raum)	271
Afrika (ohne Arabische Staaten)	274
Arabische Staaten und Iran	276
Israel	278
Asien (ausgenommen Armenien, Aserbaidschan, Georgien, Kasachstan, Kirgisistan, Tadschikistan, Turkmenistan, Usbekistan, VR China, Indien, Japan, Korea und Taiwan)	280
Armenien	283
Aserbaidschan	283
Georgien	283
Kasachstan	283
Kirgisistan	283
Tadschikistan	283
Turkmenistan	283
Usbekistan	283
VR China	285
Indien	288
Japan	290
Korea (Süd)	292
Taiwan	294

Übersicht über die Höhe der Stipendien 296

5 Programme der Europäischen Union

Programme der Europäischen Union – Allgemeine Hinweise	302
Förderung von Betriebspraktika und Personalaustausch im Berufsbildungsprogramm der EU (LEONARDO DA VINCI)	303
Förderung der Mobilität von Studierenden und Dozenten und Zusammenarbeit im Hochschulbereich (SOKRATES / ERASMUS)	305
Kooperationsprogramm im Hochschulbereich zwischen förderungsberechtigten Ländern Mittel- und Osteuropas, den Neuen Unabhängigen Staaten (NUS), der Mongolei und den Europäischen Mitgliedsstaaten (TEMPUS)	307
Marie Curie Forschungsstipendien der Europäischen Union	309

6 Gesetzliche Förderungsmaßnahmen

Förderung von Auslandsaufenthalten nach BAföG	312
Graduiertenförderung	316

7 Auslandsstipendien anderer Organisationen

Alexander von Humboldt-Stiftung (AvH)
   Feodor Lynen-Programm   320

Boehringer Ingelheim Fonds/BIF
   Doktorandenstipendien und Reisebeihilfen   322

The Boston Consulting Group GmbH und Partner
   Thomas-Petersen-Stipendien (MBA in USA)   325

Britische Botschaft
   The British Chevening Scholarships   327
   Richard von Weizsäcker – University of Wales Stipendium   328

The British Council
   European Young Lawyers Scheme   329

Carl Duisberg Gesellschaft e.V.
   USA-Programm „US-Business, Marketing und PR"   330
   USA-Programm „Internet-Einsatz"   331
   ASA-Programm   332
   Praxissemester im Ausland für Fachhochschulstudierende   334
   Arbeitsaufenthalte in Mexiko in verschiedenen Fachbereichen   335
   Arbeitsaufenthalte in Brasilien für Führungsnachwuchskräfte   336
   Career-Training für Studierende   337
   Praxisqualifizierung für Studenten in Entwicklungs-
   und Transformationsländern   338

Deutsch-Französische Hochschule (DFH)   339

Deutsche Forschungsgemeinschaft (DFG)
   Forschungsstipendien   341
   Emmy Noether-Programm   343
   Habilitanden-Stipendien   345
   Kongress- und Vortragsreisen   346

Deutscher Famulantenaustausch (DFA)
   Vermittlung von Famulaturplätzen   347

Deutsches Komitee der AIESEC
   Internationales Praktikantenaustauschprogramm der AIESEC   348

Dr. Carl Duisberg-Stiftung
   Auslandsstipendien für Studierende der Naturwissenschaften   350
   Reisekostenzuschüsse für Famulaturen im Ausland   351

Europäische Bewegung Deutschland
   Studienjahr am Europa-Kolleg Brügge und Natolin   352

Inhalt

Europäische Organisation für Kernforschung (CERN)
    CERN-Jahresstipendien (Fellowship Programme)   355
    CERN-Sommerkursstipendien   357
    CERN-Programm für Gastwissenschaftler   358

European Space Agency (ESA)
    Forschungsstipendien der European Space Agency (ESA)   359

Französische Botschaft
    Post-Doc-Stipendien des Französischen Außenministeriums   364

Fritz Thyssen Stiftung
    Förderung des wissenschaftlichen Nachwuchses   365

Fulbright-Kommission
    Stipendien für Studierende und Graduierte der Universitäten
    und Fachhochschulen   366
    Reisestipendien   369

The German Marshall Fund of the United States
    Congressional Fellowship Program   370

GFPS-Polska
    Stipendien für einen Studienaufenthalt in Polen   372

Gleiss Lutz Hootz Hirsch
    Alfred-Gleiss-Stipendium   374

Gottlieb Daimler- und Karl Benz-Stiftung
    Hermann von Helmholtz-Gastprofessur   376
    Forschungsstipendien   378

Japan Society for the Promotion of Science (JSPS) /
Science and Technology Agency (STA) National Science Coundil (NSC)
    Forschungsaufenthalte für Promovierte in Japan bzw. in Taiwan   380

Lutherischer Weltbund
    Internationales Stipendien- und Austauschprogramm   382

Max-Kade-Foundation
    Forschungsaufenthalte in den USA für Naturwissenschaftler und Mediziner   384

Dr. Mildred Scheel Stiftung für Krebsforschung
    Auslandsstipendien zur Förderung der wissenschaftlichen
    und klinischen Onkologie   387

Minerva-Stiftung
    Minerva-Stipendien   389
    Minerva „Seed Grants"   390
    Genter-Symposien und deutsch-israelische Minervaschule   391

Ökumenischer Rat der Kirchen
    Austausch- und Stipendienprogramme   392

Inhalt

Pädagogischer Austauschdienst
  Fremdsprachenassistenten-Stellen an ausländischen Bildungseinrichtungen   394
The Rhodes Trust
  Rhodes-Stipendien für Studierende nach Oxford   396
Robert Bosch Stiftung GmbH
  Stiftungskolleg für internationale Aufgaben   398
  Lektorenprogramm zur Förderung der Geistes- und Sozialwissenschaften
  in Mittel- und Osteuropa (Fachlektorenprogramm)   400
  Lektorenprogramm zur Förderung der deutschen Sprache und Landeskunde
  an Hochschulen in Mittel- und Osteuropa (Sprachlektorenprogramm)   402
Sniadecki-Stiftung
  Forschungsstipendien   404
Studienstiftung des Deutschen Volkes
  Bucerius-Jura-Programm   406
  China-Stipendienprogramm   408
  ERP-Stipendienprogramm   410
  Haniel-Stipendienprogramm   412
  Hölderlin-Programm   414
  McCloy Academic Scholarship Program   416
  Programm Wissenschafts- und Auslandsjournalismus   418
Südosteuropa-Gesellschaft
  Stipendien zur Südosteuropa-Forschung   420
Zahnmedizinischer Austauschdienst (ZAD)
  Auslandsfamulaturen für Studierende der Zahnmedizin   421

Literaturangaben   424
Ziele, Aufgaben und Programme des DAAD   426
Adressen des DAAD   427
Index   429

Allgemeine Hinweise für Studierende, Graduierte und Promovierte

Der DAAD erhält die Mittel für die Förderung von Studien- oder Forschungsaufenthalten im Ausland größtenteils aus dem Haushalt des Bundesministeriums für Bildung und Forschung. Nach den Erfahrungen der letzten Jahre, in denen die öffentliche Diskussion um den Wert von Auslandsaufenthalten und der Ausbau der Förderungsmöglichkeiten zu einer konstant hohen Zahl derer beigetragen haben, die aktiv an einem Studien- oder Forschungsabschnitt im Ausland interessiert sind und sich um eine Förderung bemühen, ist damit zu rechnen, dass dem DAAD für 2002/2003 je nach Programm wieder erheblich mehr Bewerbungen vorliegen werden, als Stipendien zur Verfügung stehen. Dies bedeutet nicht, dass es „also doch keinen Zweck hat", sich zu bewerben. Ein Stipendium, das für ein Semester oder ein Jahr Studium oder Forschung im Ausland meist ohne größere finanzielle Sorgen oder Belastungen der Eltern erlaubt, sollte auf jeden Fall die Mühe der Antragstellung und Vorbereitung lohnen. Ein Rechtsanspruch auf Förderung besteht allerdings – sofern mit den anderen formalen Voraussetzungen auch die im Einkommensbereich erfüllt sind – nur für die Förderung nach dem BAföG. Sonst gilt weiterhin: Auslandsstudium ist nicht gleich Stipendium. Ein Auswahlerfolg bedeutet, über die Lern- und Lebenserfahrung im fremden Land hinaus, eine Auszeichnung. Die Ablehnung bedeutet nur, dass es zu viele Kandidatinnen und Kandidaten gegeben hat, die in der Auswahl noch besser abschnitten.

Die Stipendien werden aufgrund fachlicher Qualifikation und persönlicher Eignung vergeben. Wesentliches Entscheidungskriterium ist die fach- und studienbezogene sowie persönliche Eignung, belegt vor allem durch die akademischen Leistungsnachweise, die Gutachten der Hochschullehrer und -lehrerinnen und die Beschreibung des Studien- bzw. Forschungsvorhabens.

DAAD-Auslandsstipendien stehen für deutsche vollimmatrikulierte Studierende sowie für deutsche Graduierte und Promovierte von staatlichen bzw. staatlich anerkannten Hochschulen zur Verfügung. Bewerber und Bewerberinnen von verwaltungsinternen Fachhochschulen können nur in Ausnahmefällen berücksichtigt werden.

Unter engen Voraussetzungen können auch Deutschen gleichgestellte Personen gemäß § 8 Abs. 1 Ziffer 2 ff. und Abs. 2 BAföG in die Förderungsmaßnahmen einbezogen werden. Dabei handelt es sich um

- heimatlose Ausländer,
- anerkannte Asylberechtigte,
- anerkannte Flüchtlinge,
- Ausländer mit einem deutschen Elternteil, die ihren ständigen Wohnsitz im Inland haben,
- EU-Angehörige, deren Eltern in Deutschland arbeiten,
- Studierende aus EU-Ländern, die bereits vor Aufnahme des Studiums in Deutschland in einer mit dem Studium in inhaltlichem Zusammenhang stehenden Tätigkeit gearbeitet haben,
- Ausländer, die selbst vor Aufnahme ihres Studiums fünf Jahre oder deren Eltern während der letzten sechs Jahre vor dem Studium mindestens drei Jahre rechtmäßig in Deutschland erwerbstätig waren.

Allgemeine Hinweise für Studierende, Graduierte und Promovierte

Eine Förderung des oben genannten Personenkreises kommt insbesondere dann in Frage, wenn die Ausländerin oder der Ausländer ihre/seine Schulzeit überwiegend in Deutschland verbracht und die deutsche Hochschulzugangsberechtigung erworben oder bereits vier Semester an einer deutschen Hochschule studiert hat; ferner muss die begründete Erwartung bestehen, dass sie oder er nach Beendigung des vorübergehenden Auslandsaufenthaltes wieder nach Deutschland zurückkehrt.

Die Stipendien stehen für alle wissenschaftlichen und künstlerischen Fachrichtungen zur Verfügung. Eine feste Altersgrenze besteht nicht, sofern sie nicht für das jeweilige Programm besonders genannt wird. Aufgrund der allgemeinen Zweckbestimmung der hierfür zur Verfügung stehenden öffentlichen Mittel können jedoch nur Bewerberinnen und Bewerber berücksichtigt werden, die noch den größten Teil ihrer beruflichen Tätigkeit vor sich haben.

Bewerbungsverfahren

Ein längerfristiger Auslandsaufenthalt will frühzeitig überlegt und – gestützt auf entsprechende Informationen über die Studien- und Forschungsmöglichkeiten im Zielland – geplant sein. Das alles fließt in einen gut vorbereiteten Antrag ein. Frühere Stipendiatinnen und Stipendiaten des DAAD haben am Ende ihrer Stipendienzeit immer wieder mitgeteilt, dass nur eine rechtzeitige Planung einen erfolgreichen Auslandsaufenthalt ermöglicht und dass sie allen raten würden, mit dieser Planung eineinhalb Jahre vorher zu beginnen. Deshalb bitte beachten: Die Verantwortung für die Einschreibung und insbesondere die Einhaltung von Bewerbungsterminen an ausländischen Hochschulen, die bereits vor dem Ergebnis der Stipendienauswahl liegen können, liegt auf Seiten der Bewerberinnen und Bewerber.

Die Bewerbungsunterlagen des DAAD sind beim Akademischen Auslandsamt, Sekretariat der Hochschule, Büro des FH-Präsidenten/Rektors der zuletzt besuchten deutschen Hochschule und im Internet erhältlich bzw. in wenigen Ausnahmefällen, die in den Programmbeschreibungen aufgeführt sind, direkt beim DAAD anzufordern.

Bewerbungsunterlagen

Soweit in den einzelnen Programmbeschreibungen keine abweichenden Unterlagen genannt sind, ist Folgendes einzureichen:

1. Das Bewerbungsformular ist unter der Internet-Adresse http://www.daad.de unter den Stichworten „Studieren und Forschen im Ausland", „Förderprogramme", „Hinweise" zu finden. Einzureichen sind drei unterschriebene Ausdrucke, von denen einer beim Akademischen Auslandsamt verbleibt. (Der Originalausdruck wird nach Einkleben des Passbildes kopiert, alle drei Exemplare werden unterschrieben.)

   Wem kein PC zur Verfügung steht, der kann natürlich auch das DAAD-Bewerbungsformular (blau) im Original mit zwei gut lesbaren Kopien einreichen. (Das Verfahren ist dasselbe wie oben beschrieben.)

Allgemeine Hinweise für Studierende, Graduierte und Promovierte

Dem ausgefüllten Bewerbungsformular sind folgende Unterlagen beizufügen:

2. Maschinengeschriebener, lückenloser Lebenslauf einschließlich Studiengang (dreifach), aus dem auch die persönliche Eignung und außerfachliches Engagement hervorgehen.

3. a) **Von Studierenden**
Ein gut vorbereiteter, dem Semesterstand entsprechender Studienplan (dreifach). Dieser Studienplan soll das angestrebte Ziel des Auslandsaufenthaltes möglichst genau umschreiben, die Lehrveranstaltungen an der Gasthochschule berücksichtigen und nach Möglichkeit mit einer fachlich zuständigen Hochschullehrerin bzw. einem Hochschullehrer der deutschen Hochschule abgesprochen sein.

b) **Von Graduierten und Promovierten**
Angabe des Arbeitsvorhabens der Dissertation bzw. des Forschungsvorhabens oder des geplanten strukturierten Studiengangs mit einem detaillierten Plan (nicht über 5 Seiten; dreifach), der das angestrebte Ziel des Auslandsaufenthaltes genau beschreibt, die im Zusammenhang mit dem Vorhaben bis zum Zeitpunkt der Antragstellung gemachten und die noch bis zur Ausreise geplanten Vorarbeiten sowie die Möglichkeiten zur Durchführung darlegt und die Notwendigkeit des Auslandsaufenthaltes begründet. Die Begründung soll ebenfalls einen Zeitplan für den Auslandsaufenthalt einschließen. Dient der Auslandsaufenthalt der Arbeit an einem Forschungsvorhaben, so muss dieses Vorhaben mit einer Hochschullehrerin oder einem Hochschullehrer der Heimat-Hochschule und der ausländischen Hochschule abgesprochen sein. Das Arbeitsvorhaben sollte so formuliert sein, dass die Auswahlkommissionsmitglieder auch anderer Disziplinen einen hinlänglichen Einblick erhalten.

4. Zwei Gutachten neueren Datums auf DAAD-Formular von zwei Hochschullehrern der deutschen (im Ausnahmefall auch einer ausländischen) Hochschule, eines aus dem Hauptfach, das zweite, soweit relevant, aus dem Nebenfach bzw. zweiten Hauptfach (dreifach). Gutachten für Bewerber vor der Zwischenprüfung können von wissenschaftlichen Mitarbeitern oder Assistenten ausgestellt werden. Wenn der Auslandsaufenthalt zur Vorbereitung oder Durchführung einer Dissertation dient, muss eines der Gutachten von der Betreuerin oder dem Betreuer der Doktorarbeit erstellt werden. Die Gutachten sind der Bewerbung in verschlossenem Umschlag beizufügen. Fehlende Kopien werden ggf. vom DAAD erstellt. Die Gutachten können vom Gutachter auch direkt an das Akademische Auslandsamt, Sekretariat der Hochschule, Büro des FH-Präsidenten/Rektors bzw. an die Bewerbungsstelle geschickt werden.

5. a) **Studierende**,
die ihr Vor- bzw. Zwischenprüfungszeugnis zum Zeitpunkt der Bewerbung noch nicht einreichen können, fügen eine Aufstellung sämtlicher bisher besuchter Übungs- und Seminarveranstaltungen (möglichst mit Noten) auf DAAD-Formular (dreifach) bei. Bei gleichzeitiger Einreichung des Vor- bzw. Zwischenprüfungszeugnisses (mit Einzelnoten!) reicht eine Aufstellung aller ab dieser Vorprüfung besuchten Veranstaltungen; es kann aber trotzdem sinnvoll sein, zum Beispiel einen thematischen Bezug zu

Ihrem gewünschten Gastland bzw. der Länderregion durch die Benennung der entsprechenden Lehrveranstaltungen zu dokumentieren.

b) **Graduierte,**
die zum Zeitpunkt der Bewerbung ihr Diplom- bzw. Abschlussexamen noch nicht einreichen können, fügen ihrer Bewerbung neben dem Vordiplom/Zwischenprüfungszeugnis (mit Einzelnoten!) eine Aufstellung aller ab dieser Vorprüfung besuchten Übungs- und Seminarveranstaltungen (möglichst mit Noten) auf DAAD-Formular (dreifach) bei (diese Scheinaufstellung entfällt für Promovierte, Doktoranden und Graduierte, die zum Zeitpunkt der Bewerbung ihr Diplom- bzw. Abschlussexamenszeugnis bereits einreichen können).

a) und b)
Die Richtigkeit der Angaben muss durch das Akademische Auslandsamt, Prüfungsamt, Sekretariat der Hochschule, Büro des FH-Präsidenten/Rektors bestätigt werden. Wurden keine Scheine ausgestellt, ist dies ausdrücklich anzugeben. Bitte beachten Sie auch die fachspezifischen Erfordernisse für Studierende S. 24 f. und für Graduierte S. 88 f.

6. Kopien von Hochschulzeugnissen (dreifach), einschließlich Zwischen- und Vorprüfungszeugnissen; wird das Examen nach Einreichen der Bewerbungsunterlagen abgelegt, müssen die Kopien unaufgefordert nachgereicht werden.

7. Ein Zeugnis über Kenntnisse der entsprechenden Unterrichtssprache (dreifach) auf dem Formular „Sprachzeugnis für deutsche Bewerber". Das Zeugnis muss den Stand der Sprachkenntnisse zum Zeitpunkt der Bewerbung bescheinigen. Das Sprachzeugnis wird vom jeweiligen (ausländischen) Lektor bzw. der Lektorin ausgestellt. Bewerberinnen und Bewerber nach USA und Kanada sollten alternativ bereits das Ergebnis des TOEFL-Tests (s. S. 256 f.) beifügen (nicht älter als zwei Jahre). Bewerberinnen und Bewerber nach Australien und Neuseeland sollten alternativ bereits das Ergebnis des TOEFL- oder IELTS-Tests beifügen. Die Ergebnisse des TOEFL- oder IELTS-Tests stellen wichtige Auswahlkriterien dar.

8. Bewerberinnen und Bewerber (nur Graduierte) für ein MBA-Programm fügen ihrer Bewerbung Kopien des Ergebnisses des Fachtests GMAT bei; Bewerberinnen und Bewerber für englischsprachige MBA- und LL.M-Programme fügen ihrer Bewerbung das Ergebnis des TOEFL-Tests bei. Dies gilt unbeschadet eventueller anderer Bewerbungsvoraussetzungen der prospektiven Gasthochschule.

9. Architektinnen und Architekten, auch Innenarchitekten, fügen ihrer Bewerbung bis zu zehn DIN A4-Seiten an Auszügen aus zeichnerischen Projekten und Entwürfen bei (sie werden auf Wunsch nach der Auswahl zurückgesandt); auf der Basis dieser Unterlagen kann eine Vorauswahl stattfinden. Für die Endauswahl mit persönlicher Vorstellung müssen die Bewerberinnen und Bewerber folgende Arbeitsproben mitbringen: drei Entwürfe in einem dem Objekt entsprechenden Maßstab, jeweils Grundriss, Lageplan, Aufriss und Perspektive (davon mindestens eine selbstständige [nicht Grup-

pen-]Arbeit [Entwurf, Analyse, Planungsarbeit]); Fotos von bereits ausgeführten Arbeiten. Stadt- und Regionalplaner reichen mit ihrer Bewerbung Arbeiten (zum Beispiel Referate) ein, aus denen hervorgeht, dass sie sich bereits mit Planungsprozessen befasst haben.

10. Bewerberinnen und Bewerber der Fachbereiche Musik, Bildende Kunst/Design/Film, Tanz/Choreographie/Schauspiel/Theaterregie/Musical fügen ihrer Bewerbung zusätzliche Unterlagen bei (s. S. 30 ff., 139 ff., 147).

11. Drei Kopien des Zeugnisses der allgemeinen Hochschulreife sind den Bewerbungen **nur** für folgende Programme beizufügen:
    - Studierende der Romanistik nach Frankreich, Italien und Spanien (s. S. 42 ff.)
    - Studierende der Anglistik nach Großbritannien und Irland (s. S. 35)
    - Studierende der Slavistik und Russistik in die Russische Föderation (s. S. 45 f.)
    - Sprachkurse für Anfänger Russisch (nur 1 Kopie, s. S. 232 f.)

Im Rahmen des Auswahlverfahrens (siehe unten) werden die eingereichten Unterlagen in der Regel verkleinert kopiert; auf entsprechend gute Lesbarkeit – bei Benutzung eines PC mindestens Schriftgrad 12 – ist deshalb zu achten. Daher bitte:

- die Unterlagen in der oben genannten Reihenfolge ordnen (Originale und zwei Kopien-Sätze je separat),
- das Antragsformular entweder mit PC, mit Schreibmaschine oder mit Druckbuchstaben ausfüllen, nur in schwarz, nicht mit Bleistift,
- keine Heftklammern verwenden,
- keine Klarsichthüllen benutzen,
- Anlagen nicht doppelseitig beschrieben einreichen,
- genügend Rand lassen (mindestens 2,5 cm), damit die Unterlagen abgeheftet werden können,
- die Seiten des Studien- bzw. Forschungsplans nummerieren und mit Namen versehen.

Bewerbungshinweise
Unvollständige Bewerbungen werden vom DAAD nicht berücksichtigt. Die Verantwortung für die Vollständigkeit und fristgerechte Einreichung liegt bei der Bewerberin bzw. beim Bewerber. Sofern es ausnahmsweise unumgänglich ist, zum Beispiel Zeugnisse oder Gutachten nachzureichen, müssen unbedingt Zielland und Stipendienprogramm angegeben werden.

Bewerbungsunterlagen verbleiben beim DAAD, die Gutachten können innerhalb eines Jahres auf Wunsch an andere Stellen weitergereicht werden; ihre Rückgabe an die Bewerberin oder den Bewerber ist ausgeschlossen. Die Daten von Stipendiaten werden vom DAAD in Übereinstimmung mit dem „Gesetz zum Schutz vor Missbrauch personenbezogener Daten bei der Datenverarbeitung" gespeichert, soweit sie zur Bearbeitung der Bewerbung bzw. des Stipendiums nötig sind. Die Unterlagen erfolgloser Bewerber werden nach einer angemessenen Frist vernichtet.

Allgemeine Hinweise für Studierende, Graduierte und Promovierte

Von Bewerbern und Bewerberinnen um ein Stipendium für den englischen, französischen, italienischen und spanischen Sprachraum werden zur Zeit der Bewerbung gute, für den slavischen Sprachraum ausreichende Kenntnisse der Sprache des Gastlandes und/oder der Unterrichtssprache an den betreffenden Hochschulen bzw. der zur erfolgreichen Realisierung des Vorhabens notwendigen Fremdsprache erwartet. Bewerber um ein Stipendium für einen anderen Sprachraum haben nachzuweisen, dass sie sich zum Zeitpunkt der Bewerbung ernsthaft um entsprechende Sprachkenntnisse, zum Beispiel durch den Besuch von Kursen an der Hochschule, bemühen. Bewerber um Sprachkursstipendien müssen zum Zeitpunkt der Bewerbung über gute Grundkenntnisse der jeweiligen Sprache verfügen.

Von den Bewerberinnen und Bewerbern wird erwartet, dass sie sich zum Zeitpunkt der Bewerbung über die Situation des Gastlandes informiert haben. Insbesondere werden Kenntnisse der Geschichte des Ziellandes sowie seiner wirtschaftlichen, politischen und kulturellen Lage erwartet.

Bewerberinnen und Bewerber sollten bedenken, dass sie mit dem Bewerbungsformular und den dazu gehörigen Anlagen unter zahlreichen Mitbewerbern der Auswahlkommission im DAAD ein Bild von sich und ihrem Vorhaben vermitteln. Der formalen, äußeren Gestaltung sollten sie daher im eigenen Interesse die nötige Aufmerksamkeit und entsprechendes Gewicht beimessen. Auch den inhaltlichen Präzisierungen ist unter zwei Gesichtspunkten große Aufmerksamkeit zu schenken: einmal im Hinblick auf den bisherigen persönlichen und fachlichen Werdegang, belegt durch einen lückenlosen, aussagekräftigen Lebenslauf, der unbedingt auch extracurriculare, außerfachliche Interessen und Aktivitäten berücksichtigen sollte; zum anderen im Hinblick auf die allgemeine und die persönliche Motivation und Zielsetzung des angestrebten Auslandsaufenthaltes.

Das Antragsformular sieht am Ende einen, wenn auch knappen, Raum vor für „sonstige Bemerkungen/Hinweise", die der Antragstellerin oder dem Antragsteller im Zusammenhang mit der Bewerbung wichtig erscheinen: Diese Spalten können zur eigenen Profilierung genutzt und sollten nicht übersehen werden.

Bewerbungstermin und -ort

Die Bewerbungstermine für die einzelnen DAAD-Programme werden auf den Programmseiten aufgeführt.

Die Bewerbung kann grundsätzlich (Ausnahmen siehe Programmbeschreibungen) nur über das Akademische Auslandsamt, Sekretariat der Hochschule, Büro des FH-Präsidenten/Rektors der zuletzt besuchten deutschen Hochschule eingereicht werden.

Nach Einreichen der Bewerbungsunterlagen kann beim Akademischen Auslandsamt, Sekretariat der Hochschule, Büro des FH-Präsidenten/Rektors ggf. aufgrund persönlicher Vorstellung der Bewerber und Bewerberinnen vor einer Kommission eine Vorauswahl stattfinden. Die Bewerbungsunterlagen werden dann, ggf. mit der Stellungnahme der Vorauswahlkommission, an den DAAD weitergeleitet.

Allgemeine Hinweise für Studierende, Graduierte und Promovierte

Zwischen dem Abgabetermin der Unterlagen an der Hochschule und der endgültigen Auswahl durch den DAAD können bis zu 5 Monate liegen.

Auswahlverfahren

Die Auswahlverfahren unterscheiden sich nach Programmen und Zielregionen. Die Auswahl erfolgt in der Regel durch unabhängige Kommissionen von Hochschullehrerinnen und Hochschullehrern unter Beteiligung von ehemaligen DAAD-Stipendiaten sowie Mitarbeiterinnen und Mitarbeitern der Geschäftsstelle des DAAD. Die letzteren haben dabei kein Stimmrecht.

Der DAAD beruft nach fachlichen und regionalen Gesichtspunkten zusammengesetzte Auswahlkommissionen ein, die die vorgelegten Anträge begutachten und über die Stipendienvergabe entscheiden. Im Bedarfsfall werden zusätzliche Stellungnahmen schriftlich eingeholt.

Die Kommissionsmitglieder gehen von den eingereichten schriftlichen Unterlagen aus und beurteilen aus ihrer Kenntnis der allgemeinen und fachlichen Gegebenheiten in den deutschen Hochschulen und im Zielland die Begründung des Antrags, die Durchführbarkeit des Vorhabens, den Stand der Vorbereitung des Auslandsaufenthaltes, die bisherige akademische Qualifikation, das außerfachliche Engagement sowie die Sprach- und landeskundlichen Kenntnisse.

Bei einer ganzen Reihe von Stipendienprogrammen ist – zum Teil nach einer Vorauswahl durch eine Fachkommission auf der Basis der Antragsunterlagen – die persönliche Vorstellung vor der jeweiligen Kommission vorgesehen. Dieses Gespräch, für das nur eine begrenzte Zeit zur Verfügung steht, ist als Ergänzung zu den schriftlichen Bewerbungsunterlagen bei der Entscheidung über die Stipendienvergabe wichtig. Dabei wird in der Regel ein Teil des Gesprächs fremdsprachlich geführt bzw. eine kurze mündliche, in Ausnahmefällen auch eine schriftliche Sprachprüfung vorgenommen.

Im Anschluss an die Begutachtung des Antrags bzw. an die persönliche Vorstellung wird nach einem Noten- oder Punktesystem eine Einstufung vorgenommen, die dann nach Maßgabe der verfügbaren Plätze zur Aufstellung einer Rangliste führt. Hiernach werden die Entscheidungen in der Geschäftsstelle des DAAD schriftlich fixiert und den Bewerberinnen und Bewerbern nach einer Bearbeitungsdauer von mindestens 14 Tagen mitgeteilt.

Das Auswahlsystem hat sich aus dem Bemühen entwickelt, so gerecht und objektiv wie möglich zu sein. Der DAAD legt dabei besonderes Gewicht auf ein hohes fachliches Niveau. Bei der Auswahl ist die nachgewiesene akademische Leistungsfähigkeit neben den Grundvoraussetzungen persönlicher Eignung das angemessenste und auch gegenüber dem Einzelnen am ehesten vertretbare Differenzierungskriterium. Nur wenn DAAD-Stipendiaten in der Regel ein hohes akademisches Niveau haben, kann zudem gesichert werden, dass die international bekannten und begehrten Hochschulen jährlich die vom DAAD in Konkurrenz mit Bewerbern aus vielen anderen Ländern vorgeschlagenen Studierenden und jungen Wissenschaftler aufnehmen.

Allgemeine Hinweise für Studierende, Graduierte und Promovierte

Es gibt wohl kein Auswahlverfahren, mit dem sich vermeiden ließe, dass Entscheidungen im Einzelfall strittig sind oder dem Betroffenen ungerecht erscheinen. Dies gilt verstärkt dann, wenn man auch über die Gewichtung der einzelnen Beurteilungselemente unterschiedlicher Auffassung sein kann und wenn im Ergebnis wegen des scharfen Wettbewerbs bei der Auswahl auch solche Bewerber und Bewerberinnen abgelehnt werden müssen, die überdurchschnittlich qualifiziert sind.

So ist zum Beispiel die Anforderung an die Sprachkenntnisse und deren Gewicht in der Auswahlentscheidung nach Ländern und Programmen unterschiedlich. Amerikanische Hochschulen etwa verlangen von jedem ausländischen Bewerber um einen Studienplatz eine bestimmte Mindestpunktzahl im TOEFL (Test of English as a Foreign Language) – es wäre schon deshalb sinnlos, jemandem, auch wenn sie oder er sonst sehr gut geeignet wäre, ein Stipendium zu geben, wenn die Mindestzahl nicht erreicht und eine Zulassung deshalb ausgeschlossen ist. Für ein Land mit einer selten gelehrten Sprache dagegen ist es denkbar, dass das Stipendium eine vorbereitende Sprachförderung mit einschließt.

Die Vielfalt der Beurteilungselemente, ihre Gewichtung untereinander und die unabdingbare Gewährleistung der absoluten Vertraulichkeit der Entscheidungsfindung im Auswahlgremium führen dazu, dass die Entscheidungen Bewerbern gegenüber nicht begründet werden.

Stipendienleistungen

Das Stipendium wird in monatlichen Raten (s. Übersicht über die Höhe der Stipendien S. 296 ff.) ausgezahlt. Zusätzlich werden die von der ausländischen Hochschule in Rechnung gestellten Studiengebühren bis zu einer bestimmten Grenze gezahlt. Soll der DAAD Gebühren, die weit über dem jeweiligen nationalen Durchschnitt liegen, übernehmen, muss hierüber gesondert entschieden werden. In diesem Fall ist mit einer – zum Teil erheblichen – Eigenbeteiligung zu rechnen (Einzelheiten vgl. Länderteil). Der DAAD erwartet außerdem, dass die Stipendiatinnen und Stipendiaten von der Möglichkeit einer Gebührenerstattung (vgl. Länderteil, zum Beispiel Großbritannien) bzw. eines Gebührenerlasses Gebrauch machen.

Ferner zahlt der DAAD die Reisekosten bzw. eine Reisekostenpauschale. Sofern das Stipendium die vollen Reisekosten umfasst, erfolgt die Buchung der Reise über den DAAD, der auch festsetzt, mit welchem Verkehrsmittel die Reise erfolgen soll; die nachträgliche Erstattung von Kosten für bereits vorher gebuchte Flüge ist nicht möglich. Stipendiaten, die ins europäische Ausland gehen, erhalten eine Reisekostenpauschale.

Für Reisekosten im Gastland, die in direktem Zusammenhang mit dem Vorhaben entstehen, kann der DAAD in begrenztem Umfang und auf besonderen Antrag eine Beihilfe gewähren. Ein Antrag mit entsprechendem Kostenvoranschlag, bestätigt von der betreuenden Hochschullehrerin oder dem Hochschullehrer, muss bereits zusammen mit der Bewerbung eingereicht werden.

Ferner kann der DAAD für die Geförderten selbst die Kosten für eine Kranken-, Unfall- und Haftpflichtversicherung übernehmen; die nach Ländern und Programmen unterschiedlichen Regelungen werden mit der Stipendienzusage mitgeteilt.

Allgemeine Hinweise für Studierende, Graduierte und Promovierte

Außerdem wird ein Zuschlag für Ehepartner von monatlich DM 300,– gezahlt, falls diese für mindestens 6 Monate mit ins Ausland gehen, die Laufzeit des Stipendiums mindestens 8 Monate beträgt und das Einkommen des Ehepartners DM 400,– monatlich nicht übersteigt. Bei der Familienkasse des Arbeitsamtes kann Kindergeld nach dem Bundeskindergeldgesetz beantragt werden.

Die monatlichen Stipendienraten des DAAD setzen sich aus einem Stipendiengrundbetrag und einer Auslandszulage zusammen. Die Höhe der monatlichen Stipendienraten richtet sich nach den Gegebenheiten im Gastland. Bei Studierenden wird eine Eigenbeteiligung von DM 700,– zu Grunde gelegt. Bei Graduierten werden Vollstipendien gezahlt; sie werden dennoch nicht in jedem Fall zur Bestreitung der vollen Lebenshaltungskosten ausreichen, so dass eine gewisse Eigenbeteiligung notwendig werden kann. Die bei den einzelnen Ländern genannten Stipendienraten ebenso wie die in einzelnen Programmen genannten abweichenden Raten oder Beihilfen geben den zur Zeit der Drucklegung bekannten Stand für die im Jahre 2001 vergebenen Stipendien an und sind deshalb nicht als bindend zu betrachten. Ab dem 01.01.2002 werden alle Beträge in EURO-Gegenwert gezahlt.

Stipendien aus ausländischen Mitteln (Gegenstipendien)

Bei der Vergabe von Stipendien, die dem DAAD von ausländischer Seite zur Verfügung gestellt werden, gilt sinngemäß das Gleiche: Liegen die Leistungen unter denen des entsprechenden DAAD-Stipendiums, so gleicht der DAAD die Differenz nach seinen Richtlinien aus. Für diese Gegenstipendien gelten in der Regel die gleichen Bewerbungsvoraussetzungen und der gleiche Bewerbungsgang wie bei DAAD-Stipendien. Die Stipendien ausländischer Regierungen werden vom DAAD vorrangig ausgenutzt. Sollte in einzelnen Ländern die Zahl der Gegenstipendien größer sein als die Aufstockungsmittel des DAAD, wird der DAAD diese Stipendien ohne Aufstockung nach seinen Richtlinien den Bewerberinnen und Bewerbern anbieten, die bei der Auswahl eine entsprechende Bewertung erhalten haben.

Im Falle von Jahres- und Kurzstipendien müssen Stipendiatinnen und Stipendiaten ausländischer Regierungen erfahrungsgemäß mit längeren Wartezeiten nach Übersendung der Unterlagen von der Geschäftsstelle des DAAD an die zuständigen ausländischen Behörden rechnen, in Extremfällen kann dies über das Datum des vorgesehenen Stipendienantritts hinausgehen.

Mit der Abgabe der Bewerbung beim DAAD erklärt der Bewerber sein Einverständnis, dass seine Unterlagen an den ausländischen Stipendiengeber weitergeleitet werden; in Einzelfällen ist nach Abschluss des DAAD-Auswahlverfahrens ein separater Antrag beim ausländischen Stipendiengeber zu stellen.

Für eine Reihe von Staaten (zum Beispiel der GUS) müssen die Bewerber und Bewerberinnen für ein Jahres- bzw. Kurzstipendium nach der Entscheidung über die Vergabe des Stipendiums ihren Lebenslauf und die Darstellung ihres Studien- bzw. Forschungsvorhabens in der jeweiligen Landessprache bzw. in Russisch für die GUS einreichen. Da die Weitergabe dieser Unterlagen an die ausländische Hochschule sehr kurzfristig erfolgen muss, wird dringend empfohlen, die Unterlagen rechtzeitig bereitzuhalten.

Allgemeine Hinweise für Studierende, Graduierte und Promovierte

Stipendienzusage

Mit der Stipendienzusage werden die „Allgemeinen Bedingungen für deutsche Stipendiaten des DAAD" und ggf. „Besondere Bedingungen" versandt. Die Stipendiatinnen und Stipendiaten verpflichten sich mit der Annahme des Stipendiums zur Einhaltung dieser Bedingungen.

In einigen Ländern wird von den dortigen Behörden für die Einreise oder die Aufenthaltsgenehmigung ein HIV-Test verlangt. Einzelheiten werden nach dem jeweils aktuellen Stand mit der Stipendienzusage mitgeteilt. Kosten für die Tests können vom DAAD nicht übernommen werden.

Besonderer Hinweis

Ein DAAD-Stipendium und eine Förderung aus anderen öffentlichen Mitteln der Bundesrepublik Deutschland (zum Beispiel BAföG) können nicht gleichzeitig in Anspruch genommen werden (Ausnahme: Teilstipendien für Studierende). Während der Stipendienlaufzeit bezogene Vergütungen werden entsprechend auf die Stipendienleistungen angerechnet. Doktoranden in einem Graduiertenkolleg beachten bitte den Hinweis auf Seite 89.

1

DAAD-Stipendien für Studierende

1 Studierende — Zusätzliche Hinweise

Zusätzliche Hinweise für Studierende

In Ergänzung der Allgemeinen Hinweise für Studierende, Graduierte und Promovierte (s.S. 13 ff.) gelten die folgenden Hinweise für alle nachstehend in Teil 1 aufgeführten DAAD-Stipendienprogramme; abweichende Einzelregelungen sind ggf. in der jeweiligen Programmbeschreibung bzw. im Länderteil angegeben. Wegen des frühen Redaktionsschlusses empfiehlt es sich, aktuelle Informationen im Internet einzusehen (http://www.daad.de).

Für Studierende stehen Teilstipendien für Studienaufenthalte an anerkannten Hochschulen im Ausland zur Verfügung. Bei denjenigen, die kein BAföG beziehen, wird eine Eigenbeteiligung von DM 700,– in Anschlag gebracht. BAföG-Empfänger sollen BAföG zur Absicherung der Eigenbeteiligung in Anspruch nehmen; sie können vom DAAD eine Aufstockung auf die BAföG-Auslandsförderung erhalten. Der Antrag auf BAföG-Auslandsförderung sollte beim zuständigen Ausbildungsförderungsamt (s.S. 312 ff.) gleichzeitig mit dem Antrag auf DAAD-Aufstockung gestellt werden.

Bewerbungsvoraussetzungen

Die Bewerberinnen und Bewerber müssen sich zum Zeitpunkt der Bewerbung mindestens im dritten (USA und Kanada: im zweiten) Fachsemester ihres Studiums an einer Hochschule in Deutschland befinden (Ausnahme: Kombinierte Studien- und Praxisvorhaben im Ausland für Studierende, s.S. 28 f.; Studierende der Anglistik nach Großbritannien und Irland, s.S. 35; Semesteraufenthalte an einer ausländischen Hochschule für Studierende, s.S. 40 f). Zum Weiterstudium im bisherigen Gastland können sich auch deutsche Studierende bewerben, die diese oder gleichwertige Voraussetzungen erfüllen, zum Zeitpunkt der Bewerbung nicht mehr als ein Studienjahr im Gastland studiert haben und nach Abschluss des jetzigen Studienabschnitts wieder in die Bundesrepublik Deutschland zurückzukehren beabsichtigen. Eine Förderung kommt nur in Betracht, wenn dies im Rahmen des betreffenden Stipendienprogramms sinnvoll erscheint. Ferner können sich Studierende, die nicht an einer deutschen Hochschule studieren, unter der Voraussetzung bewerben, dass sie ein Auslandsstudium in einem Drittland anstreben.

In den Fällen, in denen der Studiengang eine Zwischenprüfung/-Diplomvorprüfung vorsieht, muss diese vor Stipendienantritt erfolgreich abgelegt worden sein bzw. der Abschluss des Grundstudiums nachgewiesen werden. Ausnahmen: Jahresstipendien für Studierende der Anglistik (s.S. 35).

Nach Abschluss eines mindestens dreijährigen Bachelor gelten Antragsteller als graduiert. Ihnen stehen die Programme aus Teil 2 ab Seite 88 offen.

Da die fach- und studienbezogene Eignung, belegt vor allem durch die Leistungsnachweise und die Gutachten der Hochschullehrerinnen und -lehrer, bzw. für Bewerberinnen und Bewerber vor der Zwischenprüfung von wissenschaftlichen Mitarbeitern oder Assistenten, ein wesentliches Entscheidungskriterium ist, sollten sich nur entsprechend ausgewiesene Kandidatinnen und Kandidaten bewerben.

Studierende	Zusätzliche Hinweise	1

Für die Fachbereiche **Musik, Bildende Künste/Design/Film, Tanz/Choreographie/ Schauspiel/Theaterregie/Musical** gelten besondere Bedingungen (s.S. 30 ff.).

Bewerberinnen und Bewerber der Fachrichtung **Architektur** müssen sich zum Zeitpunkt der Bewerbung, das heißt im WS 2001/2002, bereits im Hauptstudium befinden; zu den Bewerbungsunterlagen s.S. 16 f.

Bewerberinnen und Bewerber der Fachrichtung **Medizin** müssen zum Zeitpunkt der Bewerbung mindestens die ärztliche Vorprüfung in der dafür vorgesehenen Zeit (4 Semester) bestanden haben; es wird außerdem erwartet, dass der erste Abschnitt der Ärztlichen Prüfung noch vor Stipendienantritt abgelegt wird; für einige Länder gelten zusätzliche Voraussetzungen (vgl. Länderteil). Die Bewerberinnen und Bewerber müssen die Kopie des Zeugnisses einreichen sowie die offizielle Ergebnismitteilung über die erzielten Prüfungsleistungen mit Tabelle.

Stipendien zur Ableistung des **Praktischen Jahres** können für **Mediziner** unter der Voraussetzung vergeben werden, dass zum Zeitpunkt der Bewerbung eine Bestätigung von dem zuständigen Prüfungsamt über die grundsätzliche Möglichkeit der Anerkennung des im Ausland geplanten Praktischen Jahres vorgelegt wird. Der DAAD fördert einen Aufenthalt nur dann, wenn er mindestens zweimal vier Monate dauert (entsprechend der Regelung in der jeweils gültigen Approbationsordnung) – und dies in höchstens zwei verschiedenen Zielländern. Kürzere Aufenthalte können nicht gefördert werden.

Stipendien zur Ableistung des **Praktischen Jahres** können für **Pharmazeuten** unter der Voraussetzung vergeben werden, dass zum Zeitpunkt der Bewerbung eine Bestätigung von dem zuständigen Prüfungsamt über die grundsätzliche Möglichkeit der Anerkennung des im Ausland geplanten Praktischen Jahres vorgelegt wird. Der DAAD fördert einen Aufenthalt nur dann, wenn er sechs Monate dauert (entsprechend der Regelung in der jeweils gültigen Approbationsordnung). Kürzere Aufenthalte können nicht gefördert werden.

Bewerberinnen und Bewerber der Fachrichtung **Jura** müssen vor Stipendienantritt den Nachweis über die drei kleinen Scheine (BGB, Strafrecht, Öffentliches Recht) erbracht haben.

| 1 | Studierende | Jahresstipendien |

Jahresstipendien für alle Fächer

Programmbeschreibung
Die Stipendien werden zum Studium an einer anerkannten Hochschule im Ausland vergeben; reine Feldforschungen in Übersee ohne Anbindung an eine dortige Hochschule können nicht gefördert werden.

Stipendienleistungen
Stipendienhöhe
s. Übersicht S. 296 ff.

Laufzeit
Die Stipendien gelten für die Dauer eines Studienjahres (Akademisches Jahr 2002/2003); in besonders begründeten Ausnahmefällen können sie verlängert werden.

Bewerbungsvoraussetzungen
- Zu den Bewerbungsvoraussetzungen s.S. 13 ff., 24 f.
- Die Bewerberinnen und Bewerber müssen sich zum Zeitpunkt der Bewerbung mindestens im dritten (Kanada: im zweiten) Fachsemester ihres Studiums an einer Hochschule in Deutschland befinden. In den Fällen, in denen der Studiengang eine Zwischenprüfung/Diplomprüfung vorsieht, muss diese vor Stipendienantritt erfolgreich abgelegt worden sein bzw. der Abschluss des Grundstudiums nachgewiesen werden.
- Wenn eine Bewerberin oder ein Bewerber als Studienabschluss die Promotion ohne vorheriges Abschlussexamen anstrebt und zum Zeitpunkt der Bewerbung eine größere Zahl von Semestern studiert hat, als in der Prüfungsordnung für das jeweilige Studienfach als Mindestdauer vorgeschrieben ist, wird über den Antrag nach den Richtlinien für Doktorandenstipendien entschieden (vgl. S. 92 ff.).

Bewerbungsunterlagen
s. S. 14 ff.

Bewerbungstermin und -ort
- Europa, GUS inklusive Kaukasus
 und Zentralasien, VR China: 31.10.2001
- USA, Kanada, Australien, Neuseeland: 30.06.2001
- Lateinamerika, Afrika, Arabische Staaten, Israel, Iran, Asien:
 bei Stipendienantritt zwischen März und August 30.09.2001
 bei Stipendienantritt zwischen September und Februar 31.03.2002
- Taiwan, Hongkong, Macao: 28.02.2002
- Indien: 30.09.2001
- Japan: 01.10.2001 und
 01.03.2002

Studierende	Jahresstipendien	**1**

– Bewerbungen für Architektur, Musik, Bildende Künste/
Design/Film, Tanz/Choreographie/Schauspiel/Theaterregie/
Musical nur   31.10.2001

Bewerbung beim Akademischen Auslandsamt, Büro Fachhochschul-Präsident/Rektor. Es wird darauf hingewiesen, dass Bewerberinnen und Bewerber, die sich bereits im Ausland befinden, in der Regel ihren Antrag über das Akademische Auslandsamt der zuletzt in Deutschland besuchten Hochschule einreichen müssen.

Sonstiges
Mit der Abgabe der Bewerbung beim DAAD erklären die Bewerberinnen und Bewerber ihr Einverständnis, dass ihre Unterlagen ggf. an einen ausländischen Stipendiengeber weitergeleitet werden (zur ausführlichen Information s.S. 21 f. „Stipendien aus ausländischen Mitteln " [Gegenstipendien]).

1 Studierende Kombinierte Studien- und Praxissemester

Kombinierte Studien- und Praxissemester im Ausland für Studierende

Programmbeschreibung

Im Rahmen des Jahresstipendienprogramms bietet der DAAD für Studierende neben der weiterhin bestehenden Förderung ganzjähriger Studienaufenthalte an einer ausländischen Hochschule (s.S. 26 f.) auch Stipendien für die Kombination eines Studien- und eines Praxissemesters an. Ein Praxissemester ist eine in den Regelstudienverlauf integrierte berufspraktische Tätigkeit, deren Ableistung in einem bestimmten Studiensemester vorgesehen ist.

Das Angebot gilt für alle Fachrichtungen mit Ausnahme künstlerischer und musischer Fächer. Auslandsaufenthalte können weltweit realisiert werden.

Das Studien- und Praxissemester sollen in demselben Land absolviert werden. Die Anforderungen an die Gestaltung des Praxissemesters ergeben sich aus dem Curriculum der deutschen Hochschule. Grundsätzlich können Vorhaben sowohl mit dem Studien- als auch mit dem Praxissemester beginnen.

Stipendienleistungen

Stipendienhöhe

a) für den Studienabschnitt:
   Teilstipendium s. Übersicht S. 296 ff.; zusätzlich werden Studiengebühren maximal bis zur Hälfte des Betrages übernommen, den der DAAD in dem betreffenden Land für ein volles Studienjahr zahlt.

b) für das Praxissemester:
   Teilstipendium s. Übersicht S. 296 ff.; Praktikantenvergütung wird angerechnet, wenn sie den Gegenwert von DM 1.000,– pro Monat übersteigt (Eigenbeteiligung von DM 700,– plus Freigrenze von DM 300,–).

c) Reisekosten für die Hin- und Rückreise (in Europa als Pauschale). Kosten für die Reise vom Studien- zum Praktikumsort werden nicht übernommen.

Der DAAD gewährt bei einer positiven Entscheidung der Auswahlkommission und bei Vorliegen aller Voraussetzungen sofort ein Stipendium für beide Komponenten. Bei Vorhaben, die mit dem Studiensemester beginnen und bei denen der Nachweis der Praktikumsstelle nicht rechtzeitig erbracht werden kann, gewährt der DAAD zunächst ein Stipendium für die Dauer des Studienvorhabens. Dieses Stipendium kann nur verlängert werden, wenn die Praktikumsstelle spätestens drei Monate nach Antritt des Stipendiums nachgewiesen wird und die Heimathochschule die spätere Anerkennung als Praxissemester bestätigt.

Studierende	Kombinierte Studien- und Praxissemester	1

Laufzeit
Der Begriff Studiensemester steht für einen inhaltlich abgegrenzten Studienabschnitt (mindestens drei Monate), dessen Länge von Land zu Land variieren kann. Die Anforderungen an die Länge des Praxissemesters ergeben sich aus dem Curriculum der Heimathochschule.

Bewerbungsvoraussetzungen
Eine Bewerbung ist frühestens am Ende des ersten (Fach-)Studienjahres möglich (die Leistungsnachweise für das erste Studienjahr müssen zum Zeitpunkt der Bewerbung vorliegen). Wenn der Studiengang eine Zwischenprüfung vorsieht, muss diese vor Stipendienantritt erfolgreich abgelegt worden sein bzw. der Abschluss des Grundstudiums nachgewiesen werden.

Das Praxissemester muss im Curriculum des betreffenden Studiengangs vorgeschrieben sein und von der Heimathochschule anerkannt werden.

Bewerbungsunterlagen
– s.S. 14 ff.
– Ein ausführlicher Studienplan für das Studiensemester an der ausländischen Gasthochschule
– Nachweis der Praktikumsstelle (Kopie des Vertrages) und Zusage der Heimathochschule über die spätere Anerkennung als Praxissemester
– Für Vorhaben, die mit dem Studiensemester beginnen: Falls der Nachweis der Praktikumsstelle zum Zeitpunkt der Bewerbung noch nicht erbracht werden kann, genügt zunächst eine Bescheinigung der deutschen Hochschule, dass das Curriculum des betreffenden Studiengangs die Ableistung eines Praxissemesters vorschreibt und dieses auch im Ausland abgeleistet werden kann.

Bewerbungstermin und -ort
1. September 2001 für Förderbeginn ab Februar 2002
1. April 2002 für Förderbeginn ab September 2002

Die Bewerbungen sind beim Akademischen Auslandsamt bzw. dem Auslandsbeauftragten der Hochschule einzureichen.

1 Studierende	Jahresstipendien zur künstlerischen Weiterbildung

Musik
Bildende Künste/Design/Film
Tanz/Choreographie/Schauspiel/Theaterregie/Musical

Programmbeschreibung
Der DAAD vergibt an besonders qualifizierte Studierende der Fachbereiche Musik, Bildende Künste/Design/Film, Tanz/Choreographie/Schauspiel/Theaterregie/Musical Stipendien zur künstlerischen Weiterbildung im Ausland. Fachspezifische Angaben siehe weiter unten.

Stipendienleistungen
Stipendienhöhe
s. Übersicht S. 296 ff.

Laufzeit
Die Stipendien gelten für die Dauer eines Studienjahres; die Förderung einer vollen Ausbildung im Ausland ist nicht möglich.

Bewerbungsvoraussetzungen
Voraussetzung für eine Bewerbung sind ein mehrjähriges Studium an einer staatlichen Musik- bzw. Kunsthochschule, Fachhochschule oder Akademie (bei Musikern nur an einer staatlichen Musikhochschule) sowie der Erwerb einer gewissen künstlerischen Reife, die einen Auslandsaufenthalt rechtfertigt. Von Musikern wird eine besondere Qualifikation erwartet, ebenso von Tänzern und Choreographen (klassische bzw. moderne Tanzausbildung). Kontakte zum künftigen Lehrer und Sprachkenntnisse des Gastlandes sollten vorhanden sein, bei Schauspielern und Theaterregisseuren sehr gute Sprachkenntnisse.

Bewerberinnen und Bewerber müssen bei Bewerbungsschluss die bestandene Zwischenprüfung (Diplomvorprüfung) nachweisen bzw. sich mindestens im 5. Fachsemester befinden.

Die Bewerberinnen und Bewerber müssen die Wahl der ausländischen Hochschule bzw. des Lehrers oder der Lehrerin und das Arbeitsvorhaben in der Bewerbung darlegen und erläutern.

Bewerbungsunterlagen
(s.S. 14 ff.) sind nur zweifach einzureichen.

Falls ein Studienaufenthalt bei einem bestimmten ausländischen Lehrer geplant ist, sollte dessen Bestätigung, dass er bereit ist, den Bewerber zum Unterricht anzunehmen, den Bewerbungsunterlagen beigefügt werden. Dies gilt vor allem für Musikerinnen und Musiker.

| Studierende | Jahresstipendien zur künstlerischen Weiterbildung | 1 |

Bewerbungstermin und -ort
31. Oktober 2001

Die Bewerbung kann nur über das Sekretariat der zuletzt besuchten deutschen Hochschule eingereicht werden; dort sind auch Bewerbungsformulare zu erhalten. Unvollständige Bewerbungen werden vom DAAD nicht berücksichtigt. Die Verantwortung für die Vollständigkeit der Bewerbung liegt beim Bewerber.

Zwischen Abgabe der Unterlagen beim Sekretariat der Musik- bzw. Kunst-, Film- und Fachhochschule und der Benachrichtigung der Bewerberinnen und Bewerber von der Entscheidung der Auswahlkommission liegen bis zu fünf Monate.

Sonstiges
Bewerberinnen und Bewerber werden in der Regel zur Vorstellung vor eine Auswahlkommission des DAAD gebeten, der Professorinnen und Professoren der verschiedenen Musik- bzw. Kunst-, Film- und Fachhochschulen angehören. Für die Vorstellung steht nur eine begrenzte Zeit zur Verfügung.

Musik

Bewerberinnen und Bewerber des Fachbereichs Musik müssen sich an einer Hochschule einschreiben; das Studium bei einem Privatlehrer wird nicht gefördert. Ist die im Ausland vorgesehene Lehrkraft auch an einer Hochschule in Deutschland tätig, kann dieser Studienaufenthalt im Ausland nicht gefördert werden. Ein Studium bei Deutschen, die an einer ausländischen Hochschule unterrichten, kann nur in begründeten Ausnahmefällen gefördert werden.

Die Stipendien im Fachbereich Musik gelten für ein Studienjahr (Akademisches Jahr 2002/2003). Die Stipendien können nicht verlängert werden.

Zusätzliche Bewerbungsunterlagen für den Fachbereich Musik

Dirigenten und Chorleiter
Vorlage eines Videobandes bis spätestens 1. Januar 2002 mit eigenem Dirigieren (System VHS-PAL, VHS-NTSC, -4,43 Mhz und PAL-SECAM-OST, alle Systeme in SP-Geschwindigkeit), bevorzugt bei einer Probenarbeit, möglichst mit dem Gesicht zur Kamera

Komponisten
Eigene Kompositionen – Partituren, Tonband, Tonkassette. Die Partituren und Tonaufnahmen müssen spätestens zum 1. Januar 2002 beim DAAD vorliegen.

Bei der **persönlichen Vorstellung** vor der Auswahlkommission für Musiker wird gewünscht von:

1 Studierende — Jahresstipendien zur künstlerischen Weiterbildung

Instrumentalisten im Bereich der so genannten „ernsten Musik"
Vorbereitung von drei ganzen Werken – nicht nur einzelnen Sätzen – aus drei verschiedenen, für das Fach wesentlichen Stilepochen

Instrumentalisten im Bereich Jazz
Vorbereitung von mindestens 3 Stücken unterschiedlichen Charakters bzw. unterschiedlicher Tempi (zum Beispiel Ballade, schnelles Stück). Die gesamte Vorspieldauer beträgt in der Regel 10 Minuten.

Sängern
Vorbereitung eines umfangreichen Repertoires entsprechend dem der Instrumentalisten, d.h. Stücke aus drei verschiedenen Stilepochen und ggf. aus dem Bereich Oper, Lied, Oratorium

Dirigenten
Zusätzlich zu dem bis 1. Januar 2002 einzureichenden Videoband (s.o.):
- Vortrag eines Werkes des 19. oder 20. Jahrhunderts auf dem Hauptinstrument des Bewerbers oder der Bewerberin
- Partiturspiel vom Blatt
- Prüfung des Gehörs
- Klavierauszug, Spiel vom Blatt
- Vordirigieren: Für das Dirigieren eines Hochschulorchesters kann ein gesonderter Termin vorgesehen werden
  Beethoven, 1. Sinfonie: 1. Satz
  Mozart, Zauberflöte: Ouvertüre
  Weber, Freischütz: Ouvertüre

Chorleitern
Zusätzlich zu dem bis 1. Januar 2002 einzureichenden Videoband (s.o.):
- Vortrag eines selbstgewählten Werkes auf dem Hauptinstrument des Bewerbers
- Partiturspiel eines vierstimmigen Chorsatzes
- Vorsingen eines Stückes eigener Wahl
- Prüfung des Gehörs
- Vordirigieren:
  Haydn, Die Schöpfung: Einleitung und Rezitativ „Aus Rosenwolken bricht hervor"
  Strawinsky, Les Noces: 1. Bild, Ziffer 1-9
  Aufführungsbezogene Analyse dieser Werke im Gespräch

Bildende Künste/Design/Film

Bewerberinnen und Bewerber des Fachbereichs Bildende Künste (einschl. Design und Film) müssen sich an einer Hochschule einschreiben. Die Stipendien in diesem Fachbereich werden für die Dauer von 12 Monaten vergeben (ab Herbst 2002). Sie können nicht verlängert werden.

| Studierende | Jahresstipendien zur künstlerischen Weiterbildung | 1 |

Zusätzliche Bewerbungsunterlagen für den Fachbereich Bildende Künste/Design/Film

Die folgenden **Arbeitsproben** sind zur Ergänzung der übrigen Unterlagen erforderlich und von den Bewerberinnen und Bewerbern **persönlich zur Auswahl** mitzubringen:

Bildhauerei
Möglichst Originale (bis zu 5); gegebenenfalls auch Fotos, Dias, digitale Aufnahmen und Videos; jede Plastik ist von verschiedenen Blickwinkeln aus aufzunehmen; Zeichnungen

Malerei, Keramik, Gold- und Silberschmiedekunst, Textilentwerfen
Bis zu 5 Originale bzw. Arbeiten (wesentliche Werke, die zum Zeitpunkt der Stipendienbewerbung nicht älter als zwei Jahre sein dürfen) sowie einige Zeichnungen, Studien, Skizzen, Entwürfe, gegebenenfalls auch Fotos, Dias, digitale Aufnahmen und Videos

Grafik und Zeichnen
Mehrere Originale

Film
Werden Filme eingereicht, so ist rechtzeitig vor der Auswahlsitzung mit dem DAAD zu klären, ob eine Vorführmöglichkeit gegeben ist; die Abspielzeit eingereichter Filme bzw. Videos sollte zehn Minuten möglichst nicht überschreiten. Gegebenenfalls sind Ausschnitte aus Werken zu präsentieren.

Design und Fotografie
5 Design- bzw. Fotografiearbeiten (davon 2 selbstständige Semesterarbeiten) bzw. Design-/Fotografieprojekte (Designprojekte mit Zeichnungen und Modellen), konzeptionelle und theoretische Arbeiten.

Zusätzlich sollte in einer Arbeitsmappe Dokumentationsmaterial über den künstlerischen Werdegang (Fotos, Zeichnungen etc.) beigegeben werden. (Alle Arbeiten müssen signiert und datiert sein.) Bewerber, die sich mit Arbeitsproben aus Gruppenarbeiten präsentieren, müssen ihren je eigenen Teil der Arbeit eindeutig bei der Präsentation identifizieren, das heißt, er muss aus den vorgelegten Arbeitsproben erkennbar sein. Das Gleiche gilt für gemeinsame Vorhaben im Ausland.

Hinweis
Die **Arbeitsproben** bitte **nicht** zusammen mit dem Bewerbungsantrag an den DAAD schicken. Sie sind von den Bewerberinnen und Bewerbern persönlich zur Auswahl mitzubringen und nach Beendigung des Auswahlgespräches wieder abzutransportieren. Dem Antrag selbst ist jedoch **unbedingt eine Liste der Arbeitsproben** (zum Beispiel Bilder, Objekte, Filme, Videos etc.) beizufügen, die zur Bewerbung vorgelegt werden.

1 Studierende — Jahresstipendien zur künstlerischen Weiterbildung

Tanz/Choreographie/Schauspiel/Theaterregie/Musical

Bewerberinnen und Bewerber des Fachbereichs Tanz/Choreographie/Schauspiel/Theaterregie/Musical müssen sich an einer anerkannten Hochschule oder vergleichbaren Ausbildungsstätte einschreiben; das Studium bei einem Privatlehrer wird nicht gefördert. Die Stipendien in den genannten Fachbereichen gelten für ein Studienjahr (Akademisches Jahr 2002/2003); sie können nicht verlängert werden.

Bei der **persönlichen Vorstellung** vor der Auswahlkommission für den Fachbereich Tanz/Choreographie/Schauspiel/Theaterregie/Musical wird gewünscht:

Tanz/Choreographie
Teilnahme an einem klassischen Tanztraining und anschließend Präsentation einer Soloarbeit bzw. eigenen Soloarbeit bei Choreographen

Schauspiel
Vorbereitung von zwei Vorsprechrollen aus zwei unterschiedlichen Stücken

Theaterregie
Zur persönlichen Auswahl ist eine ausführliche Mappe mit Unterlagen über die bisher gewonnenen Erfahrungen (Konzeptionspapiere, Strichfassungen etc.) mitzubringen.

Musical
Vorbereitung einer Vorsprechrolle, Teilnahme an einem Tanztraining, Vorsingen eines Liedes aus der Musicalliteratur

| Studierende | Anglistik in Großbritannien und Irland | 1 |

Studierende der Anglistik nach Großbritannien und Irland

Programmbeschreibung
Der DAAD stellt Jahresstipendien für die Dauer von drei Terms oder aber zwei Semestern bzw. einem Studienjahr (Oktober 2002 bis maximal Juni 2003 je nach Universitätskalender) zu einem literatur-, sprach- und landeskundlichen Vertiefungsstudium an ausgewählten britischen und irischen Hochschulen zur Verfügung. Das Programm richtet sich an Studierende aus Lehramts-, Magister- und Diplomstudiengängen, die im Haupt- oder Nebenfach Anglistik bzw. Englisch studieren. Studierende, die nicht im Hauptfach Anglistik studieren, müssen zum Zeitpunkt der Bewerbung Lehrveranstaltungen aus dem Bereich der Anglistik nachweisen können. Die Platzierung der Teilnehmerinnen und Teilnehmer an den einzelnen Hochschulen wird vom DAAD übernommen.

An den einzelnen Gasthochschulen werden in Abstimmung mit den zuständigen Lehrern und Tutoren für die Teilnehmerinnen und Teilnehmer solche Veranstaltungen ausgewählt, die der sprachlichen, literaturwissenschaftlichen und landeskundlichen Fortbildung dienen bzw. der Fortbildung im Zweitfach förderlich sind. Je nach Umfang des Lehrangebots können zusätzliche Veranstaltungen (essay writing, translation, conversation) durch die Tutoren angesetzt werden. Es wird darauf hingewiesen, dass die Studierenden der Anglistik, die sich für Irland bewerben, dort ebenfalls englische Sprache und englische Literatur betreiben können; sie müssen sich nicht ausschließlich mit Irlandstudien befassen.

Stipendienleistungen
Stipendienhöhe
Monatliche Stipendienrate s.S. 296 ff., Reisekostenpauschale, bei britischen Hochschulen Studiengebühren (siehe Länderteil)

Laufzeit
Oktober 2002 bis maximal Juni 2003. Die Stipendien können nicht verlängert werden.

Bewerbungsvoraussetzungen
Die Bewerberinnen und Bewerber müssen im Wintersemester 2001/2002 im 2. oder 3. Fachsemester an einer Universität/Pädagogischen Hochschule studieren (Auslandssemester werden mitgerechnet). Auch für die Fächer, die als Nebenfächer studiert werden, gilt die Semesterbeschränkung. In Ausnahmefällen, die durch die Studienordnung im Zweitfach begründet sind, sind Bewerbungen auch noch maximal bis zum 5. Semester möglich.

Bewerbungsunterlagen
Angaben zu den einzureichenden Bewerbungsunterlagen gehen aus der Sonderausschreibung hervor, die Anfang Juli 2001 bei den Akademischen Auslandsämtern und den Englischen Seminaren vorliegt.

Bewerbungstermin und -ort
1. Februar 2002 beim Akademischen Auslandsamt
Alle Einzelheiten zum Bewerbungsverfahren gehen ebenfalls aus der Sonderausschreibung hervor, die Anfang Juli 2001 bei den Akademischen Auslandsämtern und den Englischen Seminaren vorliegt.

| **1** Studierende | Politologen, Historiker und Wirtschaftswissenschaftler |

Studienprogramm für Politologen, Historiker und Wirtschaftswissenschaftler nach Frankreich

Programmbeschreibung
Der DAAD stellt für Studierende höherer Semester (mit Zwischenprüfung/Diplomvorprüfung bzw. nachweislich abgeschlossenem Grundstudium) der Fachbereiche Politische Wissenschaften, Geschichte und Wirtschaftswissenschaften Stipendien für einen Studien- oder Forschungsaufenthalt an fünf französischen Hochschulen zur Verfügung. Das Angebot richtet sich an Studierende, die in Frankreich einen akademischen Abschluss (Licence, Maîtrise, CIEP) erwerben wollen und/oder die sich im Hauptstudium mit Themen befassen, für deren Bearbeitung ein Frankreichaufenthalt förderlich ist.

Das Studienprogramm wird an folgenden Hochschulen durchgeführt:

für Politologen, Historiker, Wirtschaftswissenschaftler
am Institut d'Etudes Politiques de Paris (IEP)
September 2002 bis Juni 2003 (10 Monate)

Die Stipendien am IEP sind nur für das Programm „Cycle International d'Etudes Politiques" (CIEP) bestimmt. Eine Verlängerung des Stipendiums für das 2. Jahr zum Erwerb des „Diplôme de l'IEP de Paris" ist möglich.

für Historiker
an den Universitäten Paris IV (Sorbonne) und Bordeaux III (Michel de Montaigne)
Sprachkurs im September 2002
Studium von Oktober 2002 bis März 2003 (7 Monate)

für Wirtschaftswissenschaftler
an den Universitäten Paris I (Panthéon-Sorbonne) und Paris IX (Dauphine)
Sprachkurs im September 2002
Studium von Oktober 2002 bis März 2003 (7 Monate)

An den Universitäten Paris IV, Bordeaux III (Historiker) und Paris I, Paris IX (Wirtschaftswissenschaftler) ist eine Verlängerung um zwei Monate möglich, wenn ein französischer Abschluss (Licence, Maîtrise) angestrebt wird.

Die Stipendiatinnen und Stipendiaten werden bei der Zusammenstellung des Studienplanes und der Wahl der Lehrveranstaltungen von einem Tutor beraten; er stellt darüber hinaus ein studienbegleitendes und landeskundliches Rahmenprogramm für die Stipendiatengruppe zusammen.

Stipendienleistungen
Stipendienhöhe
Reisekostenpauschale; Stipendienrate siehe Übersicht S. 296 ff.

Studierende	Politologen, Historiker und Wirtschaftswissenschaftler	1

Bewerbungsvoraussetzungen
- Gute Französischkenntnisse
- Diplomvorprüfung, Zwischenprüfung bzw. entsprechendes Studienniveau muss bis Ende des WS 2001/2002 nachgewiesen werden.

Zusätzliche Voraussetzungen für Bewerberinnen und Bewerber am Institut d'Etudes Politiques (IEP)
- Die Stipendien sind nur für das Programm „Cycle International d'Etudes Politiques" (CIEP) bestimmt. Programmdauer: September 2002 bis Juni 2003. Eine Verlängerung des Stipendiums für das 2. Jahr zum Erwerb des „Diplôme de l'IEP de Paris" ist möglich.
- Die Bewerberinnen und Bewerber müssen sich zum Zeitpunkt der Bewerbung **mindestens im 5. Fachsemester** befinden.
- Die Bewerberinnen und Bewerber müssen sich einem Sprachtest („test national") unterziehen, der im Februar 2002 an allen Instituts Français (http://www.kulturfrankreich.de) in Deutschland stattfindet. Bitte erkundigen Sie sich beim nächstgelegenen Institut Français nach dem genauen Datum und der Uhrzeit. Befreit von dieser Prüfung sind **nur die Inhaber eines deutsch-französischen Abiturs.**
- Die Bewerberinnen und Bewerber mussen sich parallel zum DAAD Auswahlverfahren direkt beim IEP um eine Zulassung bewerben. Die dazu gehörenden Informationen müssen direkt beim IEP angefordert werden.

Bewerbungstermin und -ort
31. Januar 2002 beim Akademischen Auslandsamt

Sonstiges
Für diese Stipendien wird eine aktualisierte Sonderausschreibung im Oktober 2001 herausgegeben. Diese Version wird zum angegebenen Zeitpunkt ebenfalls im Online-Magazin unter der DAAD-Internet-Adresse abrufbar sein: http://www.daad.de

1 Studierende   Theologie in Jerusalem

Theologie-Studienjahr in Jerusalem

Programmbeschreibung

Der DAAD vergibt Teilstipendien an deutsche Studierende der evangelischen wie katholischen Theologie für ein Studienjahr an der Theologischen Fakultät der Dormition Abbey in Jerusalem. Im eigens dafür errichteten Studienhaus leben und lernen die Teilnehmenden für acht Monate zusammen. Namhafte Professorinnen und Professoren der Theologie und angrenzender Fachgebiete, die von israelischen und palästinensischen Universitäten sowie aus Deutschland und anderen Ländern kommen, halten Vorlesungen in deutscher und englischer Sprache. Das Lehrprogramm ist auf das Curriculum des 5. und 6. Fachsemesters des Diplomstudiengangs Theologie abgestimmt. Dabei setzt es besondere, vom Studienort bedingte Schwerpunkte:
- vertieftes Studium der Exegese des Alten und Neuen Testamentes,
- intensive Beschäftigung mit Judentum und Islam, mit der christlichen und monotheistischen Ökumene sowie mit dem interreligiösen Dialog,
- archäologische und topographische Vorlesungen, Seminare und Exkursionen,
- ein auf die Gegebenheiten des Landes abgestimmtes Gastvorlesungsprogramm, das sich mit Geschichte, Kultur, Religionen sowie mit Politik und Zeitgeschehen in Israel, Palästina und dem Nahen Osten befasst.

Die abgelegten Prüfungen werden von den evangelischen und katholischen Universitätsfakultäten Deutschlands, Österreichs und der Schweiz anerkannt.

Weitere Informationen sind auf der Homepage des Studienjahres zu finden: http://www.studienjahr.de

Stipendienleistungen
Stipendienhöhe
- DAAD-Teilstipendium (s.S. S. 296 ff.) sowie eine Reisekostenpauschale (zurzeit DM 1.100,–), Studiengebühren und Kranken-, Unfall- sowie Haftpflichtversicherung.
- Teilnehmer mit Anspruch auf eine Förderung nach dem BAföG sollten diese (einschließlich Auslandszuschläge) in Anspruch nehmen (Anträge über das BAföG-Amt Aachen) und erhalten vom DAAD dann lediglich ein Aufstockungsstipendium.

Laufzeit
Die Laufzeit beträgt 8 Monate (Beginn August). Die Stipendien können nicht verlängert werden.

Bewerbungsvoraussetzungen
- Die Bewerberinnen und Bewerber sollten als Studierende des Fachs Theologie mit dem Ziel des Diploms oder eines vergleichbaren (kirchlichen) Abschlusses oder eines Lehramts an der gymnasialen Oberstufe (Sekundarstufe II) an einer deutschen

| Studierende | Theologie in Jerusalem | 1 |

Hochschule immatrikuliert sein. Bei Stipendienantritt ist eine Zwischenprüfung (zum Beispiel Vordiplom) nach einem Fachstudium von vier bis sieben Semestern nachzuweisen.
- Gute Sprachkenntnisse in biblischem Hebräisch und Griechisch sowie in Englisch werden ebenso wie eine eingehende Beschäftigung mit den Schwerpunktfächern und den Gegebenheiten des Studienortes erwartet.

Bewerbungsunterlagen

Erste Bewerbungsunterlagen erhalten Sie auf Anfrage von der Leitung des Studienjahres in Jerusalem:

Dormition Abbey
Leitung des Theologischen Studienjahres
P.O.B. 22, Jerusalem 91000 , Israel
E-Mail: abby@netvision.net.il

Bewerbungstermin und -ort

Die Bewerbungsunterlagen sind ausgefüllt und mit den angegebenen Unterlagen bis zum **20. November 2001** zu richten an die Leitung des Studienjahres in Jerusalem (Adresse s.o.).

Die Bewerberinnen und Bewerber, deren Anträge den formalen Voraussetzungen genügen, erhalten Mitte Februar Bewerbungsunterlagen des DAAD.

Die endgültige Entscheidung trifft eine Auswahlkommission im DAAD in Bonn Ende April/Anfang Mai 2002 nach einem Auswahlgespräch mit den einzelnen Bewerberinnen und Bewerbern und einer Sprachprüfung in Hebräisch und Griechisch. Auch Bewerber anderer Förderinstitutionen, die keinen Anspruch auf ein Teilstipendium haben, nehmen an dieser Auswahl teil.

| 1 | Studierende | Semesteraufenthalte an einer ausländischen Hochschule |

Semesteraufenthalte an einer ausländischen Hochschule für Studierende

Programmbeschreibung

Im Rahmen des Jahresstipendienprogramms für Studierende bietet der DAAD neben den weiterhin bestehenden Auslandsaufenthalten für ein ganzes Studienjahr (s.S. 26 f.) auch Semesteraufenthalte an. Das Angebot gilt für alle Fachrichtungen mit Ausnahme künstlerischer und musischer Fächer. Es richtet sich insbesondere an Studierende an Fachhochschulen und in Kurzstudiengängen an wissenschaftlichen Hochschulen.

Das Programm soll die Mobilität von Studierenden zu Hochschulen außerhalb der Europäischen Union fördern; nicht gefördert werden daher Semesteraufenthalte in Mitgliedsstaaten der EU.

Um die Effizienz und den Ertrag eines Studiensemesters im Ausland zu gewährleisten, muss als Basis eine Absprache zwischen der deutschen Hochschule und der Gasthochschule im Ausland bestehen, die den individuellen Studienplan im Ausland festlegt und die Anerkennung der im Ausland erbrachten Studienleistungen sicherstellt.

Stipendienleistungen

Stipendienhöhe

Es wird eine monatliche Teilstipendienrate gezahlt (s. Übersicht S. 296 ff.), zusätzlich werden Studiengebühren maximal bis zur Hälfte des Betrages übernommen, den der DAAD in dem betreffenden Land für ein volles Studienjahr zahlt; Reisekosten bzw. eine Reisekostenpauschale.

Laufzeit

Der Begriff Semester steht für einen inhaltlich abgegrenzten Studienabschnitt (mindestens drei Monate), dessen Länge von Land zu Land variieren kann.

Angesichts der strukturellen Gegebenheiten in Hochschulen der MOE-Länder und der GUS-Staaten inklusive Kaukasus und Zentralasien ist hier für Semesteraufenthalte von Studierenden nur das Wintersemester mit Stipendienantritt zum 1. September 2002 möglich.

Bewerbungsvoraussetzungen

Eine Bewerbung ist frühestens am Ende des ersten (Fach-)Studienjahres möglich (die Leistungsnachweise für das erste Studienjahr müssen zum Zeitpunkt der Bewerbung vorliegen). Wenn der Studiengang eine Zwischenprüfung vorsieht, muss diese vor Stipendienantritt erfolgreich abgelegt worden sein bzw. der Abschluss des Grundstudiums nachgewiesen werden.

Studierende	Semesteraufenthalte an einer ausländischen Hochschule	1

Bewerbungsunterlagen
s.S. 14 ff. Zusätzlich eine tabellarische Aufstellung der Veranstaltungen, die an der Gasthochschule besucht werden sollen mit Angabe (in einer zweiten Spalte), welchen Veranstaltungen der Heimathochschule sie entsprechen. Dieser Studienplan muss sowohl von der ausländischen Gasthochschule (Bestätigung der Durchführbarkeit) als auch von der Heimathochschule (Bestätigung der Äquivalenz als Grundlage für die spätere Anerkennung) gegengezeichnet werden.

Bewerbungstermin und -ort
1. September 2001 für Förderbeginn ab Februar 2002
1. April 2002 für Förderbeginn ab September 2002

Für MOE-Länder und GUS-Staaten einschließlich Kaukasus und Zentralasien nur:
1. April 2002 für Förderbeginn ab September 2002

Die Bewerbungen sind beim Akademischen Auslandsamt bzw. dem Auslandsbeauftragten der Fachhochschule einzureichen.

1 Studierende — Romanistik

Studierende der Romanistik nach Frankreich, Italien und Spanien

Programmbeschreibung
Für das Studienjahr 2002/2003 bietet der DAAD Semesterstipendien für überdurchschnittlich qualifizierte Studierende der Romanistik mit Schwerpunkt Französisch zum Studium in Frankreich, mit dem Schwerpunkt Italienisch zum Studium in Italien und mit dem Schwerpunkt Spanisch zum Studium in Spanien an. Die Stipendien werden zur Teilnahme an einem gelenkten Studienaufenthalt an ausgewählten französischen, italienischen und spanischen Universitäten vergeben und dienen der sprachlichen und fachlichen Fortbildung. Die Stipendien für Italien werden aus Mitteln der italienischen Regierung finanziert. Der festgelegte, obligatorische Unterricht lässt nur begrenzt Zeit zur Verfolgung von Forschungsvorhaben und zur Teilnahme an regulären Lehrveranstaltungen der Universitäten in Zweit- und Nebenfächern. In Frankreich und Spanien übernimmt der DAAD die Platzierung der Stipendiatinnen und Stipendiaten an den Universitäten unter Berücksichtigung des Ausbildungsstandes, der unterschiedlichen Gegebenheiten an den Hochschulen und – soweit möglich – persönlicher Wünsche. Nach erfolgreicher Platzierung können Änderungswünsche nicht mehr berücksichtigt werden. Das Programm wird in Frankreich an den Universitäten Paris III (Asnières), Clermont-Ferrand II, Lille III, Lyon II, Nantes, Rennes II, in Italien an der Universität Florenz und in Spanien an der Universidad Complutense de Madrid sowie der Universitat de Barcelona durchgeführt.

Die Teilnehmerinnen und Teilnehmer am Programm sollen sich die an französischen, italienischen und spanischen Universitäten verbrachte Studienzeit im Rahmen der geltenden Prüfungsordnung an der deutschen Hochschule anrechnen lassen.

Frankreich
In Frankreich gilt, dass die Stipendiatinnen und Stipendiaten nach einem mehrwöchigen intensiven Sprachkurs mit Beginn des französischen Studienjahres Ende Oktober in das ihrer Semesterzahl entsprechende französische Studienjahr eingeschrieben werden und zur Teilnahme an 12 Wochenstunden verpflichtet sind. Von diesen 12 Wochenstunden werden in der Regel 4 Wochenstunden Sprachunterricht festgelegt, während die verbleibenden 8 Wochenstunden aus einem Katalog von empfohlenen Lehrveranstaltungen aus dem Gebiet der französischen Literatur, Linguistik, Geschichte und „Civilisation" gewählt werden können.

Wichtiger Hinweis:
Eine Bewerbung für die Universität Paris III ist nur dann möglich, wenn der Abschluss einer „Licence" oder „Maîtrise franco-allemande" angestrebt wird.

Italien
Ein intensiver Einführungskurs steht ebenfalls am Anfang des Programms in Italien, das dort im Oktober beginnt. Die Stipendiatinnen und Stipendiaten werden anschließend in das ihrer Semesterzahl entsprechende Studienjahr eingeschrieben und zur Teilnahme an 12 Wochenstunden verpflichtet.

| Studierende | Romanistik | 1 |

Spanien
In Spanien beginnt das Programm Mitte September ebenfalls mit einem intensiven Einführungskurs, zu dem in Barcelona auch Unterricht der katalanischen Sprache zählt. Anschließend werden die Stipendiatinnen und Stipendiaten für mindestens vier „asignaturas" des vierten oder fünften Studienjahres eingeschrieben und zur Teilnahme an 12 Wochenstunden verpflichtet.

In Italien wie in Spanien und Frankreich wird darüber hinaus unter Umständen Gelegenheit zur Abfassung einer anrechenbaren schriftlichen Seminararbeit gegeben, wenn dies von den Teilnehmerinnen und Teilnehmern im Hinblick auf den Studienablauf in Deutschland gewünscht wird. Vor Stipendienbeginn muss die Anerkennung dieser Seminararbeit mit dem zuständigen Fachdozenten oder der Fachdozentin der deutschen Heimathochschule abgesprochen werden.

Stipendienleistungen
Stipendienhöhe
s. Übersicht S. 296 ff., plus Reisekostenpauschale

Für **Italien** stehen dem DAAD Stipendien der italienischen Regierung zur Verfügung. Voraussichtlich wird die monatliche Stipendienrate hier ca. DM 1.500,– betragen. Eine zusätzliche Reisekostenpauschale wird dann nicht gezahlt.

Laufzeit
Frankreich: Oktober 2002 bis März 2003, optional bis Juni 2003 (9 Monate)

Italien: Oktober 2002 bis März 2003, optional bis Juni 2003 (9 Monate)

Bewerberinnen und Bewerber für Frankreich und Italien können ihren Aufenthalt auf maximal 9 Monate ausdehnen. Die gewünschte Aufenthaltsdauer muss bei Antragstellung bereits verbindlich angegeben werden. Für Frankreich ist eine Bewerbung um ein neunmonatiges Stipendium nur möglich, wenn der Erwerb eines französischen Studienabschlusses (licence/maîtrise) angestrebt wird.

Spanien: Mitte September 2002 bis Mitte März 2003 (6 Monate)

Ausschließlich für Spanien stehen in sehr begrenztem Umfang Verlängerungsmittel zur Verfügung, um eine dem Vorhaben angemessene Ausdehnung des Studienaufenthaltes zu ermöglichen (1 bis maximal 3 Monate).

Bewerbungsvoraussetzungen
Die Stipendien sind für Studierende bestimmt, die sich im Sommersemester 2002 im 4. bis 6. Fachsemester befinden und die Zwischenprüfung spätestens zum Ende des Sommersemesters, also vor Antritt des Stipendiums, ablegen werden.

1 Studierende — Romanistik

Bewerbungsunterlagen
Zusätzlich zu bzw. abweichend von den auf Seite 14 ff. aufgeführten Bewerbungsunterlagen ist ein **detaillierter Studienplan** einzureichen, der Folgendes enthalten soll:

- Begründung für den geplanten Aufenthalt und die Wahl der Hochschule
- Darlegung, wie das bisherige Studium angelegt wurde und wie der einsemestrige Aufenthalt in das Studium eingebaut werden soll (dreifach)
- Zwei Fachgutachten von Hochschullehrerinnen oder Hochschullehrern (je dreifach). Beurteilungen über die Teilnahme an sprachpraktischen Übungen zählen nicht als Fachgutachten.
- Ggf. Nachweis der bestandenen Zwischenprüfung bzw. Aufnahme ins Hauptstudium (dreifach)
- Kopie der Hochschulzugangsberechtigung (z.B. Abiturzeugnis, dreifach)

Bewerbungstermin und -ort
Die Bewerbung kann nur über das Akademische Auslandsamt der Hochschule eingereicht werden. Dort liegen die Bewerbungsformulare des DAAD vor.

Unvollständige Bewerbungsunterlagen werden vom DAAD nicht berücksichtigt. Die Verantwortung für die Vollständigkeit der Bewerbung liegt beim Bewerber bzw. der Bewerberin. Der Abgabetermin ist beim Akademischen Auslandsamt zu erfragen.

Sonstiges
Für diese Stipendien wird eine aktualisierte Sonderausschreibung im Dezember 2001 herausgegeben. Diese Version wird dann zum angegebenen Zeitpunkt ebenfalls im Online-Magazin unter der DAAD-Internet-Adresse abrufbar sein: http://www.daad.de

Wir weisen darauf hin, dass sich für den Programmteil „Romanisten nach Frankreich" als Ergebnis einer Programmevaluation Änderungen ergeben können.

Studierende	Slavistik, Russistik	1

Studierende der Slavistik und Russistik in die Russische Föderation

Programmbeschreibung
Für das Wintersemester 2002/2003 bietet der DAAD Semesterstipendien für überdurchschnittlich qualifizierte Studierende der Slavistik/Russistik zum Studium in der Russischen Föderation an. Die Stipendien werden zur Teilnahme an einem gelenkten Studienaufenthalt an den Universitäten Kazan und Voronesh vergeben und dienen der sprachlichen, landeskundlichen und fachlichen Fortbildung. Der ausschließlich für die DAAD-Stipendiaten organisierte Semesterkurs wird in kleinen Gruppen durchgeführt. Die Studierenden erhalten pro Woche 20 Stunden obligatorischen Unterricht; der wöchentlich 10- bis 15-stündige fakultative Teil der Ausbildung wird individuell mit jedem Teilnehmer festgelegt.

Stipendienleistungen
Stipendienhöhe
Teilstipendienrate siehe Übersicht S. 296 ff., plus Reisekostenpauschale, Kursgebühr, Krankenversicherung

Laufzeit
September 2002 bis Januar 2003 (5 Monate). Die Stipendien sind nicht verlängerbar.

Bewerbungsvoraussetzungen
Die Stipendien sind für Studierende bestimmt, die sich im Sommersemester 2002 mindestens im 4. Fachsemester befinden und die Zwischenprüfung vor Antritt des Stipendiums ablegen werden.

Bewerbungsunterlagen
- DAAD-Bewerbungsformular für Deutsche mit gut lesbaren Kopien
- Maschinengeschriebener, lückenloser Lebenslauf
- Studienplan mit Darlegung, wie der einsemestrige Auslandsaufenthalt in das Studium eingebaut werden soll
- 2 Fachgutachten von Hochschullehrerinnen bzw. Hochschullehrern, bei Bewerbung vor der Zwischenprüfung von wissenschaftlichen Mitarbeitern oder Assistenten (DAAD-Formular). Beurteilungen über die Teilnahme an sprachpraktischen Übungen zählen nicht als Fachgutachten.
- Nachweis der bestandenen Zwischenprüfung (ggf. nachzureichen)
- Kopie der Hochschulzugangsberechtigung
- bei gleichzeitiger Einreichung von Vor- bzw. Zwischenprüfungszeugnis (mit Einzelnoten!) Aufstellung der Scheine ab der Vorprüfung, ansonsten vollständige Scheinaufstellung (auf DAAD-Formular)
- Ggf. Kopien von Hochschulzeugnissen
- Zeugnis über die russischen Sprachkenntnisse (DAAD-Formular)

1 Studierende   Slavistik, Russistik

Sämtliche Unterlagen sind dreifach einzureichen. Ein Exemplar verbleibt beim Akademischen Auslandsamt. Wir bitten, die Bewerbungsunterlagen ungeheftet, ohne Klarsichthüllen und in der genannten Reihenfolge geordnet einzureichen.

Bewerbungstermin und -ort

Die Bewerbung kann nur über das Akademische Auslandsamt der zuletzt besuchten deutschen Hochschule eingereicht werden. Dort liegen die Bewerbungsformulare des DAAD vor.

Abgabetermin beim Akademischen Auslandsamt:
15.03.2002

Zuständig für das Programm ist in der Geschäftsstelle des DAAD das Referat 325.

Sonstiges

Die Auswahl der Stipendiaten wird im DAAD Ende April 2002 von einer Professorenkommission getroffen. Die Ergebnisse der Auswahl sollen im Laufe des Mai vorliegen.

Für die in die GUS ausreisenden Stipendiaten wird ein obligatorisches zweitägiges Vorbereitungsseminar im Juli 2002 im DAAD durchgeführt.

| Studierende | Semesterstipendien in Warschau | 1 |

Semesterstipendien an der Universität Warschau

Programmbeschreibung
Das Programm richtet sich an Studierende und Graduierte aller Fakultäten, die ein Interesse am Erlernen der polnischen Sprache haben und sich für aktuelle polnische Landeskunde interessieren.

Stipendienleistungen
Stipendienhöhe
Monatliche Stipendienrate, bestehend aus einem polnischen Gegenstipendium und einer entsprechenden DAAD-Aufstockung dieses Teilstipendiums, kostenlose Unterkunft in einem Wohnheim, Reisekostenpauschale. Die Kosten für die fachliche Betreuung, die eigens organisierten Lehrveranstaltungen und die Sprachkursgebühren werden vom DAAD übernommen.

Bewerbungsvoraussetzungen
Bei Stipendienbeginn müssen mindestens 4 Fachsemester abgeschlossen sein, die Zwischenprüfung muss erfolgreich abgelegt sein.

Bewerbungsunterlagen
Alle Unterlagen sind dreifach einzureichen:
– DAAD-Bewerbungsformular
– Lebenslauf
– detaillierte Begründung für den Semesteraufenthalt
– Gutachten von zwei Hochschullehrern der deutschen Hochschule; bei Bewerbung vor der Zwischenprüfung von wissenschaftlichen Mitarbeitern oder Assistenten
– Aufstellung der Scheine (bitte auf DAAD-Formular):
Studierende: bei gleichzeitiger Einreichung von Vor- bzw. Zwischenprüfungszeugnis (mit Einzelnoten!) Scheine ab der Vorprüfung, ansonsten vollständige Scheinaufstellung
Graduierte: bei gleichzeitiger Einreichung von Diplom- bzw. Abschlussexamenszeugnis entfällt die Scheinaufstellung, ansonsten Vorlage des Vor- bzw. Zwischenprüfungszeugnisses (mit Einzelnoten!) plus Scheine ab dieser Prüfung
– Kopie von Hochschulzeugnissen
– Sprachzeugnis über polnische Sprachkenntnisse (DAAD-Formular)

Bewerbungstermin und -ort
31.10. 2001
Akademisches Auslandsamt der jeweiligen Hochschule

Sonstiges
Die Programmteilnehmer werden als Gruppe gesondert betreut. Zur Vorbereitung auf den Aufenthalt nehmen sie am Warschauer „Polonicum" an zwei aufeinander folgenden Sprachintensivkursen teil. Während des Wintersemesters erhalten sie wöchentlich circa 5 Stunden Sprachunterricht und haben die Gelegenheit, an Vorlesungen und Seminaren in ihren jeweiligen Fachrichtungen an den verschiedenen Fakultäten der Universität Warschau teilzunehmen. Darüber hinaus werden für die Gruppe spezielle Exkursionen, Vorträge und Seminare organisiert.

1 Studierende — Arabisch

Semesterstipendien für Arabisch in Kairo

Programmbeschreibung
Der DAAD bietet deutschen Studierenden der Arabistik/Orientalistik/Islamwissenschaft (Haupt- oder Nebenfach) eine Unterstützung zur Absolvierung eines Arabisch-Sprachsemesters am Zentrum für Arabische Sprache der Philosophischen Fakultät der Cairo University an. Neben einem intensiven und strukturierten Sprachstudium soll den Teilnehmerinnen und Teilnehmern des Kurses zugleich eine Einbindung in eine ägyptische Hochschule ermöglicht werden. Die Durchführung und Ausgestaltung dieses Programms liegt in der Verantwortung der Universitäten von Bamberg, Erlangen-Nürnberg und der Cairo University.

Stipendienleistungen
Stipendienhöhe
DAAD-Teilstipendium (Stipendienhöhe siehe Seite 296 ff.), plus Reisekostenpauschale, Studien- und Kursgebühren, Kranken-, Unfall- und Haftpflichtversicherung.

Teilnehmerinnen und Teilnehmer mit Anspruch auf eine Förderung nach dem BAföG können diese (einschl. Auslandszuschläge) in Anspruch nehmen (Anträge über das BAföG-Amt Aachen) und erhalten dann vom DAAD lediglich ein Aufstockungsstipendium. Für kultur-/landeskundliche Exkursionen ist mit einer Eigenbeteiligung von ca. DM 300,– zu rechnen.

Laufzeit
Die Dauer des Kurses, der am 1. Oktober 2002 beginnt, beträgt fünf Monate. Eine Verlängerung der Stipendien ist nicht möglich.

Bewerbungsvoraussetzungen
Das Angebot richtet sich an Studierende des Arabischen nach bestandener Zwischenprüfung bzw. abgeschlossenem Grundstudium in allen (Haupt- und Neben-) Fächern, die sich zu Kursbeginn vorrangig im 5., höchstens jedoch im 7. Fachsemester befinden.

Das Programm richtet sich nicht an Studierende von Dolmetscherlehrgängen. Diese können sich im Programm „Jahresstipendien für alle Fächer" (s.S. 26 f.) bewerben.

Bewerbungsunterlagen
Abweichend von den Allgemeinen Bewerbungsunterlagen (s.S. 14 ff.) ist das „Sprachzeugnis für deutsche Bewerber" (Punkt 7) nicht erforderlich. Stattdessen legen Studierende, die zum Zeitpunkt der Bewerbung die Zwischenprüfung noch nicht abgelegt haben, zur Bewerbung einen benoteten Schein über den erfolgreichen Abschluss des Kurses Arabisch III vor. Einfachere Zeitungstexte müssen gelesen und inhaltlich erfasst werden können. Das Zwischenprüfungszeugnis muss bis Ende August nachgereicht werden. Bewerberinnen und Bewerber von Universitäten, deren Prüfungsordnung für das Ende des 3. Arabischsemesters keine entsprechenden Leistungskontrollen vorsehen, weisen o.g. Kenntnisse durch eine Bestätigung ihrer Arabischdozenten nach.

Studierende	Arabisch	1

Bewerbungstermin und -ort
31. März 2002 beim Akademischen Auslandsamt

Die Antragstellerinnen und Antragsteller müssen sich voraussichtlich Anfang Juli persönlich einer Auswahlkommission in Bonn vorstellen und einen Sprachtest ablegen.

Eine Sonderausschreibung ist bei den Akademischen Auslandsämtern der Hochschulen sowie beim DAAD, Referat 425, ab Januar erhältlich.

Studienpraktika in Japan

Programmbeschreibung
Der DAAD bietet aus Mitteln des Bundesministeriums für Bildung und Forschung Japan-Stipendien für deutsche Studierende der Ingenieur-, Natur- und Wirtschaftswissenschaften an. Die Stipendien dienen zur Durchführung eines praxis- und/oder technologieorientierten Studienaufenthaltes mit einer integrierten Praktikumsphase in Japan.

Stipendienleistungen
Stipendienhöhe
s. Übersicht S. 296 ff.

Laufzeit
Maximal 6 Monate an einer japanischen Hochschule; davon müssen mindestens 6 Wochen auf ein fachbezogenes Praktikum in einem japanischen Unternehmen entfallen.

Bewerbungsvoraussetzungen
Die Bewerberinnen und Bewerber müssen bei Stipendienantritt die Diplomvorprüfung nachweisen. Vorkenntnisse im Japanischen sind erwünscht. Der Bewerbung ist die Betreuungszusage eines japanischen Hochschullehrers bzw. Institutsdirektors beizufügen, von dem die Vermittlung einer Praktikantenstelle erwartet wird.

Bewerbungsunterlagen
s.S. 14 ff.

Bewerbungstermin und -ort
Die Bewerbungen sind jederzeit, spätestens 3 Monate vor dem Ausreisetermin, beim Akademischen Auslandsamt einzureichen.

Studierende	Kurzstipendien für Abschlussarbeiten	1

Kurzfristige Studienaufenthalte für Abschlussarbeiten von Studierenden

Programmbeschreibung
Der DAAD vergibt an Studierende der deutschen Hochschulen Kurzstipendien für die Anfertigung von Abschlussarbeiten (Bachelor-, Diplom-, Magister-, Staatsexamensarbeit), nicht jedoch im Rahmen von Aufbaustudiengängen. Diese Stipendien werden für alle Länder angeboten. Sie sind nicht für die Teilnahme an Lehrveranstaltungen einer ausländischen Hochschule bestimmt. Der Auslandsaufenthalt muss ausschließlich durch die Anfertigung der Abschlussarbeit begründet sein.

Stipendienleistungen
  Stipendienhöhe
  Zahlung einer monatlichen Teilstipendienrate, die sich nach den Gegebenheiten des Gastlandes richtet (s. Übersicht S. 296 ff.) plus Übernahme der Reisekosten: Für das europäische Ausland wird eine Reisekostenpauschale gezahlt, für die übrigen Länder erfolgt die Buchung der Reise durch den DAAD; Versicherungsschutz für den Auslandsaufenthalt.

  Eventuell anfallende Gebühren können nicht übernommen werden. Bei der Festsetzung des Teilstipendiums wird eine Eigenbeteiligung vorausgesetzt, die derzeit bei 700,– DM pro Monat liegt. BAföG-geförderte Stipendiatinnen und Stipendiaten erhalten ein Aufstockungsstipendium. Bewerberinnen und Bewerber, die während des Auslandsaufenthaltes eine Förderung durch BAföG erhalten, werden gebeten, einen Nachweis über die Höhe ihrer BAföG-Inlands- bzw. -Auslandsförderung vorzulegen.

  Laufzeit
  Die Laufzeit beträgt mindestens zwei, maximal sechs Monate.

Bewerbungsvoraussetzungen
Bewerberinnen und Bewerber müssen eine deutlich überdurchschnittliche Qualifikation vorweisen können. Die Zulassungsvoraussetzungen zur Abschlussprüfung müssen zum Zeitpunkt der Bewerbung in der Regel bereits erfüllt sein. Der Nachweis über die Vergabe des Themas der Abschlussarbeit muss vorgelegt werden. Von den Bewerberinnen und Bewerbern wird darüber hinaus erwartet, dass sie sich bereits mit der Thematik der Arbeit auseinandergesetzt und konkrete Vorstellungen bezüglich der Durchführung haben. Bei Gemeinschaftsprojekten sind die Bewerberinnen und Bewerber verpflichtet, ausführlich darzulegen, welche Teilvorhaben sie im Rahmen des Gesamtprojektes bearbeiten werden. Der die Abschlussarbeit betreuende Hochschullehrer sollte in seinem Gutachten auf die Qualifikation des Bewerbers bzw. der Bewerberin auch im Hinblick auf das Vorhaben und auf die Relevanz des Auslandsaufenthaltes für die Durchführung der Arbeit eingehen.

1 Studierende — Kurzstipendien für Abschlussarbeiten

Bewerbungsunterlagen

Im Einzelnen werden folgende Bewerbungsunterlagen erbeten:
- DAAD-Bewerbungsformular mit Fotografie
- Maschinengeschriebener, lückenloser Lebenslauf einschließlich Studiengang
- Ausführliche Begründung für die Durchführung der Abschlussarbeit im Ausland
- Eine selbstformulierte, fachlich fundierte und ausführliche Vorhabensbeschreibung von mindestens zwei Seiten Länge, die sowohl das inhaltliche Konzept als auch das methodologische Vorgehen deutlich werden lässt (bei Gruppenanträgen muss der spezifische Beitrag jedes Einzelnen erkennbar sein)
- Zeitplan zur Durchführung des Vorhabens
- Darstellung der bisherigen Vorarbeiten
- Zusage des Betreuers bzw. Kontaktpartners im Ausland
- Bestätigung über die Vergabe der Abschlussarbeit (DAAD-Formblatt)
- Zwei Gutachten von zwei Hochschullehrern: Eines der Fachgutachten muss von dem die Arbeit vergebenden und betreuenden Hochschullehrer sein und sollte insbesondere auch Angaben zur Realisierung des Vorhabens (einschließlich Notwendigkeit des Auslandsaufenthaltes) und zum Abgabetermin der Arbeit enthalten. Das andere Fachgutachten wird von einem Hochschullehrer erwartet, der die Qualifikation des Bewerbers bzw. der Bewerberin aus dem Hauptstudium beurteilen kann (DAAD-Formblatt und frei formuliertes Gutachten)
- Kopie des Vordiplom- oder Zwischenprüfungszeugnisses
- Bei gleichzeitiger Einreichung von Vor- bzw. Zwischenprüfungszeugnis (mit Einzelnoten!) Aufstellung der Scheine ab der Vorprüfung, ansonsten vollständige Scheinaufstellung (auf DAAD-Formular). Die Richtigkeit der Angaben muss durch eine offizielle Stelle der Hochschule (Akademisches Auslandsamt, Prüfungsamt) bestätigt werden.
- Kopien von anderen ausbildungsbezogenen Zeugnissen
- Ein Zeugnis über Kenntnisse der entsprechenden Landessprache auf dem DAAD-Formular „Sprachzeugnis für deutsche Bewerber", das den Stand der Sprachkenntnisse zum Zeitpunkt der Bewerbung bescheinigt. Es sollte vom jeweiligen an der Hochschule tätigen ausländischen Lektor bzw. Sprachlehrbeauftragten ausgestellt werden (nicht vom betreuenden Professor oder von Mitarbeitern des Akademischen Auslandsamtes). Für englischsprachige Länder kann alternativ der TOEFL-Test vorgelegt werden.
- Nachweis über Nebeneinkünfte während des Auslandsaufenthaltes (DAAD-Formblatt). Bei BAföG-Geförderten ist eine entsprechende Bescheinigung des BAföG-Amtes über den Fördersatz vorzulegen.
- Bewerberinnen und Bewerber der Fachrichtungen Kunst, Fotografie, Design und Architektur müssen außerdem eine Dokumentationsmappe und/oder Arbeitsproben einreichen. Diese werden nach der Auswahlsitzung wieder an die Bewerber zurückgegeben.

Bitte erstellen Sie sämtliche Unterlagen dreifach. Das Original Ihres Antrags sowie der Zweitsatz sind für den DAAD bestimmt; der dritte Satz dient zum Verbleib beim Akademischen Auslandsamt.

Studierende	Kurzstipendien für Abschlussarbeiten	**1**

Bewerbungstermin und -ort
Die speziellen Bewerbungsunterlagen für dieses Programm sind im Akademischen Auslandsamt bzw. (im Falle einiger Fachhochschulen) im Büro des Rektors/Präsidenten erhältlich. In Ausnahmefällen können sie beim DAAD, Referat 211, angefordert werden.

Es werden nur vollständige Bewerbungsunterlagen bearbeitet. Die Verantwortung für die Vollständigkeit der Bewerbung liegt beim Bewerber. Fehlende Unterlagen können zur formalen Ablehnung des Antrags führen.

Im Verlauf eines Jahres finden fünf Auswahlsitzungen statt. Von den Bewerberinnen und Bewerbern wird erwartet, dass sie die Planung ihres Auslandsaufenthaltes rechtzeitig vornehmen, damit nachfolgende Fristen eingehalten werden können. Die Bewerbungen sind über das Akademische Auslandsamt bzw. das Büro des Rektors/Präsidenten an den DAAD zu leiten. Die Termine sind verbindlich und beziehen sich auf den **Bewerbungseingang beim DAAD**.

Es wird gebeten, die Bewerbungen möglichst frühzeitig einzureichen.

spätester Termin für **Bewerbungseingang beim DAAD**	**Auswahlsitzung**	**frühester** **Stipendienantritt**
15. Juni 2001	September 2001	1. Oktober 2001
1. September 2001	November 2001	1. Dezember 2001
1. Dezember 2001	Februar 2002	1. März 2002

Ab Beginn des Jahres 2002 können Bewerbungen jederzeit eingereicht werden, mindestens jedoch drei Monate vor dem geplanten Stipendienantritt.

1 Studierende KOSEF-Kurzstipendien

KOSEF-Kurzstipendien für natur- und ingenieurwissenschaftliche Fachrichtungen in Korea

Programmbeschreibung
Zwar ist das Programm in erster Linie für Graduierte, deren Studienabschluss nicht länger als zwei Jahre zurückliegt, konzipiert, doch können sich auch Studierende höherer Semester bewerben, insbesondere wenn der Aufenthalt im Zusammenhang mit einer Examensarbeit (Diplom/Magister/Staatsexamen) steht, und die Betreuung durch einen koreanischen Wissenschaftler nachgewiesen bzw. sichergestellt werden kann.

Programmbeschreibung s. S. 149 f.

| Studierende | Sprachkurse | 1 |

Sommersprachkursstipendien

Programmbeschreibung
Der DAAD vergibt an Studierende Teilstipendien zum Besuch drei- bis vierwöchiger Sommersprachkurse (**außer Englisch**, weitere Einschränkungen siehe unten) an Hochschulen im europäischen Ausland. Sprachkurse privater Träger können nicht gefördert werden. Die Stipendien sind zur Vertiefung bereits vorhandener guter Grundkenntnisse einer Fremdsprache, nicht aber zum Erlernen einer Sprache von Grund auf gedacht. Die Stipendien werden nur für solche Kurse vergeben, die in der vorlesungsfreien Zeit nach dem SS 2002 stattfinden.

Eine Übersicht über die im europäischen Ausland stattfindenden Sommersprachkurse bietet die Broschüre „Sprachkurse an Hochschulen in Europa – Sommer 2001", die im Buchhandel erhältlich ist (Preis: circa DM 25,–) oder bei den Akademischen Auslandsämtern der Hochschulen eingesehen werden kann. Die Broschüre des Jahres 2001 kann auch zur Vorinformation für die Kurse im darauf folgenden Jahr benutzt werden; die Neuauflage für den Sommer 2002 erscheint erst im Februar 2002.

- Die Förderung der Teilnahme an Englischkursen ist nicht möglich.
- Die Förderung der Teilnahme an Französischkursen ist nur für Studierende der Fachhochschulen möglich.
- In einigen Ländern, die Regierungsstipendien vergeben, ist das Angebot auf bestimmte Kursorte beschränkt (s. Sonstiges).
- Ausgeschlossen von der Teilnahme an diesem Programm sind Bewerberinnen und Bewerber, die im SS 2002 ihr Studium abschließen. Sprachkurse für Graduierte s. S. 151.

Stipendienleistungen
Stipendienhöhe
Die Sprachkursstipendien sind Teilstipendien. Sie werden in einer Summe ausgezahlt und berücksichtigen die unterschiedlichen Gegebenheiten im Gastland. Die Stipendien dienen – bei einer angemessenen Selbstbeteiligung – der Deckung der durch den Auslandsaufenthalt entstehenden zusätzlichen Kosten für Reise, Unterkunft, Verpflegung sowie Kursgebühren.

Laufzeit
3 bis 4 Wochen

Bewerbungsvoraussetzungen
Studierende der Universitäten, Kunst- und Musikhochschulen
Antragsberechtigt sind Studierende, die sich zum Zeitpunkt der Bewerbung (WS 2001/2002) an einer Hochschule in Deutschland **mindestens im 3. Fachsemester** befinden und zum Abschluss des SS 2001 ein mindestens zweisemestriges Studium der betreffenden Sprache an einer deutschen Hochschule nachweisen.

1 Studierende — Sprachkurse

Studierende der Fachhochschulen
Antragsberechtigt sind Studierende, die sich zum Zeitpunkt der Bewerbung (WS 2001/2002) mindestens **im 3. Fachsemester** befinden und solide Grundkenntnisse der betreffenden Sprache nachweisen.

Bewerbungsunterlagen
Studierende der Universitäten, Kunst- und Musikhochschulen
Bitte alle Antragsunterlagen dreifach einreichen:
- DAAD-Bewerbungsformular (blau)
- Maschinengeschriebener tabellarischer Lebenslauf mit Angaben zum Studienverlauf
- Maschinengeschriebene Begründung für die Notwendigkeit der Teilnahme am Sprachkurs. Bei Nicht-Philologen sollte die Begründung den Zusammenhang zum Studiengang darlegen.
- Ein Fachgutachten neueren Datums einer Hochschullehrerin oder eines Hochschullehrers, vorzugsweise aus dem Hauptfach, bei Philologen des Faches, das in unmittelbarem Zusammenhang mit dem gewünschten Sprachkurs steht, bei Bewerbung vor der Zwischenprüfung von wissenschaftlichen Mitarbeitern oder Assistenten. Beurteilungen über die Teilnahme an sprachpraktischen Übungen zählen nicht als Fachgutachten.
- Kopie des Zwischen- bzw. Vorprüfungszeugnisses soweit abgelegt
- Bei gleichzeitiger Einreichung von Vor- bzw. Zwischenprüfungszeugnis (mit Einzelnoten!) Aufstellung der Scheine ab der Vorprüfung, ansonsten vollständige Scheinaufstellung (auf DAAD-Formular)
- Sprachzeugnis auf DAAD-Formular, von einem (ausländischen) Sprachlektor ausgestellt

Das Fachgutachten und das Sprachzeugnis dürfen nicht vom selben Hochschullehrer ausgestellt werden.

Studierende der Fachhochschulen
Bitte alle Antragsunterlagen dreifach einreichen:
- DAAD-Bewerbungsformular (blau)
- Maschinengeschriebener tabellarischer Lebenslauf mit Angaben zum Studienverlauf
- Maschinengeschriebene Begründung für die Notwendigkeit der Teilnahme am Sprachkurs in Bezug auf den Studiengang
- Ein Fachgutachten neueren Datums einer Hochschullehrerin bzw. eines Hochschullehrers des Hauptfaches, bei Bewerbung vor der Zwischenprüfung von wissenschaftlichen Mitarbeitern oder Assistenten. Beurteilungen über die Teilnahme an sprachpraktischen Übungen zählen nicht als Fachgutachten.
- Bei gleichzeitiger Einreichung von Vor- bzw. Zwischenprüfungszeugnis (mit Einzelnoten!) Aufstellung der Scheine ab der Vorprüfung, ansonsten vollständige Scheinaufstellung (auf DAAD-Formular)
- Kopien von benoteten ausbildungsbezogenen Zeugnissen;

| Studierende | Sprachkurse | 1 |

– Sprachzeugnis auf DAAD-Formular, von einem (ausländischen) Sprachlektor ausgestellt

Das Fachgutachten und das Sprachzeugnis dürfen nicht vom selben Hochschullehrer ausgestellt werden.

Bewerbungstermin und -ort
– Für Studierende an **Fachhochschulen: 15. Dezember 2001**
– Für Studierende an **anderen Hochschulen: 15. Januar 2002**

Die Bewerbung kann nur über das Akademische Auslandsamt/-Büro des FH-Rektors bzw. -Präsidenten/Sekretariat der Hochschule eingereicht werden. Dort liegen die Bewerbungsformulare des DAAD vor. Unvollständige Bewerbungen werden vom DAAD nicht berücksichtigt. Die Verantwortung für die Vollständigkeit der Bewerbung liegt beim Bewerber bzw. der Bewerberin.

Über die Vergabe der Stipendien entscheidet eine Auswahlkommission des DAAD. Die Gründe, die zur Entscheidung der Auswahlkommission geführt haben, werden nicht mitgeteilt. Eine wiederholte Stipendienvergabe an denselben Bewerber ist nur in Ausnahmefällen möglich.

Mit der Annahme des Stipendiums verpflichtet sich der Stipendiat bzw. die Stipendiatin zum Einhalten der Richtlinien, die mit der Stipendienzusage bekannt gegeben werden.

Sonstiges

Die unter **Bewerbungsvoraussetzungen** und **Bewerbungsunterlagen** gemachten Angaben haben ebenfalls Gültigkeit für die im Folgenden genannten Stipendien, die dem DAAD von ausländischer Seite zur Verfügung gestellt werden. Allerdings kann hier auf den Nachweis eines zweisemestrigen Studiums der betreffenden Sprache zum Abschluss des SS 2001 verzichtet werden, wenn der Bewerber oder die Bewerberin nachweist, dass er oder sie bereits über **gute Grundkenntnisse** verfügt.

– Sprachkurs für **Albanisch** in Albanien
– Sprachkurs für **Bulgarisch** in Sofia
– Sprachkurs für **Dänisch** in Helsingør
– Sprachkurs für **Griechisch** in Griechenland
– Sprachkurse für **Irisch** in Galway und Dublin
– Sprachkurse für **Norwegisch** an den Universitäten Bergen und Oslo
– Sprachkurse für **Polnisch** in Polen
– Sprachkurse für **Rumänisch** in Rumänien
– Sprachkurse für **Slowenisch** in Ljubljana
– Sprachkurse für **Mazedonisch** in Skopje und Ohrid
– Sprachkurse für **Kroatisch** in Zagreb
– Sprachkurse für **Tschechisch** in Prag und Brünn
– Sprachkurse für **Slowakisch** in Bratislava
– Sprachkurs für **Ungarisch** in Debrecen

1 Studierende   Sprachkurse

Bewerberinnen und Bewerber für diese Gegenstipendien werden darauf hingewiesen, dass ihre Bewerbungsunterlagen vom DAAD an den ausländischen Stipendiengeber weitergeleitet werden; in einigen Fällen müssen dann zusätzliche Unterlagen ausgefüllt werden.

Weitere Förderungsprogramme (für Anfänger):
Russisch in der Russischen Föderation für Studierende aller Fachrichtungen (mit Ausnahme der Slavistik), die an der russischen Wissenschaft, Wirtschaft und Kultur sowie an engeren Kontakten mit Russland interessiert sind (s. Länderteil Russische Föderation S. 232 f.).

Studierende	Sprachkurse	1

Sprachkurse für Anfänger:
Polnisch in Polen
Tschechisch in Tschechien
Slowakisch in der Slowakei

Programmbeschreibung
Diese Anfängerkurse sollen Studierenden und Graduierten die Möglichkeit geben, sich Grundkenntnisse der genannten Sprachen anzueignen und wichtige Grundelemente der Kultur, Geschichte und Gegenwart des jeweiligen Landes kennenzulernen.

Stipendienleistungen
Diese Stipendien werden dem DAAD von ausländischer Seite zur Verfügung gestellt. Der DAAD zahlt eine Reisekostenpauschale.

Laufzeit
3 bis 4 Wochen in der vorlesungsfreien Zeit im Sommer

Bewerbungsvoraussetzungen
Bewerben können sich Studierende der Universitäten und Fachhochschulen sowie Graduierte aller Fachrichtungen (für Polnisch in Polen und Tschechisch in Tschechien: mit Ausnahme der Slavistik), die sich zum Zeitpunkt der Bewerbung mindestens im dritten Fachsemester befinden.

Bewerbungsunterlagen
Bitte alle Antragsunterlagen dreifach einreichen:
– DAAD-Bewerbungsformular (blau)
– Maschinengeschriebener lückenloser tabellarischer Lebenslauf mit Angaben zum Studienverlauf
– Maschinengeschriebene Begründung für die Notwendigkeit der Teilnahme am Sprachkurs
– Fachgutachten neueren Datums einer Hochschullehrerin bzw. eines Hochschullehrers, bei Bewerbung vor der Zwischenprüfung von wissenschaftlichen Mitarbeitern oder Assistenten
– Aufstellung der Scheine (bitte auf DAAD-Formular)
  Studierende: bei gleichzeitiger Einreichung von Vor- bzw. Zwischenprüfungszeugnis (mit Einzelnoten!) Scheine ab der Vorprüfung, ansonsten vollständige Scheinaufstellung
  Graduierte: bei gleichzeitiger Einreichung von Diplom- bzw. Abschlussexamenszeugnis entfällt die Scheinaufstellung, ansonsten Vorlage des Vor- bzw. Zwischenprüfungszeugnisses plus Scheine ab dieser Prüfung

Bewerbungsunterlagen sind erhältlich beim Akademischen Auslandsamt oder beim DAAD, Referat 222.

1	Studierende	Sprachkurse

Unvollständige Bewerbungen können vom DAAD nicht berücksichtigt werden. Die Verantwortung für die Vollständigkeit der Unterlagen liegt bei den Bewerbern.

Bewerbungstermin und -ort
Für Bewerber von Fachhochschulen: 15.12.2001 beim Akademischen Auslandsamt
Für Bewerber von anderen Hochschulen: 15.01.2002 beim Akademischen Auslandsamt

Sonstiges
Bewerberinnen und Bewerber werden darauf hingewiesen, dass ihre Bewerbungsunterlagen vom DAAD an den ausländischen Stipendiengeber weitergeleitet werden; in einigen Fällen müssen zusätzliche Unterlagen ausgefüllt werden. Die endgültige Entscheidung über die Stipendienvergabe trifft der ausländische Stipendiengeber.

| Studierende | Sprachkurse | 1 |

Sprachkursprogramm Arabisch

Programmbeschreibung
Der DAAD vergibt Teilstipendien für einen arabischen Sprachkurs des Bourguiba-Instituts in Tunis/Tunesien. Sie sind für Studierende höherer Semester der Orientalistik, Arabistik, Islamwissenschaften und fortgeschrittene Studierende, die Arabisch im Nebenfach studieren (keine Graduierten), vorgesehen. In begründeten Ausnahmefällen können sich auch Studierende und Graduierte anderer Fachrichtungen, soweit sie entsprechende Arabischkenntnisse nachweisen können, bewerben.

Stipendienleistungen
Stipendienhöhe
Die Teilstipendien werden in einer Summe ausgezahlt. Sie dienen – bei einer angemessenen Selbstbeteiligung an den Lebenshaltungskosten – der Deckung der durch den Auslandsaufenthalt entstehenden zusätzlichen Kosten (einschließlich der Kursgebühren).

Laufzeit
Juli/August 2002 (4 Wochen)

Bewerbungsvoraussetzungen
Nachweis eines mindestens viersemestrigen Studiums zum Ende des SS 2001 und der Zwischenprüfung, sofern die Studienordnung eine solche vorsieht, sowie erfolgreicher Abschluss eines mindestens viersemestrigen Arabischkurses zum Ende des SS 2001 oder gleichwertige Arabischkenntnisse

Zusätzlich gelten die allgemeinen Bewerbungsvoraussetzungen des DAAD.

Bewerbungsunterlagen
Bitte alle Antragsunterlagen zweifach einreichen:
– DAAD-Bewerbungsformular (blau)
– Maschinengeschriebener tabellarischer Lebenslauf mit Studiengang
– Bei Nicht-Orientalisten eine Begründung, die die Verbindung zwischen Studiengang und Sprachkurs herstellt
– Zwei Fachgutachten von Hochschullehrerinnen bzw. Hochschullehrern, eines aus dem Hauptfach, das Zweite aus dem Nebenfach bzw. zweiten Hauptfach, bei Bewerbung vor der Zwischenprüfung von wissenschaftlichen Mitarbeitern oder Assistenten (Gutachten von Lektoren können nicht anerkannt werden)
– Bei gleichzeitiger Einreichung von Vor- bzw. Zwischenprüfungszeugnis (mit Einzelnoten!) Aufstellung der Scheine ab der Vorprüfung, ansonsten vollständige Scheinaufstellung (auf DAAD-Formular)
– Arabisches Sprachzeugnis (spezielles DAAD-Formular für Arabischkurse, gelb)

| 1 | Studierende | Sprachkurse |

Eine Sonderausschreibung und die zugehörigen Bewerbungsunterlagen zu diesem Programm sind ab WS 2001/2002 bei den Orientalistischen Instituten, den Akademischen Auslandsämtern der Hochschulen und beim DAAD, Ref. 222, erhältlich.

Bewerbungstermin und -ort
15. März 2002 direkt beim DAAD, Referat 222

Sonstiges
Bewerbungen zur Teilnahme an anderen Sommerkursen für Arabisch von mindestens 4-wöchiger Dauer in den Maghreb- oder Nahost-Staaten sind möglich. In solchen Fällen bittet der DAAD um genaue Angaben zu Veranstalter, Kursinhalt, Dauer (einschließlich Wochenstundenzahl) und Kosten sowie um eine Kopie des Kursprospektes.

| Studierende | Sprachkurse | 1 |

Sprachkursprogramm Hebräisch

Programmbeschreibung
Der DAAD bietet Teilstipendien zur Teilnahme an einem Hebräischkurs der Ben Gurion Universität in Beersheva/Israel an. Sie sind für fortgeschrittene Studierende und Graduierte aller Fachrichtungen mit deutlichem Regionalbezug sowie soliden Grundkenntnissen in Hebräisch vorgesehen.

Stipendienleistungen
Stipendienhöhe
Die Teilstipendien werden in einer Summe ausgezahlt. Sie dienen – bei einer angemessenen Selbstbeteiligung an den Lebenshaltungskosten – der Deckung der durch den Auslandsaufenthalt entstehenden zusätzlichen Kosten (einschließlich der Kursgebühren).

Laufzeit
6 Wochen im Sommer 2002 (August/September)

Bewerbungsvoraussetzungen
Studierende sollten bis Ende des SS 2002 das Grundstudium abgeschlossen haben. Graduierte Bewerber mit einem abgeschlossenen Hochschulstudium müssen eine Verbindung zum aktuellen Forschungsvorhaben bzw. Promotionsthema nachweisen. Weiterhin sind solide Grundkenntnisse (für Studierende und Graduierte) in Hebräisch erforderlich. Postdoktoranden sind nicht bewerbungsberechtigt.

Weitere Informationen zu den Stipendien, zu den allgemeinen Bewerbungsvoraussetzungen und zum Bewerbungs- bzw. Auswahlverfahren sind in den Abschnitten „Hinweise für Studierende" (S. 13 ff.) bzw. „Hinweise für Graduierte und Promovierte" (S. 88 ff.) enthalten.

Bewerbungsunterlagen
Bitte alle Antragsunterlagen zweifach einreichen:
- DAAD-Bewerbungsformular (blau)
- Lückenloser tabellarischer Lebenslauf einschließlich Studienverlauf
- Begründung für die Kursteilnahme
- Zwei Fachgutachten von Hochschullehrerinnen bzw. Hochschullehrern, eines aus dem Hauptfach, das Zweite aus dem Nebenfach bzw. zweiten Hauptfach, bei Bewerbung vor der Zwischenprüfung von wissenschaftlichen Mitarbeitern oder Assistenten (Gutachten von Lektoren können nicht anerkannt werden)

1 Studierende   Sprachkurse

- Aufstellung der Scheine bitte auf DAAD-Formular
  Studierende: Bei gleichzeitiger Einreichung von Vor- bzw. Zwischenprüfungszeugnis (mit Einzelnoten!) Scheine ab der Vorprüfung, ansonsten vollständige Scheinaufstellung
  Graduierte: Bei gleichzeitiger Einreichung von Diplom- bzw. Abschlussexamenszeugnis und Vordiplom/Zwischenprüfungszeugnis (mit Einzelnoten!) entfällt Scheinaufstellung, ansonsten Vorlage des Vor- bzw. Zwischenprüfungszeugnisses (mit Einzelnoten!) plus Scheine ab dieser Prüfung
- Sprachzeugnis (DAAD-Formular) zum aktuellen Stand der Hebräischkenntnisse, ausgefüllt von einem Sprachlektor; falls vorhanden, entsprechende Teilnahmebestätigungen von Hebräischkursen beifügen

Die Sonderausschreibung und die zugehörigen Bewerbungsunterlagen zu diesem Programm sind ab WS 2001/2002 bei den Instituten für Jüdische Studien, den Akademischen Auslandsämtern der Hochschulen sowie beim DAAD, Referat 222, erhältlich.

Bewerbungstermin und -ort
15. März 2002 direkt beim DAAD, Referat 222

| Studierende | Sprachkurse | 1 |

Sprachkursprogramm Hausa bzw. Bambara

Programmbeschreibung
Der DAAD beabsichtigt, im Jahr 2002 zwei jeweils achtwöchige Intensivsprachkurse in **Hausa** bzw. **Bambara** in Afrika durchzuführen und für die Teilnahme Stipendien zu vergeben. Einzelheiten werden in einer Sonderausschreibung an die Afrikanistik-Institute im Laufe des WS 2001/2002 bekannt gegeben.

Angesprochen werden:
- Studierende der Afrikanistik im Haupt und Nebenfach
- Studierende anderer Fachrichtungen, die in ihrem Studienfach und Studienverlauf einen deutlichen Regionalbezug nachweisen können (Doktorandinnen und Doktoranden nur in begründeten Ausnahmefällen)

Es stehen bis zu 20 Teilstipendien zur Verfügung.

Stipendienleistungen
Stipendienhöhe
Das Teilstipendium setzt sich zusammen aus einem Zuschuss zu den internationalen Reisekosten, einem Zuschuss zu den für Unterkunft und Verpflegung zu erwartenden Kosten sowie den Kursgebühren. Eine Eigenbeteiligung an den Flug- und Aufenthaltskosten wird vorausgesetzt.

Laufzeit
8 Wochen, voraussichtlich im September/Oktober 2002 (s. Sonderausschreibung im WS 2001/2002)

Bewerbungsvoraussetzungen
- Nachweis eines mindestens dreisemestrigen Studiums an einer deutschen wissenschaftlichen Hochschule zum Ende des WS 2001/2002
- Erfolgreicher Abschluss eines mehrsemestrigen Hausa- bzw. Bambara-Sprachkurses von insgesamt mindestens 10 Semesterwochenstunden. Der Nachweis muss durch Bescheinigung der Hochschule erbracht werden. Solide Kenntnisse der entsprechenden Grammatik sind erforderlich.

Bewerbungsunterlagen
in einfacher Ausfertigung:
- DAAD-Bewerbungsformular
- Maschinengeschriebener tabellarischer Lebenslauf und Studiengang
- Fachgutachten einer Hochschullehrerin oder eines Hochschullehrers aus dem Hauptfach, bei Bewerbung vor der Zwischenprüfung von wissenschaftlichen Mitarbeitern oder Assistenten (Gutachten von Lektoren können nicht anerkannt werden); Doktoranden müssen ein Gutachten des die Dissertation betreuenden Hochschullehrers beibringen und darlegen, in welchem Zusammenhang der Sprachkurs mit ihrem Forschungsvorhaben steht

| 1 | Studierende | Sprachkurse |

- Aufstellung der Scheine (bitte auf DAAD-Formular):
  Studierende: Bei gleichzeitiger Einreichung von Vor- bzw. Zwischenprüfungszeugnis (mit Einzelnoten!) Scheine ab der Vorprüfung, ansonsten vollständige Scheinaufstellung
  Graduierte: Bei gleichzeitiger Einreichung von Diplom- bzw. Abschlussexamenszeugnis entfällt Scheinaufstellung, ansonsten Vorlage des Vor- bzw. Zwischenprüfungszeugnisses (mit Einzelnoten!) plus Scheine ab dieser Prüfung
- Sprachzeugnis über das Ergebnis eines Hausa- bzw. Bambara-Sprachtests, der voraussichtlich im Februar 2002 gleichzeitig an den Afrikanistik-Instituten der deutschen Hochschulen durchgeführt wird (der genaue Ort und Termin wird in der Sonderausschreibung bekannt gegeben)

Die Bewerbungsunterlagen und die Sonderausschreibung sind ab dem WS 2001/2002 bei den Instituten für Afrikanistik, den Akademischen Auslandsämtern und beim DAAD, Ref. 222, erhältlich.

Bewerbungstermin und -ort
Im März 2002 direkt beim DAAD, Ref. 222 (der genaue Termin wird in der Sonderausschreibung genannt).

Sonstiges
Die organisatorischen Aufgaben der Kursveranstaltung werden von einem der acht deutschen Afrikanistik-Institute in Absprache mit dem DAAD übernommen.

| Studierende | Fachkurse | 1 |

Fachkursstipendien – Allgemeine Hinweise

Programmbeschreibung
Der DAAD stellt für Studierende höherer Semester an Universitäten und Fachhochschulen Teilstipendien zur Teilnahme an Fachkursen, die von Universitäten oder wissenschaftlichen Organisationen im **europäischen Ausland** angeboten werden, zur Verfügung. Die Stipendien sind ausschließlich zum Besuch solcher Kurse bestimmt, die der wissenschaftlichen Fortbildung unmittelbar dienen und einen direkten Bezug zum Studienschwerpunkt haben. Gefördert werden nur Kurse mit internationaler Beteiligung.

Zur Teilnahme an Sprachkursen werden diese Stipendien nicht vergeben, auch wenn es sich um Kurse mit literaturwissenschaftlicher, sprachwissenschaftlicher oder speziell landeskundlicher Ausrichtung handelt. Tagungen, Kongresse, Workshops und Symposien können im Rahmen dieses Programms nicht berücksichtigt werden. Individuelle Studienprogramme, zum Beispiel Kombinationen von sprachlicher Vertiefung und Materialsammeln für eine wissenschaftliche Arbeit, können ebenfalls nicht gefördert werden. Die Stipendien können auch nicht für einen Teilabschnitt eines längeren Kurses verwandt werden. Eine Teilnahme an Fachkursen, die vom deutschen Hauptfachlehrer im Ausland veranstaltet werden, ist ausgeschlossen.

Stipendienleistungen
Stipendienhöhe
auf Anfrage

Die Fachkursstipendien sind Teilstipendien. Sie werden in einer Summe ausgezahlt und berücksichtigen die unterschiedlichen Gegebenheiten im Gastland. Die Stipendien dienen – bei einer angemessenen Selbstbeteiligung an den Lebenshaltungskosten – der Deckung der durch den Auslandsaufenthalt entstehenden zusätzlichen Kosten (einschließlich der Kursgebühren).

Der DAAD behält sich vor, die Teilnahme an Kursen mit Gebühren von mehr als DM 1.000,– nicht oder nur anteilig zu fördern.

Laufzeit
Mindestens 1, höchstens 6 Wochen

Bewerbungsvoraussetzungen
Bewerben können sich Studierende höherer Semester. Es wird vorausgesetzt, dass Stipendienbewerberinnen und -bewerber sich zum Zeit-punkt der Bewerbung bereits über das Fachprogramm, die Einschreibformalitäten etc. informiert haben.

1 Studierende Fachkurse

Bewerbungsunterlagen
Bewerbungsunterlagen können nur beim DAAD, Referat 222, angefordert werden.

Bewerbungstermin und -ort
Die vollständigen Stipendienanträge müssen beim DAAD, Referat 222, spätestens 3 Monate vor Beginn des Fachkurses vorliegen.

Sonstiges
Die beiden folgenden Seiten geben einen Überblick über bestehende besondere Fachkursstipendienprogramme für **Rechtswissenschaften** und **Musik**.

| Studierende | Fachkurse Rechtswissenschaften | 1 |

Fachkursstipendien Rechtswissenschaften

Programmbeschreibung
Zur Teilnahme an von Hochschulen oder wissenschaftlichen Institutionen im europäischen Ausland veranstalteten anerkannten internationalen juristischen Fachkursen werden Teilstipendien vergeben, so für folgende Kurse:
- Hague Academy of International Law, Den Haag/Niederlande: „Private International Law" und „Public International Law"
- London School of Economics and Political Science (LSE), London/Großbritannien: „Introduction to English Law"
- University of Cambridge, Cambridge/Großbritannien: „English Legal Methods"
- CRE/Copernicus Environmental Management and Law Association, Budapest/Ungarn: „Environmental Law"
- u.a.

Stipendienleistungen
Stipendienhöhe
auf Anfrage

Die Fachkursstipendien sind Teilstipendien. Sie werden in einer Summe ausgezahlt und berücksichtigen die unterschiedlichen Gegebenheiten im Gastland. Die Stipendien dienen – bei einer angemessenen Selbstbeteiligung an den Lebenshaltungskosten – der Deckung der durch den Auslandsaufenthalt entstehenden zusätzlichen Kosten (einschließlich der Kursgebühren).

Der DAAD behält sich vor, die Teilnahme an Kursen mit Gebühren von mehr als DM 1.000,- nicht oder nur anteilig zu fördern.

Laufzeit
3 bis 4 Wochen im Sommer 2002

Bewerbungsvoraussetzungen
Bewerbungsvoraussetzung ist ein mindestens fünfsemestriges Jura-Studium (im WS 2001/2002) bzw. der Nachweis aller großen Scheine. Sehr gute Sprachkenntnisse, auch Rechtsterminologie, werden ebenfalls vorausgesetzt. Bewerberinnen und Bewerber müssen sich um fristgerechte Zulassung zum gewünschten Fachkurs selber bemühen. Unabhängig von der Stipendienbewerbung beim DAAD sollten Bewerberinnen bzw. Bewerber daher die ausführlichen Kursinformationen und offiziellen Anmeldeformulare frühzeitig beim ausländischen Kursveranstalter anfordern.

Bewerbungsunterlagen
Bewerbungsunterlagen sind beim DAAD, Referat 222, ab Oktober 2001 erhältlich.

Bewerbungstermin und -ort
Für alle juristischen Fachkurse: 15. Februar 2002 direkt beim DAAD, Referat 222.

1 Studierende   Fachkurse Musik

Fachkursstipendien Musik

Programmbeschreibung
Der DAAD vergibt Teilstipendien zur Teilnahme an ein- bis sechswöchigen international anerkannten Musikkursen, die in der vorlesungsfreien Zeit nach dem Sommersemester 2002 im europäischen Ausland stattfinden. Eine Stipendienvergabe ist nicht möglich, wenn der Bewerber oder die Bewerberin während des Musikkurses beim Hauptfachlehrer seiner bzw. ihrer deutschen Hochschule studieren will. Die Bewerberinnen und Bewerber müssen sich selbst um Aufnahme in den von ihnen gewählten Musikkurs bemühen. Eine wiederholte Stipendienvergabe an denselben Bewerber ist nur in besonders begründeten Ausnahmefällen möglich.

Stipendienleistungen
Stipendienhöhe
auf Anfrage

Die Sommerkursstipendien sind Teilstipendien, die in einem Betrag ausgezahlt werden. Die Höhe des Teilstipendiums berücksichtigt die unterschiedlichen Gegebenheiten (Gebühren, Lebenshaltungskosten), deckt diese Kosten jedoch nicht voll ab. Der DAAD behält sich vor, die Teilnahme an Kursen mit Gebühren von mehr als DM 1.000,– nicht oder nur anteilig zu fördern.

Laufzeit
Mindestens 1, höchstens 6 Wochen

Bewerbungsvoraussetzungen
Die Stipendien sind für deutsche Studierende des Fachbereichs Musik bestimmt, die zum Zeitpunkt der Bewerbung mindestens im 3. Fachsemester an einer staatlichen Musikhochschule in Deutschland studieren.

Bewerbungsunterlagen
Im Einzelnen werden folgende Bewerbungsunterlagen in einfacher Ausfertigung erbeten:
– DAAD-Bewerbungsformular in Maschinenschrift
– Lebenslauf und Studiengang in Maschinenschrift
– Kurze Darstellung und Begründung des Studienvorhabens
– Nähere Angaben zu Art, Dauer, Inhalt, Gebühren und Teilnahmebedingungen des gewählten Musikkurses. Bitte möglichst Kopie des Kursprospekts beifügen
– Ein Gutachten des Hauptfachlehrers oder der Hauptfachlehrerin
– Gegebenenfalls ein Sprachzeugnis auf DAAD-Formular

| Studierende | Fachkurse Musik | 1 |

Eine **Tonbandkassette** bzw. CD mit vom Bewerber gespielten bzw. gesungenen vollständigen Werken – **nicht nur einzelnen Sätzen** – aus drei verschiedenen, für das Fach wesentlichen Stilepochen:
– bei **Sängern** mindestens 20 Spielminuten
– bei **Instrumentalisten** mindestens 30 Spielminuten
– bei Bewerbungen von **Ensembles** ist zusätzlich von jedem Mitglied ein begleitetes oder unbegleitetes Solostück erforderlich
– **Dirigenten** legen ein Videoband (VHS) mit eigenem Dirigieren vor, möglichst mit dem Gesicht zur Kamera; notfalls eine Tonaufnahme mit selbst dirigierten Werken; zusätzlich eine Tonaufnahme mit eigenem Instrumentenspiel
– **Komponisten** reichen eigene Kompositionen ein, das heißt Partituren und Tonaufnahmen

Die gespielten Werke müssen auf den Kassetten durch **deutliche Pausen** getrennt sein. Die Angabe der Zeitdauer der einzelnen Sätze ist erwünscht. Die Aufnahme sollte nicht länger als sechs Monate zurückliegen (bitte Aufnahmedatum angeben).

Bewerbungstermin und -ort
30. April 2002 direkt beim DAAD, Referat 222, wo auch die Bewerbungsformulare erhältlich sind.

1 Studierende — ISAP

Internationale Studien- und Ausbildungspartnerschaften (ISAP)

Programmbeschreibung
In diesem neuen Programm sind seit dem Jahr 2001 die früheren Einzelprogramme IAS (Integriertes Auslandsstudium) und ISP (Internationale Studienpartnerschaften) zusammengefasst worden. Ziel ist die Förderung des gegenseitigen studentischen Austauschs zwischen deutschen Hochschulen und Hochschulen von Ländern in Übersee und der GUS-Staaten. Das Programm erstreckt sich also auf Länder, die nicht in die Mobilitätsprogramme der Europäischen Union einbezogen sind. Begleitende Maßnahmen, die den Austausch unterstützen, können ebenfalls gefördert werden.

Das Programm ist fachlich nicht eingegrenzt; der Studierendenaustausch soll sich jedoch im Rahmen fachbezogener Partnerschaften (auf Instituts-, Fachbereichs- oder Fakultätsebene) vollziehen. Es ist beabsichtigt, dass auf diese Weise durch das ISAP-Programm institutionelle Kooperationsnetze geschaffen werden, die auf beiden Seiten zu strukturverändernden Maßnahmen (zum Beispiel Credit Transfer, gemeinsame Curriculum-Entwicklung) führen können. Daher sollen ISAP-Programme prinzipiell längerfristig angelegt sein. Die deutschen Hochschulen werden ermuntert, ihrerseits durch Schaffung attraktiver Studienangebote für Ausländer eine möglichst dauerhafte beidseitige Austauschgrundlage zu gewährleisten.

Stipendienleistungen
a) Förderungsleistungen für deutsche **Studierende**
Die Förderung des DAAD für deutsche Studierende besteht aus der Zahlung von Teilstipendien, einer monatlichen Krankenversicherungspauschale und einer Reisekostenpauschale. Die Teilstipendien werden für höchstens zwei Semester vergeben; eine Verlängerung ist nicht möglich. Es können ggf. anfallende Studiengebühren bis zu einer festgelegten Höhe übernommen werden.

Die Teilnahme deutscher Studierender an ISAP-Programmen kann grundsätzlich nach dem BAföG gefördert werden. Die Förderung für den Auslandsaufenthalt muss jedoch von dem einzelnen Teilnehmer bei dem für das betreffende Zielland zuständigen Amt für Ausbildungsförderung beantragt werden. Der DAAD ergänzt das Auslands-BAföG durch ein Aufstockungsstipendium.

b) Förderungsleistungen für **Programmbeauftragte**
Für die Vorbereitung von ISAP-Programmen und zur weiteren Kontaktpflege mit den ausländischen Vertragspartnern kann der DAAD Reisekostenpauschalen für die verantwortlichen deutschen Hochschullehrer und ggf. auch für die ausländischen Partner bereitstellen.

c) Förderungsleistungen für **Lehrveranstaltungen an den Partnerhochschulen**
Der DAAD kann die Durchführung von Lehrveranstaltungen der deutschen und ausländischen Hochschullehrer am jeweiligen Partnerinstitut fördern. Die Aufenthalte sollen mindestens zwei Wochen und in der Regel nicht länger als sechs Monate dauern. Der DAAD zahlt für den deutschen Hochschullehrer eine Reise-

Studierende	ISAP	1

kostenpauschale und für den ausländischen Gastdozenten eine Monatspauschale bzw. Tagegeld. Die ausländische Seite übernimmt die Reisekosten ihres Hochschullehrers und die Aufenthaltskosten für den deutschen Gastdozenten.

Bewerbungsvoraussetzungen
In diesem Programm soll kleineren Gruppen (in der Regel drei bis fünf Personen) deutscher Studierender nach abgeschlossenem Grundstudium, aber auch in Graduierten- und Aufbaustudiengängen, ein ein- bis zweisemestriges Fachstudium an führenden ausländischen Hochschulen unter der Voraussetzung ermöglicht werden, dass die Heimathochschule die im Ausland erbrachten Studienleistungen anerkennt. Der zuständige Fachbereich muss die Anerkennung der im Ausland durchgeführten Studien bestätigen. Innerhalb eines zweisemestrigen Auslandsstudiums kann auch eine Praxisphase von höchstens einem Semester vorgesehen werden, wenn diese in der Studienordnung vorgeschrieben ist. Die Studierenden müssen an der jeweiligen Gasthochschule immatrikuliert werden und über ausreichende Kenntnisse der Unterrichtssprache verfügen. Zu den Förderungsvoraussetzungen gehört weiterhin, dass die deutschen Studierenden an den ausländischen Hochschulen Studiengebührenerlass oder zumindest eine angemessene Studiengebührenreduzierung erhalten.

Die Initiative zu einem ISAP-Programm muss von einem deutschen Hochschullehrer oder einer Hochschullehrerin ausgehen (Programmbeauftragter/Programmbeauftragte), der oder die mit ausländischen Kollegen eine entsprechende Vereinbarung trifft und für die Antragstellung, die inhaltliche Betreuung und die organisatorische Durchführung des Programms gegenüber dem DAAD im Auftrag des Fachbereichs bzw. der Fakultät der betreffenden deutschen Hochschule verantwortlich zeichnet.

Bewerbungstermin und -ort
Die Anträge sind einzureichen bis spätestens
1. Mai   für ISAP-Programme mit Laufzeitbeginn im darauffolgenden Frühjahr
1. Oktober für ISAP-Programme mit Laufzeitbeginn im Herbst des Folgejahres
im DAAD, Referat 211

Nach der Förderungszusage für ein Programm durch den DAAD geben die Fachbereiche den Bewerbungstermin an ihrer Hochschule für interessierte Studierende rechtzeitig bekannt. Die Bewerbungen sind beim Fachbereich bzw. bei den Programmbeauftragten einzureichen. Bewerbungen von Studierenden direkt beim DAAD sind nicht möglich.

Sonstiges
Über die beantragte Einrichtung und die Verlängerung eines ISAP-Programms entscheidet eine aus Hochschullehrern bestehende DAAD-Kommission. Nach einer positiven Entscheidung sagt der DAAD den Programmbeauftragten die Fördermittel zur Durchführung ihrer ISAP-Programme in Form eines Zuwendungsvertrags an die Hochschule für jeweils zwei Jahre zu. Nach einer zweijährigen Einrichtungsphase kann die Förderung bis zu zweimal verlängert werden. Nach einer insgesamt sechsjährigen Förderzeit erfolgt eine Evaluation, auf deren Grundlage über eine Weiterförderung entschieden wird. Die Auswahl der studentischen Programmteilnehmer erfolgt in Eigenverantwortung der jeweiligen Hochschule durch entsprechende Kommissionen. Die Gasthochschule muss der Nominierung zustimmen.

1 Studierende — Studienreisen

Informationsaufenthalte / Studienreisen von Gruppen von Studierenden unter Leitung von Hochschullehrern

Programmbeschreibung
Der Deutsche Akademische Austauschdienst kann Gruppen von Studierenden an deutschen Hochschulen, die von Hochschullehrerinnen bzw. -lehrern geleitet werden, bei Besuchen im Ausland fördern.

Antragsberechtigt sind Gruppen aus Universitäten, Gesamthochschulen, Technischen Hochschulen, Pädagogischen Hochschulen, Fachhochschulen sowie Hochschulen für Musik und Bildende Künste.

Ziel der Förderung ist es, deutschen Gruppen von Studierenden bzw. Studierenden, die an deutschen Hochschulen immatrikuliert sind, im Ausland sachbezogene Erfahrungen und hierbei Kontakte zu ausländischen Partnern im Hochschulbereich zu ermöglichen. Auslandsreisen im Rahmen von Sport- und Musikveranstaltungen können gefördert werden, sofern der fachliche Begegnungscharakter nachgewiesen wird. Daneben soll Gelegenheit zum Erwerb allgemeiner kultureller Kenntnisse des Gastlandes gegeben sein.

Stipendienleistungen
Stipendienhöhe
Die Förderung erfolgt durch Festbetragsfinanzierung, das heißt, für jeden Teilnehmer wird pro Tag ein fester Betrag – Tagessatz – gezahlt (inkl. An- und Abreisetag). Diese Tagessätze unterscheiden sich je nach Land bzw. Region (s.u.). Der Zuschuss deckt erfahrungsgemäß zwischen 30 und 50 Prozent der Gesamtkosten. Sollte der aus den Tagessätzen errechnete Betrag diese 50 Prozent überschreiten, so muss der DAAD-Zuschuss auf 50 Prozent der Gesamtkosten reduziert werden. Mehr als 50 Prozent kann der DAAD keinesfalls übernehmen.

Der DAAD setzt voraus, dass die Hochschule des Antragstellers einen angemessenen Teil der Kosten übernimmt, so dass die Eigenbeteiligung der Teilnehmerinnen und Teilnehmer in zumutbarem Rahmen bleibt.

Höhe der Tagessätze
Die Zuwendungen des DAAD werden als Tagessätze gewährt, die aber nicht als Tagegelder im Sinne des Bundesreisekostengesetzes zu verstehen sind. Gegenwärtig können pro Person und Land folgende Tagessätze vom DAAD zur Verfügung gestellt werden:

- Großbritannien   35,– DM
- Türkei   35,– DM
- Portugal   35,– DM
- Spanien   35,– DM
- Skandinavien   40,– DM

| Studierende | Studienreisen | **1** |

- Island 50,– DM
- übrige Staaten Europas 30,– DM
  (inkl. europäische
  GUS-Staaten)
- Nordamerika 60,– DM
- Mittel- und Südamerika 50,– DM
- Afrika/Nahost 50,– DM
- Japan 100,– DM
- übrige Staaten Asiens 50,– DM
  (inkl. asiatische
  GUS-Staaten)
- Australien, Neuseeland,
  Ozeanien 60,– DM

Laufzeit
Die Förderungsdauer liegt zwischen 7 und 14 Tagen.

Bewerbungsvoraussetzungen
Antragsteller kann nur ein Hochschullehrer oder eine Hochschullehrerin einer deutschen Hochschule sein.

Die Zahl der studentischen Teilnehmerinnen und Teilnehmer soll 10 nicht unter- und darf 15 nicht überschreiten. Zusätzlich kann eine wissenschaftliche Lehrkraft als Begleitperson gefördert werden.

Pflichtexkursionen können nicht gefördert werden, ebenso wenig reine Auslandskonzerte oder Veranstaltungen, die überwiegend Seminar-, Kurs- oder Feldforschungscharakter haben.

Eine jährliche Förderung ist nicht möglich. Ausgeschlossen ist ebenfalls die Förderung von bereits durchgeführten Reisen.

Bewerbungsunterlagen
Die Anträge müssen dem DAAD über das Akademische Auslandsamt oder über die mit der Wahrnehmung der Auslandskontakte der Hochschule betraute Stelle eingereicht werden, bei denen auch die Antragsformulare erhältlich sind.

Der Antrag muss folgende Angaben enthalten:
- Antragsformular
- Begründung der geplanten Studienreise in **einer** Fachrichtung
- Inhaltliche Programmbeschreibung sowie Darstellung präziser Besuchs- und Besichtigungswünsche sowohl für den fachbezogenen als auch für den landeskundlichen Bereich. Unklare oder allgemein gehaltene Angaben (zum Beispiel Besuch von Museen, Universitäten) reichen nicht aus.

1 Studierende — Studienreisen

- Nachweis entsprechender Kontakte, insbesondere im Hochschulbereich durch Übersendung von Einladungen, Vereinbarungen oder Kopien der Korrespondenz
- Darstellung der inhaltlichen Vorbereitung der Studienreise (zum Beispiel durch Vorbereitungsseminare o.ä.)
- Teilnehmerliste mit Namen, Semesterzahl, Fachrichtung, Alter, Sprachkenntnissen (Grundkenntnisse der Sprache des Gastlandes sind erwünscht)
- Zeitplan
- Kosten- und Finanzierungsplan für die gesamte Gruppe, aufgeschlüsselt nach
  a) Einnahmen (Hochschulanteil, Eigenanteil der Teilnehmer, Spenden etc. sowie des beantragten Zuschusses),
  b) Ausgaben (Fahrkosten, Kosten der Mahlzeiten und Unterkunft).
  Der DAAD geht davon aus, dass die deutsche Hochschule oder ein anderer Gastgeber (Drittmittel) einen Teil der Kosten übernimmt, so dass die Eigenbeteiligung der Teilnehmer in zumutbarem Rahmen bleibt.
- Versicherung, dass es sich um keine Pflichtexkursion handelt
- Angabe über frühere DAAD-Förderungen von Studienreisen oder Studienpraktika (Jahr, DAAD-Aktenzeichen)

Bewerbungstermin und -ort

Folgende Bewerbungstermine wurden festgelegt

15.08. für Reisen, die im Januar, Februar und März beginnen
(Entscheidung im DAAD: Oktober)

15.11. für Reisen, die im April, Mai und Juni beginnen
(Entscheidung im DAAD: Januar)

15.02. für Reisen, die im Juli, August und September beginnen
(Entscheidung im DAAD: April)

15.05. für Reisen, die im Oktober, November und Dezember beginnen
(Entscheidung im DAAD: Juli)

Die Anträge müssen beim DAAD zu dem jeweiligen Bewerbungsschluss vorliegen. Später eintreffende sowie unvollständige Anträge werden vom DAAD nicht bearbeitet.

Zuständig für das Programm ist in der Geschäftsstelle des DAAD das Referat 222.

Sonstiges

Über die Anträge entscheidet eine Kommission. Antragsteller erhalten eine schriftliche Mitteilung über die Entscheidung.

Erfahrungsgemäß können nicht alle Anträge, welche die formalen Bedingungen erfüllen, berücksichtigt werden; der finanzielle Bedarf, der sich aus dem Antragsvolumen insgesamt ergibt, ist in der Regel erheblich höher als die verfügbaren Mittel im DAAD-Haushalt.

Studierende	Studienreisen	1

Der DAAD kann nicht jedes Jahr Anträge desselben Fachbereichs bzw. Instituts oder Antragstellers fördern.

Die Inanspruchnahme der vom DAAD bereitgestellten Mittel muss nach Abschluss der Reise durch einen Verwendungsnachweis belegt werden. Bei Verringerung der tatsächlichen Teilnehmerzahl und/oder der Reisedauer muss die Zuwendung anteilig in entsprechender Höhe zurückgezahlt werden.

1 Studierende Studienpraktika

Studienpraktika für Gruppen von Studierenden unter Leitung von Hochschullehrern

Programmbeschreibung
In Ergänzung zu seinem Programm „Studienreisen/Informationsaufenthalte" deutscher Gruppen von Studierenden im Ausland bietet der Deutsche Akademische Austauschdienst das Programm „Studienpraktika" an. Ziel dieses Programms ist es, für deutsche Gruppen von Studierenden bzw. Studierende, die an einer deutschen Hochschule immatrikuliert sind, unter Leitung eines Hochschullehrers oder einer Hochschullehrerin einen durch eine ausländische Partnerhochschule organisierten, fachbezogenen Aufenthalt – Studienpraktikum – zu fördern.

Gefördert werden
- von der Gasthochschule organisierte Praktika in Unternehmen oder öffentlichen Einrichtungen
- Fachkurse, Blockseminare (keine Sprachkurse), Workshops
- wissenschaftliche Exkursionen
- ein das fachbezogene Programm ergänzendes Informationsprogramm, bei dem es unter anderem um die Begegnung mit den Studierenden der Gasthochschule geht. Dieses Informationsprogramm sollte nicht mehr als ein Drittel des Aufenthaltes ausmachen.

Stipendienleistungen
Stipendienhöhe
Übernahme der Fahrt an den europäischen Hochschulort (in der Höhe des günstigsten Bahntarifs 2. Klasse inkl. Liegewagen ab 10 Stunden Bahnfahrt; kein Schlafwagen); Zuschuss zu den Flugkosten an den außereuropäischen Hochschulort.

Der Zuschuss zu den Flugkosten beträgt für:
europäische Länder
- Island   400,– DM
- Malta   500,– DM
- Türkei   500,– DM
- Zypern   400,– DM
- übrige Länder Höhe der Bahnfahrt 2. Klasse

außereuropäische Länder
- Nordafrika   500,– DM
  (ausgen. Tunesien   400,– DM)
- Kanarische Inseln   400,– DM
- Mittelafrika   850,– DM
- Südliches Afrika   1.100,– DM

Studierende	Studienpraktika	**1**

- Nordamerika, Ostteil,
  einschl. der Staaten
  Manitoba, Minnesota,
  Iowa, Missouri,
  Arkansas und Louisiana   650,– DM
- Nordamerika, Westteil   900,– DM
- Mittelamerika   800,– DM
- Südamerika   1.000,– DM
- Nahost   500,– DM
- Mittlerer Osten   650,– DM
- Asiatische
  GUS-Staaten   900,– DM
- Südasien, Indien   750,– DM
- Südostasien   950,– DM
  (ausgen. Thailand   800,– DM)
- Ostasien   1.200,– DM
- China, Mongolei,
  Hongkong   1.200,– DM
- Australien   1.200,– DM
- Neuseeland   1.200,– DM

Laufzeit
Die Förderungsdauer liegt zwischen 7 und 14 Tagen.

Bewerbungsvoraussetzungen
Antragsteller kann nur ein Hochschullehrer oder eine Hochschullehrerin an einer deutschen Hochschule sein.

Die Größe der Gruppe von Studierenden soll zwischen 5 und 15 liegen. Zusätzlich wird die Teilnahme einer wissenschaftlichen Lehrkraft gefördert.

Bewerbungsunterlagen
Der Antrag muss folgende Angaben enthalten:
- Antragsformular
- Begründung der geplanten Studienpraktika in **einer** Fachrichtung
- Inhaltliche Programmbeschreibung sowie Darstellung präziser Praktikumswünsche sowohl im Hochschulbereich, in Unternehmen, in öffentlichen Einrichtungen und ähnlichem als auch für den landeskundlichen Teil
- Nachweis entsprechender Kontakte, insbesondere im Hochschulbereich, Unternehmen u.a. durch Übersendung von Einladungen, Vereinbarungen, Kopien der Korrespondenz

1 Studierende — Studienpraktika

- Darstellung der inhaltlichen Vorbereitung der Reise (zum Beispiel durch Vorbereitungsseminare o.ä.)
- Teilnehmerliste mit Namen, Semesterzahl, Fachrichtung, Alter, Sprachkenntnissen (Grundkenntnisse der Sprache des Gastlandes sind erwünscht)
- Zeitplan
- Kosten- und Finanzierungsplan für die gesamte Gruppe, aufgeschlüsselt nach Kosten für Mahlzeiten, Unterkunft, Fahrtkosten und beantragte DAAD-Mittel
  Der DAAD geht davon aus, dass die deutsche Hochschule oder ein anderer Gastgeber (Drittmittel) einen Teil der Kosten übernimmt, so dass die Eigenbeteiligung der Teilnehmer in zumutbarem Rahmen bleibt.
- Versicherung, dass es sich um **keine Pflichtexkursion** handelt
- Angabe über frühere DAAD-Förderungen von Studienreisen oder Studienpraktika (Jahr, DAAD-Aktenzeichen)

Bewerbungstermin und -ort

Folgende Bewerbungstermine wurden festgelegt

15.08. für Reisen, die im Januar, Februar und März beginnen
(Entscheidung im DAAD: Oktober)

15.11. für Reisen, die im April, Mai und Juni beginnen
(Entscheidung im DAAD: Januar)

15.02. für Reisen, die im Juli, August und September beginnen
(Entscheidung im DAAD: April)

15.05. für Reisen, die im Oktober, November und Dezember beginnen
(Entscheidung im DAAD: Juli)

Die Anträge müssen dem DAAD über das Akademische Auslandsamt oder über die mit der Wahrnehmung der Auslandskontakte der Hochschule betraute Stelle eingereicht werden, bei denen auch die Antragsformulare erhältlich sind.

Die Anträge müssen beim DAAD zu dem jeweiligen Bewerbungsschluss vorliegen. Später eintreffende sowie unvollständige Anträge werden vom DAAD nicht bearbeitet.

Zuständig für das Programm ist in der Geschäftsstelle des DAAD das Referat 222.

Sonstiges

Über die Anträge entscheidet eine Kommission. Antragsteller erhalten eine schriftliche Mitteilung über die Entscheidung.

Erfahrungsgemäß können nicht alle Anträge, welche die formalen Bedingungen erfüllen, berücksichtigt werden; der finanzielle Bedarf, der sich aus dem Antragsvolumen insgesamt ergibt, ist in der Regel erheblich höher als die verfügbaren Mittel im DAAD-Haushalt.

Studierende	Studienpraktika	1

Die Inanspruchnahme der vom DAAD bereitgestellten Mittel muss nach Abschluss der Reise durch einen Verwendungsnachweis belegt werden. Bei Verringerung der tatsächlichen Teilnehmerzahl und/oder der Reisedauer muss die Zuwendung anteilig in entsprechender Höhe zurückgezahlt werden.

1 Studierende — Internationale Wettbewerbe

Teilnahme deutscher Gruppen von Studierenden an internationalen Wettbewerben

Programmbeschreibung
Der Deutsche Akademische Austauschdienst kann Gruppen von Studierenden an deutschen Hochschulen, die von Hochschullehrern geleitet werden, bei der Teilnahme an internationalen Wettbewerben im Ausland fördern.

Ziel der Förderung ist es, für deutsche Gruppen von Studierenden unter Leitung von Hochschullehrern die Teilnahme an Endausscheidungen im Ausland zu fördern. Nationale oder internationale Vorausscheidungen können nicht gefördert werden.

Stipendienleistungen
Stipendienhöhe
Die Förderung umfasst eine Pauschale zu den internationalen Reisekosten.

Laufzeit
Die Mindestaufenthaltsdauer soll in der Regel vier Tage betragen.

Bewerbungsvoraussetzungen
Antragsteller kann nur ein Hochschullehrer an einer deutschen Hochschule sein.

Die Zahl der studentischen Teilnehmer soll drei nicht unterschreiten und 15 nicht überschreiten. Zusätzlich kann eine wissenschaftliche Lehrkraft gefördert werden.

Bewerbungsunterlagen
Der Antrag muss folgende Angaben enthalten:
- Ausführliche Beschreibung des Vorhabens
- Darstellung des zeitlichen Ablaufs
- Namentliche Teilnehmerliste mit Angaben zum Ausbildungsstand und zu den Sprachkenntnissen der Teilnehmer
- Gesamtkosten- und Finanzierungsplan

Bewerbungstermin und -ort
Die Anträge müssen dem DAAD mindestens 8 Wochen vor Beginn der Reise eingereicht werden.

Zuständig für das Programm ist in der Geschäftsstelle des DAAD das Referat 222.

Sonstiges
Erfahrungsgemäß können nicht alle Anträge, welche die formalen Bedingungen erfüllen, berücksichtigt werden; der finanzielle Bedarf, der sich aus dem Antragsvolumen ergibt, ist in der Regel erheblich höher als die verfügbaren Mittel im DAAD-Haushalt.

| Studierende | Internationale Wettbewerbe | 1 |

Die Inanspruchnahme der vom DAAD bereitgestellten Mittel muss nach Abschluss der Reise durch einen Verwendungsnachweis belegt werden. Bei Verringerung der tatsächlichen Teilnehmerzahl und/oder der Reisedauer muss die Zuwendung anteilig in entsprechender Höhe zurückgezahlt werden.

1	Studierende	Fachpraktika

Kurzstipendien für Praktika im Rahmen von auslandsbezogenen Studiengängen

Programmbeschreibung
Das Programm soll deutschen Studierenden auslandsbezogener Studiengänge ein Fachpraktikum im Ausland (weltweit) ermöglichen.

Die Verantwortung für die Durchführung des Praktikums liegt beim Antragsteller bzw. der Antragstellerin und beim Fachbereich.

Stipendienleistungen
Stipendienhöhe
s. Übersicht S. 296 ff.
plus Reisekostenpauschale

Studienbezogene Auslandspraktika können nach BAföG gefördert werden. Die Förderung muss vom einzelnen Teilnehmer bzw. der Teilnehmerin bei dem für das jeweilige Zielland zuständigen Amt für Ausbildungsförderung (s.S. 313 ff.) beantragt werden. BAföG-Empfänger erhalten vom DAAD eine Aufstockung auf ihr Auslands-BAföG.

Laufzeit
Die Laufzeit beträgt zwei bis drei Monate.

Bewerbungsvoraussetzungen
Die Praxisphase muss als Pflichtpraktikum bzw. als vom Fachbereich dringend empfohlenes (studienbezogenes) Auslandspraktikum anerkannt werden. Der Abschluss des Grundstudiums und praxisbezogene Sprachkenntnisse werden vorausgesetzt.

Nähere Auskünfte erteilen die jeweiligen Fachbereiche, Akademischen Auslandsämter oder das Praktikantenreferat im DAAD.

Bewerbungstermin und -ort
Anträge auf Kurzstipendien müssen dem DAAD zwei Monate vor Abreise vorliegen:
– bis zum 1. September für einen Praktikumsbeginn zwischen dem 1. Januar und dem 30. Juni
– bis zum 1. März für einen Praktikumsbeginn zwischen dem 1. Juli und dem 31. Dezember.

Studierende	Fachpraktika	1

Fachpraktika – IAESTE

Programmbeschreibung
Die IAESTE (International Association for the Exchange of Students for Technical Experience) ist eine internationale Praktikantenaustauschorganisation, deren Aufgaben in Deutschland vom Deutschen Akademischen Austauschdienst wahrgenommen werden. Bis 1999 hat die IAESTE zwischen jetzt über 60 Mitgliedsländern mehr als 280.000 Praktikanten und Praktikantinnen **in den Naturwissenschaften, Ingenieurwissenschaften, Land- und Forstwirtschaft** getauscht. Für den Praktikantenaustausch in anderen Fachrichtungen sind andere Organisationen zuständig. Nähere Informationen können beim DAAD, Praktikantenreferat, angefordert werden.

Stipendienleistungen
Stipendienhöhe
Das Deutsche Komitee der IAESTE gibt keine Zuschüsse zu den Aufenthaltskosten. Die von ausländischen Firmen gewährte Vergütung deckt in der Regel die Lebenshaltungskosten im Gastland.

Reisekosten sind innerhalb Europas vom Praktikanten selbst zu tragen. Für außereuropäische Länder, für die Türkei, Zypern, Island, Malta sowie Länder der ehemaligen Sowjetunion (östlich des Urals) kann auf Antrag im Rahmen der verfügbaren Mittel ein Fahrtkostenzuschuss gewährt werden.

Laufzeit
2 bis 3 Monate, vorzugsweise Juli bis Oktober

Bewerbungsvoraussetzungen
Für europäische Länder:
Nachweis eines mindestens dreisemestrigen Studiums

Für außereuropäische Länder:
Nachweis der bestandenen Diplomvorprüfung bzw. der Zwischenprüfung, gute Leistungen, Sprachkenntnisse

Bewerbungstermin und -ort
Bewerbungen werden zu Beginn des Wintersemesters (bis 30. November) bei den Akademischen Auslandsämtern der Hochschulen oder bei den IAESTE-Lokalkomitees eingereicht.

Die Vermittlung übernimmt das Deutsche Komitee der IAESTE; die Platzvergabe findet im Februar statt.

Sonstiges
Nähere Informationen zum IAESTE-Programm gibt es in den Hochschulen bei den Akademischen Auslandsämtern und häufig auch in den IAESTE-Lokalkomitees sowie im Internet unter http://www.iaeste.de.

2

DAAD-Stipendien
für Graduierte und Promovierte

Zusätzliche Hinweise für Graduierte und Promovierte

In Ergänzung der Allgemeinen Hinweise für Studierende, Graduierte und Promovierte (s.S. 13 ff.) gelten die folgenden Hinweise für alle nachstehend in Teil 2 aufgeführten DAAD-Stipendienprogramme; abweichende Einzelregelungen sind ggf. in der jeweiligen Programmbeschreibung bzw. im Länderteil angegeben. Wegen des frühen Redaktionsschlusses empfiehlt es sich, aktuelle Informationen im Internet einzusehen (http://www.daad.de).

Für deutsche Graduierte und Promovierte vergibt der DAAD Stipendien zur wissenschaftlichen und künstlerischen Fortbildung und zu Forschungsaufenthalten sowohl im europäischen wie im außereuropäischen Ausland.

Bewerbungsvoraussetzungen

Die Bewerberinnen und Bewerber müssen vor Stipendienantritt ein Abschluss-Examen (mindestens dreijähriger Bachelor, Master, Magister, Diplom, 1. Juristische Staatsprüfung, 1. Prüfung für das Lehramt, 3. Abschnitt der Ärztlichen bzw. 2. Abschnitt der Pharmazeutischen Prüfung) an einer staatlichen oder staatlich anerkannten Hochschule in Deutschland abgelegt haben. Absolventen von Berufsakademien in Baden-Württemberg, Berlin und Sachsen können sich ebenfalls bewerben. Deutsche Graduierte, die ihr Studium an einer anerkannten ausländischen Hochschule abgeschlossen haben, können sich unter der Voraussetzung bewerben, dass ihr ausländisches Examen einem der oben genannten deutschen Abschlüsse gleichwertig ist; derartige Bewerbungen werden in aller Regel nur für einen Studienaufenthalt in einem Drittland berücksichtigt. Für eine Weiterförderung im derzeitigen Gastland bedarf es besonderer Gründe. Der Ausbildungsabschnitt „Arzt im Praktikum" kann nicht gefördert werden.

Nachgewiesene Zeiten für Wehrpflicht oder Zivildienst und für Kindererziehung (2 Jahre pro Kind, maximal 5 Jahre) werden auf in einzelnen Programmen bestehende Altersgrenzen angerechnet.

Teilnehmer und Teilnehmerinnen an Aufbaustudiengängen deutscher Hochschulen können sich nur dann bewerben, wenn der Auslandsaufenthalt in dem entsprechenden Studiengang fest oder fakultativ vorgesehen ist; diese Einschränkung gilt nicht für Bewerbungen um Sprach- oder Fachkursstipendien.

Promovenden können sich nicht im normalen Jahresstipendienprogramm bewerben. Für sie stehen die Doktorandenstipendien (s.S. 92 ff.) offen. Die Aufnahme des Promotionsstudiums darf zum Zeitpunkt der Bewerbung nicht länger als drei Jahre zurückliegen. Sie müssen vor Stipendienantritt ein Abschlussexamen an einer Hochschule abgelegt haben; sie müssen ferner die formelle Annahme als Doktorandin oder Doktorand und die Zusage des die Dissertation betreuenden Hochschullehrers nachweisen. Kandidatinnen und Kandidaten, die als Studienabschluss direkt die Promotion anstreben, können sich nur dann um ein Doktorandenstipendium bewerben, wenn sie zum Zeitpunkt der Bewerbung eine größere Anzahl von Semestern studiert haben, als in der Prüfungsordnung für das jeweilige Fach als Mindestdauer vorgeschrieben ist.

Graduierte und Promovierte	Zusätzliche Hinweise	2

Graduierte Bewerberinnen und Bewerber der Fachrichtungen **Medizin** und **Pharmazie** legen der Bewerbung Kopien der Zeugnisse der drei Abschnitte der Ärztlichen bzw. der zwei Abschnitte der Pharmazeutischen Prüfung mit der Ergebnismitteilung über die erzielten Prüfungsleistungen bei.

An Bewerberinnen und Bewerber, die lediglich ihre Kenntnisse in der Sprache des Gastlandes vervollständigen oder allgemein landeskundliche Studien betreiben wollen, können keine Fortbildungsstipendien vergeben werden (ausgenommen „Ostasiatische Sprachen", s.S. 123, und Sprachkursstipendien, s.S. 151 ff. und S. 277).

Für ein und dasselbe Vorhaben kann in der Regel nur ein Stipendium vergeben werden; sind zum Beispiel für die Durchführung eines Forschungsvorhabens Aufenthalte in verschiedenen Ländern notwendig, so ist dies im Antrag anzugeben.

Sonstiges

Graduierte, die sich in der Förderung der **Begabtenförderungswerke** befinden, können sich nicht um ein DAAD-Stipendium bewerben (Ausnahme: Musik und Bildende Künste), da die Begabtenförderungswerke Auslandsaufenthalte ihrer Stipendiaten mit einer dem DAAD-Stipendium vergleichbaren Leistung unterstützen können. Diejenigen, die sich noch in der Studienförderung der Begabtenförderungswerke befinden, ihr Studium aber vor einem Auslandsaufenthalt abschließen werden, können sich auch um ein DAAD-Stipendium bewerben.

Doktoranden, die an einem **Graduiertenkolleg** gefördert werden, können sich um ein DAAD-Kurzstipendium (bis zu 6 Monaten) bewerben; sie erhalten ein DAAD-Aufstockungsstipendium in Höhe des Auslandszuschlags der DAAD-Graduiertenrate.

2	Graduierte und Promovierte	Jahresstipendien

Jahresstipendien für Ergänzungs-, Vertiefungs- und Aufbaustudien sowie Forschungsaufenthalte (außer Dissertationsvorhaben)

Programmbeschreibung
Die Stipendien können an Graduierte und Promovierte für fortbildende Studienaufenthalte im Ausland, das heißt für Ergänzungs-, Vertiefungs- und Aufbaustudien an Hochschulen im europäischen Ausland sowie in außereuropäischen Ländern vergeben werden (Akademisches Jahr 2002/2003).

Stipendien zu Forschungsaufenthalten im Ausland werden in der Regel im Zusammenhang mit einer Promotion im Rahmen der Doktorandenstipendien vergeben (s.S. 92 ff.) oder aber im Post-Doc-Programm (s.S. 97 ff.). In begründeten Ausnahmefällen können auch Forschungsaufenthalte gefördert werden, die nicht mit einer Promotion zusammenhängen. In einigen Ländern (s. besondere Hinweise im Länderteil) sind auch Feld- und Archivarbeiten möglich, die nicht unbedingt eine Einschreibung an der Hochschule des Gastlandes erforderlich machen.

Mit der Abgabe der Bewerbung beim DAAD erklärt der Bewerber sein Einverständnis, dass seine Unterlagen ggf. an einen ausländischen Stipendiengeber weitergeleitet werden (zur ausführlicheren Information s.S. 21 f. „Stipendien aus ausländischen Mitteln" [Gegenstipendien]).

Stipendienleistungen
   Stipendienhöhe
   s. Übersicht S. 296 ff.

   Laufzeit
   In der Regel ein Studienjahr

   In besonders begründeten Ausnahmefällen ist eine Verlängerung möglich, zum Beispiel dann, wenn die Stipendien für die Teilnahme an einem 18- oder 24-monatigen Studiengang vergeben wurden. Die Entscheidung über die Verlängerung ist unter anderem abhängig von den im ersten Jahr erbrachten Leistungen und den entsprechenden Gutachten.

Bewerbungsvoraussetzungen
   s. S. 13 ff., 88 f.
   Sprachkenntnisse s. Länderteil

Bewerbungsunterlagen
   Bewerbungsunterlagen s. Seite 14 ff.

| Graduierte und Promovierte | Jahresstipendien | 2 |

Bewerbungstermin und -ort
- Europa, GUS (inklusive Kaukasus und
  Zentralasien), VR China: 31.10.2001
- USA, Kanada, Australien, Neuseeland: 30.06.2001
- Lateinamerika, Afrika, Arabische Staaten, Israel,
  Iran, Asien: 30.09.2001 und 31.03.2002
- Taiwan, Hongkong, Macao: 28.02.2001
- Indien: 30.09.2001
- Japan: 30.09.2001 oder 28.02.2002
- Architektur: nur 31.10.2001
- MBA-Programm s. S. 124 f.
- Künstlerische Weiterbildung s. S. 139 ff.

Bewerbung beim Akademischen Auslandsamt, Büro Fachhochschul-Präsident/Rektor. Es wird darauf hingewiesen, dass Bewerberinnen und Bewerber, die sich bereits im Ausland befinden, in der Regel ihren Antrag über das Akademische Auslandsamt der zuletzt in Deutschland besuchten Hochschule einreichen müssen.

Die Auswahl für die meisten Länder findet mit persönlicher Vorstellung vor einer Auswahlkommission statt.

2 Graduierte und Promovierte — Doktorandenstipendien

Jahres- und Kurzstipendien für Doktorandinnen und Doktoranden

Programmbeschreibung
Der Deutsche Akademische Austauschdienst (DAAD) vergibt Stipendien an deutsche Doktorandinnen und Doktoranden. Die Stipendien sind zu weiterqualifizierenden Studien- und Forschungsaufenthalten im Ausland bestimmt. Sie stehen Bewerberinnen und Bewerbern aller Fachrichtungen offen und wenden sich an Doktorandinnen und Doktoranden sowohl an Hochschulen als auch an außeruniversitären Forschungseinrichtungen.

Förderungsziel
Auslandsaufenthalte in der Promotionsphase sollen Nachwuchskräften ermöglichen, frühzeitige Erfahrungen im internationalen Forschungsumfeld zu erwerben. Die Bearbeitung des Forschungsvorhabens im Ausland kann an einer Hochschule, einem außeruniversitären Forschungsinstitut, einem industriellen Forschungslabor oder als Feldforschung erfolgen.

Im **Regelfall** sind die Stipendien zur Durchführung von **bis zu einjährigen Forschungsvorhaben** im Ausland bestimmt, die im Zusammenhang mit einer Promotion an einer deutschen Hochschule stehen.

Wenn für die Durchführung eines Vorhabens, das auf eine Promotion an einer deutschen Hochschule abzielt, ein Auslandsaufenthalt von mehr als einem Jahr fachlich notwendig ist, kann eine **Verlängerungsmöglichkeit** über ein Jahr hinaus eingeräumt werden. Die Notwendigkeit ist bereits im Erstantrag zu begründen.

Nur in seltenen, fachlich begründeten **Ausnahmefällen** können Stipendien auch zur vollständigen Durchführung eines Promotionsvorhabens im Ausland bzw. zur Erlangung des Doktorgrades einer ausländischen Hochschule gewährt werden. Bei der Beurteilung der Notwendigkeit mehrjähriger Aufenthalte im Ausland legt die Auswahlkommission wegen der mehrfach höheren Kosten einen besonders strengen Maßstab an.

Kurzstipendien (bis zu sechs Monaten) können nur im Rahmen einer Promotion an einer deutschen Hochschule insbesondere für Bibliotheks- und Archivaufenthalte, zur Durchführung von Versuchsreihen oder für Feldforschung bewilligt werden. Die Notwendigkeit des Auslandsaufenthalts ist darzulegen. Sofern Kurzaufenthalte in mehreren Ländern und/oder in verschiedenen Zeitabschnitten geplant sind, müssen sie in einem Antrag zusammengefasst werden. Ausgeschlossen ist eine Bewerbung für die Anschlussfinanzierung nach einem bereits die maximale Förderdauer von sechs Monaten überschreitenden Stipendienaufenthalt. Die Teilnahme an regulären Lehrveranstaltungen an einer ausländischen Hochschule ist mit Hilfe von Kurzstipendien in der Regel nicht möglich. Kurzstipendien sind nicht verlängerbar.

| Graduierte und Promovierte | Doktorandenstipendien | 2 |

Auslandsaufenthalte, die lediglich der **Vorbereitung** eines späteren Promotionsstudiums an einer Hochschule dienen, können nicht gefördert werden. Interessenten an „Master"-Studiengängen werden auf eine Bewerbung im regulären Jahresstipendienprogramm für Graduierte des DAAD verwiesen (s.S. 90 f.).

Geförderte der **Begabtenförderungswerke** können sich nicht um ein Stipendium bewerben, da die Begabtenförderungswerke Auslandsaufenthalte ihrer Stipendiatinnen und Stipendiaten mit einer dem DAAD-Stipendium vergleichbaren Leistung unterstützen können.

Stipendiaten der **Graduiertenkollegs** der Deutschen Forschungsgemeinschaft sind für Forschungskurzstipendien bewerbungsberechtigt. Sie erhalten bei Aufenthalten bis zu sechs Monaten ein DAAD-Aufstockungsstipendium in Höhe des Auslandszuschlags der DAAD-Graduiertenrate (zum Beispiel für USA zurzeit DM 700,– monatlich). Für längere Aufenthalte können nur Kollegiaten gefördert werden.

Auswahlkriterien
Wichtigste Auswahlkriterien sind die überzeugende akademische Qualifikation der Bewerberinnen und Bewerber (dokumentiert durch Studienabschluss und Studienzeit) sowie die Qualität und Durchführbarkeit des Promotionsvorhabens.

Das Stipendienprogramm richtet sich vorrangig an jüngere Doktorandinnen und Doktoranden, die ihr Studium zügig durchgeführt und abgeschlossen haben. Lebensalter und Studiendauer gehören zu den Auswahlkriterien. Der DAAD orientiert sich dabei an dem Richtwert, dass Antragsteller zum Zeitpunkt der Bewerbung in der Regel nicht älter als 28 Jahre (zuzüglich Zeiten für die Wehrpflicht oder den Zivildienst, Berufsausbildung und -tätigkeit vor Studienbeginn, Kindererziehung) sein sollten.

Stipendienleistungen
Stipendienhöhe
- eine monatliche, dem Gastland angepasste Stipendienrate für Lebensunterhalt und Unterkunft (s. DAAD-Stipendienraten für Graduierte S. 296 ff.)
- eine monatliche Pauschale von DM 200,– für Forschungs- und Kongresskosten
- ggf. anfallende Studiengebühren bis zu den vom DAAD länderspezifisch festgelegten Obergrenzen; Bewerberinnen und Bewerber müssen sich um Erlass oder Ermäßigung bemühen; da Kurzstipendien nicht für die Teilnahme am regulären Lehrbetrieb bestimmt sind, können Studiengebühren für Kurzstipendien nicht übernommen werden
- Reisekosten vom Heimatort zum Gastinstitut und zurück sowie eine Kranken-, Unfall- und Haftpflichtversicherung für den Auslandsaufenthalt

Leistungen von dritter Seite (Stipendien, weiterlaufende Gehälter usw.) werden in angemessener Weise auf das DAAD-Stipendium angerechnet.

2	Graduierte und Promovierte	Doktorandenstipendien

Laufzeit
Die Stipendien sind im Regelfall für Vorhaben mit einer Laufzeit zwischen einem und zwölf Monaten bestimmt; eine Verlängerung ist dann nicht möglich. Nur in eng umgrenzten Ausnahmefällen können auch längere Auslandsaufenthalte gefördert werden. Die Bewilligung erfolgt dann jeweils für maximal zwölf Monate mit Verlängerungsmöglichkeit. Die Verlängerung des Stipendiums ist abhängig vom erfolgreichen Fortschritt der Arbeiten, der Bewerberkonkurrenz und den verfügbaren Finanzmitteln.

Bewerbungsvoraussetzungen
Die Bewerberinnen und Bewerber müssen zum Zeitpunkt der Antragstellung einen deutschen Hochschulabschluss bzw. eine vergleichbare Qualifikation nachweisen, die sie zur Promotion an einer deutschen Hochschule berechtigen. Absolventen von Fachhochschulen können sich bewerben, wenn eine deutsche oder ausländische Hochschule bescheinigt, dass die Voraussetzungen für ein Promotionsverfahren bzw. für die Zulassung zum Promotionsstudium vorliegen.

Mit der Bewerbung müssen im Regelfall (Promotion an einer deutschen Hochschule) eine Zusage eines Hochschullehrers bzw. einer Hochschullehrerin zur Betreuung der Promotion vorgelegt sowie die formelle Annahme als Doktorandin oder Doktorand nachgewiesen werden. Die Aufnahme des Promotionsstudiums darf bei Antragstellung nicht länger als drei Jahre zurückliegen.

Bewerber und Bewerberinnen mit Universitätsabschluss, die ausnahmsweise an einer ausländischen Hochschule promovieren wollen, müssen vor Stipendienantritt die Zulassung der Gasthochschule nachweisen. Spätestens nach 18 Monaten sind die förmliche Zulassung zum Promotionsstudium – zum Beispiel Abschluss der „PhD-preliminary exams", „Diplôme d'Etudes Approfondies" (DEA) – und die Betreuungszusage eines Hochschullehrers vorzulegen. Bewerberinnen und Bewerber, die bereits an der ausländischen Hochschule bzw. im Gastland studieren und dort auch promovieren wollen, sind nur antragsberechtigt, wenn sie sich zum Bewerbungstermin noch nicht länger als 18 Monate im Gastland aufhalten.

Für die Vorbereitung des Auslandsaufenthaltes, insbesondere die Beschaffung des Arbeitsplatzes an der ausländischen Gastinstitution und die notwendige Absprache zur Projektdurchführung sind die Bewerberinnen und Bewerber selbst verantwortlich. Diese Vorbereitungen müssen bei der Antragstellung abgeschlossen sein. Falls an der Gasthochschule Studiengebühren erhoben werden, müssen sich die Bewerberinnen und Bewerber um einen Erlass oder eine Ermäßigung bemühen und das Ergebnis dieser Bemühungen mit der Bewerbung nachweisen.

Bewerbungsvoraussetzungen und Auswahlkriterien wie Lebensalter und Dauer des bisherigen Aufenthaltes im Gastland können nicht durch vorfristige Einreichung des Antrags umgangen werden. Gegebenenfalls wird der späteste für den vorgesehenen Stipendienantritt zulässige Bewerbungsschluss zu Grunde gelegt.

Graduierte und Promovierte	Doktorandenstipendien	2

Bewerbungsunterlagen
s. S. 14 ff.
Zusätzlich zu den aufgeführten Unterlagen sind einzureichen:
- Zusammenfassung der Diplom-, Master-, Magister- oder Staatsexamensarbeit (ca. 1 Seite; dreifach)
- Publikationsliste (dreifach), ggf. mit Sonderdrucken
- für Stipendien über 6 Monate: Diplom-, Magister- oder Staatsexamensarbeit (ein Exemplar)

Bewerbungsformulare und eine Checkliste für die einzureichenden Unterlagen sind bei den Akademischen Auslandsämtern und beim DAAD erhältlich.

Bewerbungstermin und -ort
Bewerbungen werden über die Akademischen Auslandsämter der Hochschulen eingereicht. Die Auswahl durch eine Hochschullehrer-Kommission des DAAD erfolgt für Europa, die GUS (inklusive Kaukasus und Zentralasien) und Nordamerika auf der Basis der eingereichten schriftlichen Bewerbungsunterlagen, für Afrika, Asien, Australien/Neuseeland, Lateinamerika mit persönlicher Vorstellung.

Für die Bearbeitung der Bewerbungen und die Betreuung der Stipendiaten sind die jeweiligen Regionalreferate im DAAD zuständig.

Bewerbungen für **Kurzstipendien** (bis zu sechs Monaten) sind **jederzeit** möglich, müssen jedoch mindestens drei Monate vor Antritt des Auslandsaufenthalts vollständig beim DAAD vorliegen.

Für Bewerbungen um Stipendien mit längerer Laufzeit als sechs Monate bestehen feste Bewerbungstermine, die sich je nach Zielregion unterscheiden.

Europa, GUS (inklusive Kaukasus und Zentralasien) und Nordamerika
Jährlich werden drei Bewerbungs- und Auswahltermine angeboten.

Bewerbungsschluss	**Auswahltermin**	**Stipendienantritt frühestens am**
15. November	im März	1. Mai
15. März	im Juni	1. August
15. Juni	im Oktober	1. Dezember

Afrika, Arabische Staaten, Israel, Iran, Asien, Australien/Neuseeland, Lateinamerika
Jährlich werden zwei Bewerbungs- und Auswahltermine angeboten.

Bewerbungsschluss	**Auswahltermin**	**Stipendienantritt frühestens am**
30. September	im Dezember	1. Februar
31. März	im Juni	1. August

| 2 | Graduierte und Promovierte | Doktorandenstipendien |

Für einzelne Länder können zur Ausnutzung von Leistungen ausländischer Partner (Stipendien, Studiengebührenbefreiungen) feste Antrittstermine und/oder längere Vorlaufzeiten gelten. Bewerberinnen und Bewerber werden vom DAAD entsprechend informiert.

| Graduierte und Promovierte | Post-Doc-Programm | 2 |

Forschungsstipendien für promovierte Nachwuchswissenschaftler (Post-Doc-Programm)

Programmbeschreibung
Der DAAD bietet für besonders qualifizierte promovierte deutsche Nachwuchswissenschaftlerinnen und Nachwuchswissenschaftler Stipendien für weiterqualifizierende Forschungsaufenthalte im Ausland an. Die Stipendien richten sich insbesondere an Kandidatinnen und Kandidaten, für die ein Auslandsaufenthalt im Anschluss an die Promotion ein wichtiger Qualifizierungsschritt für die spätere Berufslaufbahn in der Wissenschaft, der Wirtschaft oder im Kulturbereich darstellt. Die Stipendien werden für alle wissenschaftlichen Fachrichtungen weltweit angeboten.

Strukturierte Vorhaben zum Erwerb eines weiteren akademischen Grades an einer ausländischen Hochschule können in diesem Programm nicht gefördert werden; hierfür kommen in Abhängigkeit vom angestrebten Abschluss die regulären Jahresstipendien bzw. die Doktorandenstipendien des DAAD in Frage.

Stipendienleistungen
Stipendienhöhe
– Für Unterkunft, Verpflegung und Nebenausgaben steht ein dem Lebensalter des Stipendiaten und den Lebenshaltungskosten des Gastlandes angepasster Betrag zur Verfügung. Der monatliche Grundbetrag beläuft sich auf :
DM 2.670,– für Stipendiaten bis 30 Jahre,
DM 2.770,– für Stipendiaten bis 34 Jahre.
– Verheiratete erhalten als Zulage für Ehepartner monatlich DM 400,–, wenn diese weniger als DM 800,– monatlich eigenes Einkommen aus Berufstätigkeit haben.
– Zusätzlich wird ein – nach Gastland unterschiedlicher – Auslandszuschlag gezahlt, der sich bei Begleitung durch die Familie erhöht; zum Beispiel:

für USA
2.210,– DM allein stehend
2.602,– DM mit Ehepartner;

für Großbritannien
2.015,– DM allein stehend
2.368,– DM mit Ehepartner;

für Frankreich
1.440,– DM allein stehend
1.728,– DM mit Ehepartner;

für Japan
3.420,– DM allein stehend
3.954,- DM mit Ehepartner.

Der Auslandszuschlag für Verheiratete wird gewährt, wenn eventuelle Einkünfte des Ehepartners DM 800,– nicht übersteigen.

2 Graduierte und Promovierte — Post-Doc-Programm

- Für jedes Kind erhöht sich der Auslandszuschlag, zum Beispiel für USA, um 196,– DM.
- Für den Kauf von Fachbüchern, den Besuch von Fachkongressen etc. wird eine Sachkostenbeihilfe in Höhe von 200,– DM pro Stipendienmonat gewährt.
- Die Reisekosten vom Heimatort an das Gastinstitut und zurück werden übernommen, für mitreisende Angehörige nur dann, wenn sie den Stipendiaten für mindestens 6 Monate ins Ausland begleiten und das Stipendium für mindestens 8 Monate verliehen wird.
- Auf Antrag kann allein erziehenden Stipendiatinnen und Stipendiaten ein Kinderbetreuungszuschlag gewährt werden.

Nach den bisherigen Erfahrungen des DAAD ist das Stipendium gemäß § 3 Nr. 44, Buchstabe a-c EStG regelmäßig steuerfrei; die Entscheidung darüber trifft das zuständige Finanzamt.

Laufzeit

Die Stipendien werden für die Dauer von 3 bis 12 Monaten vergeben. Eine Verlängerung bis zur Höchstdauer von 24 Monaten ist möglich. Eine Verlängerung der Förderung ist in der Regel nur bei substanzieller Beteiligung des Gastinstituts an den Kosten für das zweite Jahr möglich. Kurzstipendien bis zu 6 Monaten können nicht verlängert werden.

Bewerbungsvoraussetzungen

Nur wissenschaftlich überdurchschnittlich geeignete Kandidatinnen und Kandidaten können berücksichtigt werden. Sie müssen ihre Promotion vor Stipendienantritt mit sehr gutem Ergebnis (mindestens magna cum laude bzw. sehr gut) abgeschlossen haben. Die Promotion darf zu diesem Zeitpunkt nicht länger als zwei Jahre zurückliegen; bei Medizinern zählt die Zeit seit der Erlangung der Approbation.

Die Promotion soll in der Regel vor Vollendung des 30. Lebensjahres abgeschlossen worden sein. Nachgewiesene Zeiten für die Wehrpflicht oder den Zivildienst und für Kindererziehung (2 Jahre pro Kind, maximal 5 Jahre) werden angerechnet.

Eine Bewerbung ist nicht möglich, wenn der Kandidat bzw. die Kandidatin zum Zeitpunkt des geplanten Stipendienantritts bereits mehr als ein Jahr als Postdoktorand im Ausland tätig war oder von anderer Seite als Postdoktorand im Ausland gefördert worden ist. Bewerbungen aus dem Ausland werden in aller Regel nur für einen Forschungsaufenthalt in einem Drittland berücksichtigt. Für eine Weiterförderung im derzeitigen Gastland bedarf es besonderer Gründe. Ein Post-Doc-Aufenthalt an derselben ausländischen Institution, an der zuvor die Promotion durchgeführt wurde, wird nicht gefördert.

Für ein und dasselbe Vorhaben kann in der Regel nur ein Stipendium vergeben werden; sind zum Beispiel für die Durchführung eines Forschungsvorhabens Aufenthalte in verschiedenen Ländern notwendig, so ist dies im Antrag anzugeben.

| Graduierte und Promovierte | Post-Doc-Programm | 2 |

Das geplante Forschungsprojekt sollte von den Bewerbern in einem selbstständig erarbeiteten und mit dem Gastgeber abgestimmten Forschungsplan dargelegt werden.

Bei der Beurteilung der Bewerbung wird entscheidendes Gewicht auf eine klare und ausführliche Begründung des Forschungsvorhabens gelegt. Diese Begründung sollte neben dem Hinweis auf die eigenen Vorarbeiten auch auf die Bedeutung des Fachgebiets für die deutsche Forschung und auf die Frage eingehen, warum es wichtig ist, dieses Vorhaben im Ausland und an dem vorgesehenen Institut zu erarbeiten. Außerdem sollten erste wissenschaftliche Veröffentlichungen in einschlägigen Fachzeitschriften vorgelegt werden.

Die der Bewerbung beizufügenden Gutachten von zwei Hochschullehrern einer deutschen (im Ausnahmefall auch ausländischen) Hochschule sollten insbesondere auf die persönliche und wissenschaftliche Eignung des Bewerbers bzw. der Bewerberin für das geplante Vorhaben eingehen. Eines der Gutachten muss vom Betreuer bzw. der Betreuerin der Doktorarbeit erstellt werden.

Bewerbungsunterlagen
Bewerbungsunterlagen sollten angefordert werden beim DAAD, Ref. 311, Tel.: (02 28) 8 82-4 65, Fax: (02 28) 8 82-4 44, E-Mail: postdoc@daad.de.

Bewerbungstermin und -ort
Bewerbungen werden direkt beim DAAD eingereicht. Bewerbungen für Kurzstipendien (3 bis 6 Monate) sind jederzeit möglich, müssen jedoch mindestens drei Monate vor Antritt des Auslandsaufenthalts gestellt werden. Über das Jahr werden drei Bewerbungs- und Auswahltermine angeboten:

Bewerbungsschluss	Auswahltermin	Stipendienantritt frühestens am
15. November	im Februar	1. April
15. März	im Juni	1. August
15. Juni	im Oktober	1. Dezember

Die Auswahl erfolgt durch eine Hochschullehrer-Kommission des DAAD, die sich aus Vertretern der verschiedenen Fachdisziplinen zusammensetzt. Bei der Beurteilung eines Antrags stehen die Qualifikation des Bewerbers und die wissenschaftliche Qualität und Durchführbarkeit des Vorhabens im Mittelpunkt.

Sonstiges
Kontakte zum vorgesehenen ausländischen Gastgeber werden vom Bewerber bzw. der Bewerberin selbst hergestellt. Bewerbungen für einen Forschungsaufenthalt bei aus-

ländischen Wissenschaftlern, die von der Alexander von Humboldt-Stiftung (AvH) gefördert worden sind, sind zunächst bei dieser Stiftung (Jean-Paul-Straße 12, 53173 Bonn) einzureichen.

Zur Erleichterung der beruflichen (Wieder-)Eingliederung und zur wissenschaftlichen Aufarbeitung des Auslandsaufenthalts kann Stipendiaten und Stipendiatinnen, die ohne Beschäftigungsverhältnis oder anderweitige Förderung sind, nach Rückkehr von einem mindestens einjährigen Stipendium eine maximal sechsmonatige Überbrückungsbeihilfe gewährt werden. Einzelheiten werden auf Anfrage mitgeteilt.

| Graduierte und Promovierte | Semesteraufenthalte an einer ausländischen Hochschule | 2 |

Semesteraufenthalte an einer ausländischen Hochschule im Rahmen von Masterstudiengängen

Programmbeschreibung
Im Rahmen des Jahresstipendienprogramms bietet der DAAD neben den weiterhin bestehenden Auslandsaufenthalten für ein ganzes Studienjahr (s. S. 90 f.) auch Semesteraufenthalte an. Das Angebot gilt für alle Fachrichtungen mit Ausnahme künstlerischer und musischer Fächer. Es richtet sich an Studierende in Masterstudiengängen.

Das Programm soll die Mobilität von Studierenden zu Hochschulen außerhalb der Europäischen Union fördern; nicht gefördert werden daher Semesteraufenthalte in Mitgliedsstaaten der EU.

Um die Effizienz und den Ertrag eines Studiensemesters im Ausland zu gewährleisten, muss als Basis eine Absprache zwischen der deutschen Hochschule und der Gasthochschule im Ausland bestehen, die den individuellen Studienplan im Ausland festlegt und die Anerkennung der im Ausland erbrachten Studienleistungen sicherstellt.

Stipendienleistungen
Stipendienhöhe
Es wird eine monatliche Stipendienrate gezahlt (s. Übersicht S. 296 ff.), zusätzlich werden Studiengebühren maximal bis zur Hälfte des Betrages übernommen, den der DAAD in dem betreffenden Land für ein volles Studienjahr zahlt; Reisekosten bzw. eine Reisekostenpauschale.

Laufzeit
Der Begriff Semester steht für einen inhaltlich abgegrenzten Studienabschnitt (mindestens drei Monate), dessen Länge von Land zu Land variieren kann.

Angesichts der strukturellen Gegebenheiten in Hochschulen der MOE-Länder und der GUS-Staaten inklusive Kaukasus und Zentralasien ist hier für Semesteraufenthalte von Studierenden nur das Wintersemester mit Stipendienantritt zum 1. September 2002 möglich.

Bewerbungsvoraussetzungen
Bewerberinnen und Bewerber müssen in einem Masterstudiengang eingeschrieben sein.

Bewerbungsunterlagen
s.S. 14 ff., zusätzlich eine tabellarische Aufstellung der Veranstaltungen, die an der Gasthochschule besucht werden sollen mit Angabe (in einer zweiten Spalte), welchen Veranstaltungen der Heimathochschule sie entsprechen. Dieser Studienplan muss sowohl von der ausländischen Gasthochschule (Bestätigung der Durchführbarkeit) als auch von der Heimathochschule (Bestätigung der Äquivalenz als Grundlage für die spätere Anerkennung) gegengezeichnet werden.

2 Graduierte und Promovierte — Semesteraufenthalte an einer ausländischen Hochschule

Bewerbungstermin und -ort
1. September 2001 für Förderbeginn ab Februar 2002
1. April 2002 für Förderbeginn ab September 2002

Für MOE-Länder und GUS-Staaten einschließlich Kaukasus und Zentralasien nur:
1. April 2002 für Förderbeginn ab September 2002

Die Bewerbungen sind beim Akademischen Auslandsamt bzw. dem Auslandsbeauftragten der Hochschule einzureichen

| Graduierte und Promovierte | Kurzstipendien für Masterarbeit | 2 |

Kurzfristige Studienaufenthalte zur Anfertigung einer Masterarbeit

Programmbeschreibung
Der DAAD vergibt an Studierende in Masterstudiengängen an deutschen Hochschulen Kurzstipendien für die Anfertigung von Masterarbeiten. Diese Stipendien werden für alle Länder angeboten. Sie sind nicht für die Teilnahme an Lehrveranstaltungen einer ausländischen Hochschule bestimmt. Der Auslandsaufenthalt muss ausschließlich durch die Anfertigung der Masterarbeit begründet sein.

Stipendienleistungen
Stipendienhöhe
Zahlung einer monatlichen Stipendienrate, die sich nach den Gegebenheiten des Gastlandes richtet (s. Übersicht S. 296 ff.) plus Übernahme der Reisekosten: Für das europäische Ausland wird eine Reisekostenpauschale gezahlt, für die übrigen Länder erfolgt die Buchung der Reise durch den DAAD; Versicherungsschutz für den Auslandsaufenthalt.

Eventuell anfallende Gebühren können nicht übernommen werden.

Laufzeit
Die Laufzeit beträgt mindestens zwei, maximal sechs Monate.

Bewerbungsvoraussetzungen
Bewerberinnen und Bewerber müssen eine deutlich überdurchschnittliche Qualifikation vorweisen können. Die Zulassungsvoraussetzungen zur Masterprüfung müssen zum Zeitpunkt der Bewerbung in der Regel bereits erfüllt sein. Der Nachweis über die Vergabe des Themas der Masterarbeit muss vorgelegt werden. Von den Bewerberinnen und Bewerbern wird darüber hinaus erwartet, dass sie sich bereits mit der Thematik der Arbeit auseinandergesetzt und konkrete Vorstellungen bezüglich der Durchführung haben. Bei Gemeinschaftsprojekten sind die Bewerberinnen und Bewerber verpflichtet, ausführlich darzulegen, welche Teilvorhaben sie im Rahmen des Gesamtprojektes bearbeiten werden. Der die Masterarbeit betreuende Hochschullehrer sollte in seinem Gutachten auf die Qualifikation des Bewerbers bzw. der Bewerberin auch im Hinblick auf das Vorhaben und auf die Relevanz des Auslandsaufenthaltes für die Durchführung der Arbeit eingehen.

2 Graduierte und Promovierte — Kurzstipendien für Masterarbeit

Bewerbungsunterlagen

Im Einzelnen werden folgende Bewerbungsunterlagen erbeten:
- DAAD-Bewerbungsformular mit Fotografie
- Maschinengeschriebener, lückenloser Lebenslauf einschließlich Studiengang
- Ausführliche Begründung für die Durchführung der Masterarbeit im Ausland
- Eine selbstformulierte, fachlich fundierte und ausführliche Vorhabensbeschreibung von mindestens zwei Seiten Länge, die sowohl das inhaltliche Konzept als auch das methodologische Vorgehen deutlich werden lässt (bei Gruppenanträgen muss der spezifische Beitrag jedes Einzelnen erkennbar sein)
- Zeitplan zur Durchführung des Vorhabens
- Darstellung der bisherigen Vorarbeiten
- Zusage des Betreuers bzw. Kontaktpartners im Ausland
- Bestätigung über die Vergabe der Masterarbeit (DAAD-Formblatt)
- Zwei Gutachten von zwei Hochschullehrern: Eines der Fachgutachten muss von dem die Arbeit vergebenden und betreuenden Hochschullehrer sein und sollte insbesondere auch Angaben zur Realisierung des Vorhabens (einschließlich Notwendigkeit des Auslandsaufenthaltes) und zum Abgabetermin der Arbeit enthalten. Das andere Fachgutachten wird von einem Hochschullehrer erwartet, der die Qualifikation des Bewerbers bzw. der Bewerberin aus dem Masterstudium beurteilen kann (DAAD-Formblatt und frei formuliertes Gutachten)
- Kopie des Bachelor- oder Diplomzeugnisses
- Auflistung sämtlicher im Masterstudiengang besuchter Kurs-, Übungs- und Seminarveranstaltungen mit Notenangabe. Die Richtigkeit der Angaben muss durch eine offizielle Stelle der Hochschule (Akademisches Auslandsamt, Prüfungsamt) bestätigt werden.
- Kopien von anderen ausbildungsbezogenen Zeugnissen
- Ein Zeugnis über Kenntnisse der entsprechenden Landessprache auf dem DAAD-Formular „Sprachzeugnis für deutsche Bewerber", das den Stand der Sprachkenntnisse zum Zeitpunkt der Bewerbung bescheinigt. Es sollte vom jeweiligen an der Hochschule tätigen ausländischen Lektor bzw. Sprachlehrbeauftragten ausgestellt werden (nicht vom betreuenden Professor oder von Mitarbeitern des Akademischen Auslandsamtes). Für englischsprachige Länder kann alternativ der TOEFL-Test vorgelegt werden.
- Nachweis über Nebeneinkünfte während des Auslandsaufenthaltes (DAAD-Formblatt). Bei BAföG-Geförderten ist eine entsprechende Bescheinigung des BAföG-Amtes über den Fördersatz vorzulegen.
- Bewerberinnen und Bewerber der Fachrichtungen Kunst, Fotografie, Design und Architektur müssen außerdem eine Dokumentationsmappe und/oder Arbeitsproben einreichen. Diese werden nach der Auswahlsitzung wieder an die Bewerber zurückgegeben.

Bitte erstellen Sie sämtliche Unterlagen dreifach. Das Original Ihres Antrags sowie der Zweitsatz sind für den DAAD bestimmt; der dritte Satz dient zum Verbleib beim Akademischen Auslandsamt.

| Graduierte und Promovierte | Kurzstipendien für Masterarbeit | 2 |

Bewerbungstermin und -ort

Die speziellen Bewerbungsunterlagen für dieses Programm sind im Akademischen Auslandsamt bzw. (im Falle einiger Fachhochschulen) im Büro des Rektors/Präsidenten erhältlich. In Ausnahmefällen können sie beim DAAD, Referat 211, angefordert werden.

Es werden nur vollständige Bewerbungsunterlagen bearbeitet. Die Verantwortung für die Vollständigkeit der Bewerbung liegt beim Bewerber. Fehlende Unterlagen können zur formalen Ablehnung des Antrags führen.

Im Verlauf eines Jahres finden fünf Auswahlsitzungen statt. Von den Bewerberinnen und Bewerbern wird erwartet, dass sie die Planung ihres Auslandsaufenthaltes rechtzeitig vornehmen, damit nachfolgende Fristen eingehalten werden können. Die Bewerbungen sind über das Akademische Auslandsamt bzw. das Büro des Rektors/Präsidenten an den DAAD zu leiten. Die Termine sind verbindlich und beziehen sich auf den **Bewerbungseingang beim DAAD**.

Es wird gebeten, die Bewerbungen möglichst frühzeitig einzureichen.

spätester Termin für Bewerbungseingang beim DAAD	Auswahlsitzung	frühester Stipendienantritt
15. Juni 2001	September 2001	1. Oktober 2001
1. September 2001	November 2001	1. Dezember 2001
1. Dezember 2001	Februar 2002	1. März 2002

Ab Beginn des Jahres 2002 können Bewerbungen jederzeit eingereicht werden, mindestens jedoch drei Monate vor dem geplanten Stipendienantritt.

| 2 | Graduierte und Promovierte | NATO-Stipendien |

Forschungsstipendien für promovierte Naturwissenschaftler, Ingenieurwissenschaftler und Mediziner (NATO)

Programmbeschreibung
Der Wissenschaftsausschuss der NATO stellt die Mittel für ein Stipendienprogramm zur Förderung der wissenschaftlichen Zusammenarbeit innerhalb der Atlantischen Gemeinschaft, insbesondere aber mit den Ländern im Euro-Atlantischen Partnerschaftsrat bereit. (Allianz: Belgien, Dänemark, Frankreich, Griechenland, Großbritannien, Island, Italien, Kanada, Luxemburg, Niederlande, Norwegen, Polen, Portugal, Spanien, Tschechische Republik, Türkei, Ungarn und die USA. Partnerländer: Albanien, Armenien, Aserbaidschan, Belarus, Bulgarien, Estland, Georgien, Kasachstan, Kirgisistan, Lettland, Litauen, die ehemalige jugoslawische Republik Mazedonien, Moldawien, Rumänien, Russische Föderation, Slowakische Republik, Slowenien, Tadschikistan, Turkmenistan, Ukraine und Usbekistan.) Die Stipendien sind für jüngere Wissenschaftlerinnen und Wissenschaftler aller Fachrichtungen der Natur- und Ingenieurwissenschaften bestimmt. Ferner können Forschungsvorhaben aus dem Bereich der medizinischen Grundlagenforschung gefördert werden. Von einer Bewerbung ausgeschlossen sind Bewerberinnen und Bewerber, die den Erwerb eines akademischen Grades anstreben oder bereits habilitiert sind.

Infolge einer sich abzeichnenden starken Mittelreduzierung für Fördervorhaben von Deutschen innerhalb der Allianz behält sich der DAAD eine Einstellung dieses Programms vor. Eine entsprechende Benachrichtigung wird rechtzeitig erfolgen.

Stipendienleistungen
  Stipendienhöhe
  – Für Unterkunft, Verpflegung und Nebenausgaben steht ein dem Lebensalter des Stipendiaten und den Lebenshaltungskosten des Gastlandes angepasster Betrag zur Verfügung. Der monatliche Grundbetrag beläuft sich auf :
  DM 2.670,– für Stipendiaten bis 30 Jahre
  DM 2.770,– für Stipendiaten bis 34 Jahre
  – Verheiratete erhalten als Zulage für Ehepartner monatlich DM 400,–, wenn diese weniger als DM 800,– monatlich eigenes Einkommen aus Berufstätigkeit haben.
  – Zusätzlich wird ein – nach Gastland unterschiedlicher – Auslandszuschlag gezahlt, der sich bei Begleitung durch die Familie erhöht; zum Beispiel:

  für USA
  2.210,– DM allein stehend
  2.602,– DM mit Ehepartner

  für Großbritannien
  2.015,– DM allein stehend
  2.368,– DM mit Ehepartner

  für Frankreich
  1.440,– DM allein stehend
  1.728,– DM mit Ehepartner

| Graduierte und Promovierte | NATO-Stipendien | 2 |

für die Russische Föderation
1.695,– DM allein stehend
2.034,– DM mit Ehepartner
Angaben für weitere Länder auf Anfrage
- Der Auslandszuschlag für Verheiratete wird gewährt, wenn eventuelle Einkünfte des Ehepartners DM 800,– nicht übersteigen.
- Für jedes Kind erhöht sich der Auslandszuschlag, zum Beispiel für USA um 196,– DM.
- Für den Kauf von Fachbüchern, den Besuch von Fachkongressen etc. wird eine Sachkostenbeihilfe in Höhe von 200,– DM pro Stipendienmonat gewährt.
- Die Reisekosten vom Heimatort an das Gastinstitut und zurück werden übernommen, für mitreisende Angehörige nur dann, wenn sie den Stipendiaten für mindestens 6 Monate ins Ausland begleiten und das Stipendium für mindestens 8 Monate verliehen wird.
- Auf Antrag kann allein erziehenden Stipendiatinnen und Stipendiaten ein Kinderbetreuungszuschlag gewährt werden.

Nach den bisherigen Erfahrungen des DAAD ist das Stipendium gemäß § 3 Nr. 44, Buchstabe a-c EStG regelmäßig steuerfrei; die Entscheidung darüber trifft das zuständige Finanzamt.

Laufzeit
Die Stipendien werden für ein akademisches Jahr oder ein Kalenderjahr, mindestens jedoch für 6 Monate verliehen. Eine Verlängerung der Förderung ist in der Regel nur bei substanzieller Beteiligung des Gastinstituts an den Kosten für das zweite Jahr möglich. Kurzstipendien von 6 Monaten können nicht verlängert werden.

Bewerbungsvoraussetzungen
Nur wissenschaftlich überdurchschnittlich geeignete Kandidatinnen und Kandidaten deutscher Staatsangehörigkeit können berücksichtigt werden. Bewerberinnen und Bewerber müssen ihre Promotion vor Stipendienantritt mit einem sehr guten Ergebnis (magna cum laude) abgeschlossen haben. Die Promotion darf zu diesem Zeitpunkt nicht länger als zwei Jahre zurückliegen; bei Medizinern zählt die Zeit seit der Erlangung der Approbation.

Die Promotion soll in der Regel vor Vollendung des 30. Lebensjahres abgeschlossen worden sein. Grundwehr-, Zivildienst- und Kindererziehungszeiten (2 Jahre pro Kind, maximal 5 Jahre) werden angerechnet.

Bewerbungen von Nachwuchswissenschaftlern, die zum Zeitpunkt des geplanten Stipendienantritts mehr als ein Jahr als Postdoktoranden im Ausland tätig waren, können nicht berücksichtigt werden.

Das geplante Forschungsprojekt sollte von den Bewerbern in einem selbstständig erarbeiteten und mit dem Gastgeber abgestimmten Forschungsplan dargelegt werden.

| 2 | Graduierte und Promovierte | NATO-Stipendien |

Bei der Beurteilung der Bewerbung wird entscheidendes Gewicht auf eine klare und ausführliche Begründung des Forschungsvorhabens gelegt. Sie sollte neben dem Hinweis auf die eigene Arbeit auch auf die Bedeutung des Fachgebiets für die deutsche Forschung und auf die Frage eingehen, warum es wichtig ist, dieses Vorhaben im Ausland und an dem vorgesehenen Institut zu erarbeiten. Außerdem sollten erste wissenschaftliche Veröffentlichungen in einschlägigen Fachzeitschriften vorgelegt werden.

Die der Bewerbung beizufügenden Gutachten von zwei Hochschullehrern einer deutschen (im Ausnahmefall auch ausländischen) Hochschule sollten insbesondere auf die persönliche und wissenschaftliche Eignung des Bewerbers für das geplante Vorhaben eingehen. Eines der Gutachten muss vom Betreuer bzw. der Betreuerin der Doktorarbeit erstellt werden.

Bewerbungsunterlagen

Auskünfte über das NATO-Programm sowie ggf. Antragsformulare für die Forschungsstipendien sind direkt beim DAAD, Ref. 311, Tel.: 02 28/8 82-465, Fax: 02 28/8 82-444, E-Mail: postdoc@daad.de, zu erhalten.

Bewerbungstermin- und -ort

Die Bewerbungsunterlagen werden in dreifacher Ausfertigung beim DAAD, Ref. 311 (s. o.) eingereicht. Über das Jahr werden drei Auswahltermine angeboten:

Bewerbungsschluss	**Auswahltermin**	**Frühest mögliche Förderung ab**
15. November	im Februar	1. April
15. März	im Juni	1. August
15. Juni	im Oktober	1. Dezember

Die Auswahl erfolgt durch eine Hochschullehrer-Kommission des DAAD, die sich aus Vertretern der verschiedenen Fachdisziplinen zusammensetzt. Bei der Beurteilung des Antrags stehen die Qualifikation des Bewerbers bzw. der Bewerberin und die wissenschaftliche Qualität und Durchführbarkeit des Vorhabens im Mittelpunkt.

Sonstiges

Die Bewerberinnen und Bewerber treten von sich aus in Verhandlungen um einen Arbeitsplatz im Gastland ein und bereiten ihr Forschungsvorhaben vor. Dieser persönliche Kontakt zum ausländischen Gastinstitut ist ein wichtiger Faktor bei der Auswahlentscheidung.

Bewerbungen für einen Forschungsaufenthalt bei ausländischen Wissenschaftlern, die von der Alexander von Humboldt-Stiftung (AvH) gefördert worden sind, sind zunächst bei dieser Stiftung (Jean-Paul-Straße 12, 53173 Bonn) einzureichen.

| Graduierte und Promovierte | ICSI-Post-Doc-Stipendien | 2 |

Post-Doc-Stipendien für Forschungsaufenthalte am International Computer Science Institute in Berkeley, Kalifornien, USA

Programmbeschreibung
Der DAAD bietet für junge promovierte deutsche Nachwuchswissenschaftlerinnen und -wissenschaftler aus der Informatik und verwandten Gebieten Stipendien für Forschungsaufenthalte am International Computer Science Institute (ICSI) in Berkeley, USA, an. Das ICSI ist eine der University of California Berkeley (UCB) lose angegliederte gemeinnützige Forschungseinrichtung, die zu einem erheblichen Teil aus deutschen öffentlichen und Industriemitteln unterstützt wird. Die Stipendien werden zur Mitarbeit in laufenden Projekten des ICSI und des Departments of Computer Science an der UCB für einen einjährigen Forschungsaufenthalt vergeben und beginnen in der Regel zum 1. September eines Jahres.

Stipendienleistungen
Stipendienhöhe
- Für Unterkunft, Verpflegung und Nebenausgaben steht ein dem Lebensalter der Stipendiatin bzw. des Stipendiaten und den Lebenshaltungskosten des Gastlandes angepasster Betrag zur Verfügung. Der monatliche Grundbetrag beläuft sich auf:
DM 2.670,– für Stipendiaten bis 30 Jahre
DM 2.770,– für Stipendiaten bis 34 Jahre
- Verheiratete erhalten als Zulage für Ehepartner monatlich DM 400,–, wenn diese weniger als DM 800,– monatlich eigenes Einkommen aus Berufstätigkeit haben.
- Zusätzlich wird ein Auslandszuschlag gezahlt, der sich bei Begleitung durch die Familie erhöht; zum Beispiel beträgt dieser für USA:
2.210,– DM allein stehend
2.602,– DM mit Ehepartner
Der Auslandszuschlag für Verheiratete wird gewährt, wenn eventuelle Einkünfte des Ehepartners DM 800,– nicht übersteigen.
Für jedes Kind erhöht sich der Auslandszuschlag um 196,– DM.
- Für den Kauf von Fachbüchern, den Besuch von Fachkongressen etc. wird eine Sachkostenbeihilfe in Höhe von 200,– DM pro Stipendienmonat gewährt.
- Die Reisekosten vom Heimatort an das Gastinstitut und zurück werden übernommen, für mitreisende Angehörige nur dann, wenn sie den Stipendiaten für mindestens 6 Monate ins Ausland begleiten und das Stipendium für mindestens 8 Monate verliehen wird.
- Auf Antrag kann allein erziehenden Stipendiatinnen und Stipendiaten ein Kinderbetreuungszuschlag gewährt werden.

Nach den bisherigen Erfahrungen des DAAD ist das Stipendium gemäß § 3 Nr. 44, Buchstabe a-c EStG regelmäßig steuerfrei; die Entscheidung darüber trifft das zuständige Finanzamt.

2 Graduierte und Promovierte — ICSI-Post-Doc-Stipendien

Bewerbungsvoraussetzungen
Nur wissenschaftlich überdurchschnittlich geeignete Kandidatinnen und Kandidaten können berücksichtigt werden. Sie müssen ihre Promotion vor Stipendienantritt mit sehr gutem Ergebnis (mindestens magna cum laude bzw. sehr gut) abgeschlossen haben.

Bei der Beurteilung der Bewerbung wird entscheidendes Gewicht auf eine klare und ausführliche Begründung des Forschungsvorhabens gelegt, die auch Hinweise auf die eigenen Vorarbeiten enthalten sollte. Das Forschungsprojekt selbst muss detailliert abgefasst sein und sich im Rahmen der Forschungsschwerpunkte des ICSI und des Department of Computer Science an der UCB realisieren lassen. Außerdem sollten erste wissenschaftliche Veröffentlichungen in einschlägigen Fachzeitschriften vorgelegt werden.

Bewerbungsunterlagen
Bitte senden Sie Ihre Bewerbung in dreifacher Ausführung. Eine vollständige Bewerbung besteht aus:
- DAAD-Bewerbungsformular für Deutsche (bitte machen Sie fachliche Angaben in englischer Sprache)
- ausführlicher Lebenslauf mit wissenschaftlichem Werdegang (in Englisch)
- Publikationsliste
- Zusammenfassung des Promotionsvorhabens (in Englisch)
- vorgesehenes Forschungsvorhaben für den Aufenthalt am ICSI (in Englisch)
- zwei vertrauliche Gutachten (in Englisch und auf dem DAAD-Formular) von Hochschullehrern einer deutschen (im Ausnahmefall auch ausländischen Hochschule). Eines der Gutachten muss von der Betreuerin/dem Betreuer der Doktorarbeit ausgestellt werden. Die Gutachten sollten insbesondere auf die wissenschaftliche und persönliche Eignung des Antragstellers für das Vorhaben eingehen.
- unbeglaubigte Kopien von Zeugnissen (Promotion, Hauptdiplom, Vordiplom mit Einzelnoten)
- „Sprachzeugnis" über die englische Sprachkompetenz der Bewerberin oder des Bewerbers

Bewerbungen werden in englischer Sprache eingereicht.

Bewerbungsunterlagen können unter dem Kennwort „ICSI-Postdoc-Stipendien" angefordert werden bei
Deutscher Akademischer Austauschdienst (DAAD)
Referat 311
Kennedyallee 50
D-53175 Bonn
Fax: 0228/882 444

Ansprechpartnerin: Frau E. Hartmann (02 28/8 82-3 84) bzw. Frau Dr. Wienhard (02 28/8 82-3 39)
E-Mail: postdoc@daad.de

| Graduierte und Promovierte | ICSI-Post-Doc-Stipendien | 2 |

Informationen und Bewerbungsunterlagen erhalten Sie auch per Internet: http://www.daad.de
Ergänzende Informationen zu den Research Profiles des ICSI finden Sie unter der Internet-Adresse: http://www.icsi.berkeley.edu sowie http://www.ICSI-FV.de

Bewerbungstermin und -ort
Bewerbungstermin für Forschungsaufenthalte in 2002/2003 ist der 30. November 2001.

Stipendienantritt ist der 1. September 2002.

Sonstiges
Über die Förderung entscheidet eine Auswahlkommission, der führende Informatiker aus dem Hochschul- und Forschungsbereich, des ICSI sowie der Industrie angehören. Als Auswahlkriterien werden die Gesamtqualifikation der Bewerberin oder des Bewerbers inklusive Publikationsverzeichnis sowie deren/dessen Eignung für die Forschungsvorhaben am ICSI zu Grunde gelegt. Den Bewerbern wird das Ergebnis der Auswahl im März 2002 mitgeteilt.

2 Graduierte und Promovierte — Sonderprogramm Biotechnologie

Stipendien für promovierte Nachwuchswissenschaftlerinnen und Nachwuchswissenschaftler aus dem Bereich der Biotechnologie
zu Forschungsaufenthalten in den Ländern Brasilien, VR China (einschließlich Hongkong) und Indonesien

Programmbeschreibung
Der DAAD bietet für besonders qualifizierte promovierte deutsche Nachwuchswissenschaftlerinnen und -wissenschaftler Stipendien für weiterqualifizierende Forschungsaufenthalte in den Ländern Brasilien, VR China (einschließlich Hongkong) und Indonesien an. Vorrangig gefördert werden Anträge aus den Gebieten Genomforschung und Biotechnologie sowie weiteren neueren biowissenschaftlichen Arbeitsgebieten. Dieses Förderprogramm dient vor allem der Vorbereitung von künftigen größeren Projekten in den Biowissenschaften im Rahmen der Wissenschaftlich-Technologischen Zusammenarbeit (WTZ) mit den genannten Ländern. Die Mittel werden vom Bundesministerium für Bildung und Forschung (BMBF) zur Verfügung gestellt. Entsprechend der Zielsetzung sollen insbesondere Vorhaben gefördert werden, deren Ergebnisse eine spätere industrielle Verwertbarkeit erwarten lassen.

Stipendienleistungen
Stipendienhöhe
Für Unterkunft, Verpflegung und Nebenausgaben steht ein dem Lebensalter des Bewerbers bzw. der Bewerberin und den Lebenshaltungskosten des Gastlandes angepasster Betrag zur Verfügung. Der monatliche Grundbetrag beläuft sich auf:

DM 2.670 für Stipendiaten und Stipendiatinnen bis 30 Jahre
DM 2.770 für Stipendiaten und Stipendiatinnen bis 34 Jahre
DM 2.870 für Stipendiaten und Stipendiatinnen bis 38 Jahre
DM 2.970 für Stipendiaten und Stipendiatinnen ab 39 Jahre

Zusätzlich wird ein – nach Gastland unterschiedlicher – Auslandszuschlag gezahlt, der sich bei Begleitung durch die Familie erhöht, zum Beispiel:

für Brasilien
DM 1.515,– allein stehend
DM 1.970,– mit Ehepartner und einem Kind

für VR China (einschließlich Hongkong)
DM 1.410,– allein stehend
DM 1.833,– mit Ehepartner und einem Kind

für Indonesien
DM 1.470,– allein stehend
DM 1.911,– mit Ehepartner und einem Kind

| Graduierte und Promovierte | Sonderprogramm Biotechnologie | 2 |

- Verheiratete erhalten als Zulage für Ehepartner monatlich DM 400,–, wenn diese weniger als DM 800,– monatlich eigenes Einkommen aus Berufstätigkeit haben.
- Für den Kauf von Fachbüchern, den Besuch von Fachkongressen etc. wird eine Sachkostenbeihilfe in Höhe von DM 200,– pro Stipendienmonat gewährt.
- Die Reisekosten vom Heimatort an das Gastinstitut und zurück werden übernommen, für mitreisende Angehörige nur dann, wenn sie den Stipendiaten für mindestens 6 Monate ins Ausland begleiten und das Stipendium für mindestens 8 Monate verliehen wird.
- Auf Antrag kann allein erziehenden Stipendiatinnen und Stipendiaten ein Kinderbetreuungszuschlag gewährt werden.

Nach den bisherigen Erfahrungen des DAAD ist das Stipendium gemäß § 3 Nr. 44, Buchstabe a-c EStG regelmäßig steuerfrei; die Entscheidung darüber trifft das zuständige Finanzamt.

Für Forschungsaufenthalte von Wissenschaftlern und Doktoranden (Einzelfälle s.o.) gelten gesonderte Bestimmungen.

Laufzeit

Die Stipendien werden für eine Dauer von zunächst einem bis zu zwölf Monaten vergeben. Verlängerungen sind möglich bis zu einer Gesamtförderungsdauer von 24 Monaten.

Bewerbungsvoraussetzungen

- Nur wissenschaftlich überdurchschnittlich qualifizierte Kandidatinnen und Kandidaten können berücksichtigt werden. Sie müssen ihre Promotion vor Stipendienantritt mit sehr gutem Ergebnis abgeschlossen haben.
- Die Promotion soll in der Regel vor Vollendung des 30. Lebensjahres abgeschlossen worden sein. Die Kandidatinnen und Kandidaten sollten bei Stipendienantritt nicht älter als 38 Jahre sein.
- Kontakte zum vorgesehenen ausländischen Gastgeber sollen von den Bewerbern selbst hergestellt werden und bedürfen des Nachweises.
- Bei der Beurteilung der Bewerbung wird entscheidendes Gewicht auf eine klare und ausführliche Begründung des Forschungsvorhabens gelegt. Diese Begründung sollte neben dem Hinweis auf die eigenen Vorarbeiten auch auf die Bedeutung des Fachgebiets für die deutsche Forschung und auf die Frage eingehen, warum es wichtig ist, dieses Vorhaben im Ausland und an dem vorgesehenen Institut zu bearbeiten. Insbesondere ist darzulegen, wie das Vorhaben in eine weiter gehende wissenschaftlich-technologische Zusammenarbeit mit der Partnerinstitution überführt werden kann. Außerdem sollten wissenschaftliche Veröffentlichungen in einschlägigen Fachzeitschriften vorgelegt werden.
- Die der Bewerbung beizufügenden Gutachten von zwei Hochschullehrern einer deutschen Hochschule sollten insbesondere auf die persönliche und wissenschaftliche Eignung des Bewerbers bzw. der Bewerberin für das geplante Vorhaben eingehen.

2	Graduierte und Promovierte	Sonderprogramm Biotechnologie

– Im Ausnahmefall können auch der kurzfristige Aufenthalt von Hochschullehrern und Wissenschaftlern an einer Gastinstitution in den betreffenden Ländern sowie ein längerer Forschungsaufenthalt von deutschen Doktoranden gefördert werden. Diese Ausnahmefälle bedürfen einer eingehenden Begründung.

Bewerbungsunterlagen
Bewerbungsunterlagen und aktuelle Informationen zum Programm, besonders über die förderbaren Forschungsgebiete können angefordert werden beim DAAD, Referat 421, E-Mail: scherzer@daad.de. Informationen erhalten Sie auch per Internet: http://www.daad.de.

Bitte senden Sie Ihre Bewerbung in zweifacher Ausführung. Eine vollständige Bewerbung besteht aus:
– DAAD-Bewerbungsformular
– Lebenslauf
– detaillierte Beschreibung des Forschungsvorhabens sowie eine Darstellung der bisherigen Forschungstätigkeit
– abgestimmter Zeit- und Arbeitsplan
– beglaubigte Kopien des Hochschulabschlusszeugnisses sowie der Promotionsurkunde
– zwei Empfehlungsschreiben von Professoren/Wissenschaftlern, bei denen die Bewerberin oder der Bewerber studiert bzw. wissenschaftlich gearbeitet hat
– Betreuungszusage des ausländischen Gastgebers

Bewerbungstermin und -ort
Bewerbungen werden direkt beim DAAD, Referat 421, eingereicht. Über das Jahr werden zwei Bewerbungs- und Auswahltermine für Aufenthalte, die länger als 6 Monate dauern sollen, angeboten:

Bewerbungsschluss	Auswahltermin	Stipendienantritt frühestens am
30. September	im November	1. Januar
15. März	im April	1. Juni

Anträge auf Aufenthalte bis zu 6 Monaten können jederzeit beim DAAD gestellt werden.

Sonstiges
Die Auswahl erfolgt durch eine Wissenschaftler-Kommission des DAAD. Dabei stehen die Qualifikation der Bewerberin bzw. des Bewerbers sowie die Qualität und Durchführbarkeit des Vorhabens im Mittelpunkt.

| Graduierte und Promovierte | John F. Kennedy-Stipendien | 2 |

John F. Kennedy-Gedächtnis-Stipendien (Harvard)
für die Fachgebiete Politische Wissenschaft, Zeitgeschichte, Öffentliches Recht, Wirtschafts- und Sozialwissenschaften und Public Policy

Programmbeschreibung
Die Harvard University, Cambridge, Massachusetts, vergibt in der Regel bis zu drei John F. Kennedy Memorial Fellowships an Promovierte und Habilitanden aus den Fachgebieten Politische Wissenschaft, Zeitgeschichte, Öffentliches Recht, Wirtschafts- und Sozialwissenschaften und Public Policy. Das Programm wird vom Center for European Studies an der Harvard University verwaltet; dort steht auch ein Arbeitsplatz zur Verfügung.

Stipendienleistungen
Stipendienhöhe
- Stipendium in Höhe von US-$ 42.500,– für den Zeitraum 1.9.2002 bis 30.6.2003; eine Verlängerung um 2 Monate ohne zusätzliche Finanzierung ist möglich
- Kindergeld für bis zu zwei Kinder je US-$ 3.500,– pro Kind und Förderungszeitraum
- Forschungs- bzw. inneramerikanische Reisemittel bis zu US-$ 1.500,–
- Reisekosten (vom DAAD) für Hin- und Rückreise, auch für mitreisende Familienangehörige
- Krankenversicherung sowie Unfall- und Privathaftpflichtversicherung (vom DAAD)

Laufzeit
10 Monate

Bewerbungsvoraussetzungen
- Abschlussexamen einer deutschen Hochschule oder einem deutschen Abschluss gleichwertiges Examen
- Promotion in einem der oben genannten Gebiete
- Publikationen
- sehr gute englische Sprachkenntnisse
- deutsche Staatsangehörigkeit
- Höchstalter 40 Jahre (zuzüglich Zeiten für Wehrpflicht oder Zivildienst, Berufsausbildung und Tätigkeit vor Studienbeginn, Kindererziehung)
- ein Forschungsvorhaben, das sich mit europäischen und/oder amerikanischen Themen beschäftigt, deren Bearbeitung am Center for European Studies sinnvoll und erforderlich ist

Bewerbungsunterlagen
Bewerbungsunterlagen und nähere Informationen sind direkt beim DAAD, Referat 315, erhältlich.

| 2 | Graduierte und Promovierte | John F. Kennedy-Stipendien |

Bewerbungstermin und -ort
Die vollständigen Anträge sind dem DAAD bis spätestens 1. Januar 2002 einzureichen. Im Februar 2002 findet die Auswahl mit persönlicher Vorstellung statt. Die endgültige Entscheidung wird von der Harvard University getroffen und im April bekannt gegeben.

| Graduierte und Promovierte | FAPESP-DAAD-Forschungsstipendien | 2 |

FAPESP-DAAD-Forschungsstipendien
für promovierte deutsche Nachwuchswissenschaftlerinnen und Nachwuchswissenschaftler an Hochschulen im Bundesstaat São Paulo, Brasilien

Programmbeschreibung
Zur Förderung des deutsch-brasilianischen akademischen Austausches und der Forschung sowie zur Vertiefung der Zusammenarbeit zwischen der Fundação de Amparo à Pesquisa do Estado de São Paulo (FAPESP) und dem Deutschen Akademischen Austauschdienst (DAAD) führen die genannten Fördereinrichtungen seit 1998 ein gemeinsames Stipendienprogramm für promovierte deutsche Nachwuchswissenschaftler durch.

Die Fundação de Amparo à Pesquisa do Estado de São Paulo bietet hoch qualifizierten promovierten deutschen Nachwuchswissenschaftlerinnen und -wissenschaftlern (in Anlehnung an § 8 Abs. 1 Ziff. 2 ff. und Abs. 2 BAföG auch Deutschen gleichgestellte Personen: „Bildungsinländer", Asylberechtigte, anerkannte Flüchtlinge) ein Stipendium für einen weiterqualifizierenden Aufenthalt in einem Forschungsprojekt einer Universität bzw. außeruniversitären Forschungseinrichtung des Bundesstaates São Paulo an. Die Stipendien sind vorgesehen zur Mitwirkung an den von FAPESP bewilligten Sonderforschungsprojekten, den Projetos Temáticos. („Projetos Temáticos" werden für einen Zeitraum von bis zu vier Jahren finanziert und unterscheiden sich von den üblichen Förderprogrammen von FAPESP durch den Umfang des Vorhabens, die Erfahrung der beteiligten Wissenschaftler und die thematische Kohärenz des Forschungsvorhabens.)

Der DAAD übernimmt Reise- und Stipendiennebenkosten (s.u. Stipendienleistungen) aus Mitteln des Bundesministeriums für Bildung und Forschung.

Stipendienleistungen
Stipendienhöhe
Leistungen von FAPESP
FAPESP gewährt ein steuerfreies Stipendium von (Brasil. Reais) R$ 2.860,00 im Monat.

Leistungen des DAAD
– Der DAAD übernimmt die Reisekosten vom Heimatort an das Gastinstitut und zurück (für mitreisende Angehörige nur dann, wenn sie den Stipendiaten für mindestens 6 Monate ins Ausland begleiten)
– Je nach Kurs der brasilianischen Währung Reais zahlt der DAAD zu dem FAPESP-Stipendium einen Aufstockungsbetrag
– Verheirateten werden als Zulage für Ehepartner monatlich DM 400,– gezahlt, wenn diese weniger als DM 800,– monatlich eigenes Einkommen aus Berufstätigkeit haben
– Zusätzlich zum FAPESP-Stipendium wird ein familienabhängiger Auslandszuschlag gewährt

2 Graduierte und Promovierte — FAPESP-DAAD-Forschungsstipendien

– Für den Kauf von Fachbüchern, den Besuch von Fachkongressen etc. gewährt der DAAD eine Sachkostenbeihilfe von DM 200,– monatlich
– Auf Antrag kann allein erziehenden Stipendiatinnen und Stipendiaten ein Kinderbetreuungszuschlag gewährt werden

Das Stipendium und die Nebenleistungen sind steuerfrei.

Laufzeit

Die Stipendien werden von FAPESP auf ein Jahr verliehen und sind jährlich bis zu einer Laufzeit von insgesamt drei Jahren verlängerbar, in keinem Fall aber länger als die Projektdauer. Forschungsberichte sind halbjährlich zu erstellen, und die jährliche Stipendienverlängerung ist abhängig von einer Evaluierung der Tätigkeit des Stipendiaten bzw. der Stipendiatin durch den Gutachterausschuss von FAPESP im Benehmen mit dem DAAD.

Bewerbungsvoraussetzungen

Nur wissenschaftlich überdurchschnittlich qualifizierte, promovierte Kandidatinnen und Kandidaten können berücksichtigt werden, die Promotion soll zum Zeitpunkt der Bewerbung in der Regel nicht länger als fünf Jahre zurückliegen.

Der DAAD stellt auf Anfrage Informationen über die in Frage kommenden Forschungsprojekte von FAPESP zur Verfügung. Aufgrund dieser Informationen können interessierte promovierte deutsche Nachwuchswissenschaftlerinnen und -wissenschaftler direkt mit den wissenschaftlichen Koordinatoren der Sonderforschungsprojekte in Kontakt treten, damit beide Seiten sich des gegenseitigen Interesses vergewissern können.

Die Stipendienbewerbung muss gleichzeitig vom wissenschaftlichen Leiter oder der Leiterin des Forschungsprojektes bei FAPESP und vom Bewerber beim DAAD eingereicht werden.

Bedingung sind sehr gute Englischkenntnisse; Portugiesischkenntnisse sind erwünscht, jedoch nicht Voraussetzung, wohl aber die Bereitschaft, diese Sprache im Falle einer Stipendienbewilligung zu erlernen, da die Kenntnis der Landessprache ein wichtiger Faktor für eine bessere Integration der Stipendiatinnen und Stipendiaten in das Gastinstitut und für die Lebensqualität während ihres Brasilienaufenthaltes ist.

Bewerbungsunterlagen

Die nachfolgend aufgeführten Bewerbungsunterlagen sind in englischer Sprache gleichzeitig vom wissenschaftlichen Koordinator bei FAPESP und vom Kandidaten beim DAAD einzureichen:
– Ausgefülltes Antragsformular (beim DAAD, Referat 415, erhältlich)
– Einladungsschreiben des brasilianischen Leiters des Sonderforschungsprojekts
– Lebenslauf
– Kopie des Hochschulabschlusszeugnisses und/oder der Promotionsurkunde

| Graduierte und Promovierte | FAPESP-DAAD-Forschungsstipendien | 2 |

- Veröffentlichungsliste
- Abstract der Dissertation und ggf. weiterer Veröffentlichungen
- Beschreibung des Forschungsvorhabens, das der Bewerber bzw. die Bewerberin im Zusammenhang mit dem Sonderforschungsprojekt durchzuführen gedenkt
- Gutachten von zwei Hochschullehrerinnen oder Hochschullehrern deutscher Universitäten. (Die der Bewerbung beizufügenden Gutachten von zwei Hochschullehrern einer deutschen Hochschule sollten insbesondere auf die persönliche und wissenschaftliche Eignung des Bewerbers für das geplante Vorhaben eingehen.)

Bewerbungstermin und -ort

FAPESP leitet die Unterlagen über die in Frage kommenden Projekte an den DAAD weiter, der eine entsprechende Ausschreibung vornimmt. Die Bewerberin bzw. der Bewerber sendet die Antragsunterlagen gleichzeitig an den brasilianischen Projektleiter und an den DAAD, Referat 415.

Der brasilianische Projektverantwortliche beantragt das Stipendium für den deutschen Wissenschaftler oder die Wissenschaftlerin bei

FAPESP
Rua Pio XI, 1500
05.468-140 São Paulo, SP, Brasil
Telefon (00 55-11) 8 37-03 11
Telefax (00 55-11) 8 31-34 73

Die Antragsunterlagen werden von FAPESP und DAAD geprüft. Die Stipendienzusage von FAPESP erfolgt aufgrund einer Entscheidung der zuständigen akademischen Auswahlkommission in Abstimmung mit dem DAAD. Der DAAD bewilligt die Reisekosten und Stipendiennebenleistungen.

Verlängerungsanträge werden bei FAPESP und parallel dazu bei der DAAD-Außenstelle Rio de Janeiro eingereicht und von FAPESP in Abstimmung mit dem DAAD entschieden.

Anträge werden laufend entgegengenommen. Mit einer Entscheidung ist binnen einer Frist von drei Monaten zu rechnen.

Sonstiges

Zur Erleichterung der beruflichen (Wieder-)Eingliederung und zur wissenschaftlichen Aufarbeitung des Auslandsaufenthaltes kann der DAAD Stipendiatinnen und Stipendiaten, die ohne Beschäftigungsverhältnis oder anderweitige Förderung sind, nach Rückkehr von einem mindestens einjährigen Stipendium auf Antrag eine maximal sechsmonatige Überbrückungshilfe gewähren.

2 Graduierte und Promovierte — MSH-Stipendien

Forschungsstipendien an der Maison des Sciences de l'Homme (MSH)
für promovierte Geistes- und Sozialwissenschaftler

Programmbeschreibung
Der Deutsche Akademische Austauschdienst vergibt in Verbindung mit der Stiftung Maison des Sciences de l'Homme (MSH) Auslandsstipendien für promovierte deutsche Geistes- und Sozialwissenschaftler und -wissenschaftlerinnen.

Das Stipendienprogramm soll hervorragend qualifizierten deutschen Nachwuchswissenschaftlerinnen und Nachwuchswissenschaftlern ermöglichen, an der MSH oder an einem mit ihr verbundenen Forschungsinstitut in Frankreich ein Forschungsvorhaben freier Wahl zu verfolgen. Thematisch soll das Vorhaben keine Fortsetzung oder Variante der Dissertation sein. Bevorzugt werden Vorhaben, die sich übergeordneten – vor allem wissenschaftstheoretischen oder historischen – Fragestellungen verpflichtet wissen. Geplante Einzelstudien sollten deshalb methodisch innovativ sein oder zumindest einen interkulturell-komparatistischen Ansatz verfolgen und sich in einen größeren Forschungszusammenhang einbetten lassen. Die Anbindung an eine eventuell bestehende Forschergruppe, die zu ähnlichen Fragestellungen arbeitet, wäre insofern wünschenswert.

Stipendienleistungen
Stipendienhöhe
- Der monatliche Grundbetrag beläuft sich auf:
  DM 2.670,– für Stipendiaten bis 30 Jahre
  DM 2.770,– für Stipendiaten bis 34 Jahre
  DM 2.870,– für Stipendiaten bis 38 Jahre
- plus Auslandszuschlag:
  DM 1.440,– für Ledige, der sich bei Begleitung durch die Familie erhöht
- Für den Kauf von Fachbüchern, den Besuch von Fachkongressen etc. wird eine Sachkostenbeihilfe in Höhe von DM 200,– pro Stipendienmonat gewährt
- Für die Reisekosten vom Heimatort an das Gastinstitut und zurück zahlt der DAAD eine Reisekostenpauschale

Nach den bisherigen Erfahrungen des DAAD ist das Stipendium gemäß § 3 Nr. 44, Buchstabe a-c EStG regelmäßig steuerfrei; die Entscheidung darüber trifft das zuständige Finanzamt.

Laufzeit
Die Stipendien werden dem jeweiligen Vorhaben entsprechend für die Dauer von 6 bis 10 Monaten vergeben. Der Stipendienantritt muss zwischen dem 1. April und dem 1. Oktober 2002 liegen.

| Graduierte und Promovierte | MSH-Stipendien | 2 |

Bewerbungsvoraussetzungen

Das Angebot richtet sich an überdurchschnittlich qualifizierte deutsche promovierte Nachwuchswissenschaftlerinnen und Nachwuchswissenschaftler der Geistes- und Sozialwissenschaften, die nicht älter als 38 Jahre sind und über gute Französischkenntnisse verfügen. Es wird erwartet, dass die Promotion mit mindestens sehr gutem Ergebnis (magna cum laude) abgeschlossen worden ist; sie darf zum Zeitpunkt des geplanten Stipendienantritts nicht länger als fünf Jahre zurückliegen.

Bereits Habilitierte und Interessenten, die sich schon 18 Monate oder länger in Frankreich aufhalten, können sich nicht bewerben. Eine Bewerbung vor Abschluss der Promotion ist nicht möglich.

Bewerbungsunterlagen

Antragsformulare sind direkt beim DAAD, Referat 312, zu erhalten.

Bewerbungstermin und -ort

Bewerbungsschluss ist der 30.11.2001 unmittelbar beim DAAD, Referat 312.

Sonstiges

Für diese Stipendien wird eine aktualisierte und detaillierte Sonderausschreibung im September 2001 herausgegeben. Diese Version wird zu diesem Zeitpunkt ebenfalls im Online-Magazin unter der DAAD-Internet-Adresse abrufbar sein: http://www.daad.de.

| 2 | Graduierte und Promovierte | ENA-Stipendien |

Stipendien an der Ecole Nationale d'Administration (ENA)
für Juristen, Volks- und Betriebswirte sowie Politologen

Programmbeschreibung
Der DAAD stellt Stipendien zur Fortbildung im Rahmen der zwei angebotenen „cycles internationaux" an der französischen Verwaltungshochschule, der ENA, zur Verfügung.

Programm (unter Vorbehalt)
cycle international long
– Einführungskurs in Straßburg: September 2002
– Praktikum an einer Präfektur (Stage): Oktober 2002 bis Ende Dezember 2003
– Teilnahme am regulären Lehrprogramm der französischen ENA-Schüler:
  Januar 2003 bis Juli 2003 in Straßburg
  September 2003 bis Februar 2004 in Paris

cycle de formation permanente (cycle court)
– Einführungskurs in Straßburg: November 2002 bis Mitte Dezember 2002
– Stage: Mitte Dezember 2002 bis Ende Februar 2003
– Teilnahme am regulären Lehrprogramm der französischen Beamten: März 2003 bis Juli 2003 in Paris

Stipendienleistungen
Stipendienhöhe
Grundbetrag:
DM 2.670,– bis 30 Jahre
DM 2.770,– von 31 bis 34 Jahren
DM 2.870,– ab 35 Jahren

plus Auslandszuschlag:
DM 1.440,– für Ledige, der sich bei Begleitung durch die Familie erhöht.

Bei weiterlaufenden Inlandsbezügen für Angehörige des öffentlichen Dienstes (**Voraussetzung für Bewerberinnen und Bewerber des cycle court**) fällt der Grundbetrag weg, und nur der Auslandszuschlag als Ausgleich für entstehende Mehrkosten wird vom DAAD gezahlt. Verheiratete Stipendiatinnen und Stipendiaten können als Zulage für den nicht berufstätigen Ehepartner monatlich DM 400,– erhalten. Für die Hin- und Rückreise wird eine Reisekostenpauschale gewährt.

Nach den bisherigen Erfahrungen des DAAD ist das Stipendium gemäß § 3 Nr. 44, Buchstabe a-c EStG regelmäßig steuerfrei; die Entscheidung darüber trifft das zuständige Finanzamt.

| Graduierte und Promovierte | ENA-Stipendien | 2 |

Laufzeit
cycle international long
September 2002 bis Februar 2004 (18 Monate)

cycle de formation permanente (cycle court)
November 2002 bis Juli 2003 (9 Monate)

Bewerbungsvoraussetzungen
Alle Bewerberinnen und Bewerber sollen neben sehr guten französischen Sprachkenntnissen (ENA-spezifischer Sprachtest beim Institut Français) auch über gute Kenntnisse der französischen Verwaltungsorganisation und der europäischen Institutionen verfügen und auch Interesse für internationale Wirtschaftsfragen zeigen. Vorausgesetzt wird ferner, dass die Bewerberinnen und Bewerber die deutsche Staatsangehörigkeit besitzen.

cycle international long
– Absolventen und Absolventinnen wissenschaftlicher Hochschulen und qualifizierte Nachwuchskräfte des höheren Dienstes der öffentlichen Verwaltung
– Abschlussexamen (1. Staatsexamen, Diplom) muss bei Bewerbungsschluss bereits nachgewiesen werden
– Höchstalter: 35 Jahre

cycle de formation permanente (cycle court)
– Beamte oder Angestellte des höheren Dienstes der öffentlichen Verwaltung mit langjähriger Berufserfahrung in verantwortungsvoller Position
– Mindestalter (vorzugsweise): 35 Jahre

Bewerbungstermin und -ort
30. November 2001

Angehörige der Bundesverwaltung über die Bundesakademie für öffentliche Verwaltung im Bundesministerium des Innern bis zum 15. November 2001

Angehörige der Länderverwaltung über den Dienstherrn an den DAAD, Referat 312, alle anderen Bewerberinnen und Bewerber direkt beim DAAD.

Sonstiges
Für diese Stipendien wird eine aktualisierte und detailliertere Sonderausschreibung im August herausgegeben. Diese Version wird zum angegebenen Zeitpunkt ebenfalls im Online-Magazin unter der DAAD-Internet-Adresse abrufbar sein: http://www.daad.de.

2 Graduierte und Promovierte — MBA-Stipendien

Stipendien für Aufbaustudium Master of Business Administration (MBA)

Programmbeschreibung
Diese Stipendien stehen zur Teilnahme an akkreditierten MBA-Programmen ausländischer Hochschulen ausschließlich für Graduierte aller Fachrichtungen im Rahmen des Jahresstipendienprogramms zur Verfügung. Obwohl MBA-Programme in verschiedenen Formen angeboten werden (zum Beispiel Teilzeitstudium), können nur Bewerbungen für ein Vollstudium im Rahmen des DAAD-Stipendienprogramms berücksichtigt werden. Die Dauer eines Vollstudiums variiert zwischen neun Monaten und zwei Jahren. Bei erfolgreicher Bewerbung wird vorerst ein Stipendium bis maximal zehn Monate bewilligt. Eine Verlängerung des Stipendiums muss gesondert beantragt werden und hängt dann von den nachgewiesenen Leistungen im MBA-Programm sowie den verfügbaren Mitteln ab. In jedem Fall ist bei dem Erstantrag die gesamte Laufzeit des MBA-Programms zu nennen.

Der MBA ist die weltweit am häufigsten nachgefragte Postgraduate-Ausbildung. Die Angebote haben sich entsprechend dieser Nachfrage erhöht. Damit wird es besonders wichtig, die vor dem Hintergrund der Vorqualifikation aus dem bisherigen Studium und Beruf passenden und für die weitere Karriereplanung richtigen Angebote zu finden. Zahlreiche Publikationen informieren über MBA-Programme. Sie sollten unbedingt konsultiert werden. Ein wichtiges Auswahlkriterium muss dabei auch die Frage der Akkreditierung des gewählten Programms sein. Nur für solche Programme kommt eine Bewerbung beim DAAD in Betracht. Nahezu alle Hochschulen des Auslandes informieren detailliert über ihre Programme im Internet. Der DAAD erwartet von Bewerberinnen und Bewerbern, dass sie sich umfassend informieren und in der Begründung für den Studienaufenthalt auf das spezifische Profil des geplanten Programms detailliert eingehen.

Bewerberinnen und Bewerber mit einem wirtschaftswissenschaftlichen Hochschulabschluss müssen prüfen, in welchem Umfang sich Kurse in dem gewünschten MBA-Programm mit ihrem vorangegangenen Studium duplizieren. In diesen Fällen wird erwartet, dass sie sich um Anrechnung einiger Studienleistungen bemühen.

Die meisten insbesondere der US-MBA-Schools berücksichtigen bei einer Zulassung weitere, über die fachliche Qualifikation hinausgehende Kriterien. Es wird den Bewerberinnen und Bewerbern daher empfohlen, sich an einer möglichst großen Zahl von Hochschulen zu bewerben, um die Zulassungschancen zu erhöhen.

Stipendienleistungen
Stipendienhöhe
Eine monatliche Stipendienrate (s.S. 296 ff.), Übernahme von Studiengebühren bis maximal DM 17.500,– (USA) bzw. DM 15.000,– (andere Länder) für ein akademisches Jahr und Reisekosten

| Graduierte und Promovierte | MBA-Stipendien | 2 |

Laufzeit
maximal 10 Monate, Verlängerungsmöglichkeit

Bewerbungsvoraussetzungen
Neben den Allgemeinen Hinweisen (S. 13 ff.) und den Zusätzlichen Hinweisen für Graduierte und Promovierte (S. 88 f.) sind die folgenden Ausführungen zu beachten:
– Sehr gute Sprachkenntnisse der Unterrichtssprache (TOEFL mit mindestens 250 Punkten für die englischsprachigen Zielländer, oder IELTS-Test) und gute Kenntnisse der Sprache des Gastlandes (nachzuweisen mit Formular „Sprachzeugnis für deutsche Bewerber"), wenn diese nicht Unterrichtssprache ist.
– Graduate Management Admission Test (GMAT) mit einem Ergebnis von mindestens 600 Punkten.

Bewerbungsunterlagen
s. S. 14 ff.
zusätzlich: Kopien des Ergebnisses des Fachtests GMAT

Bewerbungstermin und -ort
31.08.2001 beim Akademischen Auslandsamt

Sonstiges
Die Auswahl erfolgt in einem regional übergreifenden Auswahlverfahren in der Regel mit persönlicher Vorstellung.

Der DAAD behält sich vor, Gegenstipendien (für USA s.S. 261 ff. und Kanada s.S. 258 ff.) vorrangig zu nutzen und ggf. die Möglichkeit der Hochschulwahl von Stipendiaten einzuschränken.

Im Rahmen des oben genannten Programms vergibt der DAAD gemeinsam mit der Boston Consulting Group das Thomas-Petersen-Stipendium (s. S. 325 f.). Die Bewerbung ist identisch mit der Bewerbung um ein DAAD-Stipendium. Interessierte Bewerberinnen und Bewerber müssen sich bereits bei der Antragstellung mit der Weitergabe ihrer Unterlagen an Boston Consulting einverstanden erklären.

2 Graduierte und Promovierte — LL.M Master of Laws

Stipendien für ein LL.M (Master of Laws) Aufbaustudium

Programmbeschreibung
Die Stipendien stehen im Rahmen des Jahresstipendienprogramms zur Teilnahme an akkreditierten LL.M-Programmen ausländischer Hochschulen für Juristen mit abgeschlossenem 1. Staatsexamen zur Verfügung. Die Förderdauer ist in der Regel auf ein akademisches Jahr beschränkt.

Stipendienleistungen
Stipendienhöhe
Eine monatliche Stipendienrate (s.S. 296 ff.), Studiengebühren bis maximal DM 20.000,– (USA) bzw. DM 15.000,– (andere Länder) für ein akademisches Jahr und Reisekosten

Laufzeit
In der Regel ein akademisches Jahr

Bewerbungsvoraussetzungen
Neben den Allgemeinen Hinweisen (S. 13 ff.) und den Zusätzlichen Hinweisen für Graduierte und Promovierte (S. 88 f.) sind die folgenden Ausführungen zu beachten:

Eine Bewerbung ist nur möglich, wenn bereits die Zulassung der Gasthochschule nachgewiesen wird; diese muss dem DAAD spätestens zum Auswahltermin (voraussichtlich Mitte Mai) vorliegen.

Vor Stipendienantritt muss das 1. Juristische Staatsexamen mit mindestens „vollbefriedigend" nachgewiesen werden.

Bewerbungsunterlagen
s.S. 14 ff.

Zusätzlich sind einzureichen:
– ausführliche Beschreibung des Studienvorhabens und Begründung für die Wahl der Gasthochschule (circa zwei Seiten)
– Bewerber für englischsprachige Länder müssen ihrer Bewerbung das Ergebnis des TOEFL-Tests (mindestens 250 Punkte) beifügen.
– Zulassung zur Gasthochschule (s.o.)
– möglichst auch bereits das Ergebnis des ersten Staatsexamens

Bewerbungstermin und -ort
31.03.2002 beim Akademischen Auslandsamt

Graduierte und Promovierte	LL.M Master of Laws	2

Sonstiges

Unabhängig vom angestrebten Zielland erfolgt die Auswahl aller Bewerber um ein Stipendium für einen LL.M-Abschluss in einem gemeinsamen, zweistufigen Auswahlverfahren: Vorauswahl auf der Grundlage der eingereichten Unterlagen; Endauswahl mit persönlicher Vorstellung.

In einigen Fällen besteht die Möglichkeit eines Studiengebührenerlasses durch die Inanspruchnahme von Gegenstipendien (s. Länderteil).

Im Rahmen des oben genannten Programms vergibt der DAAD gemeinsam mit der Sozietät Gleiss Lutz Hootz Hirsch das Alfred-Gleiss-Stipendium (s. S. 374 f.). Die Bewerbung ist identisch mit der Bewerbung um ein DAAD-Stipendium. Interessierte Bewerberinnen und Bewerber müssen sich bereits bei der Antragstellung mit der Weitergabe ihrer Unterlagen an Gleiss Lutz Hootz Hirsch einverstanden erklären.

| 2 | Graduierte und Promovierte | Ostasiatische Sprachen |

Stipendien zum Studium ostasiatischer Sprachen

Programmbeschreibung
Diese Stipendien sollen jüngeren Hochschulabsolventinnen und -absolventen die Möglichkeit geben, bereits vorhandene Kenntnisse ostasiatischer Sprachen, insbesondere des Chinesischen und des Japanischen, zu verbessern. Bevorzugt werden Bewerberinnen und Bewerber mit technischer, naturwissenschaftlicher sowie wirtschafts- oder verwaltungsbezogener Hochschulausbildung. Den Stipendiaten soll Gelegenheit gegeben werden, ihre während, neben oder nach dem Studium erworbenen Sprachkenntnisse an einer Hochschule oder anerkannten Sprachschule des Gastlandes zu vertiefen. Grundsätzlich steht den Bewerberinnen und Bewerbern die Wahl der Gasthochschule frei, doch behält sich der DAAD vor, das Stipendium für eine Gasthochschule seiner Wahl zu verleihen.

Der DAAD geht davon aus, dass die Bewerberin bzw. der Bewerber die eventuell notwendigen Zulassungsformalitäten noch vor Verleihung des Stipendiums einleitet. Dies gilt nicht für die VR China und Taiwan.

Stipendienleistungen
Stipendienhöhe
Eine monatliche Stipendienrate (s.S. 296 ff.), Übernahme der Reisekosten und Studiengebühren (s.S. 20 f.).

Laufzeit
7 Monate bis maximal 1 Jahr, keine Verlängerungsmöglichkeit

Bewerbungsvoraussetzungen
Bewerben können sich alle gut qualifizierten jüngeren Hochschulabsolventinnen und -absolventen mit Grundkenntnissen in einer der ostasiatischen Sprachen. Nicht bewerben können sich Sinologen, Japanologen etc., für die andere Förderungsmöglichkeiten bestehen.

Bewerbungsunterlagen
(s.S. 14 ff.) Statt eines Studien- bzw. Forschungsplanes wird um eine ausführliche Erläuterung gebeten, warum der Bewerber die Sprache seiner Wahl zu lernen begonnen hat und in welchem Zusammenhang er die Vertiefung der Sprachkenntnisse mit seinen späteren Berufsabsichten sieht (nicht über 5 Seiten).

Bewerbungstermin und -ort
– VR China: 31.10.2001
– Taiwan, Hongkong, Macao: 28.02.2002
– Japan: 30.09.2001 oder 28.02.2002
– andere Länder: 30.09.2001 oder 31.03.2002

Bewerbung beim Akademischen Auslandsamt

| Graduierte und Promovierte | Monbusho-Stipendien | 2 |

Monbusho-Stipendien für Ergänzungs- und Aufbaustudien sowie Forschungsaufenthalte in Japan

Programmbeschreibung
Für Ergänzungs- und Aufbaustudien sowie für Forschungsaufenthalte stehen bis zu 22 Stipendien des japanischen Kultusministeriums (Monbusho) für jeweils anderthalb bis zwei Jahre zur Verfügung. Diese Stipendien können nur an einer staatlichen Universität Japans in Anspruch genommen werden; gute Kontakte zu der gewünschten Universität sind wichtig.

Stipendienleistungen
Stipendienhöhe
s. Übersicht S. 296 ff.

Der von der japanischen Regierung zur Verfügung gestellte Stipendienbetrag wird vom DAAD während der ersten beiden Förderungsjahre auf den in der o.g. Übersicht angegebenen Betrag aufgestockt, sofern die finanziellen Leistungen unter denen des DAAD-Stipendiums liegen.

Laufzeit
Das Stipendium gliedert sich in zwei Abschnitte:
- April bis September 2003 bzw. von Oktober 2003 bis März 2004 Intensivsprachkurs an einer Universität in Japan
- Oktober 2003 bis März 2005 bzw. April 2004 bis März 2005 wissenschaftliche Studien/Forschungen an einer japanischen Hochschule

Auf Antrag beim japanischen Kultusministerium während des ersten Förderungsjahres kann die Laufzeit des Stipendiums u.U. für die Durchführung einer vollen Promotion (insgesamt vier Jahre) verlängert werden.

Bewerbungsvoraussetzungen
Um die Stipendien des japanischen Kultusministerium können sich bewerben:
- Doktorandinnen und Doktoranden
- deutsche Graduierte zur Durchführung von Ergänzungs- und Aufbaustudien
- jüngere promovierte Wissenschaftler und Wissenschaftlerinnen für Aufbau- und Ergänzungsstudien

Interessentinnen und Interessenten dürfen bei Stipendienantritt das 35. Lebensjahr noch nicht überschritten haben.

Bei Geistes- und Sozialwissenschaftlern werden Grundkenntnisse des Japanischen vorausgesetzt.

Bei Nachweis ausreichender Sprachkenntnisse kann auf den Sprachkurs verzichtet werden.

| **2** | **Graduierte und Promovierte** | **Monbusho-Stipendien** |

Bewerbungsunterlagen
s. S. 14 ff.

Bewerbungstermin und -ort
Interessentinnen und Interessenten können sich bis zum 28. Februar 2002 (für die Fächer Architektur, Bildende Kunst/Design/Film, Musik, Tanz/Choreographie/Schauspiel/Theaterregie/Musical bis zum 31. Oktober 2001) über das Akademische Auslandsamt ihrer Hochschule bewerben.

| Graduierte und Promovierte | Sprache und Praxis in Japan | 2 |

Zwei Jahre „Sprache und Praxis in Japan"

Programmbeschreibung
Dieses Programm richtet sich an deutsche Graduierte und Promovierte, denen innerhalb eines Zeitraums von zwei Jahren die Möglichkeit geboten wird, die japanische Sprache zu lernen und die Kultur, Wirtschaft und Forschung des Landes in unmittelbarer Erfahrung zu erleben. Damit sollen mehr Japankenner für Wirtschaft und Verwaltung ausgebildet werden.

Die Ausbildung umfasst drei Abschnitte:
- einen circa dreiwöchigen sprachlichen und landeskundlichen Vorbereitungskurs am Japonicum in Bochum
- einen circa einjährigen Sprachkurs in Japan, der durch Exkursionen zu Forschungseinrichtungen und Betrieben sowie durch zusätzliche landeskundliche Veranstaltungen ergänzt wird
- ein circa zehnmonatiges Praktikum in einem japanischen bzw. deutsch-japanischen Unternehmen oder in einer Verwaltungsinstitution in Japan

Die Programmorganisation während des Aufenthaltes in Japan liegt in Händen des DAAD-Büros Tokio.

Stipendienleistungen
Stipendienhöhe
Eine monatliche Stipendienrate, Übernahme der Kosten des Vorbereitungskurses in Deutschland, des Sprachunterrichts in Japan, der mit dem dortigen Programm verbundenen Exkursionen sowie der internationalen Reisekosten.

Laufzeit
- Vorbereitungskurs in Deutschland: im Juni 2002
- Sprachkurs in Japan: ab September 2002
- Praktikum in Japan: ab September 2003 (Ende: Juni 2004)

Es gibt keine Verlängerungsmöglichkeit.

Bewerbungsvoraussetzungen
Universitäts- bzw. Fachhochschulabschluss in folgenden Fachrichtungen: Naturwissenschaften, Rechts- und Wirtschaftswissenschaften und Ingenieurwissenschaften. Angehörige medizinischer, geisteswissenschaftlicher und künstlerischer Fachrichtungen können nicht berücksichtigt werden. Die Bewerberinnen und Bewerber müssen spätestens vor Stipendienantritt ein Abschlussexamen abgelegt haben.

Bei der Bewerbung werden Japanischkenntnisse nicht vorausgesetzt, wohl aber der Nachweis einer ernsthaften Beschäftigung mit Japan. In der Antragsbegründung (mindestens 1 1/2 Seiten) sollte der Bewerber erläutern, warum er das Stipendium anstrebt und welchen Zusammenhang er zwischen dem Japan-Aufenthalt und seinen späteren

2	Graduierte und Promovierte	Sprache und Praxis in Japan

Berufsabsichten sieht. Es werden nur Bewerberinnen und Bewerber berücksichtigt, die ihr Studium zügig und mit sehr guten Noten abgeschlossen haben. Sehr gute Englischkenntnisse sind unabdingbar.

Bewerbungsunterlagen

Bewerbungsunterlagen sind nur zweifach einzureichen. Die entsprechenden Unterlagen sind ab 15. September 2001 beim DAAD, Referat 424, erhältlich.

Bewerbungstermin und -ort

Die Bewerbungsunterlagen sind dem DAAD, Referat 424, direkt zuzusenden und müssen vollständig bis zum 31.01.2002 vorliegen.

Eine Auswahlkommission, der sich die durch eine Vorauswahl in die engere Wahl gezogenen Bewerberinnen und Bewerber persönlich vorzustellen haben (erste Aprilhälfte 2002), entscheidet über die endgültige Vergabe des Stipendiums.

Sonstiges

Für diese Stipendien wird eine aktualisierte Sonderausschreibung im September 2001 herausgegeben. Diese Version wird zum angegebenen Zeitpunkt ebenfalls im Online-Magazin (www.daad.de) abrufbar sein.

| Graduierte und Promovierte | Sprache und Praxis in China | 2 |

Zwei Jahre „Sprache und Praxis in China"

Programmbeschreibung
Dieses Programm richtet sich an deutsche Graduierte, denen innerhalb eines Zeitraums von zwei Jahren die Möglichkeit geboten wird, die chinesische Sprache zu lernen sowie die Kultur und Wirtschaft des Landes in unmittelbarer Erfahrung zu erleben. Damit sollen mehr Chinakenner für Wirtschaft und Verwaltung ausgebildet werden.

Die Ausbildung umfasst drei Abschnitte:
- einen circa dreiwöchigen sprachlichen und landeskundlichen Vorbereitungskurs am Sinicum in Bochum
- einen circa einjährigen Sprachkurs in der VR China an der Pädagogischen Universität Peking, der durch Exkursionen, durch Besuche in Betrieben sowie durch zusätzliche landeskundliche Veranstaltungen ergänzt wird
- eine circa zehnmonatige Praxisphase in einem chinesischen bzw. deutsch-chinesischen Unternehmen in der VR China

Die Programmorganisation während des Aufenthaltes in der VR China liegt in Händen des DAAD-Büros Peking. Die Wahl des Unternehmens, in dem die Praxisphase abgeleistet wird, erfolgt durch den Stipendiaten. Die Außenstelle kann bei der Vermittlung behilflich sein.

Stipendienleistungen
Stipendienhöhe
Eine monatliche Stipendienrate (s.S. 296 ff.), Übernahme der Kosten des Vorbereitungskurses in Deutschland, des Sprachunterrichts in der VR China, der mit dem dortigen Programm verbundenen Exkursionen sowie der internationalen Reisekosten.

Laufzeit
- Vorbereitungskurs in Deutschland: im Juli/August 2002
- Sprachkurs in der VR China: ab September 2002
- Praxisphase in der VR China: ab August 2003 (Ende: Juni 2004)

Bewerbungsvoraussetzungen
Universitäts- bzw. Fachhochschulabschluss in folgenden Fachrichtungen: Naturwissenschaften, Rechts- und Wirtschaftswissenschaften, Ingenieurwissenschaften und Architektur. Angehörige medizinischer, geisteswissenschaftlicher und künstlerischer Fachrichtungen können nicht berücksichtigt werden. Bei Stipendienantritt (August 2002) muss das Studium abgeschlossen sein.

Bei der Bewerbung werden Chinesischkenntnisse nicht erwartet, wohl aber der Nachweis einer ernsthaften Beschäftigung mit der VR China. In der Antragsbegründung (mindestens 1 1/2 Seiten) sollte der Bewerber erläutern, warum er das Stipendium anstrebt und welchen Zusammenhang er zwischen dem Aufenthalt in der VR China und seinen späteren Berufsabsichten sieht. Es werden nur Bewerberinnen und Bewerber

| 2 | Graduierte und Promovierte | Sprache und Praxis in China |

berücksichtigt, die ihr Studium zügig und mit sehr guten Noten abgeschlossen haben. Sehr gute Englischkenntnisse sind unabdingbar.

Bewerbungsunterlagen

Bewerbungsunterlagen sind nur zweifach einzureichen. Die entsprechenden Unterlagen sind ab Oktober 2001 beim DAAD, Referat 423, erhältlich.

Bewerbungstermin und -ort

Die Bewerbungsunterlagen sind dem DAAD, Referat 423, direkt zuzusenden und müssen vollständig bis zum 9.1.2002 vorliegen.

Eine Auswahlkommission, der sich die durch eine Vorauswahl in die engere Wahl gezogenen Bewerberinnen und Bewerber persönlich vorzustellen haben (26. und 27. März 2002), entscheidet über die endgültige Vergabe des Stipendiums.

| Graduierte und Promovierte | Europäisches Hochschulinstitut Florenz | 2 |

Dissertations- bzw. Forschungsstipendien am Europäischen Hochschulinstitut Florenz
für die Fachgebiete Geschichte und Kulturgeschichte, Wirtschaftswissenschaften, Rechtswissenschaft, Politikwissenschaft und Sozialwissenschaften; Stipendien für ein einjähriges Master-Programm in Rechtswissenschaft

Programmbeschreibung
Das von den Mitgliedstaaten der Europäischen Union gegründete Europäische Hochschulinstitut gibt qualifizierten Bewerberinnen und Bewerbern mit abgeschlossenem Universitätsstudium bzw. Nachweis der für eine Promotion erforderlichen Voraussetzungen die Möglichkeit, eine Dissertation anzufertigen bzw. im Rahmen von Forschungsgruppen und Seminaren aktiv an Forschungsvorhaben teilzunehmen.

Für das erste Studienjahr in Wirtschaftswissenschaften ist die Teilnahme an einem strukturierten Veranstaltungsprogramm mit Prüfungen verbindlich. In abgestufter Form gilt das auch für die Fächer Geschichte und Kulturgeschichte.

Schwerpunkte sind die interdisziplinäre Forschung und vergleichende Untersuchungen mit Bezug auf die europäischen Länder. Dabei wird den Bindungen zu den außereuropäischen Kulturen Rechnung getragen.

Außerdem können gleichermaßen qualifizierte Bewerberinnen und Bewerber mit abgeschlossenem rechtswissenschaftlichen Studium in einem Jahr einen Master's Degree in Comparative, European and International Legal Studies (dem britischen LL.M. vergleichbar) erwerben, der aufgrund einer eigenständigen Forschungsarbeit vom Institut verliehen wird.

Stipendienleistungen
Stipendienhöhe
Für deutsche Bewerberinnen und Bewerber stellt der DAAD eine begrenzte Anzahl von Stipendien für ein oder zwei Jahre zur Verfügung. (Höhe der monatlichen Rate für Italien s.S. 296 ff.) Stipendien für ein drittes Jahr werden direkt vom Institut zur Verfügung gestellt.

Laufzeit
Ein Jahr und circa zwei weitere Jahre bis zur Erlangung des Doktorgrades bzw. ein Jahr für das LLM-Programm.

Beginn des Studienjahres: 1. September

Bewerbungsvoraussetzungen
Gute Kenntnisse mindestens zweier Amtssprachen des Instituts sind Voraussetzung für die Zulassung.

Bewerbungsunterlagen

Europäisches Hochschulinstitut Florenz
Akademischer Dienst
Badia Fiesolana
50016 San Domenico di Fiesole (Firenze) / Italien
E-Mail: applyres@datacomm.ive.it
www-Adresse: http://www.ive.it

und beim DAAD, Referat 314

Eine Bewerbung um einen Platz in Florenz ist gleichzeitig eine Bewerbung um ein DAAD-Stipendium. Eine gesonderte Bewerbung ist nicht einzureichen.

Bewerbungstermin und -ort

31. Januar 2002 beim Europäischen Hochschulinstitut Florenz

Sonstiges

Der DAAD ist nicht zuständig für die Jean-Monnet-Stipendien, sondern nur das Institut in Florenz.

| Graduierte und Promovierte | Bologna Center | 2 |

Stipendien am Bologna Center der Johns Hopkins University, Paul H. Nitze School of Advanced International Studies
für die Fachgebiete Internationale Beziehungen, Politikwissenschaft, Wirtschaftswissenschaft

Programmbeschreibung

Der Lehrplan am Bologna Center besteht aus durchschnittlich 60 wirtschafts-, rechts- und politikwissenschaftlichen Seminaren und Vorlesungen, in denen besonders die Verhältnisse in West- und Osteuropa sowie in den mediterranen Ländern, die europäische Integration und die Außenpolitik Amerikas und Europas erarbeitet werden, ergänzt durch wirtschaftstheoretische und wirtschaftspolitische Lehrveranstaltungen. Es lehren circa 35 bekannte amerikanische und europäische Wissenschaftler und Wissenschaftlerinnen, die je zur Hälfte von amerikanischen und europäischen Hochschulen kommen. Das Studium ist interdisziplinär angelegt.

Die Studierenden können unter drei verschiedenen Studiengängen wählen:
- dem einjährigen Studium, nach dessen Abschluss das „Diploma in International Relations" verliehen wird
- dem zweijährigen forschungsorientierten M.A.I.A. Studium, das nach einem zweiten Jahr am Bologna Center zu dem „Master of Arts in International Affairs" führt
- dem zweijährigen M.A. Programm, das nach einem zweiten Jahr an der School of Advanced International Studies in Washington, D.C., mit dem „Master of Arts in International Relations" abschließt

Ein Sonderstipendium für einen hoch qualifizierten Bewerber oder eine Bewerberin ist dem Gedächtnis von Gerold von Braunmühl gewidmet, der 1986 von Terroristen ermordet wurde. Er war zuletzt Direktor der Politischen Abteilung des Auswärtigen Amts und engster Mitarbeiter von Bundesaußenminister a.D. Genscher. Gerold von Braunmühl war Absolvent des Bologna Centers.

Stipendienleistungen

Stipendienhöhe
Stipendienrate für Italien s. Übersicht S. 296 ff., plus Reisekostenpauschale und Beihilfe zu den Studiengebühren

Laufzeit
10 Monate
Stipendienbeginn in Bologna: September 2002

Bewerbungsvoraussetzungen

Sehr gute Englischkenntnisse sind Voraussetzung für die Zulassung. Der Stipendienbewerbung beim DAAD ist ein TOEFL-Testergebnis von mindestens 237 Punkten beizufügen.

2	Graduierte und Promovierte	Bologna Center

Bewerbungsunterlagen
Bewerbungsunterlagen für die Zulassung zum Studium und eine Informationsbroschüre sind erhältlich von:

The Registrar, JHU-Bologna Center
via Belmeloro 11
I-40126 Bologna / Italien

Die Bewerber konkurrieren mit den Bewerbern um Stipendien nach USA (261 ff.). Sie reichen ihre Bewerbung auf den DAAD-Formularen für Deutsche ein.

Bewerbungstermin und -ort
30. Juni 2001 über das Akademische Auslandsamt der zuletzt besuchten deutschen Hochschule

Sonstiges
Sollten die Stipendiaten und Stipendiatinnen einen Italienisch-Intensivkurs besuchen, der vor Beginn des Studienjahres am Bologna Center abgehalten wird, sind die Kosten selbst zu tragen. Der DAAD empfiehlt den Besuch dieses Sprachkurses.

| Graduierte und Promovierte | Jahresstipendien zur künstlerischen Weiterbildung | 2 |

Musik
Bildende Künste/Design/Film
Tanz/Choreographie/Schauspiel/Theaterregie/Musical

Programmbeschreibung

Der DAAD vergibt an besonders qualifizierte Absolventinnen und Absolventen der Staatlichen Musik-, Kunst- und Filmhochschulen sowie der entsprechenden Fachhochschulstudiengänge Stipendien zur künstlerischen Fortbildung im europäischen und außereuropäischen Ausland. Fachspezifische Angaben siehe weiter unten im Text.

Stipendienleistungen

Stipendienhöhe s. Übersicht S. 296 ff.

Bewerbungsvoraussetzungen

Es gelten die Richtlinien für Graduierte. Zusatzlich gilt, dass die Bewerberinnen und Bewerber vor Stipendienantritt eine Abschlussprüfung abgelegt haben müssen, wenn die Prüfungsordnung dies vorsieht. In den Fachbereichen Bildende Künste/ Design/Film dürfen die Hochschulabschlussprüfung bzw. der Zeitpunkt, zu dem die Bewerberinnen und Bewerber die Hochschule verlassen haben, zum Zeitpunkt der Bewerbung nicht länger als 3 Jahre zurückliegen. Ist eine Abschlussprüfung nach der geltenden Prüfungsordnung nicht vorgesehen, muss vor Stipendienantritt ein mindestens achtsemestriges Studium absolviert sein. Bildende Künstler müssen – wenn keine andere Abschlussprüfung vorgesehen ist – die Meisterschülerurkunde vorlegen; sofern keine derartige Urkunde ausgestellt wird, muss eine entsprechende Bescheinigung der Hochschule beigefügt werden. Tänzer und Choreographen müssen eine klassische bzw. moderne Grundausbildung nachweisen können. Schauspieler und Theaterregisseure sollten sehr gute Sprachkenntnisse des Gastlandes haben.

Bewerbungsunterlagen

(s.S. 14 ff.) sind nur zweifach einzureichen.

Falls ein Studienaufenthalt bei einem bestimmten ausländischen Lehrer geplant ist, sollte dessen Bestätigung, dass er bereit ist, den Bewerber zum Unterricht anzunehmen, den Bewerbungsunterlagen beigefügt werden. Dies gilt vor allem für Musikerinnen und Musiker.

Bewerbungstermin und -ort

31. Oktober 2001

Die Bewerbung kann nur über das Sekretariat der zuletzt besuchten deutschen Hochschule eingereicht werden; dort sind auch Bewerbungsformulare zu erhalten. Unvollständige Bewerbungen werden vom DAAD nicht berücksichtigt. Die Verantwortung für die Vollständigkeit der Bewerbung liegt beim Bewerber.

2	Graduierte und Promovierte	Jahresstipendien zur künstlerischen Weiterbildung

Zwischen Abgabe der Unterlagen beim Sekretariat der Musik- bzw. Kunst- und Fachhochschule und der Benachrichtigung der Bewerberinnen und Bewerber von der Entscheidung der Auswahlkommission liegen bis zu fünf Monate.

Sonstiges

Bewerberinnen und Bewerber werden in der Regel zur Vorstellung vor eine Auswahlkommission des DAAD gebeten, der Professorinnen und Professoren der verschiedenen Musik- bzw. Kunst-, Film- und Fachhochschulen angehören. Für die Vorstellung steht nur eine begrenzte Zeit zur Verfügung.

Musik

Bewerberinnen und Bewerber des Fachbereichs Musik müssen sich an einer Hochschule einschreiben; das Studium bei einem Privatlehrer wird nicht gefördert. Ist die im Ausland vorgesehene Lehrkraft auch an einer Hochschule in Deutschland tätig, kann dieser Studienaufenthalt im Ausland nicht gefördert werden. Ein Studium bei Deutschen, die an einer ausländischen Hochschule unterrichten, kann nur in begründeten Ausnahmefällen gefördert werden.

Die Stipendien im Fachbereich Musik gelten für ein Studienjahr (Akademisches Jahr 2002/2003). Sie können in Ausnahmefällen verlängert werden.

Zusätzliche Bewerbungsunterlagen für den Fachbereich Musik

Dirigenten und Chorleiter
Vorlage eines Videobandes bis spätestens 1. Januar 2002 mit eigenem Dirigieren (System VHS-PAL, VHS-NTSC, -4,43 Mhz und PAL-SE-CAM-OST, alle Systeme in SP-Geschwindigkeit), bevorzugt bei einer Probenarbeit, möglichst mit dem Gesicht zur Kamera

Komponisten
Eigene Kompositionen – Partituren, Tonband, Tonkassette. Die Partituren und Tonaufnahmen müssen spätestens zum 1. Januar 2002 beim DAAD vorliegen.

Bei der **persönlichen Vorstellung** vor der Auswahlkommission für Musiker wird gewünscht von:

Instrumentalisten im Bereich der so genannten „ernsten Musik"
Vorbereitung von drei ganzen Werken – nicht nur einzelnen Sätzen – aus drei verschiedenen, für das Fach wesentlichen Stilepochen

Instrumentalisten im Bereich Jazz
Vorbereitung von mindestens 3 Stücken unterschiedlichen Charakters bzw. unterschiedlicher Tempi (zum Beispiel Ballade, schnelles Stück). Die gesamte Vorspieldauer beträgt in der Regel 10 Minuten.

| Graduierte und Promovierte | Jahresstipendien zur künstlerischen Weiterbildung | 2 |

Sängern
Vorbereitung eines umfangreichen Repertoires entsprechend dem der Instrumentalisten, das heißt Stücke aus drei verschiedenen Stilepochen und ggf. aus dem Bereich Oper, Lied, Oratorium

Dirigenten
Zusätzlich zu dem bis 1. Januar 2002 einzureichenden Videoband (s.o.):
- Vortrag eines Werkes des 19. oder 20. Jahrhunderts auf dem Hauptinstrument des Bewerbers oder der Bewerberin
- Partiturspiel vom Blatt
- Prüfung des Gehörs
- Klavierauszug, Spiel vom Blatt
- Vordirigieren: Für das Dirigieren eines Hochschulorchesters kann ein gesonderter Termin vorgesehen werden
- Beethoven, 1. Sinfonie: 1. Satz
- Mozart, Zauberflöte: Ouvertüre
- Weber, Freischütz: Ouvertüre

Chorleitern
Zusätzlich zu dem bis 1. Januar 2002 einzureichenden Videoband (s.o.):
- Vortrag eines selbstgewählten Werkes auf dem Hauptinstrument des Bewerbers
- Partiturspiel eines vierstimmigen Chorsatzes
- Vorsingen eines Stückes eigener Wahl
- Prüfung des Gehörs
- Vordirigieren
- Haydn, Die Schöpfung: Einleitung und Rezitativ „Aus Rosenwolken bricht hervor"
- Strawinsky, Les Noces: 1. Bild, Ziffer 1–9
- Aufführungsbezogene Analyse dieser Werke im Gespräch

Bildende Künste/Design/Film

Bewerberinnen und Bewerber des Fachbereichs Bildende Künste (einschl. Design und Film) müssen sich grundsätzlich an einer Hochschule einschreiben. In Ausnahmefällen kann auch ein freies Studium gefördert werden; diese Ausnahme gilt nicht für USA, Kanada, Australien, Neuseeland; dort kann ohne Einschreibung nur ein kurzfristiger Studienaufenthalt gefördert werden (s.S. 147). Die Stipendien im Fachbereich Bildende Künste (einschl. Design und Film) werden für die Dauer von mindestens 7 bis maximal 12 Monaten vergeben (ab Herbst 2002). Die genaue Laufzeit wird während des Auswahlgesprächs festgelegt. Die Stipendien können nicht verlängert werden. Stipendien ins außereuropäische Ausland können nur unter Anlegung besonders strenger Maßstäbe vergeben werden, so dass davon ausgegangen werden muss, dass bei der Beurteilung von Anträgen nach Europa bzw. in außereuropäische Länder unterschiedliche Maßstäbe angelegt werden.

2	Graduierte und Promovierte	Jahresstipendien zur künstlerischen Weiterbildung

Zusätzliche Bewerbungsunterlagen für den Fachbereich Bildende Künste (einschl. Design und Film)
Die folgenden Arbeitsproben sind zur Ergänzung der übrigen Unterlagen erforderlich und von den Bewerberinnen und Bewerbern persönlich zur Auswahl mitzubringen:

Bildhauerei
Möglichst Originale (bis zu 5); gegebenenfalls auch Fotos, Dias, digitale Aufnahmen und Videos; jede Plastik ist von verschiedenen Blickwinkeln aus aufzunehmen; Zeichnungen

Malerei, Keramik, Gold- und Silberschmiedekunst, Textilentwerfen
Bis zu 5 Originale bzw. Arbeiten (wesentliche Werke, die zum Zeitpunkt der Stipendienbewerbung nicht älter als zwei Jahre sein dürfen) sowie einige Zeichnungen, Studien, Skizzen, Entwürfe, gegebenenfalls auch Fotos, Dias, digitale Aufnahmen und Videos

Grafik und Zeichnen
Mehrere Originale

Film
Werden Filme eingereicht, so ist rechtzeitig vor der Auswahlsitzung mit dem DAAD zu klären, ob eine Vorführmöglichkeit gegeben ist; die Abspielzeit eingereichter Filme bzw. Videos sollte zehn Minuten möglichst nicht überschreiten. Gegebenenfalls sind Ausschnitte aus Werken zu präsentieren.

Design und Fotografie
5 Design- und Fotografiearbeiten bzw. Design-/Fotografieprojekte (Designprojekte mit Zeichnungen und Modellen), konzeptionelle und theoretische Arbeiten.

Fachhochschulabsolventen des Studienganges Design (Gestaltung) legen eine Dokumentation (ggf. Original) und/oder Fotografien ihrer Prüfungsarbeit und Ergebnisse von zwei weiteren Arbeitsprojekten vor; Bewerberinnen und Bewerber, die sich zum Zeitpunkt der Bewerbung noch im Studium befinden, legen Arbeitsproben von drei umfangreichen Arbeitsprojekten vor.

Zusätzlich sollte in einer Arbeitsmappe Dokumentationsmaterial über den künstlerischen Werdegang (Fotos, Zeichnungen etc.) beigegeben werden. (Alle Arbeiten müssen signiert und datiert sein.) Bewerber, die sich mit Arbeitsproben aus Gruppenarbeiten präsentieren, müssen ihren je eigenen Teil der Arbeit eindeutig bei der Präsentation identifizieren, das heißt, er muss aus den vorgelegten Arbeitsproben erkennbar sein. Das Gleiche gilt für gemeinsame Vorhaben im Ausland.

Hinweis
Die **Arbeitsproben** bitte **nicht** zusammen mit dem Bewerbungsantrag an den DAAD schicken. Sie sind von den Bewerberinnen und Bewerbern persönlich zur Auswahl mitzubringen und nach Beendigung des Auswahlgespräches wieder abzutransportieren. Dem Antrag selbst ist jedoch **unbedingt eine Liste der Arbeitsproben** (zum Beispiel Bilder, Objekte, Filme, Videos etc.) beizufügen, die zur Bewerbung vorgelegt werden.

| Graduierte und Promovierte | Jahresstipendien zur künstlerischen Weiterbildung | 2 |

Tanz/Choreographie/Schauspiel/Theaterregie/Musical

Bewerberinnen und Bewerber des Fachbereichs Tanz/Choreographie/Schauspiel/Theaterregie/Musical müssen sich an einer anerkannten Hochschule bzw. an einem renommierten Institut der Tanzausbildung zum Erwerb zusätzlicher Qualifikation oder zur Spezialisierung einschreiben; das Studium bei einem Privatlehrer wird nicht gefördert. Die Stipendien in den genannten Fachbereichen gelten für ein Studienjahr (Akademisches Jahr 2002/2003); sie können nicht verlängert werden.

Zusätzliche Bewerbungsunterlagen für den Fachbereich Choreographie
Vorlage eines Videobandes bis spätestens 1. Januar 2002 mit eigener Choreographie, ggf. Kritiken

Bei der **persönlichen Vorstellung** vor der Auswahlkommission für den Fachbereich Tanz/Choreographie/Schauspiel/Theaterregie/Musical wird gewünscht:

Tanz/Choreographie
Teilnahme an einem klassischen Tanztraining und anschließend Präsentation einer Soloarbeit bzw. eigenen Soloarbeit bei Choreographen

Schauspiel
Vorbereitung von zwei Vorsprechrollen aus zwei unterschiedlichen Stücken

Theaterregie
Zur persönlichen Auswahl ist eine ausführliche Mappe mit Unterlagen über die bisher gewonnenen Erfahrungen (Konzeptionspapiere, Strichfassungen etc.) mitzubringen.

Musical
Vorbereitung einer Vorsprechrolle, Teilnahme an einem Tanztraining, Vorsingen eines Liedes aus der Musicalliteratur

| 2 | Graduierte und Promovierte | Sprachassistentinnen und Sprachassistenten |

DAAD-Sprachassistentinnen und Sprachassistenten an ausländischen Hochschulen

Programmbeschreibung
Der Deutsche Akademische Austauschdienst (DAAD) vergibt Jahresstipendien für DAAD-Sprachassistentinnen und Sprachassistenten an ausländischen Hochschulen. Zurzeit gilt dieses Programm für folgende Gastländer/Zielregionen (Änderungen vorbehalten):
– Großbritannien
– alle Länder Mittel-/Ost-/Südosteuropas und GUS (inklusive Kaukasus und Zentralasien)
– Türkei
– Brasilien, Chile, Kolumbien, Kuba, Mexiko, Nicaragua, Venezuela
– Jordanien, Nigeria, Yemen
– VR China, Malaysia, Singapur, Taiwan, Thailand, Vietnam

Die Sprachassistenten übernehmen an den ausländischen Hochschulen sprachpraktische und deutschlandkundliche Lehrveranstaltungen (in der Regel 8 Wochenstunden) im Rahmen eines Germanistik-Studiums, einer Übersetzer- und Dolmetscherausbildung oder des studienbegleitenden Deutschunterrichts. Sie werden einer Lektorin oder einem Lektor des DAAD zur Betreuung zugeordnet.

Stipendienleistungen
Stipendienhöhe
Der DAAD zahlt ein monatliches Stipendium für die Dauer eines Hochschuljahres (9 bzw. 10 Monate), eine einmalige Pauschale für internationale Reisekosten sowie die Kosten für eine Kranken-, Unfall- und Privathaftpflichtversicherung während des Auslandsaufenthaltes.

Laufzeit
9 bis 10 Monate

Bewerbungsvoraussetzungen
Bewerberinnen und Bewerber müssen (spätestens zum Zeitpunkt der Ausreise) einen Studienabschluss in den Fächern Germanistik, Deutsch als Fremdsprache oder den regional jeweils einschlägigen Philologien nachweisen (1. Staatsexamen Sek. II, Magister, Diplom). Praktische Lehrerfahrungen auf dem Gebiet Deutsch als Fremdsprache sind erwünscht.

Das Programm richtet sich vorrangig an jüngere Hochschulabsolventinnen und -absolventen, die ihr Studium zügig durchgeführt und abgeschlossen haben. Lebensalter und Studiendauer gehören zu den Auswahlkriterien. Der DAAD orientiert sich dabei an dem Richtwert, dass Antragsteller zum Zeitpunkt der Bewerbung in der Regel nicht älter als 28 Jahre (zuzüglich Zeiten für die Wehrpflicht oder den Zivildienst, Berufsausbildung und -tätigkeit vor Studienbeginn, Kindererziehung) sein sollten.

Graduierte und Promovierte	Sprachassistentinnen und Sprachassistenten	2

Bewerbungsunterlagen

Zu einer vollständigen Bewerbung gehören:
- Bewerbungsformular
- schriftliche Begründung für die Bewerbung
- tabellarischer Lebenslauf
- Kopien von Zeugnissen (nicht beglaubigt)
- ggf. Bescheinigung über Lehr- und sonstige Berufserfahrung
- Gutachten eines deutschen Hochschullehrers

Die Bewerbungsunterlagen können beim DAAD angefordert werden (Zielland bitte unbedingt angeben). Per E-Mail sind die Unterlagen ebenfalls erhältlich: postmaster@daad.de

Bewerbungstermin und -ort

Die Ausschreibung erfolgt jährlich im Oktober in der ZEIT und im Internet. Bewerbung beim DAAD in Bonn. Die eingesandten Unterlagen werden an die jeweils zuständigen Regionalreferate verteilt, daher bitte immer das gewünschte Gastland angeben.

| 2 | Graduierte und Promovierte | DAAD-British Council-Stipendien |

Stipendien des DAAD und des British Council für Juristen

Programmbeschreibung
Der DAAD und der British Council bieten in Verbindung mit dem "British Institute for International and Comparative Law" über den DAAD Stipendien für deutsche Juristinnen und Juristen zum Studium am College of Law, London, bzw. der University of Edinburgh, ergänzt durch Hospitationen bei einem Solicitor und Barrister, an. Der Kurs in London schließt mit einem Diplom ab.

Stipendienleistungen
Stipendienhöhe
Die Stipendiaten erhalten vom DAAD eine monatliche Rate von derzeit DM 1.900,– sowie eine einmalige Reisekostenpauschale. Der British Council trägt die Studiengebühren sowie die Kosten für eine einwöchige Exkursion nach Belfast.

Laufzeit
Januar bis Juni 2003

Bewerbungsvoraussetzungen
Bewerben können sich Juristinnen und Juristen mit 1. Staatsexamen/Diplom, die bei Stipendienantritt mindestens 12 Monate ihrer Referendarzeit absolviert haben sowie Juristinnen und Juristen mit 2. Staatsexamen. Höchstalter 35 Jahre.

Sehr gute englische Sprachkenntnisse sind Voraussetzung. Die von der Auswahlkommission für ein Stipendium vorgeschlagenen Bewerberinnen und Bewerber müssen sich daher dem IELTS-Test (International English Language Testing System) unterziehen; eine definitive Stipendienzusage ist vom Ergebnis dieses Tests abhängig.

Bewerbungsunterlagen
Antragsformulare sowie Angaben zu den einzureichenden Bewerbungsunterlagen sind beim DAAD, Referat 313, erhältlich.

Bewerbungstermin und -ort
1. April 2002
Bewerbungen sind direkt an den DAAD, Referat 313, zu richten.

Graduierte und Promovierte	Bildende Künste	2

Kurzfristige Studienaufenthalte für Bildende Künstler

Programmbeschreibung
Der DAAD vergibt für Bewerberinnen und Bewerber des Fachbereichs Bildende Künste (einschließlich Design) Stipendien für kurzfristige Auslandsaufenthalte.

Stipendienleistungen
Stipendienhöhe
- Zahlung einer Pauschale von DM 7.000,–. Der Betrag wird in zwei Raten gezahlt: DM 4.000,– bei Ausreise und DM 3.000,– im Anschluss an den zweiten Stipendienmonat (nach Benachrichtigung aus dem Gastland).
- Übernahme der Reisekosten (für das europäische Ausland wird eine Reisekostenpauschale gezahlt, für die übrigen Länder erfolgt die Buchung der Reise durch den DAAD).

Zusätzliche Kosten (Gebühren, Materialbeihilfen usw.) werden nicht übernommen.

Laufzeit
Der Aufenthalt muss mindestens 3 Monate betragen. Das Stipendium kann frühestens im Frühjahr 2002 angetreten werden.

Die Stipendien können nicht verlängert werden.

Bewerbungsvoraussetzungen
Es gelten die Richtlinien für Graduierte (s. S. 13 ff., S. 88 f.).

Voraussetzung für die Vergabe des Stipendiums ist die Vorlage der Hochschulabschlussurkunde bzw. der Meisterschülerurkunde, die zum Zeitpunkt der Bewerbung nicht älter als drei Jahre sein darf. Wo keine derartige Urkunde vorgesehen ist, wird ein mindestens achtsemestriges Studium vorausgesetzt.

Eine Einschreibung an einer ausländischen Hochschule wird nicht gefordert. Visafragen sind vom Bewerber bzw. der Bewerberin selbst zu klären.

Bewerbungsunterlagen
Zu den Bewerbungsunterlagen siehe auch S. 139 ff.

Bewerbungstermin und -ort
31.10.2001 beim Sekretariat der Hochschule

| 2 | Graduierte und Promovierte | Monbusho-Kurzstipendien |

Monbusho-Kurzstipendien für Japan

Programmbeschreibung
Das japanische Kultusministerium (Monbusho) bietet Kurzstipendien für zwei Monate in allen Fachrichtungen zur Durchführung von Forschungsaufenthalten an staatlichen japanischen Universitäten und ausgewählten Forschungsinstituten an. Bestandteil des Programms ist eine einwöchige Einführung in die japanische Sprache und Kultur.

Stipendienleistungen
Stipendienhöhe
Ein Betrag von circa Yen 578.000,– für die Dauer des Aufenthaltes sowie internationale Reisekosten

Laufzeit
1. Juli bis 31. August 2002

Bewerbungsvoraussetzungen
Ein Promotionsstudium, das kurz vor dem Abschluss steht, oder kürzlich abgeschlossene Promotion (in der Regel 6 Monate vor bzw. nach der Promotion). Japanische Sprachkenntnisse werden nicht vorausgesetzt, allerdings sehr gute Englischkenntnisse.

Bewerbungsunterlagen
Die entsprechenden Bewerbungsunterlagen sind ab Herbst 2001 beim DAAD, Referat 424, erhältlich.

Bewerbungstermin und -ort
Den genauen Bewerbungstermin erfahren Sie beim DAAD, Referat 424.

Graduierte und Promovierte	KOSEF-Kurzstipendien	2

KOSEF-Kurzstipendien für natur- und ingenieurwissenschaftliche Fachrichtungen in Korea

Programmbeschreibung

Im Rahmen einer mit der Korea Science and Engineering Foundation (KOSEF) getroffenen Vereinbarung vermittelt der DAAD in Zusammenarbeit mit seinen koreanischen Partnern Stipendien zur Durchführung kurzer Forschungsaufenthalte in Korea. Dieser Aufenthalt, der durch zusätzliche Anbindung an Industrie und Wirtschaft einen starken Praxisbezug aufweist, ist an Universitäten und Forschungsinstituten des Landes möglich. Das Programm steht grundsätzlich Vertretern aller natur- und ingenieurwissenschaftlichen Fachrichtungen offen.

Bestandteil des Programms sind (freiwillig) ein einführender Sprachkurs und landeskundlicher Unterricht, der durch Exkursionen ergänzt wird.

Mit diesem Programm soll jungen Ingenieurinnen und Ingenieuren sowie Naturwissenschaftlerinnen und Naturwissenschaftlern die Gelegenheit geboten werden, einen unmittelbaren Einblick in die koreanische Kultur- und Wissenschaftslandschaft zu erhalten. Dabei wird vom gastgebenden Institut sicher gestellt, dass der Industrie- und Wirtschaftsbereich mit einbezogen wird.

Stipendienleistungen

Stipendienhöhe

Ein angemessenes Stipendium, das auch einen Krankenversicherungsschutz einschließt. Außerdem übernimmt der DAAD die internationalen Reisekosten. Studiengebühren entstehen nicht.

Laufzeit

Die Stipendien sind für den Zeitraum vom 1. Juli bis 31. August 2002 bestimmt. Eine Verlängerung der Laufzeit ist nicht möglich.

Bewerbungsvoraussetzungen

Zwar ist das Programm in erster Linie für Graduierte konzipiert, doch können sich auch Studierende höherer Semester bewerben, insbesondere wenn der Aufenthalt im Zusammenhang mit einer Examensarbeit (Diplom/Magister/Master/Staatsexamen) steht, und die Betreuung durch einen koreanischen Wissenschaftler nachgewiesen bzw. sichergestellt werden kann.

Von den Stipendiatinnen und Stipendiaten wird (vorzugsweise) erwartet, dass sie sich während des Studiums mit asienbezogenen Themen befasst haben und den Aufenthalt dazu nutzen, bisherige Erkenntnisse und Erfahrungen auch im Hinblick auf eine spätere Berufsplanung weiter auszubauen. In der Antragstellung sollte dieser Aspekt näher erläutert werden. Bestehende Kontakte sind von Vorteil, gute Englischkenntnisse selbstverständlich.

| 2 | Graduierte und Promovierte | KOSEF-Kurzstipendien |

Bewerbungsunterlagen
s. S. 14 ff.

Bewerbungstermin und –ort
28. Februar 2002 beim Akademischen Auslandsamt. Ansprechpartner im DAAD ist Referat 424.

Sonstiges
Für diese Stipendien wird eine aktualisierte Sonderausschreibung im Oktober 2001 herausgegeben. Diese Version wird zum angegebenen Zeitpunkt ebenfalls im Online-Magazin (www.daad.de) abrufbar sein.

Graduierte und Promovierte	Sprachkurse	2

Sommersprachkursstipendien

Programmbeschreibung
Teilstipendien zur Teilnahme an drei- bis vierwöchigen Sommersprachkursen werden in der Regel nur an Studierende vergeben (vgl. S. 55 ff.). Eine Ausnahme bilden folgende Kurse, für die Stipendien von ausländischer Seite angeboten werden:

- Sprachkurs für **Albanisch** in Tirana
- Sprachkurs für **Bulgarisch** in Sofia
- Sprachkurs für **Dänisch** in Helsingør
- Sprachkurs für **Griechisch** in Griechenland
- Sprachkurs für **Irisch** in Galway und Dublin
- Sprachkurse für **Norwegisch** an den Universitäten Bergen und Oslo
- Sprachkurse für **Polnisch** in Polen
- Sprachkurse für **Rumänisch** in Rumänien
- Sprachkurse für **Slowenisch** in Ljubljana
- Sprachkurse für **Mazcdonisch** in Skopje und Ohrid
- Sprachkurs für **Kroatisch** in Zagreb
- Sprachkurse für **Tschechisch** in der Tschechischen Republik
- Sprachkurs für **Slowakisch** in Bratislava
- Sprachkurs für **Ungarisch** in Debrecen

Stipendienleistungen
Stipendienhöhe
auf Anfrage

Die Sprachkursstipendien sind Teilstipendien. Sie werden in einer Summe ausgezahlt und berücksichtigen die unterschiedlichen Gegebenheiten im Gastland. Die Stipendien dienen – bei einer angemessenen Selbstbeteiligung – der Deckung der durch den Auslandsaufenthalt entstehenden zusätzlichen Kosten für Reise, Unterkunft, Verpflegung sowie Kursgebühren.

Laufzeit
3 bis 4 Wochen

Bewerbungsvoraussetzungen
Bewerben können sich nur Graduierte, die noch an der Hochschule eingeschrieben sind und die betreffende Sprache nicht im Hauptfach studieren bzw. studiert haben, jedoch die notwendigen Grundkenntnisse in der Sprache besitzen und die Voraussetzungen für die Zulassung zum jeweiligen Kurs erfüllen. Bewerberinnen und Bewerber werden gebeten zu begründen, in welchem Zusammenhang der Sprachkurs zu ihrem gegenwärtigen Studienvorhaben/Forschungsprojekt steht.

2 Graduierte und Promovierte — Sprachkurse

Bewerbungsunterlagen
Bewerberinnen und Bewerber der Universitäten, Kunst- und Musikhochschulen
Bitte alle Antragsunterlagen dreifach einreichen:
- DAAD-Bewerbungsformular (blau)
- Maschinengeschriebener tabellarischer Lebenslauf mit Angaben zum Studienverlauf
- Maschinengeschriebene Begründung für die Notwendigkeit der Teilnahme am Sprachkurs. Bei Nicht-Philologen sollte die Begründung den Zusammenhang zum Studiengang darlegen.
- Ein Fachgutachten neueren Datums einer Hochschullehrerin oder eines Hochschullehrers, vorzugsweise aus dem Hauptfach, bei Philologen des Faches, das in unmittelbarem Zusammenhang mit dem gewünschten Sprachkurs steht. Beurteilungen über die Teilnahme an sprachpraktischen Übungen zählen nicht als Fachgutachten.
- Bei gleichzeitiger Einreichung von Diplom- bzw. Abschlussexamenszeugnis entfällt die Scheinaufstellung, ansonsten Vorlage des Vor- bzw. Zwischenprüfungszeugnisses (mit Einzelnoten!) plus Scheine ab dieser Prüfung (auf DAAD-Formular)
- Sprachzeugnis auf DAAD-Formular, von einem (ausländischen) Sprachlektor ausgestellt

Das Fachgutachten und das Sprachzeugnis dürfen nicht vom selben Hochschullehrer ausgestellt werden.

Bewerberinnen und Bewerber der Fachhochschulen
Bitte alle Antragsunterlagen dreifach einreichen:
- DAAD-Bewerbungsformular (blau)
- Maschinengeschriebener tabellarischer Lebenslauf mit Angaben zum Studienverlauf
- Maschinengeschriebene Begründung für die Notwendigkeit der Teilnahme am Sprachkurs in Bezug auf den Studiengang
- Ein Fachgutachten neueren Datums einer Hochschullehrerin bzw. eines Hochschullehrers des Hauptfaches. Beurteilungen über die Teilnahme an sprachpraktischen Übungen zählen nicht als Fachgutachten.
- Bei gleichzeitiger Einreichung von Diplom- bzw. Abschlussexamenszeugnis entfällt die Scheinaufstellung, ansonsten Vorlage des Vor- bzw. Zwischenprüfungszeugnisses (mit Einzelnoten!) plus Scheine ab dieser Prüfung (auf DAAD-Formular)
- Kopien von benoteten ausbildungsbezogenen Zeugnissen
- Sprachzeugnis auf DAAD-Formular, von einem (ausländischen) Sprachlektor ausgestellt

Das Fachgutachten und das Sprachzeugnis dürfen nicht vom selben Hochschullehrer ausgestellt werden.

Graduierte und Promovierte	Sprachkurse	2

Bewerberinnen und Bewerber für diese Gegenstipendien werden darauf hingewiesen, dass ihre Bewerbungsunterlagen vom DAAD an den ausländischen Stipendiengeber weitergeleitet werden; in einigen Fällen müssen dann zusätzliche Unterlagen ausgefüllt werden. Die endgültige Entscheidung über die Stipendienvergabe trifft der ausländische Stipendiengeber.

Bewerbungstermin und -ort
15. Januar 2002 beim Akademischen Auslandsamt der Hochschule

Weitere Förderungsprogramme
- **Russisch in der Russischen Föderation** für Graduierte aller Fachrichtungen (mit Ausnahme der Slavistik), die an der russischen Wissenschaft, Wirtschaft und Kultur sowie an engeren Kontakten mit Russland interessiert sind (s. Länderteil Russische Föderation S. 232 f.)
- Sprachkursprogramm **Arabisch** für Graduierte aller Fachrichtungen (außer Orientalistik und Arabistik, s.S. 277)
- Sprachkursprogramm **Hebräisch** für Graduierte aller Fachrichtungen, s.S. 63 f.
- Sprachkursprogramm **Hausa** bzw. **Bambara** für Doktorandinnen und Doktoranden aller Fachrichtungen (außer Afrikanistik, s.S. 65 f.)

2 Graduierte und Promovierte — Fachkurse

Fachkursstipendien – Allgemeine Hinweise

Programmbeschreibung
Der DAAD stellt für Doktorandinnen und Doktoranden Teilstipendien zur Teilnahme an Fachkursen, die von Universitäten oder wissenschaftlichen Einrichtungen im **europäischen Ausland** angeboten werden, zur Verfügung. Die Stipendien sind ausschließlich zum Besuch solcher Kurse bestimmt, die der wissenschaftlichen Fortbildung unmittelbar dienen und einen direkten Bezug zum Studienschwerpunkt haben. Gefördert werden Kurse mit internationaler Beteiligung, die eine **Mindestdauer von 1 Woche** und eine **Höchstdauer von 6 Wochen** haben.

Zur Teilnahme an Sprachkursen werden diese Stipendien nicht vergeben, auch wenn es sich um Kurse mit literaturwissenschaftlicher, sprachwissenschaftlicher oder speziell landeskundlicher Ausrichtung handelt. Tagungen, Kongresse, Workshops und Symposien können im Rahmen dieses Programms nicht berücksichtigt werden. Individuelle Studienprogramme, zum Beispiel Kombinationen von sprachlicher Vertiefung und Materialsammeln für eine wissenschaftliche Arbeit, können ebenfalls nicht gefördert werden. Die Stipendien können auch nicht für einen Teilabschnitt eines längeren Kurses verwandt werden. Eine Teilnahme an Kursen, die vom deutschen Hauptfachlehrer im Ausland veranstaltet werden, ist ausgeschlossen.

Stipendienleistungen
Stipendienhöhe
auf Anfrage
Die Fachkursstipendien sind Teilstipendien. Sie werden in einer Summe ausgezahlt und berücksichtigen die unterschiedlichen Gegebenheiten im Gastland. Die Stipendien dienen – bei einer angemessenen Selbstbeteiligung an den Lebenshaltungskosten – der Deckung der durch den Auslandsaufenthalt entstehenden zusätzlichen Kosten (einschließlich der Kursgebühren).

Der DAAD behält sich vor, die Teilnahme an Kursen mit Gebühren von mehr als DM 1.000,– nicht oder nur anteilig zu fördern.

Laufzeit
Mindestens 1, höchstens 6 Wochen

Bewerbungsvoraussetzungen
Es wird vorausgesetzt, dass Stipendienbewerber und -bewerberinnen sich zum Zeitpunkt der Bewerbung bereits über das Fachprogramm, die Einschreibformalitäten etc. informiert haben.

Bewerbungsunterlagen
Unterlagen zur Stipendienbewerbung können nur beim DAAD, Referat 222, angefordert werden.

| Graduierte und Promovierte | Fachkurse | 2 |

Bewerbungstermin und -ort

Vollständige Stipendienanträge müssen dem DAAD spätestens 3 Monate vor Beginn des Fachkurses zur Bearbeitung vorliegen.

Sonstiges

Die nächste Seite gibt einen Überblick über ein bestehendes besonderes Fachkursstipendienprogramm für Rechtswissenschaften.

| 2 | Graduierte und Promovierte | Fachkurse Rechtswissenschaften |

Fachkursstipendien Rechtswissenschaften

Programmbeschreibung
Zur Teilnahme an von Hochschulen oder wissenschaftlichen Institutionen im europäischen Ausland veranstalteten anerkannten internationalen juristischen Fachkursen werden Teilstipendien vergeben, so zum Beispiel für folgende Kurse:

- Hague Adademy of International Law, Den Haag/Niederlande: "Private International Law" und "Public International Law"
- London School of Economics and Political Science (LSE), London/Großbritannien: "Introduction to English Law"
- University of Cambridge, Cambridge/Großbritannien: "English Legal Methods"
- University of Leiden/Amsterdam, Leiden bzw. Amsterdam/Niederlande: "Summer Program in American Law, Leiden-Amsterdam-Columbia"
- European University Institute, Florenz/Italien: "European Law"
- CRE/Copernicus Environmental Management and Law Association, Budapest/Ungarn: "Environmental Law"
- u.a.

Stipendienleistungen
Stipendienhöhe
auf Anfrage
Die Fachkursstipendien sind Teilstipendien. Sie werden in einer Summe ausgezahlt und berücksichtigen die unterschiedlichen Gegebenheiten im Gastland. Die Stipendien dienen – bei einer angemessenen Selbstbeteiligung an den Lebenshaltungskosten – der Deckung der durch den Auslandsaufenthalt entstehenden zusätzlichen Kosten (einschließlich der Kursgebühren).

Der DAAD behält sich vor, die Teilnahme an Kursen mit Gebühren von mehr als DM 1.000,– nicht oder nur anteilig zu fördern.

Laufzeit
3 bis 4 Wochen im Sommer 2002

Bewerbungsvoraussetzungen
1. Juristisches Staatsexamen mit überdurchschnittlichem Ergebnis und sehr gute Sprachkenntnisse in der jeweiligen Unterrichtssprache, auch in der Rechtsterminologie. Kandidatinnen und Kandidaten mit der Zweiten Juristischen Staatsprüfung können sich nur bewerben, wenn sie noch promovieren. Im Übrigen gelten die Allgemeinen Hinweise.

Bewerberinnen und Bewerber müssen sich um fristgerechte Zulassung zum gewünschten Fachkurs selber bemühen. Unabhängig von der Stipendienbewerbung beim DAAD sollten Bewerber daher die ausführlichen Kurzinformationen und offiziellen Anmeldeformulare frühzeitig beim ausländischen Kursveranstalter anfordern.

| Graduierte und Promovierte | Fachkurse Rechtswissenschaften | 2 |

Bewerbungsunterlagen
Bewerbungsunterlagen sind beim DAAD, Referat 222, ab Oktober 2001 erhältlich.

Bewerbungstermin und -ort
Für alle juristischen Fachkurse: 15. Februar 2002 direkt beim DAAD, Referat 222

DAAD-Förderungsmöglichkeiten für Wissenschaftler und Hochschullehrer

| 3 | Wissenschaftler und Hochschullehrer | Projektbezogener Personenaustausch |

Programme des Projektbezogenen Personenaustausches

Programmbeschreibung
Der Deutsche Akademische Austauschdienst hat mit Partnerorganisationen in 19 Ländern bilaterale Programme zur Intensivierung der wissenschaftlichen Zusammenarbeit eingerichtet. Im Rahmen dieser Programme werden Wissenschaftler gefördert, die mit ihren ausländischen Partnern gemeinsame Forschungsprojekte durchführen.

Im Gegensatz zu den in den traditionellen Förderungsmaßnahmen üblichen Individualbewerbungen werden hier Personen gefördert, die an einem bestimmten Vorhaben mit internationaler Ausrichtung beteiligt sind. Reine Ausbildungsvorhaben werden nicht gefördert. Außerdem wird der Fortbildung und Spezialisierung des wissenschaftlichen Nachwuchses im Rahmen der Forschungskooperation starkes Gewicht beigemessen. Fachliche Einschränkungen bestehen nicht (Ausnahmen: Indien, Irland, Norwegen, Polen, USA).

Für die Programme mit Frankreich und Portugal sind ab 2001 auch jüngere, promovierte Nachwuchswissenschaftler antragsberechtigt, sofern sie den Nachweis über die Grundfinanzierung ihres Projekts erbringen. Entsprechende Modifikationen der Programme mit anderen Ländern werden in die jährlich erscheinenden Sonderausschreibungen aufgenommen (stand zur Zeit der Drucklegung dieser Broschüre noch nicht fest).

Stipendienleistungen
Förderungsfähig sind die spezifisch personenbezogenen Mehrkosten, soweit sie sich durch den Austausch beteiligter Wissenschaftler, Graduierte und – in einigen Programmen – Diplomanden (diese nur, wenn die Diplomarbeit Teil des Projektes ist) ergeben. Jede Seite zahlt den Teilnehmern ihres Landes Reisen zu und Aufenthalte an dem Partnerinstitut nach ihren allgemeinen Bedingungen. Abweichungen von diesem Finanzierungsmodus gelten für die Programme mit Indien, Polen und Ungarn. Leistungen des Gastinstituts (zum Beispiel Unterbringung) werden angerechnet.

Der DAAD gewährt einen Zuschuss zu den Reise- und Aufenthaltskosten für die Dauer des Aufenthalts am ausländischen Partnerinstitut. Die Höhe der Sätze richtet sich nach der Förderungskategorie der Projektteilnehmer und nach der Dauer des Aufenthalts. Für Projektteilnehmer mit noch nicht abgeschlossener Promotion gelten für Aufenthalte ab einem Monat die DAAD-üblichen Stipendiensätze für Diplomanden bzw. Doktoranden.

Die Grundfinanzierung des Projekts (Personal- und Sachkosten auf beiden Seiten) muss gesichert sein. Projektbezogene Nebenkosten (zum Beispiel Rechenzeiten, Materialaufwendungen, Dokumentation, Vervielfältigungs-, Druckkosten u.ä.) können nicht übernommen werden, auch nicht Kosten für die Grundausstattung von Arbeitsplätzen, Geräteanschaffungen usw.

Wissenschaftler und Hochschullehrer	Projektbezogener Personenaustausch	3

Bewerbungsvoraussetzungen

Für alle Programme können sich Wissenschaftler von deutschen Hochschulen bewerben. In der nachstehenden Übersicht sind auch die Programme aufgeführt, für die gleichfalls außeruniversitäre Forschungseinrichtungen einbezogen sind. Antragsvoraussetzung ist ein konkretes wissenschaftliches Forschungsvorhaben, an dem Wissenschaftler aus beiden Ländern gemeinsam arbeiten. Projektverantwortlicher gegenüber dem DAAD ist ein Hochschullehrer einer deutschen Hochschule bzw. ein leitender Wissenschaftler einer außeruniversitären Forschungseinrichtung. Interessenten richten bitte ihre Anfragen an das jeweils zuständige Regionalreferat der DAAD-Geschäftsstelle.

Sonstiges

Die Förderung des Programms wird aus Mitteln des Bundesministeriums für Bildung und Forschung finanziert.

3 Wissenschaftler und Hochschullehrer — Projektbezogener Personenaustausch

Übersicht über die Programme des Projektbezogenen Personenaustauschs

Land	Partner-organisation	Laufzeit des Programms seit	einbezogene Disziplinen	Bewerbungsberechtigung in Deutschland
Argentinien	Fundación Antorchas	1993	alle	Hochschulen und außeruniversitäre Forschungseinrichtungen
	FONCYT (Fondo para la investigación Científica y Tecnológica)	1999	alle	Hochschulen und außeruniversitäre Forschungseinrichtungen
Australien	Department of Industry, Science, and Resources (DISR)	ab Mitte 2001	alle	Hochschulen und außeruniversitäre Forschungseinrichtungen
Brasilien	Divisaõ de Cooperação e Intercambio, Ministério da Educaçao (CAPES)	1994	alle	Hochschulen
Chile	CONICYT	1999	alle	Hochschulen und außeruniversitäre Forschungseinrichtungen
Finnland	Suomen Akatemia	1993	alle	Hochschulen und außeruniversitäre Forschungseinrichtungen
Frankreich	Ministère des Affaires Etrangères (MAE), EGIDE	1986	alle	Hochschulen und außeruniversitäre Forschungseinrichtungen
Griechenland	Griechische State Scholarship Foundation (I.K.Y.)	2001	alle	Hochschulen und außeruniversitäre Forschungseinrichtungen
Großbritannien	Das bisher mit dem British Council gemeinsam durchgeführte Programm „Projektbezogener Personenaustausch mit Großbritannien (ARC)" kann für das Sommersemester 2001 nicht ausgeschrieben werden. Der DAAD ist bemüht, das Programm mit einem neuen Partner ab 2002 erneut auszuschreiben.			
Hongkong	Research Grants Council	1997	alle	Hochschulen und außeruniversitäre Forschungseinrichtungen
Indien	DST (Department of Science & Technology)	1999	Natur- und Ingenieurwissenschaften	Hochschulen und außeruniversitäre Forschungseinrichtungen
Irland	Royal Irish Academy (RIA)	2001	Wirtschafts- und Sozialwissenschaften	Hochschulen und außeruniversitäre Forschungseinrichtungen

| Wissenschaftler und Hochschullehrer | Projektbezogener Personenaustausch | | | 3 |

Land	Partner-organisation	Laufzeit des Programms seit	einbezogene Disziplinen	Bewerbungsberechtigung in Deutschland
Italien	Conferenza Permanente di Rettori delle Università Italiana (CRUI)	1992	alle	Hochschulen und außeruniversitäre Forschungseinrichtungen
Norwegen	The Norwegian Research Council	ab Mitte 2001	Klima-, Energie- und Umweltforschung sowie Biowissenschaften	Hochschulen und außeruniversitäre Forschungseinrichtungen
Polen	Staatskomitee für Wissenschaft (KBN)	2001	Geistes-, Wirtschafts-, Rechts- und Sozialwissenschaften	Hochschulen und außeruniversitäre Forschungseinrichtungen
Portugal	Conselho de Reitores das Universidades Portuguesas (CRUP)	1986	alle	Hochschulen und außeruniversitäre Forschungseinrichtungen
	Junta Nacional de Instituto de Cooperacao Cientifica e Tecnológica Internacional (ICCTI)	1990	alle	Hochschulen und außeruniversitäre Forschungseinrichtungen
Spanien	Ministerio de Educación y Cultura (MEC)	1986	alle	Hochschulen und außeruniversitäre Forschungseinrichtungen
Taiwan	National Science Council (NSC)	1998	alle	Hochschulen und außeruniversitäre Forschungseinrichtungen
Ungarn	Ungarische Stipendienkommission (MÖB)	1998	alle	Hochschulen und außeruniversitäre Forschungseinrichtungen
USA	National Science Foundation	1995	Natur-, Ingenieur- und Sozialwissenschaften	Hochschulen und außeruniversitäre Forschungseinrichtungen

| 3 | Wissenschaftler und Hochschullehrer | Wissenschaftleraustausch |

Studien- und Forschungsaufenthalte deutscher Wissenschaftler und Wissenschaftlerinnen
im Rahmen bilateraler Wissenschaftleraustausch-Programme

Programmbeschreibung
Im Rahmen von Kulturaustauschprogrammen und anderen bilateralen Vereinbarungen mit Institutionen im Ausland kann der DAAD deutsche promovierte Wissenschaftlerinnen und Wissenschaftler, die an Hochschulen und Forschungsinstituten tätig sind, seinen Partnerinstitutionen für die Förderung eines Studien- oder Forschungsaufenthaltes vorschlagen.

Termin und Zweck des Aufenthalts müssen vorab mit dem ausländischen Gastinstitut abgestimmt werden. Vortragsreisen und Kongressbesuche können nicht gefördert werden.

Je nach Zuständigkeit und förderungspolitischen Prioritäten der ausländischen Partner kann der Wissenschaftleraustausch in einzelnen Programmen auf bestimmte Institutionen und/oder Disziplinen begrenzt sein.

Bilaterale Vereinbarungen über den Wissenschaftleraustausch bestehen zurzeit unter anderem mit Institutionen in folgenden Ländern:

Ägypten, Äthiopien, Albanien, Argentinien, Armenien, Aserbaidschan, Belarus, Brasilien, Bulgarien, Chile, VR China, Costa Rica, Estland, Georgien, Indien, Indonesien, Japan, Jordanien, Kamerun, Kasachstan, Kenia, Kirgisistan, Kolumbien, Korea (Süd), Kroatien, Kuba, Lettland, Litauen, Mexiko, Moldawien, Mongolei, Österreich, Polen, Rumänien, Russische Föderation, Singapur, Slowakische Republik, Slowenien, Syrien, Tadschikistan, Taiwan, Tschechische Republik, Turkmenistan, Ukraine, Ungarn, Uruguay, Usbekistan, Venezuela, Vietnam.

Stipendienleistungen
Stipendienhöhe
Bei positiver Entscheidung Übernahme der internationalen Reisekosten durch den DAAD; die Aufenthaltskosten trägt der ausländische Partner.

Laufzeit
Mindestens 14 Tage bzw. (in einigen Ländern) drei Wochen, höchstens 3 Monate

Bewerbungsunterlagen
Nähere Informationen und Antragsformulare können bei den zuständigen Regionalreferaten der DAAD-Geschäftsstelle angefordert werden.

| Wissenschaftler und Hochschullehrer | Wissenschaftleraustausch | 3 |

Bewerbungstermin und -ort

Anträge müssen **spätestens zwei bis drei Monate vor dem geplanten Aufenthalt** beim DAAD eingereicht werden. Bei einigen Ländern sind die Antragsfristen/Vorlaufzeiten länger.

3 Wissenschaftler und Hochschullehrer — Lektoren

Lektoren

Programmbeschreibung

Allgemeine Hinweise

Der Deutsche Akademische Austauschdienst vermittelt Lektorinnen und Lektoren für deutsche Sprache, Literatur und Landeskunde, in einzelnen Ländern auch Lektoren für andere Fachrichtungen, an ausländische Hochschulen. Das heißt:
- Die ausländische Hochschule stellt für eine Lektorin oder einen Lektor eine entsprechende Stelle und Vergütung bereit.
- Die ausländische Hochschule formuliert in Abstimmung mit dem DAAD Aufgaben und erforderliche Qualifikationen des Lektors.
- Der DAAD sucht geeignete Kandidatinnen und Kandidaten und schlägt sie der Hochschule vor.
- Der DAAD fördert die von der Hochschule eingestellten Lektorinnen und Lektoren, indem er sie auf ihre Aufgaben vorbereitet, sie in ihrer Tätigkeit unterstützt und ihnen eine finanzielle Förderung in dem unter „Stipendienleistungen" geschilderten Umfang gewährt. Durch die Einstellung geht die Lektorin bzw. der Lektor ein Dienstverhältnis mit der Gasthochschule ein und wird damit in der Regel Mitglied ihres Lehrkörpers und Träger derselben Rechte und Pflichten, die auch die gleichrangigen einheimischen Mitglieder des Lehrkörpers haben. Die finanzielle Förderung durch den DAAD ist zeitlich begrenzt.

Aufgaben der Lektorin bzw. des Lektors

Die Aufgaben der Lektorin bzw. des Lektors werden grundsätzlich von der Gasthochschule bestimmt und sind daher von Land zu Land und von Hochschule zu Hochschule sehr unterschiedlich. Sie umfassen in der Regel Unterricht in Deutsch als Fremdsprache, Lehrveranstaltungen auf dem Gebiet der deutschen Literatur- und Sprachwissenschaft sowie Veranstaltungen auf dem Gebiet der Deutschlandstudien. Der Sprachunterricht wendet sich an zukünftige Deutschlehrer und Germanisten sowie Hörer aller Fakultäten, vornehmlich der naturwissenschaftlichen und technischen Disziplinen, die sich dadurch den Zugang zur deutschsprachigen Fachliteratur erschließen möchten. In einzelnen Fällen sind in Europa und Ostasien Lektoren auch auf anderen Fachgebieten, insbesondere als Fachlektoren für Wirtschafts-, Rechts- oder Politikwissenschaften oder Geschichte tätig.

Neben den fachlichen Aufgaben, die von Lektorat zu Lektorat variieren, liegt ein Schwerpunkt der Arbeit von Lektoren in der Beratung von ausländischen Wissenschaftlern und Studierenden im Hinblick auf Studium, Forschung und Lehre in Deutschland und Kooperationsmöglichkeiten mit deutschen Universitäten sowie in der Beteiligung an vielfältigen Maßnahmen zur Förderung des Studienstandortes Deutschland. Außerdem haben sie je nach den örtlichen Verhältnissen innerhalb oder außerhalb der Hochschule kulturelle Aufgaben wahrzunehmen. In einer Reihe von Ländern bestehen Arbeitsgruppen von Lektoren, die in Zusammenarbeit mit einheimischen Kollegen länder- und zielgruppenspezifisches Unterrichtsmaterial erstellen.

| Wissenschaftler und Hochschullehrer | Lektoren | 3 |

Da die Gasthochschulen vom Lektor aktuelle Informationen über die deutsche Literatur- und Sprachwissenschaft, über moderne Methoden und Hilfsmittel für die Vermittlung von Deutsch als Fremdsprache, über die deutschsprachige Gegenwartsliteratur und allgemein über die kulturellen, politischen, wirtschaftlichen und gesellschaftlichen Verhältnisse im deutschen Sprachraum erwarten, ist die Tätigkeit des Lektors zeitlich befristet.

Stipendienleistungen
Stipendienhöhe

Da die Lektorinnen und Lektoren mit ihrer Gasthochschule ein Dienstverhältnis eingehen, werden sie in der Regel von ihr wie ein einheimisches Mitglied des Lehrkörpers besoldet. Der DAAD gewährt im Rahmen einer besonderen Vereinbarung mit den Lektoren als zusätzliche Leistungen eine monatliche Ausgleichszulage, Zuschüsse zu den Übersiedlungskosten, Schulbeihilfen, Zuschüsse zur Alters- und Hinterbliebenenversorgung und zu den Kosten der Gesundheitsvorsorge einschließlich einiger Beihilfen in Krankheitsfällen. Voraussetzung für Beihilfen in Krankheitsfällen ist, dass die Lektoren sich und ihre Familien auf eigene Kosten ausreichend gegen Krankheit versichern. Eine Krankenversicherung mit Auslandsdeckung kann vom DAAD vermittelt werden.

Lektorinnen und Lektoren an außereuropäischen Hochschulen können einen Fahrtkostenzuschuss für Heimaturlaubsreisen erhalten. Auf Antrag kann nach Beendigung der Lektorentätigkeit unter bestimmten Voraussetzungen für höchstens drei Monate ein Überbrückungsgeld gewährt werden. Außerdem besteht die Möglichkeit, sich nach mindestens dreijähriger Förderung um ein Rückkehrstipendium (je nach Region drei oder neun Monate) zu bewerben.

Da Lektoren während der Dauer der Auslandstätigkeit nicht der deutschen Arbeitslosenversicherung unterliegen, besteht in der Regel nach der Rückkehr kein Anspruch auf Arbeitslosengeld oder Arbeitslosenhilfe

Laufzeit

Die Förderungsdauer beträgt zunächst zwei Jahre. Sie kann im Einvernehmen mit der Gasthochschule je nach Lektoratstyp bis auf höchstens drei bzw. fünf Jahre ausgedehnt werden.

Bewerbungsvoraussetzungen

Auch die Qualifikationserfordernisse werden im Einzelfall durch die ausländische Hochschule bestimmt. In jedem Fall ist ein abgeschlossenes Studium, in der Regel mit Germanistik im Haupt- oder Nebenfach oder Deutsch als Fremdsprache, erforderlich (Magister Artium, Promotion, Staatsexamen für Sekundarstufe II, Diplomexamen von Hochschulen der ehemaligen DDR). Das Studium soll in der Regel an einer deutschen Hochschule abgeschlossen worden sein. Umfassende und aktuelle Kenntnis der deutschen Sprache (in der Regel muttersprachliche Kompetenz) wird vorausgesetzt. Von den meisten ausländischen Hochschulen werden darüber hinaus sprachdidaktische Erfahrungen, vorzugsweise auf dem Gebiet Deutsch als Fremdsprache, vorausgesetzt.

| 3 | Wissenschaftler und Hochschullehrer | Lektoren |

Für die Vermittlung ist die Staatsangehörigkeit zu einem EU-Mitgliedstaat erforderlich.

Höchstalter zum Zeitpunkt der Bewerbung: Mit Rücksicht auf die Anforderungen der Gasthochschule als Regel für Nord-, West- und Südeuropa circa 35 Jahre; alle anderen Länder 40 Jahre.

Die Bewerberinnen und Bewerber sollen in der Regel während der letzten beiden Jahre vor der Bewerbung ihren Lebensmittelpunkt in Deutschland gehabt haben.

Bewerbungstermin und -ort

Die Lektorate werden in DIE ZEIT und im Internet ausgeschrieben:
- für Japan, Korea, Lateinamerika im Februar
- für die übrigen Länder im Oktober
- für Fachlektorate Frankreich, Großbritannien, Irland im Dezember
- für Fachlektorate Japan, Korea (Rechtswissenschaften) im Februar

Der DAAD lädt Interessentinnen und Interessenten, die auf Grund der eingereichten Unterlagen unter Berücksichtigung der Gesamtzahl der Vermittlungsanträge für eine Vermittlung in Frage kommen, in der Regel zu einem Informationsgespräch ein (außer für West-, Süd- und Nordeuropa).

Nach diesem Gespräch werden Bewerbungen für bestimmte Lektorate entgegengenommen. Parallele Bewerbungen für verschiedene Länder sind dann nicht mehr möglich. Geeignet erscheinende Bewerberinnen und Bewerber werden zu einem Auswahlgespräch eingeladen. Der Auswahlausschuss setzt sich aus deutschen und ggf. ausländischen Fachvertretern zusammen und trifft seine Entscheidung auf Grund der eingereichten Bewerbungsunterlagen und des persönlichen Eindrucks des Bewerbers im Auswahlgespräch. Der DAAD leitet die Unterlagen des ausgewählten Bewerber an die ausländische Hochschule weiter, die die endgültige Entscheidung trifft. Ein Dienstvertrag wird nur mit der ausländischen Hochschule, nicht mit dem DAAD abgeschlossen. Der DAAD schließt mit dem von der ausländischen Hochschule akzeptierten Lektor bzw. der Lektorin eine (privatrechtliche) Förderungsvereinbarung ab.

Der Lektor ist verpflichtet, an den vom DAAD für ihn vorgesehenen Vorbereitungsmaßnahmen teilzunehmen. Die Daten der Lektorinnen und Lektoren werden, soweit zur Bearbeitung bzw. für die Förderung notwendig, in Übereinstimmung mit dem Bundesdatenschutzgesetz gespeichert.

Sonstiges

Hinweise für Beamte oder Angestellte, die für die Dauer der Lektorentätigkeit eine Beurlaubung anstreben
Die erforderlichen dienstrechtlichen Anträge haben die Bewerberinnen und Bewerber rechtzeitig auf dem Dienstweg und in Abstimmung mit dem DAAD selbst zu stellen. Der DAAD ist bereit, Beurlaubungsanträge bei den zuständigen Behörden zu unterstützen, wenn er vom Bewerber hierzu ermächtigt wird.

Wissenschaftler und Hochschullehrer	Lektoren	3

Eine Garantie für die berufliche Integration nach dem Ende der Förderungszeit kann vom DAAD nicht übernommen werden.

Weitere Informationen sind in den Regionalreferaten erhältlich (bitte das gewünschte Zielland bzw. die Region angeben).

In **Nordamerika** fördert der DAAD an Stelle von Lektoraten Gastdozenturen auf dem Gebiet der Deutschlandstudien, für die weitgehend die für das Lektorenprogramm gemachten Angaben zutreffen. Abweichend zu diesen Angaben gilt Folgendes: Das Angebot richtet sich vorrangig an Politologen, Historiker und Soziologen. Deutsch als Fremdsprache ist nicht vorgesehen. Bewerbungsvoraussetzungen sind neben sehr guten englischen Sprachkenntnissen eine Promotion (oder Habilitation) sowie mehrjährige Lehrerfahrung und einschlägige wissenschaftliche Veröffentlichungen.

Die zu besetzenden Dozenturen werden voraussichtlich im Oktober in DIE ZEIT ausgeschrieben.

3 Wissenschaftler und Hochschullehrer — Dozenturen

Dozenturen
Lehrtätigkeit an einer ausländischen Hochschule durch Vermittlung des DAAD

Programmbeschreibung
DAAD – Lang- und Kurzzeitdozenturen

Im Rahmen der satzungsgemäßen Aufgabe des DAAD, die akademischen Beziehungen zum Ausland zu pflegen, vermittelt und fördert die Vermittlungsstelle lang- und kurzfristige Lehrtätigkeiten wissenschaftlicher Lehrkräfte an ausländischen Hochschulen. Die Vermittlungsstelle wurde am 1. April 1961 gegründet; ihre Tätigkeit beruht auf einer Verwaltungsabsprache zwischen dem Auswärtigen Amt und der Ständigen Konferenz der Kultusminister der Länder.

In der Kommission der Vermittlungsstelle sind folgende Institutionen vertreten: Auswärtiges Amt (AA), Ständige Konferenz der Kultusminister der Länder in der Bundesrepublik Deutschland (KMK), Bundesministerium für wirtschaftliche Zusammenarbeit und Entwicklung (BMZ), Bundesministerium für Bildung und Forschung (BMBF), Deutsche Forschungsgemeinschaft (DFG), Deutscher Akademischer Austauschdienst (DAAD), Hochschulrektorenkonferenz (HRK).

Die Kommission beruft einen Gutachterausschuss; dieser entscheidet über die persönliche und fachliche Eignung der Bewerberinnen und Bewerber sowie über die Förderung der beantragten Langzeit- und Kurzzeitdozenturen.

A. Langzeitdozenturen
DAAD – Langzeitdozenturen

Eine Langzeitdozentur ist eine sechs Monate übersteigende Lehrtätigkeit auf einer von einer ausländischen Hochschule eingerichteten Stelle, deren Förderung der Fachgutachterausschuss beschlossen hat. Ein Stelleninhaber kann höchstens fünf Jahre gefördert werden.

Verfahren
Die Entscheidung über die Einrichtung einer Langzeitdozentur setzt den Antrag einer ausländischen Hochschule voraus, die die Aufgabenstellung und Qualifikation des benötigten Dozenten bzw. der Dozentin definiert und die erforderliche Infrastruktur bereitstellt (Arbeitsplatz, ortsübliche Vergütung, Zugang zu den wissenschaftlichen und verwaltungsmäßigen Hilfsmitteln). Für die Entscheidung, ob eine Dozentur gefördert werden soll, sind wissenschaftspolitische, bildungspolitische, außenkulturpolitische und entwicklungspolitische Kriterien maßgebend. Der Antrag (Formblatt: „Stellenbeschreibung") soll von der ausländischen Hochschule über die deutsche Auslandsvertretung bzw. die DAAD-Außenstelle an den DAAD geleitet werden.

Wissenschaftler und Hochschullehrer	Dozenturen	3

Der Fachgutachterausschuss entscheidet über die Förderung und Förderungsdauer einschließlich möglicher Verlängerungen der beantragten Dozentur. Das Sekretariat der Vermittlungsstelle im DAAD sucht, ggf. durch eine Ausschreibung, geeignete Bewerberinnen und Bewerber und stellt sie dem Gutachterausschuss vor. Dieser entscheidet dann, welcher Kandidat oder welche Kandidaten der Gasthochschule zur Einstellung vorgeschlagen werden sollen.

Wenn die ausländische Hochschule bereits einen deutschen Wissenschaftler oder eine Wissenschaftlerin nominiert hat, beurteilt der Gutachterausschuss die fachliche und persönliche Eignung des Eingeladenen und entscheidet über die Förderung sowie über die Förderungsdauer der Dozentur.

Wird eine Bewerberin oder ein Bewerber von der ausländischen Hochschule akzeptiert, erhält sie oder er vom DAAD eine Förderungsvereinbarung, mit der sich der DAAD zur Gewährung der unter „Stipendienleistungen" erläuterten Leistungen verpflichtet. Die Förderung wird zunächst für einen Zeitraum von bis zu zwei Hochschuljahren zugesagt; im allseitigen Einvernehmen kann ein Stelleninhaber höchstens fünf Jahre gefördert werden.

Aufgaben

Jeder Inhaber einer Langzeitdozentur hat im Rahmen der hochschulrechtlichen Bestimmungen des Gastlandes die Aufgabe, an der Gasthochschule sein Fach in Lehre und Forschung zu vertreten. Da er Mitglied des Lehrkörpers ist, hat er in der Regel alle mit diesem Status verbundenen Rechte und Pflichten und kann dementsprechend auch zur Teilnahme an Gremiensitzungen und zur Übernahme von Verwaltungsaufgaben und von Beratungsfunktionen verpflichtet sein.

Darüber hinaus ist er ein Ansprechpartner für die Hochschulangehörigen aller Fachrichtungen, soweit es um Kontakte zu wissenschaftlichen Einrichtungen in Deutschland, um Studien- und Forschungsmöglichkeiten sowie um Stipendien- und Förderungsprogramme deutscher wissenschaftsfördernder Institutionen geht. Er sollte insbesondere im Rahmen der DAAD-Programme beratend und vermittelnd tätig werden.

Stipendienleistungen
Stipendienhöhe

Da die Dozentinnen und Dozenten mit ihrer Gasthochschule ein Dienstverhältnis eingehen, werden sie in der Regel von ihr wie ein einheimisches Mitglied des Lehrkörpers besoldet. Der DAAD gewährt im Rahmen besonderer Bestimmungen als zusätzliche Leistungen eine monatliche Ausgleichszulage, Zuschüsse zu den Übersiedlungskosten, Schulbeihilfen, Zuschüsse zur Alters- und Hinterbliebenenversorgung und zu den Kosten der Gesundheitsvorsorge einschließlich einiger Beihilfen in Krankheitsfällen.

Voraussetzung für Beihilfe in Krankheitsfällen ist, dass der Dozent sich und seine Familie auf eigene Kosten ausreichend gegen Krankheit versichert. Eine Krankenversicherung mit Auslandsdeckung kann vom DAAD vermittelt werden. Dozenten und Dozentinnen an außereuropäischen Hochschulen können einen Fahrtkostenzuschuss

| 3 | Wissenschaftler und Hochschullehrer | Dozenturen |

für Heimaturlaubsreisen, für Vorstellungsreisen und zur Teilnahme an internationalen wissenschaftlichen Kongressen erhalten. Auf Antrag kann nach Beendigung der Dozentur für höchstens drei Monate ein Überbrückungsgeld gewährt werden.

Außerdem besteht die Möglichkeit, sich nach mindestens dreijähriger Förderung um ein Rückkehrstipendium (bis zu neun Monaten) zu bewerben.

Laufzeit
6 Monate bis 5 Jahre

Bewerbungsvoraussetzungen
Für die Vermittlung als Langzeitdozentin bzw. Langzeitdozent ist die Staatszugehörigkeit in einem EU-Mitgliedstaat erforderlich. Bewerberinnen und Bewerber müssen eine entsprechende fachliche Qualifikation und in der Regel die Befähigung für eine Hochschullehrtätigkeit in Deutschland haben und über Lehrerfahrungen an einer deutschen Hochschule verfügen.

Ein erhebliches sprachliches Differenzierungsvermögen im mündlichen Gebrauch der Fremdsprache ist unabdingbare Voraussetzung für einen Erfolg der Lehrtätigkeit. Die für die jeweiligen Unterrichtsaufgaben erforderlichen Sprachkenntnisse müssen vor der Ausreise erworben werden. Dabei werden Grundkenntnisse der Unterrichtssprache schon bei der Bewerbung vorausgesetzt; Ausnahmen gelten für selten gelehrte Sprachen. Eine Vertiefung der Sprachkenntnisse ist im Rahmen eines mindestens sechswöchigen Vorbereitungskurses im Institut für Auslandskunde der Deutschen Stiftung für internationale Entwicklung (DSE) möglich.

Es wird vorausgesetzt, dass Bewerber und Bewerberinnen in der Regel während der letzten beiden Jahre vor der Bewerbung ihren Lebensmittelpunkt in Deutschland gehabt haben; enge Kontakte zu einer deutschen Hochschule sind auch während der Tätigkeit im Ausland unverzichtbar.

Bewerbungstermin und -ort
Eine Bewerbung kann jederzeit erfolgen, mindestens aber zwei Monate vor einer der fünf Mal jährlich stattfindenden Sitzungen des Fachgutachterausschusses.

Sonstiges
Hinweise für Angehörige des öffentlichen Dienstes
Der Bewerber bzw. die Bewerberin hat die erforderlichen dienstrechtlichen Anträge rechtzeitig auf dem Dienstweg und in Abstimmung mit dem DAAD selbst zu stellen. Der DAAD ist bereit, Urlaubsanträge bei den zuständigen Behörden zu unterstützen, wenn er vom Bewerber bzw. der Bewerberin hierzu ermächtigt wird.

| Wissenschaftler und Hochschullehrer | Dozenturen | 3 |

CAPES-DAAD-Dozenturen

Programmbeschreibung

Um das Postgraduiertenstudium an brasilianischen Hochschulen zu stärken, wurde zwischen der brasilianischen Hochschulorganisation CAPES und dem DAAD eine Vereinbarung zur Vermittlung von Dozentinnen und Dozenten an brasilianische Hochschulen getroffen. CAPES identifiziert den Bedarf an qualifizierten Dozenten an brasilianischen Hochschulen. Der DAAD sucht auf dem Wege der Ausschreibung in Deutschland nach geeigneten Kandidatinnen und Kandidaten für die offenen Stellen in Brasilien. Die Finanzierung des Programms erfolgt aus Mitteln des Bundesministeriums für wirtschaftliche Zusammenarbeit und Entwicklung (BMZ).

Das gemeinsame CAPES-DAAD-Programm zur Dozentenvermittlung nach Brasilien ist offen für alle Fachrichtungen. Schwerpunkte liegen jedoch im Bereich der Natur-, Wirtschafts- und Ingenieurwissenschaften.

Insgesamt können bis zu 50 Dozenturen im Rahmen dieses gemeinsamen CAPES-DAAD-Programms gefördert werden.

Stipendienleistungen

Stipendienhöhe
– ein monatliches CAPES-Stipendium im Gegenwert von US $ 3.000,– (steuerfrei)
– eine monatliche Pauschale von DM 850,– als Beitrag zur Kranken- und Sozialversicherung sowie zur Altersvorsorge
– Übernahme der Reisekosten für den Dozenten und seine Familie für die Hinreise und die Rückreise nach Abschluss der Tätigkeit in Brasilien
– Umzugspauschale bei einer Aufenthaltsdauer von mindestens 12 Monaten für den Hin- und Rücktransport in Höhe von jeweils
DM 6.000,– für den Dozenten bzw. die Dozentin
DM 3.000,– für den Ehepartner
DM 1.500,– für jedes Kind
– Übernahme der Kosten für die Tropentauglichkeitsuntersuchung und für notwendige Impfungen

Laufzeit
Vermittlungen sind möglich für die Dauer von in der Regel mindestens zwei und höchstens fünf Jahren. Bei einer mehrjährigen Förderung ist nach Ablauf von einem Jahr eine Verlängerung der Förderung bei CAPES und beim DAAD zu beantragen.

Bewerbungsvoraussetzungen
Bewerberinnen und Bewerber, die in der Regel die Qualifikation für eine Hochschullehrertätigkeit und Lehrerfahrung an einer deutschen Hochschule vorweisen müssen, sollten sehr gute Englischkenntnisse haben sowie die Bereitschaft, Portugiesisch zu lernen. Sie müssen die deutsche Staatsangehörigkeit haben und sich in der Regel in den zwei der Bewerbung vorausgehenden Jahren in Deutschland aufgehalten haben.

3	Wissenschaftler und Hochschullehrer	Dozenturen

Aus Anträgen brasilianischer Hochschulen auf Einrichtung einer Dozentur wählen DAAD und CAPES gemeinsam diejenigen Stellen aus, die im Zuge des jeweils nächsten Auswahlverfahrens besetzt werden sollen. Der DAAD schreibt diese Stellen in DIE ZEIT und im Internet aus, nähere Informationen beim DAAD, Referat 415.

Diejenigen Bewerberinnen und Bewerber, deren Qualifikationsprofil den Anforderungen der jeweiligen brasilianischen Hochschule entspricht, werden zu einem Informationsgespräch in den DAAD eingeladen. An diesen Informationsgesprächen nimmt auch ein Vertreter von CAPES teil. Nach diesem Gespräch erfolgt die endgültige Entscheidung der Interessenten über eine Bewerbung. Liegt für eine Position eine große Zahl an Bewerbungen vor, so wird eine Vorauswahl von Mitgliedern des Fachgutachterausschusses vorgenommen. Die aussichtsreichsten Kandidaten werden zu einem Gespräch mit dem Fachgutachterausschuss eingeladen. An dieser Auswahlsitzung nehmen auch brasilianische Hochschullehrer als Gutachter teil. Die erfolgreichen Kandidatinnen und Kandidaten werden umgehend informiert. Ihnen wird die Möglichkeit zu einer Informationsreise an ihre Gasthochschule gegeben.

Vertragliche Grundlagen für die Tätigkeit als Dozent innerhalb dieses Sonderprogramms sind eine Stipendienverleihung durch CAPES sowie eine Förderungszusage des DAAD.

Bewerbungstermin und -ort
Ausschreibung in DIE ZEIT und im Internet
Nähere Informationen beim DAAD, Referat 415

Dozentenprogramm CONACYT-DAAD

Programmbeschreibung
Partner des DAAD ist Consejo Nacional de Ciencia y Tecnología (CONACYT).

Zur Intensivierung des akademischen Austauschs zwischen Mexiko und Deutschland, zur Entwicklung von Forschungsgebieten und um die Verbesserung der Qualität des Postgraduiertenstudiums zu unterstützen, werden deutsche Dozentinnen und Dozenten an mexikanische Forschungsinstitutionen und Institutionen des höheren Bildungswesens vermittelt; fachliche Schwerpunkte: Natur-, Wirtschafts- und Ingenieurwissenschaften.

Stipendienleistungen
Die aufnehmende Institution zahlt ein (in Mexiko steuerpflichtiges) Gehalt von US $ 1.500 monatlich.

CONACYT gewährt ein zusätzliches monatliches steuerfreies Stipendium von US $ 1.500.

Wissenschaftler und Hochschullehrer — Dozenturen

Der DAAD übernimmt die Kosten für
- die Reise von Deutschland nach Mexiko und für die Rückreise nach Abschluss der Dozentur für den Dozenten und die mitausreisenden Familienmitglieder
- eine Umzugskostenpauschale für den Hin- und Rücktransport (Aufenthaltsdauer mindestens 12 Monate) jeweils
  6.000 DM für den Gastdozenten
  3.000 DM für den Ehepartner
  1.500 DM für jedes Kind
- Der DAAD zahlt dem Dozenten eine monatliche Pauschale von DM 850,– als Beitrag zur Sozial- und Rentenversicherung. Darüber hinaus zahlt der DAAD die Kosten für die Tropentauglichkeitsuntersuchung und die notwendigen Impfungen für den Dozenten und seine mitausreisende Familie.

Laufzeit
mindestens 2 Jahre und höchstens 5 Jahre

Bewerbungsvoraussetzungen
Dozenten, die eine Qualifikation für eine Hochschullehrertätigkeit und Lehrerfahrung an einer deutschen Hochschule haben

Bewerbungstermin und -ort
Ausschreibung in DIE ZEIT und im Internet

Zunächst findet ein Informationsgespräch statt; geeignet erscheinende Kandidaten werden zu einem Auswahlgespräch eingeladen.

Kontakt über:
Deutscher Akademischer Austauschdienst
Referat 414
Kennedyallee 50
53175 Bonn

Dozentenprogramm ITESM-DAAD

Programmbeschreibung
Partner des DAAD ist Sistema Instituto Tecnológico y de Estudios Superiores de Monterrey (ITESM).

Zur Intensivierung des akademischen Austauschs zwischen Mexiko und Deutschland, zur Entwicklung von Forschungsgebieten und um die Verbesserung der Qualität des Postgraduiertenstudiums zu unterstützen, werden deutsche Dozentinnen und Dozenten an das ITESM vermittelt; fachliche Schwerpunkte: Natur- und Ingenieurwissenschaften.

| 3 | Wissenschaftler und Hochschullehrer | Dozenturen |

Stipendienleistungen
Stipendienhöhe
ITESM zahlt ein monatliches Gehalt von US $ 3.000 zuzüglich einer weiteren Zuwendung in der selben Höhe im Dezember. Von der Gesamtsumme werden die entsprechenden Steuern (IMSS, ISPT, etc.) gezahlt.

Der DAAD übernimmt die Kosten für
- die Reise von Deutschland nach Mexiko und für die Rückreise nach Abschluss der Dozentur für den Dozenten und die mitausreisenden Familienmitglieder
- eine Umzugskostenpauschale für den Hin- und Rücktransport (Aufenthaltsdauer mindestens 12 Monate) jeweils
  6.000 DM für den Gastdozenten
  3.000 DM für den Ehepartner
  1.500 DM für jedes Kind
- Der DAAD zahlt dem Dozenten eine monatliche Pauschale von DM 850,– als Beitrag zur Sozial- und Rentenversicherung. Darüber hinaus zahlt der DAAD die Kosten für die Tropentauglichkeitsuntersuchung und die notwendigen Impfungen für den Dozenten und seine mitausreisende Familie.

Laufzeit
mindestens 2 Jahre und höchstens 5 Jahre

Bewerbungsvoraussetzungen
Dozenten, die eine Qualifikation für eine Hochschullehrertätigkeit und Lehrerfahrung an einer deutschen Hochschule haben

Bewerbungstermin und -ort
Ausschreibung in DIE ZEIT, im Internet und Bekanntgabe an den deutschen Universitäten

Zunächst findet ein Informationsgespräch statt; geeignet erscheinende Kandidaten werden zu einem Auswahlgespräch eingeladen.

Kontakt über :
Deutscher Akademischer Austauschdienst
Referat 414
Kennedyallee 50
53175 Bonn

B. Kurzzeitdozenturen

DAAD – Kurzzeitdozenturen

Programmbeschreibung
Eine Kurzzeitdozentur ist ein in der Regel mindestens vierwöchiger, höchstens sechsmonatiger Lehraufenthalt eines deutschen Hochschullehrers bzw. einer Hochschullehrerin an einer ausländischen Hochschule.

Durch die Förderung von Kurzzeitdozenturen soll es ausländischen Hochschulen ermöglicht oder erleichtert werden, besonders qualifizierte deutsche Wissenschaftlerinnen und Wissenschaftler zur Veranstaltung von Kursen in wissenschaftlichen Spezialgebieten oder für interdisziplinäre Zusammenhänge einzuladen; mit dem Programm soll zugleich die Leistungsfähigkeit der deutschen Wissenschaft im Ausland dargestellt werden.

Gefördert werden insbesondere solche Dozenturen, die
- der Fortbildung von Graduierten in Form von Kompaktkursen, Blockkursen oder Spezialkursen dienen,
- im Verbund mit anderen Programmen des DAAD oder anderer wissenschafts- bzw. forschungsfördernder Institutionen stehen,
- der Vorbereitung, Begleitung oder Nachbetreuung einer Langzeitdozentur dienen.

Dozenturen im Undergraduate-Bereich können dann gefördert werden, wenn Engpässe im Lehrangebot der Gasthochschule überbrückt werden müssen.

Stipendienleistungen

Stipendienhöhe
Der DAAD übernimmt Reise- und Aufenthaltskosten unter Anrechnung der Leistung der Gasthochschule; in der Regel ist eine Beurlaubung unter Fortzahlung der Dienstbezüge Voraussetzung für die Kurzzeitdozentur.

Laufzeit
4 Wochen bis 6 Monate

Bewerbungsvoraussetzungen
Erforderlich ist eine Einladung durch die gastgebende Hochschule, die sich auch an den entstehenden Kosten in angemessener Weise beteiligen soll (Honorar, Unterbringung o.ä.); sie ist in der Regel veranlasst durch schon bestehende wissenschaftliche Kontakte, die oft auf frühere Deutschlandaufenthalte von Mitgliedern der Gasthochschule, auf wissenschaftliche Kongresse etc. zurückgehen. Das Lehrvorhaben und der Umfang der Lehrtätigkeit müssen vor Antragstellung mit der Gasthochschule abgestimmt werden. Im Allgemeinen wird pro Woche eine mindestens achtstündige Lehrbelastung vorausgesetzt. Antragsteller ist der eingeladene deutsche Hochschullehrer. Er sollte die Anbindung an eine deutsche Hochschule haben, in der Regel über Lehrerfahrungen an einer deutschen Hochschule verfügen und in der Regel die Staatszugehörigkeit zu einem EU-Mitgliedsstaat haben.

3 Wissenschaftler und Hochschullehrer — Dozenturen

Bewerbungsunterlagen
Antragsformulare mit detaillierten Erläuterungen sind in den Regionalreferaten erhältlich (bitte das gewünschte Zielland bzw. die Region angeben).

Bewerbungstermin und -ort
Eine Bewerbung kann jederzeit erfolgen, mindestens aber zwei Monate vor einer der fünfmal jährlich stattfindenden Sitzungen des Fachgutachterausschusses.

Stiftungsinitiative Johann Gottfried Herder

Programmbeschreibung
Sechs deutsche Stiftungen (Alfried Krupp von Bohlen und Halbach-Stiftung, Fritz Thyssen Stiftung, Gemeinnützige Hertie-Stiftung, Robert Bosch Stiftung, Stifterverband für die Deutsche Wissenschaft, ZEIT-Stiftung Ebelin und Gerd Bucerius) haben im Herbst 1998 die „Stiftungsinitiative Johann Gottfried Herder" zur Förderung von Gastdozenturen **pensionierter und emeritierter deutscher Hochschullehrer** aller Fachrichtungen in den Ländern Mittel- und Osteuropas und der GUS einschließlich Kaukasus und Zentralasien gegründet. Die Dozenturen sollen in der Regel mindestens ein Semester umfassen.

Stipendienleistungen
Stipendienhöhe
- monatliche Aufwandsentschädigung unterschiedlich je nach Gastland (anteilig für den begleitenden Lebenspartner)
- Reisekostenpauschale (auch für den begleitenden Lebenspartner)
- Startkostenpauschale
- Umzugspauschale bei einem Aufenthalt von mehr als einem Semester
- Kranken- und Haftpflichtversicherung (auch für den begleitenden Lebenspartner)

Laufzeit
mindestens 1 Semester

Bewerbungsunterlagen
- Antragsformular
- Darstellung des wissenschaftlichen und beruflichen Werdegangs
- Publikationsliste der letzten fünf Jahre
- ausführliche Darstellung des Lehrvorhabens

Wissenschaftler und Hochschullehrer	Dozenturen	3

Bewerbungsunterlagen sowie ausführliche Informationen können angefordert werden beim

Deutschen Akademischen Austauschdienst
Referat 322, Frau Annerose Panske
Kennedyallee 50
53175 Bonn
Telefon 0228/882-636
E-Mail: panske@daad.de

oder bei der

Hochschulrektorenkonferenz
Herrn Rudolf Smolarczyk
Ahrstraße 39
53175 Bonn
Telefon 0228/887-171
E-Mail: smolarczyk@hrk.de

Bewerbungstermin und -ort
15. März und 30. September eines jeden Jahres

4

DAAD-Stipendien und Förderungsmöglichkeiten

besondere Hinweise für einzelne Länder und Regionen in Europa

Albanien S. 182
Belarus S. 184
Belgien S. 187
Bosnien und Herzegowina S. 212
Bulgarien S. 189
Dänemark S. 191
Estland S. 193
Finnland S. 196
Frankreich S. 198
Griechenland S. 201
Großbritannien S. 203
Irland S. 206
Island S. 208
Italien S. 210
Jugoslawien S. 212
Kroatien S. 212
Lettland S. 193
Litauen S. 193
Mazedonien S. 212
Moldawien S. 214
Niederlande S. 217
Norwegen S. 219
Österreich S. 221
Polen S. 223
Portugal S. 226
Rumänien S. 228
Russische Föderation S. 230
Schweden S. 234
Schweiz S. 236
Slowakische Republik S. 238
Slowenien S. 212
Spanien S. 241
Tschechische Republik S. 243
Türkei S. 246
Ukraine S. 248
Ungarn S. 251

Albanien

Teilstipendien für Studierende
- zum Studium an einer albanischen Hochschule s.S. 26 f.
- zur Teilnahme an Sprachkursen s.S. 55 f.
- zu kombinierten Studien- und Praxissemestern im Ausland s.S. 28 f.
- zu Semesteraufenthalten an einer ausländischen Hochschule s.S. 40 f.
- Musik, Bildende Künste/Design/Film, Tanz/Choreographie/Schauspiel/Theaterregie/Musical s.S. 30 ff.
- zu kurzfristigen Studienaufenthalten für Abschlussarbeiten von Studierenden s.S. 51 ff.
- Kurzstipendien für Praktika im Rahmen von auslandsbezogenen Studiengängen s.S. 84

Stipendien für Graduierte und Promovierte
- zu Semesteraufenthalten im Rahmen von Masterstudiengängen s.S. 101 f.
- zu kurzfristigen Studienaufenthalten zur Anfertigung einer Masterarbeit s.S. 103 ff.
- zu Ergänzungs- und Aufbaustudien sowie zu Forschungsaufenthalten s.S. 90 f.
- Forschungsstipendien für promovierte Naturwissenschaftler, Ingenieurwissenschaftler und Mediziner (NATO) s.S. 106 ff.
- Jahres- und Kurzstipendien für Doktoranden s.S. 92 ff.
- Jahres- und Kurzstipendien für Post-Docs s.S. 97 ff.
- Musik, Bildende Künste/Design/Film, Tanz/Choreographie/Schauspiel/Theaterregie/Musical s.S. 139 ff.
- zu kurzfristigen Studienaufenthalten für bildende Künstler s.S. 147
- DAAD-Sprachassistentinnen und Sprachassistenten an ausländischen Hochschulen s.S. 144 f.

Stipendieninformation
Stipendienhöhe s. Übersicht S. 296 ff.

Einige der oben genannten Stipendien (einschließlich Sachleistungen) werden von der albanischen Regierung zur Verfügung gestellt und vom DAAD bis zum Gesamtwert eines DAAD-Stipendiums aufgestockt.

Studienjahr
1. Oktober bis 30. Juni. Die Stipendien beginnen ab Oktober 2002.

Sprachkenntnisse
Grundkenntnisse der albanischen Sprache sind unbedingt erforderlich. Den Stipendiatinnen und Stipendiaten wird während des Aufenthalts begleitender Sprachunterricht angeboten.

Länderbezogene Hinweise Europa	Albanien	4

Besondere Hinweise

Im Hinblick darauf, dass es sich überwiegend um Stipendien handelt, die von ausländischer Seite zur Verfügung gestellt werden, ist mit längeren Bearbeitungszeiten (bei Jahres- und Kurzstipendien gleichermaßen ca. 6 Monate) zu rechnen (s.S. 21 f.).

Weitere Förderprogramme

- Förderung deutscher Gruppen von Studierenden unter Leitung von Hochschullehrern bei Informationsaufenthalten/Studienreisen im Ausland s.S. 74 ff.
- Förderung deutscher Gruppen von Studierenden unter Leitung von Hochschullehrern bei Studienpraktika im Ausland s.S. 78 ff.
- Bilateraler Wissenschaftleraustausch s.S. 164 f.
- Lehrtätigkeit an einer ausländischen Hochschule durch Vermittlung des DAAD:
  Lektoren s.S. 166 ff.
  Dozenturen s.S. 170 ff.

Informationen

- Studieren und Forschen im Ausland. Albanien. Hrsg.: Österreichisches Dokumentationszentrum für Auslandsstudien – ÖDOZA, Wien 1998 (zu beziehen bei ÖDOZA, 1010 Wien, Österreich, Schottengasse 1)
- An Overview of the Educational System of Albania. Hrsg.: Educational Credential Evaluators, Inc. P.O.Box 92970, Milwaukee Wi 53202-0970 USA, 1993
- Weitere Literaturangaben s.S. 424 f.

| 4 | Länderbezogene Hinweise Europa | Belarus |

Belarus

Teilstipendien für Studierende
- zum Studium an einer Hochschule in Belarus (Laufzeit: 10 Monate) s.S. 26 f.
- zu kombinierten Studien- und Praxissemestern im Ausland für Studierende s.S. 28 f.
- zu Semesteraufenthalten an einer ausländischen Hochschule s.S. 40 f.
- zu kurzfristigen Studienaufenthalten für Abschlussarbeiten von Studierenden s.S. 51 ff.
- Musik, Bildende Künste/Design/Film, Tanz/Choreographie/Schauspiel/Theaterregie/Musical s.S. 30 ff.
- zur Teilnahme an Sprachkursen s.S. 55 ff.
- zur Teilnahme an Fachkursen s.S. 67 ff.
- zu Kurzstipendien für Praktika im Rahmen von auslandsbezogenen Studiengängen s.S. 84

Stipendien für Graduierte und Promovierte
- für Semesteraufenthalte im Rahmen von Masterstudiengängen s.S. 101 f.
- für kurzfristige Studienaufenthalte zur Anfertigung einer Masterarbeit s.S. 103 ff.
- für Ergänzungs- und Aufbaustudien sowie Forschungsaufenthalten (Laufzeit: 10 Monate) s.S. 90 f.
- zur Teilnahme an Fachkursen s.S. 154 ff.
- zu Forschungsstipendien für promovierte Naturwissenschaftler, Ingenieurwissenschaftler und Mediziner (NATO) s.S. 106 ff.
- Jahres- und Kurzstipendien für Doktoranden s.S. 92 ff.
- Jahres- und Kurzstipendien für Post-Docs s.S. 97 ff.
- Musik, Bildende Künste/Design/Film, Tanz/Choreographie/Schauspiel/Theaterregie/Musical s.S. 139 ff.
- für kurzfristige Studienaufenthalte zur künstlerischen Weiterbildung s.S. 147
- DAAD-Sprachassistentinnen und Sprachassistenten an ausländischen Hochschulen s.S. 144 f.

Stipendieninformation
Stipendienhöhe s. Übersicht S. 296 ff.

Die Stipendien sind in erster Linie für Studienaufenthalte an staatlichen Hochschulen bestimmt.

Für einige der genannten Programme werden Stipendien (Gegenstipendien) vergeben, die mit der belorussischen Seite für fast alle Fachrichtungen (ausgenommen künstlerische) jeweils vereinbart und die einschließlich der Sachleistungen vom DAAD aufgestockt werden können.

| Länderbezogene Hinweise Europa | Belarus | 4 |

Die Leistungen der Gastuniversität umfassen in der Regel den Erlass der Studiengebühren, die Bereitstellung einer Unterbringung sowie ein Stipendium in einheimischer Währung.

Neben diesen belorussischen Gegenstipendien steht eine geringe Zahl von Stipendien für Studien- und Forschungsvorhaben zur Verfügung, die allein vom DAAD finanziert werden und nicht an eine bestimmte Hochschule in Belarus gebunden sind. Die bei diesen Stipendien anfallenden Studiengebühren übernimmt der DAAD in der Regel bis zu einer Höhe von DM 5.000,– DM pro Studienjahr (Stand: 1.9.2000). Deshalb ist es notwendig, dass die Bewerbungen bereits konkrete Angaben darüber enthalten, ob das Vorhaben an einer oder mehreren Universitäten durchgeführt werden kann.

Der DAAD behält sich vor, Gegenstipendien vorrangig zu nutzen.

Studienjahr
September 2002 bis Juni 2003
Beginn: 1. September 2002 (auch für Semesterstipendien Studierende)

Sprachkenntnisse
Ausreichende Sprachkenntnisse der Landessprache sind bereits zum Zeitpunkt der Bewerbung erforderlich.

Besondere Hinweise
Der DAAD empfiehlt, sich bereits vor dem Zeitpunkt der Stipendienbewerbung mit den gewünschten Hochschulen in Belarus in Verbindung zu setzen. Bewerberinnen und Bewerber für ein Jahresstipendium sollten zur Auswahlsitzung eine Zusage eines belorussischen Hochschullehrers zur wissenschaftlichen Betreuung oder zur Materialeinsicht in Archiven oder Bibliotheken vorlegen. Mindestens sollten Kontakte zur Gasthochschule belegt werden.

Hinweise zum Bewerbungsverfahren
Der Aufnahme eines Studienaufenthaltes in Belarus gehen jeweils eine an feste Termine gebundene Auswahl und ein längerer Vermittlungsprozess voraus. Bewerberinnen und Bewerber für ein Jahres- und Semesterstipendium müssen nach der Entscheidung über die Vergabe des Stipendiums ihren Lebenslauf und die Darstellung ihres Studien- bzw. Forschungsvorhabens in der jeweiligen Landessprache einreichen. Diese Unterlagen werden bei der Vergabe von Gegenstipendien an die gewünschten Hochschulen weitergeleitet. Da die Weitergabe sehr kurzfristig nach der Stipendienentscheidung erfolgen muss, wird dringend empfohlen, diese Unterlagen rechtzeitig bereit zu halten.

Die Jahresstipendienanträge für Belarus werden mit persönlicher Vorstellung vor der Auswahlkommission entschieden. Analog gilt dies für regional übergreifende Auswahlverfahren für die Fachrichtungen Musik, Bildende Künste/Design/Film, Archi-

| 4 | Länderbezogene Hinweise Europa | Belarus |

tektur, Tanz/Choreographie/Schauspiel/Theaterregie/Musical (voraussichtliche Auswahltermine Mitte Januar/Anfang Februar 2002). Lediglich bei Bewerbungen aus dem Fachbereich Architektur wird eine Vorauswahl auf der Grundlage der eingereichten Bewerbungsunterlagen vorgeschaltet.

Für die ausgewählten Stipendiatinnen und Stipendiaten zur Teilnahme am Jahressowie Semesterstipendienprogramm veranstaltet der DAAD Ende Juni/Anfang Juli 2002 eine Einführungstagung in Bonn.

Weitere Förderprogramme
- Internationale Studien- und Ausbildungspartnerschaften (ISAP) s.S. 72 f.
- Förderung deutscher Gruppen von Studierenden unter Leitung von Hochschullehrern bei Informationsaufenthalten/Studienreisen im Ausland s.S. 74 ff.
- Förderung deutscher Gruppen von Studierenden unter Leitung von Hochschullehrern bei Studienpraktika im Ausland s.S. 78 ff.
- Bilateraler Wissenschaftleraustausch s.S. 164 f.
- Lehrtätigkeit an einer ausländischen Hochschule durch Vermittlung des DAAD: Lektoren s.S. 166 ff.
  Dozenturen s.S. 170 ff.

Informationen
- The European Foundation for Educational Capacity Transfer. Education Policy Advice to Belarus. Final report, 1994
- Sprachkurse an Hochschulen in Europa. Hrsg.: DAAD, Bertelsmann-Verlag, Bielefeld (erscheint jährlich im März/April, erhältlich im Buchhandel oder direkt beim Verlag)
- Weitere Literaturangaben s.S. 424 f.

| Länderbezogene Hinweise Europa | Belgien | 4 |

Belgien

Teilstipendien für Studierende
- zum Studium an einer belgischen Hochschule s.S. 26 f.
- zu kombinierten Studien- und Praxissemestern im Ausland für Studierende s.S. 28 f.
- zur Teilnahme an Fachkursen s.S. 67 ff.
- Musik, Bildende Künste/Design/Film, Tanz/Choreographie/Schauspiel/Theaterregie/Musical s.S. 30 ff.
- zu kurzfristigen Studienaufenthalten für Abschlussarbeiten von Studierenden s.S. 51 ff.

Stipendien für Graduierte und Promovierte
- zur Teilnahme an Fachkursen s.S. 154 ff.
- zu Semesteraufenthalten im Rahmen von Masterstudiengängen s.S. 101 f.
- für kurzfristige Studienaufenthalte zur Anfertigung einer Masterarbeit s.S. 103 ff.
- zu Ergänzungs und Aufbaustudien sowie zu Forschungsaufenthalten s.S. 90 f.
- Forschungsstipendien für promovierte Naturwissenschaftler, Ingenieurwissenschaftler und Mediziner (NATO) s.S. 106 ff.
- Jahres- und Kurzstipendien für Doktoranden s.S.92 ff..
- Jahres- und Kurzstipendien für Post-Docs s.S. 97 ff.
- Musik, Bildende Künste/Design/Film, Tanz/Choreographie/Schauspiel/Theaterregie/Musical s.S. 139 ff.
- zu kurzfristigen Studienaufenthalten für bildende Künstler s.S. 147

Stipendieninformation
Stipendienhöhe s. Übersicht S. 296 ff.

Die belgische Regierung stellt Jahresstipendien für fortgeschrittene Studierende und Graduierte zur Verfügung, ferner Kurzstipendien für Graduierte, die nach denselben Bedingungen und Terminen beantragt werden wie die DAAD-Stipendien.

Studienjahr
September/Oktober bis Juni. Die Stipendien beginnen im September/Oktober 2002.

Sprachkenntnisse
Der Unterricht an den belgischen Universitäten wird entweder in französischer oder niederländischer Sprache erteilt, je nachdem, welchem Sprachbereich die Universität zuzurechnen ist. Gute Kenntnisse der Unterrichtssprache sind erforderlich.

4 Länderbezogene Hinweise Europa — Belgien

Weitere Förderprogramme
- Förderung deutscher Gruppen von Studierenden unter Leitung von Hochschullehrern bei Informationsaufenthalten/Studienreisen im Ausland s.S. 74 ff.
- Förderung deutscher Gruppen von Studierenden unter Leitung von Hochschullehrern bei Studienpraktika im Ausland s.S. 78 ff.
- Interessenten für einen Studienaufenthalt am Europa-Kolleg Brügge werden auf die Ausschreibung auf S. 352 ff. hingewiesen.
- Lehrtätigkeit an einer ausländischen Hochschule durch Vermittlung des DAAD: Lektoren s.S. 166 ff.
Dozenturen s.S. 170 ff.

Informationen
- Studienführer Belgien, Niederlande, Luxemburg. Hrsg.: DAAD/Bertelsmann (erhältlich im Buchhandel oder direkt beim Verlag)
- Studieninfo Belgien, Luxemburg. Hrsg.: DAAD (erhältlich bei den Akademischen Auslandsämtern der deutschen Hochschulen)
- University Studies in Flanders (Belgium). An information brochure for foreign students. Hrsg.: Vlaamse Interuniversitaire Raad, (VLIR). Egmontstraat 5, 1050 Brüssel, Belgien 1996
- Sprachkurse an Hochschulen in Europa. Hrsg.: DAAD, Bertelsmann-Verlag, Bielefeld (erscheint jährlich im März/April, erhältlich im Buchhandel oder direkt beim Verlag)
- Weitere Literaturangaben s.S. 424 f.

| Länderbezogene Hinweise Europa | Bulgarien | 4 |

Bulgarien

Teilstipendien für Studierende
- zum Studium an einer bulgarischen Hochschule s.S. 26 f.
- zu kombinierten Studien- und Praxissemestern im Ausland für Studierende s.S. 28 f.
- zur Teilnahme an Sprachkursen s.S. 55 f.
- zur Teilnahme an Fachkursen s.S. 67 ff.
- Musik, Bildende Künste/Design/Film, Tanz/Choreographie/Schauspiel/Theaterregie/Musical s.S. 30 ff.
- zu kurzfristigen Studienaufenthalten für Abschlussarbeiten von Studierenden s.S. 51 ff.
- Kurzstipendien für Praktika im Rahmen von auslandsbezogenen Studiengängen s.S. 84

Stipendien für Graduierte und Promovierte
- zu Semesteraufenthalten im Rahmen von Masterstudiengängen s.S. 101 f.
- für kurzfristige Studienaufenthalte zur Anfertigung einer Masterarbeit s.S. 103 ff.
- zu Ergänzungs- und Aufbaustudien sowie zu Forschungsaufenthalten s.S. 90 f.
- Forschungsstipendien für promovierte Naturwissenschaftler, Ingenieurwissenschaftler und Mediziner (NATO) s.S. 106 ff.
- zur Teilnahme an Sprachkursen s.S. 151 ff.
- zur Teilnahme an Fachkursen s.S. 154 ff.
- Jahres- und Kurzstipendien für Doktoranden s.S. 92 ff.
- Jahres- und Kurzstipendien für Post-Docs s.S. 97 ff.
- Musik, Bildende Künste/Design/Film, Tanz/Choreographie/Schauspiel/Theaterregie/Musical s.S. 139 ff.
- zu kurzfristigen Studienaufenthalten für bildende Künstler s.S. 147
- DAAD-Sprachassistentinnen und Sprachassistenten an ausländischen Hochschulen s.S. 144 f.

Stipendieninformation
Stipendienhöhe s. Übersicht S. 296 ff.

Einige der oben genannten Stipendien (einschließlich Sachleistungen) werden von der bulgarischen Regierung zur Verfügung gestellt und vom DAAD bis zum Gesamtwert eines DAAD-Stipendiums aufgestockt.

Studienjahr
15. September bis 30. Juni. Die Stipendien beginnen ab September 2002.

Sprachkenntnisse
Grundkenntnisse der bulgarischen Sprache sind unbedingt erforderlich.

4 Länderbezogene Hinweise
Europa — Bulgarien

Besondere Hinweise

Es wird ausdrücklich darauf hingewiesen, dass Stipendien nicht nur an Studierende der Slavistik und der osteuropäischen Geschichte vergeben werden, sondern an Angehörige sämtlicher Fächer. Im Hinblick darauf, dass es sich überwiegend um Stipendien handelt, die von ausländischer Seite zur Verfügung gestellt werden, ist mit längeren Bearbeitungszeiten (bei Jahres- und Kurzstipendien gleichermaßen circa 6 Monate) zu rechnen (s.S. 21 f.).

Weitere Förderprogramme

- Förderung deutscher Gruppen von Studierenden unter Leitung von Hochschullehrern bei Informationsaufenthalten/Studienreisen im Ausland s.S. 74 ff.
- Förderung deutscher Gruppen von Studierenden unter Leitung von Hochschullehrern bei Studienpraktika im Ausland s.S. 78 ff.
- Bilateraler Wissenschaftleraustausch s.S. 164 f.
- Lehrtätigkeit an einer ausländischen Hochschule durch Vermittlung des DAAD: Lektoren s.S. 166 ff.
Dozenturen s.S. 170 ff.

Informationen

- Studieren und Forschen im Ausland: Bulgarien. Hrsg.: Österreichisches Dokumentationszentrum für Auslandsstudien – ÖDOZA, Wien 1996 (zu beziehen bei ÖDOZA, 1010 Wien, Österreich, Schottengasse 1)
- Sprachkurse an Hochschulen in Europa. Hrsg.: DAAD, Bertelsmann-Verlag, Bielefeld (erscheint jährlich im März/April, erhältlich im Buchhandel oder direkt beim Verlag)
- Weitere Literaturangaben s.S. 424 f.

| Länderbezogene Hinweise Europa | Dänemark | 4 |

Dänemark

Teilstipendien für Studierende
- zum Studium an einer dänischen Hochschule s.S. 26 f.
- zu kombinierten Studien- und Praxissemestern im Ausland für Studierende s.S. 28 f.
- zur Teilnahme an Sprachkursen s.S. 55 ff.
- zur Teilnahme an Fachkursen s.S. 67 ff.
- Musik, Bildende Künste/Design/Film, Tanz/Choreographie/Schauspiel/Theaterregie/Musical s.S. 30 ff.
- zu kurzfristigen Studienaufenthalten für Abschlussarbeiten von Studierenden s.S. 51 ff.

Stipendien für Graduierte und Promovierte
- zur Teilnahme an Fachkursen s.S. 154 ff.
- zu Semesteraufenthalten im Rahmen von Masterstudiengängen s.S. 101 f.
- für kurzfristige Studienaufenthalte zur Anfertigung einer Masterarbeit s.S. 103 ff.
- zu Ergänzungs- und Aufbaustudien sowie Forschungsaufenthalten s.S. 90 f.
- Forschungsstipendien für promovierte Naturwissenschaftler, Ingenieurwissenschaftler und Mediziner (NATO) s.S. 106 ff.
- Jahres- und Kurzstipendien für Doktoranden s.S. 92 ff.
- Jahres- und Kurzstipendien für Post-Docs s.S. 97 ff.
- Musik, Bildende Künste/Design/Film, Tanz/Choreographie/Schauspiel/Theaterregie/Musical s.S. 139 ff.
- zu kurzfristigen Studienaufenthalten für bildende Künstler s.S. 147

Stipendieninformation
Stipendienhöhe s. Übersicht S. 296 ff.

Die dänische Regierung stellt 4 Stipendien zur Verfügung. Diese Stipendien werden nach denselben Bedingungen vergeben wie die DAAD-Stipendien.

Studienjahr
Anfang September bis Mitte Juni. Die Stipendien beginnen im September 2002.

Sprachkenntnisse
Gute dänische Sprachkenntnisse sind unbedingt erforderlich.

Besondere Hinweise
Die Technische Hochschule Kopenhagen nimmt nur ausländische Studierende mit Stipendien des dänischen Staates an; für Studierende der Fachrichtungen Medizin, Pharmazie und Psychologie bestehen Zulassungsbeschränkungen.

4 Länderbezogene Hinweise Europa — Dänemark

Weitere Förderprogramme
- Förderung deutscher Gruppen von Studierenden unter Leitung von Hochschullehrern bei Informationsaufenthalten/Studienreisen im Ausland s.S. 74 ff.
- Förderung deutscher Gruppen von Studierenden unter Leitung von Hochschullehrern bei Studienpraktika im Ausland s.S. 78 ff.
- Lehrtätigkeit an einer ausländischen Hochschule durch Vermittlung des DAAD:
Lektoren s.S. 166 ff.
Dozenturen s.S. 170 ff.

Informationen
- Studieninfo Dänemark. DAAD. Kurzinfo zur weiteren Recherche (erhältlich bei den Akademischen Auslandsämtern der deutschen Hochschulen)
- Studying in Denmark. Hrsg.: Royal Danish Ministry of Foreign Affairs, Secretariat for Cultural and Press Relations, Asiatisk Plads 2, 1448 Kopenhagen K, Dänemark
- Higher Education in Denmark. A guide for foreign students and institutions of Higher Education. Hrsg.: The Danish Rectors' Conference Secretariat
- Sprachkurse an Hochschulen in Europa. Hrsg.: DAAD, Bertelsmann-Verlag, Bielefeld (erscheint jährlich im März/April, erhältlich im Buchhandel oder direkt beim Verlag)
- Weitere Literaturangaben s.S. 424 f.

| Länderbezogene Hinweise Europa | Estland, Lettland, Litauen | 4 |

Estland, Lettland, Litauen

Teilstipendien für Studierende
- zum Studium an einer estnischen/lettischen/litauischen Hochschule s.S. 26 f.
- zu kombinierten Studien- und Praxissemester im Ausland für Studierende s.S. 28 f.
- zu Semesteraufenthalten an einer ausländischen Hochschule s.S. 40 f.
- zu kurzfristigen Studienaufenthalten für Abschlussarbeiten von Studierenden s.S. 51 ff.
- Kurzstipendien für Praktika im Rahmen von auslandsbezogenen Studiengängen s.S. 84
- Musik, Bildende Künste/Design/Film, Tanz/Choreographie/Schauspiel/Theaterregie/Musical s.S. 30 ff.
- zur Teilnahme an Sprachkursen s.S. 55 ff.
- zur Teilnahme an Fachkursen s.S. 67 ff.

Stipendien für Graduierte und Promovierte
- zu Semesteraufenthalten im Rahmen von Masterstudiengängen s.S. 101 f.
- für kurzfristige Studienaufenthalte zur Anfertigung einer Masterarbeit s.S. 103 ff.
- zu Ergänzungs- und Aufbaustudien sowie Forschungsaufenthalten s.S. 90 f.
- Forschungsstipendien für promovierte Naturwissenschaftler, Ingenieurwissenschaftler und Mediziner (NATO) s.S. 106 ff.
- zur Teilnahme an Sprachkursen s.S. 151 ff.
- zur Teilnahme an Fachkursen s.S. 154 ff.
- Jahres- und Kurzstipendien für Doktoranden s.S. 92 ff.
- Jahres- und Kurzstipendien für Post-Docs s.S. 97 ff.
- Musik, Bildende Künste/Design/Film, Tanz/Choreographie/Schauspiel/Theaterregie/Musical s.S. 139 ff.
- zu kurzfristigen Studienaufenthalten für bildende Künstler s.S. 147
- DAAD-Sprachassistentinnen und Sprachassistenten an ausländischen Hochschulen s.S. 144 f.

Stipendieninformation
Stipendienhöhe s. Übersicht S. 296 ff.

Für Litauen werden die Stipendien einschließlich Sachleistungen von litauischer Seite zur Verfügung gestellt und können vom DAAD aufgestockt werden (Aufstockungsstipendium). Die genaue Höhe der Aufstockungsstipendien stand zum Zeitpunkt der Drucklegung noch nicht fest.

DAAD-Stipendiatinnen und Stipendiaten erhalten eine Reisekostenpauschale, die die Kosten der Bahnfahrt bis zum Studienort abdeckt.

4 Länderbezogene Hinweise Europa — Estland, Lettland, Litauen

Studienjahr
September bis Juni. Der Antrittstermin für alle Stipendien ist in der Regel der 1. September 2002.

Sprachkenntnisse
Ausreichende Kenntnisse der Landessprache sind Voraussetzung.

Besondere Hinweise
Der Aufnahme eines Studienaufenthaltes in dieser Region gehen jeweils eine an feste Termine gebundene Auswahl und ein längerer Vermittlungsprozess voraus. Hierdurch kann sich der gewünschte Ausreisetermin unter Umständen verschieben.

Bewerberinnen und Bewerber für ein Jahresstipendium müssen nach der Entscheidung über die Vergabe des Stipendiums ihren Lebenslauf und die Darstellung ihres Studien- bzw. Forschungsvorhabens in der jeweiligen Landessprache einreichen. Diese Unterlagen werden bei der Vergabe von Gegenstipendien an die gewünschten Hochschulen weitergeleitet. Da die Weitergabe sehr kurzfristig nach der Stipendienentscheidung erfolgen muss, wird dringend empfohlen, diese Unterlagen rechtzeitig bereitzuhalten.

Denjenigen, die einen Studienaufenthalt mit anderen Mitteln planen, wird in jedem Fall empfohlen, sich beim DAAD um ein Gegenstipendium zu bewerben. Nominierungen im Rahmen der Graduiertenförderung der Länder (s.S. 316 ff.) sowie der Förderung aus anderen Mitteln (BAföG, Stiftungen) erfolgen durch den DAAD zu den gleichen Terminen; auch diese Stipendiatinnen und Stipendiaten müssen daher ihre Unterlagen entsprechend rechtzeitig einreichen.

Hinweise zum Bewerbungsverfahren
Bewerberinnen und Bewerber um ein Stipendium in Estland oder Lettland legen mit der Bewerbung zum 31.10.2001 ein Einladungsschreiben der ausländischen Gasthochschule vor.

Weitere Förderprogramme
- Förderung deutscher Gruppen von Studierenden unter Leitung von Hochschullehrern bei Informationsaufenthalten/Studienreisen im Ausland s.S. 74 ff.
- Förderung deutscher Gruppen von Studierenden unter Leitung von Hochschullehrern bei Studienpraktika im Ausland s.S. 78 ff.
- Bilateraler Wissenschaftleraustausch s.S. 164 f.
- Lehrtätigkeit an einer ausländischen Hochschule durch Vermittlung des DAAD:
  Lektoren s.S. 166 ff.
  Dozenturen s.S. 170 ff.

Länderbezogene Hinweise Europa	Estland, Lettland, Litauen	4

Informationen
- Rajangu, Väino: Das Bildungswesen in Estland. Grundlagen – Tendenzen – Probleme. Köln, Weimar, Wien: Böhlau Verlag 1993
- Higher Education in Estonia. Estonian Ministry of Education Foundation „Archimedes". Tallinn 1998, ISBN: 9985-72-030-X
- Higher Education & Research Institutions in Lithuania. Short guide. Lithuanian Information Institute 1993
- Education in Latvia. Hrsg.: Ministry of Education and Science of the Republic of Latvia, Riga 1994
- Education in Latvia. Academic Information Centre 1999, Valnu icla 2, LV-1050 Riga, E-Mail: aic@apa.lv; www.aic.lv
- Higher Education Institutions in Latvia. Academic Information Centre, Valnu icla 2, LV-1050 Riga, E-Mail: aic@apa.lv, www.aic.lv
- Die Baltischen Staaten. Hrsg.: Heinrich-Böll-Stiftung e.V./Baltischer Christlicher Studentenbund e.V., Köln 1995
- Sprachkurse an Hochschulen in Europa (Litauen). Hrsg.: DAAD/Bertelsmann (erscheint jährlich im März/April, erhältlich im Buchhandel oder direkt beim Verlag)
- Weitere Literaturangaben s.S. 424 f.

4	Länderbezogene Hinweise Europa	Finnland

Finnland

Teilstipendien für Studierende
- zum Studium an einer finnischen Hochschule s.S. 26 f.
- zu kombinierten Studien- und Praxissemestern im Ausland für Studierende s.S. 28 f.
- zur Teilnahme an Sprachkursen s.S. 55 ff.
- zur Teilnahme an Fachkursen s.S. 67 ff.
- Musik, Bildende Künste/Design/Film, Tanz/Choreographie/Schauspiel/Theaterregie/Musical s.S. 30 ff.
- zu kurzfristigen Studienaufenthalten für Abschlussarbeiten von Studierenden s.S. 51 ff.

Stipendien für Graduierte und Promovierte
- zur Teilnahme an Fachkursen s.S. 154 ff.
- zu Semesteraufenthalten im Rahmen von Masterstudiengängen s.S. 101 f.
- für kurzfristige Studienaufenthalte zur Anfertigung einer Masterarbeit s.S. 103 ff.
- zu Ergänzungs- und Aufbaustudien sowie zu Forschungsaufenthalten s.S. 90 f.
- Jahres- und Kurzstipendien für Doktoranden s.S. 92 ff.
- Jahres- und Kurzstipendien für Post-Docs s.S. 97 ff.
- Musik, Bildende Künste/Design/Film, Tanz/Choreographie/Schauspiel/Theaterregie/Musical s.S. 139 ff.
- zu kurzfristigen Studienaufenthalten für bildende Künstler s.S. 147

Stipendieninformation
Stipendienhöhe s. Übersicht S. 296 ff.

Die finnische Regierung stellt 6 Stipendien zur Verfügung. Diese Stipendien werden nach denselben Bedingungen vergeben wie die DAAD-Stipendien.

Studienjahr
1. September bis 31. Mai. Die Stipendien beginnen im September 2002.

Sprachkenntnisse
Der Unterricht an der Universität Helsinki wird in finnischer und in schwedischer Sprache erteilt; an der Universität Turku wird in finnischer, an der Schwedischen Universität Åbo dagegen in schwedischer Sprache gelesen. Entsprechende Sprachkenntnisse sind Voraussetzung. Darüber hinaus wurde in Finnland inzwischen eine Reihe von englischsprachigen Kursen eingerichtet; Interessenten wenden sich bitte an: CIMO (Center for International Mobility), P.O. Box 343, Hakaniemenkatu 2, 00531 Helsinki, Finnland; Tel.: (00 35 80) 77 47 70 33; Telefax: (00 35 80) 77 47 70 64. Auch wenn während des Studienaufenthaltes vorwiegend englischsprachige Veranstaltungen besucht werden, sollten Grundkenntnisse in der Landessprache vorhanden sein.

Länderbezogene Hinweise Europa	Finnland	4

Weitere Förderprogramme
- Förderung deutscher Gruppen von Studierenden unter Leitung von Hochschullehrern bei Informationsaufenthalten/Studienreisen im Ausland s.S. 74 ff.
- Förderung deutscher Gruppen von Studierenden unter Leitung von Hochschullehrern bei Studienpraktika im Ausland s.S. 78 ff.
- Förderung des Projektbezogenen Personenaustauschs mit Finnland s.S. 160 ff.
- Lehrtätigkeit an einer ausländischen Hochschule durch Vermittlung des DAAD: Lektoren s.S. 166 ff.
  Dozenturen s.S. 170 ff.

Informationen
- Studieninfo Finnland. DAAD. Kurzinfo zur weiteren Recherche (erhältlich bei den Akademischen Auslandsämtern der deutschen Hochschulen)
- Sprachkurse an Hochschulen in Europa. Hrsg.: DAAD, Bertelsmann-Verlag, Bielefeld (erscheint jährlich im März/April, erhältlich im Buchhandel oder direkt beim Verlag)
- Das Finnische Unterrichtsministerium hat Broschüren über das Studium in Finnland, das finnische Universitätssystem usw. herausgegeben, die bei der finnischen Botschaft, Rauchstraße, 10787 Berlin oder bei CIMO (Centre for International Mobility, P.O.Box 343, Hakaniemenkatu 2, 00531 Helsinki, Finnland, Tel.: +3 58 9 77 47 76 81, Fax: +3 58 9 77 47 70 64, E-Mail: jaana.mutanen@cimo.fi; Internet: http://www.cimo.fi) angefordert werden können.
- Informationen über das Universitätsstudium in Finnland. Leitfaden für ausländische Studenten. Hrsg.: Centre for International Mobility (CIMO) (zu beziehen bei CIMO, s.o.)
- Study in Finland. International Programmes in Finnish Higher Education (erscheint jährlich). Hrsg.: CIMO
- Living in Finland (CIMO, s.o.)
- Higher Education in Finland (CIMO, s.o.)
- Weitere Literaturangaben s.S. 424 f.

| 4 | Länderbezogene Hinweise Europa | Frankreich |

Frankreich

Teilstipendien für Studierende
- zum Studium an einer französischen Hochschule s.S. 26 f.
- zu kombinierten Studien- und Praxissemestern im Ausland für Studierende s.S. 28 f.
- zur Teilnahme am Semesterstudienprogramm für Studierende der Romanistik s.S. 42 ff.
- zur Teilnahme an Fachkursen s.S. 67 ff.
- zur Teilnahme an Sprachkursen s.S.55 ff.
- Musik, Bildende Künste/Design/Film, Tanz/Choreographie/Schauspiel/Theaterregie/Musical s.S. 30 ff.
- zu kurzfristigen Studienaufenthalten für Abschlussarbeiten von Studierenden s.S. 51 ff.
- zur Teilnahme am Studienprogramm für Politologen, Historiker und Wirtschaftswissenschaftler s.S. 36 f.

Stipendien für Graduierte und Promovierte
- zur Teilnahme an Fachkursen s.S. 154 ff.
- zu Semesteraufenthalten im Rahmen von Masterstudiengängen s.S. 101 f.
- für kurzfristige Studienaufenthalte zur Anfertigung einer Masterarbeit s.S. 103 ff.
- zu Ergänzungs- und Aufbaustudien sowie zu Forschungsaufenthalten s.S. 90 f.
- Musik, Bildende Künste/Design/Film, Tanz/Choreographie/Schauspiel/Theaterregie/Musical s.S. 139 ff.
- zu kurzfristigen Studienaufenthalten für bildende Künstler s.S. 147
- Forschungsstipendien für promovierte Naturwissenschaftler, Ingenieurwissenschaftler und Mediziner (NATO) s.S. 106 ff.
- Jahres- und Kurzstipendien für Doktoranden s.S. 92 ff.
- Jahres- und Kurzstipendien für Post-Docs s.S. 97 ff.
- Stipendien an der Ecole Nationale d'Administration s.S. 122 f.
- Forschungsstipendien für promovierte Geistes- und Sozialwissenschaftler an der Maison des Sciences de l'Homme (MSH) s.S. 120 f.
- Stipendien für Aufbaustudium Master of Business Administration (MBA) s.S. 124 f.

Stipendieninformation
Stipendienhöhe s. Übersicht S. 296 ff.

Studienjahr
Oktober bis Juni. Die Stipendien beginnen im Oktober 2002.

Sprachkenntnisse
Gute französische Sprachkenntnisse sind erforderlich.

Bewerber, die einen MBA anstreben, werden darauf hingewiesen, dass Grundkennt-

Länderbezogene Hinweise Europa	Frankreich	4

nisse der Landessprache erforderlich sind (Nachweis Sprachzeugnis), wenn sie von der Unterrichtssprache differiert.

Besondere Hinweise
Der DAAD übernimmt Studiengebühren nur in der an französischen Hochschulen üblichen Höhe (zwischen circa FF 900 und FF 2.000); die Übernahme höherer Gebühren, die weit über dem o.g. Durchschnitt liegen, ist nur in Ausnahmefällen möglich und muss gesondert entschieden werden. In diesem Fall ist mit einer, zum Teil erheblichen, Eigenbeteiligung zu rechnen.

Die Stipendien sind grundsätzlich zum Studium an französischen Universitäten und Grandes Ecoles bestimmt; wegen Überfüllung der Universitäten und der hohen Lebenshaltungskosten in Paris wird dringend geraten, bevorzugt Studienorte in der Provinz zu wählen.

Im Rahmen des Programms „Jahres- und Kurzstipendien für Doktorandinnen und Doktoranden" wird auch ein Doktoranden-Jahresstipendium (Politik-, Wirtschaftswissenschaften, Geschichte) für einen Forschungsaufenthalt am Institut d'Etudes Politiques de Paris (Sciences-Po) angeboten. Die Bewerbungsvoraussetzungen entsprechen denen im Programm „Jahres- und Kurzstipendien für Doktorandinnen und Doktoranden" (vgl. S. 92 ff.).

Weitere Förderprogramme
– Förderung deutscher Gruppen von Studierenden unter Leitung von Hochschullehrern bei Informations-aufenthalten/Studienreisen im Ausland s.S. 74 ff.
– Förderung deutscher Gruppen von Studierenden unter Leitung von Hochschullehrern bei Studienpraktika im Ausland s.S. 78 ff.
– Förderung des Projektbezogenen Personenaustauschs mit Frankreich – Programme de Coopération Scientifique (PROCOPE) s.S. 160 ff.
– Lehrtätigkeit an einer ausländischen Hochschule durch Vermittlung des DAAD:
 Lektoren s.S. 166 ff.
 Dozenturen s.S. 170 ff.
– Deutsch-Französische Hochschule s.S. 339 f.

Französische Stipendien

Jahresstipendien
Die französische Regierung stellt dem DAAD folgende Stipendien zur Verfügung, die nach denselben Bedingungen und Terminen beantragt werden wie die entsprechenden DAAD-Stipendien:
– Jahresstipendien für Studierende (nur Geistes- und Sozialwissenschaften)
– Jahresstipendien für Graduierte (alle Fachrichtungen)
– Jahresstipendien für Doktoranden (nur Naturwissenschaften)

4 Länderbezogene Hinweise
Europa — Frankreich

Kurzstipendien
- Die französische Regierung bietet deutschen Staatsangehörigen Graduierten-Stipendien zur Materialsammlung für Forschungszwecke an französischen Institutionen (Forschungszentren, Bibliotheken, Hochschulen oder Universitäten) für einen Zeitraum von 1 bis 2 Monaten in allen Fachgebieten der Geisteswissenschaften (Philosophie, Geschichte, Literatur, Linguistik, Kulturwissenschaften etc.) an. Bewerbungsunterlagen, bestehend aus Lebenslauf und einer Projektbeschreibung, sind zu richten an: Ambassade de France en République Fédérale d'Allemagne, Referat für Hochschulangelegenheiten, Kochstraße 6/7, 10969 Berlin.
Bewerbung: jederzeit

Post-Doc-Stipendien
- Post-Doc-Stipendien des französischen Außenministeriums s.s. 364

Informationen
- Studienführer Frankreich. DAAD/Bertelsmann (erhältlich im Buchhandel oder direkt beim Verlag)
- Studieninfo Frankreich. DAAD. Kurzinfo zur weiteren Recherche (erhältlich bei den Akademischen Auslandsämtern der deutschen Hochschulen)
- Je vais en France. Hrsg.: Centre National des Oeuvres Universitaires et Scolaires (CNOUS), 69, quai d'Orsay, 75007 Paris, Frankreich. Die jährlich erscheinende Broschüre gibt eine Einführung in das Hochschulwesen und Studienangebot in Frankreich sowie praktische Hinweise für den Alltag.
- Sprachkurse an Hochschulen in Europa. Hrsg.: DAAD/Bertelsmann (erscheint jährlich im März/April, erhältlich im Buchhandel oder direkt beim Verlag)
- L'Etudiant – Annuaire de l'enseignement supérieur, des écoles de commerce, des écoles d'ingénieurs, des universités. Hrsg.: Groupe L'Etudiant, 27, rue du Chemin-Vert, 75543 Paris Cedex 11, Frankreich.
- Doris Kollmann/Bernadette Meisser: Studieren in Europa: Frankreich. Lexika-Verlag, 1997
- Adressbuch der deutsch-französischen Zusammenarbeit. Hrsg.: Auswärtiges Amt, Referat Öffentlichkeitsarbeit
- Das „Centre d'Information et de Documentation Universitaire" (CIDU) in der Maison de France (Kurfürstendamm 21, 10719 Berlin, Tel.: (0 30) 88 59 02 86, Fax: (0 30) 88 59 02 87, Internet: http://www.cidu.de) steht Interessenten für kostenfreie Information, Beratung und Dokumentation über das Studium in Frankreich zur Verfügung.
- Weitere Literaturangaben s.S.424 f.

| Länderbezogene Hinweise Europa | Griechenland | 4 |

Griechenland

Teilstipendien für Studierende
- zum Studium an einer griechischen Hochschule s.S. 26 f.
- zu kombinierten Studien- und Praxissemestern im Ausland für Studierende s.S. 28 f.
- zur Teilnahme an Sprachkursen s.S. 55 ff.
- zur Teilnahme an Fachkursen s.S. 67 ff.
- Musik, Bildende Künste/Design/Film, Tanz/Choreographie/Schauspiel/Theaterregie/Musical s.S. 30 ff.
- zu kurzfristigen Studienaufenthalten für Abschlussarbeiten von Studierenden s.S. 51 ff.

Stipendien für Graduierte und Promovierte
- zur Teilnahme an Fachkursen s.S. 154 ff.
- zu Semesteraufenthalten im Rahmen von Masterstudiengängen s.S. 101 f.
- für kurzfristige Studienaufenthalte zur Anfertigung einer Masterarbeit s.S. 103 ff.
- zu Ergänzungs- und Aufbaustudien sowie zu Forschungsaufenthalten s.S. 90 f.
- Forschungsstipendien für promovierte Naturwissenschaftler, Ingenieurwissenschaftler und Mediziner (NATO) s.S. 106 ff.
- Jahres- und Kurzstipendien für Doktoranden s.S. 92 ff.
- Jahres- und Kurzstipendien für Post-Docs s.S. 97 ff.
- Musik, Bildende Künste/Design/Film, Tanz/Choreographie/Schauspiel/Theaterregie/Musical s.S. 139 ff.
- zu kurzfristigen Studienaufenthalten für bildende Künstler s.S. 147
- Stipendien für ein LL.M (Master of Laws) Aufbaustudium s.S. 126 f.

Stipendieninformation
Stipendienhöhe s. Übersicht S. 296 ff.

Die griechische Regierung stellt Stipendien zur Verfügung.

Studienjahr
September bis Juni. Die Stipendien beginnen im September 2002.

Sprachkenntnisse
Für eine Verständigung sind ausreichende Kenntnisse der neugriechischen Sprache unbedingt erforderlich.

Weitere Förderprogramme
- Förderung deutscher Gruppen von Studierenden unter Leitung von Hochschullehrern bei Informationsaufenthalten/Studienreisen im Ausland s.S. 74 ff.

4 Länderbezogene Hinweise Europa — Griechenland

- Förderung deutscher Gruppen von Studierenden unter Leitung von Hochschullehrern bei Studienpraktika im Ausland s.S. 78 ff.
- Lehrtätigkeit an einer ausländischen Hochschule durch Vermittlung des DAAD: Lektoren s.S. 166 ff.
  Dozenturen s.S. 170 ff.

Informationen
- Studieninfo Griechenland. DAAD. Kurzinfo zur weiteren Recherche (erhältlich bei den Akademischen Auslandsämtern der deutschen Hochschulen)
- Sprachkurse an Hochschulen in Europa. Hrsg.: DAAD, Bertelsmann-Verlag, Bielefeld (erscheint jährlich im März/April, erhältlich im Buchhandel oder direkt beim Verlag)
- Weitere Literaturangaben s.S. 424 f.

| Länderbezogene Hinweise Europa | Großbritannien | 4 |

Großbritannien

Teilstipendien für Studierende
- zum Studium an einer britischen Hochschule s.S. 26 f.
- zu kombinierten Studien- und Praxissemestern im Ausland für Studierende s.S. 28 f.
- zur Teilnahme am Jahresstipendienprogramm für Studierende der Anglistik s.S. 35
- zur Teilnahme an Fachkursen s.S. 67 ff.
- Musik, Bildende Künste/Design/Film, Tanz/Choreographie/Schauspiel/Theaterregie/Musical s.S. 30 ff.
- zu kurzfristigen Studienaufenthalten für Abschlussarbeiten von Studierenden s.S. 51 ff.

Stipendien für Graduierte und Promovierte
- zur Teilnahme an Fachkursen s.S. 154 ff.
- zu Semesteraufenthalten im Rahmen von Masterstudiengängen s.S. 101 f.
- für kurzfristige Studienaufenthalte zur Anfertigung einer Masterarbeit s.S. 103 ff.
- zu Ergänzungs- und Aufbaustudien sowie zu Forschungsaufenthalten s.S. 90 f.
- Forschungsstipendien für promovierte Naturwissenschaftler, Ingenieurwissenschaftler und Mediziner (NATO) s.S. 106 ff.
- Jahres- und Kurzstipendien für Doktoranden s.S. 92 ff.
- Jahres- und Kurzstipendien für Post-Docs s.S. 97 ff.
- Stipendien für Aufbaustudium Master of Business Administration (MBA) s.S. 124 f.
- Stipendien für ein LL.M (Master of Laws) Aufbaustudium s.S. 126 f.
- Stipendien des British Council für Juristen s.S. 146
- Musik, Bildende Künste/Design/Film, Tanz/Choreographie/Schauspiel/Theaterregie/Musical s.S. 139 ff.
- zu kurzfristigen Studienaufenthalten für bildende Künstler s.S. 147
- DAAD-Sprachassistentinnen und Sprachassistenten an ausländischen Hochschulen s.S. 144 f.

Stipendieninformation
Stipendienhöhe s. Übersicht S. 296 ff.

Für Stipendiatinnen und Stipendiaten, die an den britischen Hochschulen eingeschrieben sind, übernimmt der DAAD Studiengebühren nur in der für öffentliche Universitäten üblichen Höhe; die Übernahme höherer Gebühren ist im Ausnahmefall möglich. Bewerberinnen und Bewerber, die ihr Studienvorhaben an einer Universität mit höheren Gebühren (zum Beispiel auch Collegegebühren) durchführen wollen, sollten eine ausführliche Begründung der Notwendigkeit ihres Aufenthaltes an eben dieser Universität vorlegen. Bei einer Gesamtgebührenbelastung von mehr als DM 12.000,– bzw. DM 15.000,– für MBA (Stand: 1.1.2001) muss der Mehrbedarf als Eigenbeteiligung übernommen werden.

Studienjahr
Anfang Oktober bis Juni. Die Stipendien beginnen im Oktober 2002.

4 Länderbezogene Hinweise Europa — Großbritannien

Sprachkenntnisse
Gute englische Sprachkenntnisse sind erforderlich.

Besondere Hinweise
Der DAAD empfiehlt dringend, sich bereits zum Zeitpunkt der Stipendienbewerbung mit der gewünschten Hochschule in Großbritannien zwecks Zulassung in Verbindung zu setzen, da an den britischen Hochschulen besondere Zulassungsbedingungen und -beschränkungen bestehen.

Teilnehmerinnen und Teilnehmer am Jahresstipendienprogramm für Anglisten werden vom DAAD an den ausgesuchten Gasthochschulen angemeldet.

Klinische Studienvorhaben deutscher **Medizinstudierender** an britischen Medical Schools: Der deutsche Ausbildungsstand sollte zum geplanten Beginn des Ausbildungsjahres in Großbritannien ein Jahr nach Abschluss der Ärztlichen Vorprüfung sein. Deutsche Interessenten sollten sich darüber im Klaren sein, dass britische Medical Schools nur in seltenen Ausnahmefällen bereit sind, Studienplätze zum klinischen Studium an einen Ausländer zu vergeben. Das DAAD-Büro London kann nur circa fünf Studienplätze für einjährige klinische Studien an britischen Universitäten vermitteln. Die DAAD-Auswahlkommission wird daher nur eine entsprechend geringe Zahl von Stipendien an hoch qualifizierte Bewerberinnen und Bewerber vergeben. Bewerber werden ermuntert, sich selbst um eine Platzierung in Großbritannien zu bemühen.

Plätze zur Durchführung des **Praktischen Jahres** kann der DAAD nicht vermitteln. Bewerberinnen und Bewerber, die eine Förderung für diesen Ausbildungsabschnitt beantragen, sind gehalten, den gewünschten Platz selbst zu besorgen.

Bewerberinnen und Bewerber für einen Studienaufenthalt an der AA School in London müssen vor Stipendienantritt das Diplom abgelegt haben.

Weitere Förderprogramme
- Förderung deutscher Gruppen von Studierenden unter Leitung von Hochschullehrern bei Informationsaufenthalten/Studienreisen im Ausland s.S. 74 ff.
- Förderung deutscher Gruppen von Studierenden unter Leitung von Hochschullehrern bei Studienpraktika im Ausland s.S. 78 ff.
- Förderung des Projektbezogenen Personenaustauschs mit Großbritannien s.S. 160 ff.
- Lehrtätigkeit an einer ausländischen Hochschule durch Vermittlung des DAAD: Lektoren s.S. 166 ff.
  Dozenturen s.S. 170 ff.

Britische Stipendien

- Imperial College of Science and Technology, London, Laufzeit 12 Monate
- University of Oxford, Michael Foster-Michael Wills-Stipendium, Oxford
  Stipendien für graduierte Bewerberinnen und Bewerber
  Laufzeit: 2 Studienjahre, daher vorrangig für PhD-Kandidaten (Informationsblatt beim DAAD, Referat 313, anfordern)

Länderbezogene Hinweise Europa	Großbritannien	4

- Zwei der regulären DAAD-Jahresstipendien sind Kurt Hahn gewidmet. Zusätzlich verleiht der Kurt Hahn Trust Stipendien an deutsche Bewerberinnen und Bewerber zum Studium an der Universität Cambridge (Informationsblatt beim DAAD, Referat 313, anfordern)

Informationen
- Studienführer Großbritannien/Irland. DAAD/Bertelsmann (erhältlich im Buchhandel oder direkt beim Verlag)
- Studieninfo Großbritannien. DAAD. Kurzinfo zur weiteren Recherche (erhältlich bei den Akademischen Auslandsämtern der deutschen Hochschulen)
- Sprachkurse an Hochschulen in Europa. Hrsg.: DAAD, Bertelsmann-Verlag, Bielefeld (erscheint jährlich im März/April, erhältlich im Buchhandel oder direkt beim Verlag)
- Studieren in Großbritannien und Nordirland. The British Council in Germany, E-Mail: education.colognc@britcoun.cc, www.britcoun.de
- Maureen Lloyd Zörner: Studienführer Großbritannien/Nordirland. Cornelsen Verlag, ISBN: 3-8109-3118-7
- Studieren in Europa – Großbritannien, Nordirland. Lexika Verlag, ISBN: 3-89694-193-3
- Degree Course Guides. Hrsg.: Careers Research and Advisory Centre (CRAC). Zu beziehen über Biblios Publishers' Distribution Services Ltd., Star Road, Partridge Green, West Sussex RH 13 8LD (erscheint alle zwei Jahre)
- Graduate Studies. Hrsg.: CRAC (s.o.; alle 2 Jahre)
- British Universities' Guide to Graduate Study. Hrsg.: Higher Education Business Enterprises Ltd (HEBE), for the Committee of Vice-Chancellors and Principals of the Universities of the United Kingdom and the Standing Conference of Principals (zu beziehen über Pitman Publishing Ltd., 12-14 Slaidburn Crescent, Southport PR9 9YF)
- University & College Entrance. The Official Guide. Hrsg.: Universities and Colleges Admissions Service (UCAS) (zu beziehen über Sheed and Ward Ltd., 14 Coopers Row, London EC3N 2BH) (erscheint jährlich)
- Handbook. Entry. Hrsg.: Universities and Colleges Admissions Service (UCAS) (zu beziehen bei UCAS, Fulton House, Jessop Avenue, Cheltenham, Gloucestershire GL50 3SH, England) (erscheint jährlich)
- Which Degree in Britain (erscheint jährlich), Hrsg.: CRAC (s.o.)
- Adressbuch der deutsch-britischen Zusammenarbeit. Hrsg.: Auswärtiges Amt, Referat Öffentlichkeitsarbeit
- Weitere Literaturangaben s.S. 424 f.

| 4 | Länderbezogene Hinweise Europa | Irland |

Irland

Teilstipendien für Studierende
- zum Studium an einer irischen Hochschule s.S. 26 f.
- zu kombinierten Studien- und Praxissemestern im Ausland für Studierende s.S. 28 f.
- zur Teilnahme am Jahresstipendienprogramm für Studierende der Anglistik s.S. 35
- zur Teilnahme an Fachkursen s.S. 67 ff.
- Musik, Bildende Künste/Design/Film, Tanz/Choreographie/Schauspiel/Theaterregie/Musical s.S. 30 ff.
- zu kurzfristigen Studienaufenthalten für Abschlussarbeiten von Studierenden s.S. 51 ff.

Stipendien für Graduierte und Promovierte
- zur Teilnahme an Fachkursen s.S. 154 ff.
- zu Semesteraufenthalten im Rahmen von Masterstudiengängen s.S. 101 f.
- für kurzfristige Studienaufenthalte zur Anfertigung einer Masterarbeit s.S. 103 ff.
- zu Ergänzungs- und Aufbaustudien sowie zu Forschungsaufenthalten s.S. 90 f.
- Jahres- und Kurzstipendien für Doktoranden s.S. 92 ff.
- Jahres- und Kurzstipendien für Post-Docs s.S. 97 ff.
- Musik, Bildende Künste/Design/Film, Tanz/Choreographie/Schauspiel/Theaterregie/Musical s.S. 139 ff.
- zu kurzfristigen Studienaufenthalten für bildende Künstler s.S. 147

Stipendieninformation
Stipendienhöhe s. Übersicht S. 296 ff.

Die irische Regierung bietet voraussichtlich wieder 5 Stipendien an. Diese Stipendien werden nach denselben Bedingungen vergeben wie die DAAD-Stipendien.

Studienjahr
Anfang Oktober bis Juni. Die Stipendien beginnen im Oktober 2002.

Sprachkenntnisse
Gute Englischkenntnisse sind unbedingt erforderlich.

Besondere Hinweise
Klinische Studienvorhaben deutscher **Medizinstudierender** an irischen Medical Schools: Der deutsche Ausbildungsstand sollte zum geplanten Beginn des Ausbildungsjahres in Irland ein Jahr nach Abschluss des 1. Abschnittes der ärztlichen Prüfung sein. Deutsche Interessenten und Interessentinnen sollten sich darüber im Klaren sein, dass irische Medical Schools nur in seltenen Ausnahmefällen bereit sind, Studienplätze zum klinischen Studium an einen Ausländer zu vergeben. Das DAAD-Büro London kann allerdings eine begrenzte Zahl von Studienplätzen für einjährige klini-

Länderbezogene Hinweise Europa	Irland	4

sche Studien an irischen Universitäten vermitteln, die ausschließlich DAAD-Stipendiatinnen und -Stipendiaten vorbehalten sind.

Plätze zur Durchführung des **Praktischen Jahres** kann der DAAD nicht vermitteln. Bewerberinnen und Bewerber, die eine Förderung für diesen Ausbildungsabschnitt beantragen, sind gehalten, den gewünschten Platz selbst zu besorgen.

Weitere Förderprogramme
- Förderung deutscher Gruppen von Studierenden unter Leitung von Hochschullehrern bei Informationsaufenthalten/Studienreisen im Ausland s.S. 74 ff.
- Förderung deutscher Gruppen von Studierenden unter Leitung von Hochschullehrern bei Studienpraktika im Ausland s.S. 78 ff.
- Förderung des Projektbezogenen Personenaustauschs mit Irland s.S. 160 ff.
- Lehrtätigkeit an einer ausländischen Hochschule durch Vermittlung des DAAD: Lektoren s.S. 166 ff.
   Dozenturen s.S. 170 ff.

Informationen
- Studienführer Großbritannien/Irland. DAAD/Bertelsmann (erhältlich im Buchhandel oder direkt beim Verlag)
- Studieninfo Irland. DAAD. Kurzinfo zur weiteren Recherche (erhältlich bei den Akademischen Auslandsämtern der deutschen Hochschulen)
- Sprachkurse an Hochschulen in Europa. Hrsg.: DAAD, Bertelsmann-Verlag, Bielefeld (erscheint jährlich im März/April, erhältlich im Buchhandel oder direkt beim Verlag)
- Handbook. Hrsg.: Central Applications Office (erscheint jährlich)
- NCEA Directory of Approved Courses in Higher Education. Hrsg.: National Council for Educational Awards (erscheint jährlich)
- Weitere Literaturangaben s.S. 424 f.

Island

Teilstipendien für Studierende
- zum Studium an der isländischen Hochschule in Reykjavik s.S. 26 f.
- zu kombinierten Studien- und Praxissemestern im Ausland für Studierende s.S. 28 f.
- zu Semesteraufenthalten an einer ausländischen Hochschule s.S. 40 f.
- zur Teilnahme an Fachkursen s.S. 67 ff.
- zu kurzfristigen Studienaufenthalten für Abschlussarbeiten von Studierenden s.S. 51 ff.
- Kurzstipendien für Praktika im Rahmen von auslandsbezogenen Studiengängen s.S. 84

Stipendien für Graduierte und Promovierte
- zu Semesteraufenthalten im Rahmen von Masterstudiengängen s.S. 101 f.
- für kurzfristige Studienaufenthalte zur Anfertigung einer Masterarbeit s.S. 103 ff.
- zu Ergänzungs- und Aufbaustudien sowie zu Forschungsaufenthalten s.S. 90 f.
- zur Teilnahme an Fachkursen s.S. 154 ff.
- Forschungsstipendien für promovierte Naturwissenschaftler, Ingenieurwissenschaftler und Mediziner (NATO) s.S. 106 ff.
- Jahres- und Kurzstipendien für Doktoranden s.S. 92 ff.
- Jahres- und Kurzstipendien für Post-Docs s.S. 97 ff.

Stipendieninformation
Stipendienhöhe s. Übersicht S. 296 ff.

Die isländische Regierung bietet ein Stipendium an. Dieses Stipendium ist nur gedacht für Studierende, die sich mit der isländischen Literatur/Kultur/Geschichte beschäftigen.

Studienjahr
1. Oktober bis 30. April. Die Stipendien beginnen im Oktober 2002.

Sprachkenntnisse
Entsprechende isländische Sprachkenntnisse sind Voraussetzung, in Ausnahmefällen genügen gute englische Sprachkenntnisse.

Weitere Förderprogramme
- Förderung deutscher Gruppen von Studierenden unter Leitung von Hochschullehrern bei Informationsaufenthalten/Studienreisen im Ausland s.S. 74 ff.
- Förderung deutscher Gruppen von Studierenden unter Leitung von Hochschullehrern bei Studienpraktika im Ausland s.S. 78 ff.
- Lehrtätigkeit an einer ausländischen Hochschule durch Vermittlung des DAAD: Lektoren s.S. 166 ff.
  Dozenturen s.S. 170 ff.

Länderbezogene Hinweise Europa	Island	4

Informationen
Auskunft erteilt das Sekretariat der Hochschule des Landes in Reykjavik.

Literaturangaben s.S. 424 f.

Italien

Teilstipendien für Studierende
- zum Studium an einer italienischen Hochschule s.S. 26 f.
- zu kombinierten Studien- und Praxissemestern im Ausland für Studierende s.S. 28 f.
- zur Teilnahme am Semesterstudienprogramm für Studierende der Romanistik s.S. 42 ff.
- zur Teilnahme an Sprachkursen s.S. 55 ff.
- zur Teilnahme an Fachkursen s.S. 67 ff.
- Musik, Bildende Künste/Design/Film, Tanz/Choreographie/Schauspiel/Theaterregie/Musical s.S. 30 ff.
- zu kurzfristigen Studienaufenthalten für Abschlussarbeiten von Studierenden s.S. 51 ff.

Stipendien für Graduierte und Promovierte
- zu Semesteraufenthalten im Rahmen von Masterstudiengängen s.S. 101 f.
- für kurzfristige Studienaufenthalte zur Anfertigung einer Masterarbeit s.S. 103 ff.
- zu Ergänzungs- und Aufbaustudien sowie zu Forschungsaufenthalten s.S. 90 f.
- zur Teilnahme an Fachkursen s.S. 154 ff.
- Forschungsstipendien für promovierte Naturwissenschaftler, Ingenieurwissenschaftler und Mediziner (NATO) s.S. 106 ff.
- Jahres- und Kurzstipendien für Doktoranden s.S. 92 ff.
- Jahres- und Kurzstipendien für Post-Docs s.S. 97 ff.
- Musik, Bildende Künste/Design/Film, Tanz/Choreographie/Schauspiel/Theaterregie/Musical s.S. 139 ff.
- zu kurzfristigen Studienaufenthalten für bildende Künstler s.S. 147
- für Forschungsarbeiten in Geschichte, Kulturgeschichte, Politik, Gesellschafts-, Rechts- und Wirtschaftswissenschaften am Europäischen Hochschulinstitut Florenz s.S. 135
- für Geschichte, Staats- und Wirtschaftswissenschaft am Bologna Center der Johns Hopkins University, Paul H. Nitze School of Advanced International Studies s.S. 137 f.
- Stipendien für Aufbaustudium Master of Business Administration (MBA) s.S. 124 f.
- Stipendien für ein LL.M (Master of Laws) Aufbaustudium s.S. 126 f.

Stipendieninformation
Stipendienhöhe s. Übersicht S. 296 ff.

Die italienische Regierung stellt Stipendien zur Verfügung; die Stipendienraten liegen zum Teil erheblich über den Raten des DAAD für Studierende.

Studienjahr
1. November bis 30. Juni. Die Stipendien beginnen im November 2002.

Länderbezogene Hinweise Europa	Italien	4

Sprachkenntnisse
Gute italienische Sprachkenntnisse sind Voraussetzung.

Weitere Förderprogramme
- Förderung deutscher Gruppen von Studierenden unter Leitung von Hochschullehrern bei Informationsaufenthalten/Studienreisen im Ausland s.S. 74 ff.
- Förderung deutscher Gruppen von Studierenden unter Leitung von Hochschullehrern bei Studienpraktika im Ausland s.S. 78 ff.
- Förderung des Projektbezogenen Personenaustauschs mit Italien – Vigoni-Programm s.S. 160 ff.
- Lehrtätigkeit an einer ausländischen Hochschule durch Vermittlung des DAAD: Lektoren s.S. 166 ff.
Dozenturen s.S. 170 ff.

Informationen
- Studieninfo Italien. DAAD. Kurzinfo zur weiteren Recherche (erhältlich bei den Akademischen Auslandsämtern der deutschen Hochschulen)
- Sprachkurse an Hochschulen in Europa. Hrsg.: DAAD, Bertelsmann-Verlag, Bielefeld (erscheint jährlich im März/April, erhältlich im Buchhandel oder direkt beim Verlag)
- Annuario delle Università degli Studi in Italia. Editoriale Italiana, Via Vigliena 10, I-00192 Roma, E-Mail: edit.ital@agora.stmlit, www.editoriale.it
- Adressbuch der deutsch-italienischen Zusammenarbeit. Hrsg.: Auswärtiges Amt, Referat Öffentlichkeitsarbeit
- Weitere Literaturangaben s.S. 424 f.

| 4 | Länderbezogene Hinweise Europa | Jugoslawien, Bosnien und Herzegowina, Kroatien, Mazedonien und Slowenien |

Bundesrepublik Jugoslawien, Bosnien und Herzegowina, Kroatien, Mazedonien und Slowenien

Teilstipendien für Studierende
- zum Studium an einer Hochschule der o.g. Länder s.S. 26 f.
- zu kombinierten Studien- und Praxissemestern im Ausland für Studierende s.S. 28 f.
- zu Semesteraufenthalten an einer ausländischen Hochschule s.S. 40 f.
- zur Teilnahme an Sprachkursen s.S. 55 ff.
- zur Teilnahme an Fachkursen s.S. 67 ff.
- Musik, Bildende Künste/Design/Film, Tanz/Choreographie/Schauspiel/Theaterregie/Musical s.S. 30 ff.
- zu kurzfristigen Studienaufenthalten für Abschlussarbeiten von Studierenden s.S. 51 ff.
- Kurzstipendien für Praktika im Rahmen von auslandsbezogenen Studiengängen s.S. 84

Stipendien für Graduierte und Promovierte
- zu Semesteraufenthalten im Rahmen von Masterstudiengängen s.S. 101 f.
- für kurzfristige Studienaufenthalte zur Anfertigung einer Masterarbeit s.S. 103 ff.
- zu Ergänzungs- und Aufbaustudien sowie zu Forschungsaufenthalten s.S. 90 f.
- zur Teilnahme an Sprachkursen s.S.151 ff.
- zur Teilnahme an Fachkursen s.S. 154 ff.
- Jahres- und Kurzstipendien für Doktoranden s.S. 92 ff.
- Jahres- und Kurzstipendien für Post-Docs s.S. 97 ff.
- Musik, Bildende Künste/Design/Film, Tanz/Choreographie/Schauspiel/Theaterregie/Musical s.S. 139 ff.
- zu kurzfristigen Studienaufenthalten für bildende Künstler s.S. 147
- DAAD-Sprachassistentinnen und Sprachassistenten an ausländischen Hochschulen s.S. 144 f.

Stipendieninformation
Stipendienhöhe s. Übersicht S. 296 ff.

Für Kroatien und Slowenien werden einige der oben genannten Stipendien (einschließlich Sachleistungen) von der kroatischen bzw. slowenischen Regierung zur Verfügung gestellt und vom DAAD bis zum Gesamtwert eines DAAD-Stipendiums aufgestockt.

Studienjahr
1. Oktober bis 15. Juni. Die Stipendien beginnen ab Oktober 2002.

Länderbezogene Hinweise Europa	Jugoslawien, Bosnien und Herzegowina, Kroatien, Mazedonien und Slowenien	4

Sprachkenntnisse

An den meisten Hochschulen wird in Serbokroatisch gelesen; die Unterrichtssprache in Slowenien ist Slowenisch, in Mazedonien Mazedonisch.

Besondere Hinweise

Es wird ausdrücklich darauf hingewiesen, dass Stipendien nicht nur an Studierende der Slavistik und der osteuropäischen Geschichte vergeben werden, sondern an Angehörige sämtlicher Fächer. Soweit es sich um Stipendien handelt, die von ausländischer Seite zur Verfügung gestellt werden, ist mit längeren Bearbeitungszeiten zu rechnen (s.S. 21 f.). Die Bearbeitungsdauer für Jahres- und Kurzstipendien liegt zwischen 6 und 10 Monaten.

Weitere Förderprogramme

- Förderung deutscher Gruppen von Studierenden unter Leitung von Hochschullehrern bei Informations-aufenthalten/Studienreisen im Ausland s.S. 74 ff.
- Förderung deutscher Gruppen von Studierenden unter Leitung von Hochschullehrern bei Studienpraktika im Ausland s.s. 78 ff.
- Bilateraler Wissenschaftleraustausch (nur für Kroatien und Slowenien) s.S. 164 f.
- Lehrtätigkeit an einer ausländischen Hochschule durch Vermittlung des DAAD: Lektoren s.S. 166 ff. Dozenturen s.s. 170 ff.

Informationen

- Studieren und Forschen im Ausland. Kroatien. Hrsg.: Österreichisches Dokumentationszentrum für Auslandsstudien – ÖDOZA, Wien 1998 (zu beziehen bei ÖDOZA, 1010 Wien, Österreich, Schottengasse 1)
- Studieren und Forschen im Ausland. Mazedonien. Hrsg.: Österreichisches Dokumentationszentrum für Auslandsstudien – ÖDOZA, Wien 1997 (zu beziehen bei ÖDOZA, s.o.)
- Studieren und Forschen im Ausland. Slowenien. Hrsg.: Österreichisches Dokumentationszentrum für Auslandsstudien – ÖDOZA, Wien 1997 (zu beziehen bei ÖDOZA, s.o.)
- Sprachkurse an Hochschulen in Europa. Hrsg.: DAAD, Bertelsmann-Verlag, Bielefeld (erscheint jährlich im März/April, erhältlich im Buchhandel oder direkt beim Verlag)
- Weitere Literaturangaben s.S. 424 f.

| 4 | Länderbezogene Hinweise Europa | Moldawien |

Moldawien

Teilstipendien für Studierende
- zum Studium an einer moldawischen Hochschule (Laufzeit: 10 Monate) s.S. 26 f.
- zu kombinierten Studien- und Praxissemestern im Ausland für Studierende s.S. 28 f.
- zu Semesteraufenthalten an einer ausländischen Hochschule s.S. 40 f.
- zu kurzfristigen Studienaufenthalten für Abschlussarbeiten von Studierenden s.S. 51 ff.
- Musik, Bildende Künste/Design/Film, Tanz/Choreographie/Schauspiel/Theaterregie/Musical s.S. 30 ff.
- zur Teilnahme an Sprachkursen s.S. 55 ff.
- zur Teilnahme an Fachkursen s.S. 67 ff.
- Kurzstipendien für Praktika im Rahmen von auslandsbezogenen Studiengängen s.S. 84

Stipendien für Graduierte und Promovierte
- zu Semesteraufenthalten im Rahmen von Masterstudiengängen s.S. 101 f.
- für kurzfristige Studienaufenthalte zur Anfertigung einer Masterarbeit s.S. 103 ff.
- zu Ergänzungs- und Aufbaustudien sowie zu Forschungsaufenthalten (Laufzeit: 10 Monate) s.S. 90 f.
- zur Teilnahme an Fachkursen s.S. 154 ff.
- Forschungsstipendien für promovierte Naturwissenschaftler, Ingenieurwissenschaftler und Mediziner (NATO) s.S. 106 ff.
- Jahres- und Kurzstipendien für Doktoranden s.S. 92 ff.
- Jahres- und Kurzstipendien für Post-Docs s.S. 97 ff.
- Musik, Bildende Künste/Design/Film, Tanz/Choreographie/Schauspiel/Theaterregie/Musical s.S. 139 ff.
- zu kurzfristigen Studienaufenthalten für bildende Künstler s.S. 147
- DAAD-Sprachassistentinnen und Sprachassistenten an ausländischen Hochschulen s.S. 144 f.

Stipendieninformation
Stipendienhöhe s. Übersicht S. 296 ff.

Die Stipendien sind in erster Linie für Studienaufenthalte an staatlichen Hochschulen bestimmt.

Für einige der genannten Programme werden Stipendien (Gegenstipendien) vergeben, die mit der moldawischen Seite für fast alle Fachrichtungen (ausgenommen künstlerische) jeweils vereinbart und die einschließlich der Sachleistungen vom DAAD aufgestockt werden können.

| Länderbezogene Hinweise Europa | Moldawien | 4 |

Die Leistungen der Gastuniversität umfassen in der Regel den Erlass der Studiengebühren, die Bereitstellung einer Unterbringung sowie ein Stipendium in einheimischer Währung.

Neben diesen moldawischen Gegenstipendien steht eine geringe Zahl von Stipendien für Studien- und Forschungsvorhaben zur Verfügung, die allein vom DAAD finanziert werden und nicht an eine bestimmte Hochschule in Moldawien gebunden sind. Die bei diesen Stipendien anfallenden Studiengebühren übernimmt der DAAD in der Regel bis zu einer Höhe von DM 5.000,– pro Studienjahr (Stand: 1.9.2000). Deshalb ist es notwendig, dass die Bewerbungen bereits konkrete Angaben darüber enthalten, ob das Vorhaben an einer oder mehreren der Universitäten durchgeführt werden kann.

Der DAAD behält sich vor, Gegenstipendien vorrangig zu nutzen.

Studienjahr
September 2002 bis Juni 2003. Beginn: 1. September 2002 (auch für Semesterstipendien Studierende)

Sprachkenntnisse
Ausreichende Sprachkenntnisse der Landessprache sind bereits zum Zeitpunkt der Bewerbung erforderlich.

Besondere Hinweise
Der DAAD empfiehlt, sich bereits vor dem Zeitpunkt der Stipendienbewerbung mit den gewünschten Hochschulen in Moldawien in Verbindung zu setzen. Bewerberinnen und Bewerber für ein Jahresstipendium sollten zur Auswahlsitzung eine Zusage eines moldawischen Hochschullehrers zur wissenschaftlichen Betreuung oder zur Materialeinsicht in Archiven oder Bibliotheken vorlegen. Mindestens sollten Kontakte zur Gasthochschule belegt werden.

Hinweise zum Bewerbungsverfahren
Der Aufnahme eines Studienaufenthaltes in Moldawien gehen jeweils eine an feste Termine gebundene Auswahl und ein längerer Vermittlungsprozess voraus. Bewerberinnen und Bewerber für ein Jahres- und Semesterstipendium müssen nach der Entscheidung über die Vergabe des Stipendiums ihren Lebenslauf und die Darstellung ihres Studien- bzw. Forschungsvorhabens in der jeweiligen Landessprache einreichen. Diese Unterlagen werden bei der Vergabe von Gegenstipendien an die gewünschten Hochschulen weitergeleitet. Da die Weitergabe sehr kurzfristig nach der Stipendienentscheidung erfolgen muss, wird dringend empfohlen, diese Unterlagen rechtzeitig bereitzuhalten.

4	Länderbezogene Hinweise Europa	Moldawien

Die Jahresstipendienanträge für Moldawien werden mit persönlicher Vorstellung vor der Auswahlkommission entschieden. Analog gilt dies für regional übergreifende Auswahlverfahren für die Fachrichtungen Musik, Bildende Kunst/Design/Film, Tanz/ Choreographie/Schauspiel/Theaterregie/Musical, Architektur, (voraussichtliche Auswahltermine Mitte Januar/Anfang Februar 2002). Bei Bewerbungen aus dem Fachbereich Architektur wird eine Vorauswahl auf der Grundlage der eingereichten Bewerbungsunterlagen vorgeschaltet.

Für die ausgewählten Stipendiatinnen und Stipendiaten zur Teilnahme am Jahres- sowie Semesterstipendienprogramm veranstaltet der DAAD Ende Juni/Anfang Juli 2002 eine Einführungstagung in Bonn.

Weitere Förderprogramme
- Internationale Studien- und Ausbildungspartnerschaften (ISAP) s.S. 72 f.
- Förderung deutscher Gruppen von Studierenden unter Leitung von Hochschullehrern bei Informations-aufenthalten/Studienreisen im Ausland s.S. 74 ff.
- Förderung deutscher Gruppen von Studierenden unter Leitung von Hochschullehrern bei Studienpraktika im Ausland s.S. 78 ff.
- Bilateraler Wissenschaftleraustausch s.S. 164 f.
- Lehrtätigkeit an einer ausländischen Hochschule durch Vermittlung des DAAD: Lektoren s.S. 166 ff.
Dozenturen s.S. 170 ff.

Informationen
Literaturangaben s.S. 424 f.

| Länderbezogene Hinweise Europa | Niederlande | 4 |

Niederlande

Teilstipendien für Studierende
- zum Studium an einer niederländischen Hochschule s.S. 26 f.
- zu kombinierten Studien- und Praxissemestern im Ausland s.S. 28 f.
- zur Teilnahme an Sprachkursen s.S. 55 ff.
- zur Teilnahme an Fachkursen s.S. 67 ff.
- Musik, Bildende Künste/Design/Film, Tanz/Choreographie/Schauspiel/Theaterregie/Musical s.S. 30 ff.
- zu kurzfristigen Studienaufenthalten für Abschlussarbeiten von Studierenden s.S. 51 ff.

Stipendien für Graduierte und Promovierte
- zur Teilnahme an Fachkursen s.S. 154 ff.
- zu Semesteraufenthalten im Rahmen von Masterstudiengängen s.S. 101 f.
- für kurzfristige Studienaufenthalte zur Anfertigung einer Masterarbeit s.S. 103 ff.
- zu Ergänzungs- und Aufbaustudien sowie zu Forschungsaufenthalten s.S. 90 f.
- zur Teilnahme an Kursen des International Institute for Aerial Survey and Earth Sciences in Enschede; Bewerbungsvoraussetzungen sind bei der Netherlands Universities Foundation For International Cooperation (NUFFIC), Kortenaerkade 11, P.O.Box 29777, NL-2502 LT Den Haag, Tel.: 00 31 70/4 26 02 60 zu erfragen
- Forschungsstipendien für promovierte Naturwissenschaftler, Ingenieurwissenschaftler und Mediziner (NATO) s.S. 106 ff.
- Jahres- und Kurzstipendien für Doktoranden s.S. 92 ff.
- Jahres- und Kurzstipendien für Post-Docs s.S. 97 ff.
- Stipendien für Aufbaustudium Master of Business Administration (MBA) s.S. 124 f.
- Musik, Bildende Künste/Design/Film, Tanz/Choreographie/Schauspiel/Theaterregie/Musical s.S. 139 ff.
- zu kurzfristigen Studienaufenthalten für bildende Künstler s.S. 147

Stipendieninformation
Stipendienhöhe s. Übersicht S. 296 ff.

Studienjahr
1. September bis 30. Juni. Die Stipendien beginnen im September 2002.

Sprachkenntnisse
Grundkenntnisse des Niederländischen sind – unabhängig von der Unterrichtssprache – unbedingt erforderlich.

| 4 | Länderbezogene Hinweise Europa | Niederlande |

Besondere Hinweise

Die Aufnahmekapazität der Rijksakademie Amsterdam für Studierende und Graduierte der Fachrichtung Bildende Kunst ist sehr begrenzt. Es wird deshalb empfohlen, in der Bewerbung alternativ mehrere niederländische Kunsthochschulen anzugeben.

Weitere Förderprogramme
- Förderung deutscher Gruppen von Studierenden unter Leitung von Hochschullehrern bei Informations-aufenthalten/Studienreisen im Ausland s.S. 74 ff.
- Förderung deutscher Gruppen von Studierenden unter Leitung von Hochschullehrern bei Studienpraktika im Ausland s.S. 78 ff.
- Lehrtätigkeit an einer ausländischen Hochschule durch Vermittlung des DAAD: Lektoren s.S. 166 ff. Dozenturen s.S. 170 ff.

Niederländische Stipendien

Deutsche Studierende und Graduierte können sich bis zum 31. Januar 2002 über die niederländische Botschaft um ein **Kurz- bzw. Jahresstipendium** bewerben. Nähere Informationen sowie Bewerbungsunterlagen sind bei der Botschaft des Königreichs der Niederlande (Friedrichstraße 95, 10117 Berlin, Tel.: 0 30/20 95 60, Fax: 0 30/20 95 64 41) erhältlich.

Sprachkursstipendien für den Sommerkurs „Nederlandse taal en cultuur" in Zeist werden für Studierende der Niederlandistik angeboten. Die Bewerbungsunterlagen sind bei dem jeweiligen Fachbereich der deutschen Hochschule erhältlich.

Informationen
- Studienführer Belgien, Niederlande, Luxemburg. DAAD/Bertelsmann (erhältlich im Buchhandel oder direkt beim Verlag)
- Studieninfo Niederlande. DAAD. Kurzinfo zur weiteren Recherche (erhältlich bei den Akademischen Auslandsämtern der deutschen Hochschulen)
- Sprachkurse an Hochschulen in Europa. Hrsg.: DAAD, Bertelsmann-Verlag, Bielefeld (erscheint jährlich im März/April, erhältlich im Buchhandel oder direkt beim Verlag)
- Study in the Netherlands. Nuffic, P.O.Box 29777, NL-2502 LT The Hague, E-Mail: nuffic@nuffic.nl, http://www.nuffic.nl
- Higher professional Education in the Netherlands: the hogescholen. Hrsg.: Nuffic (s.o.)
- Catalogue of International Courses in the Netherlands. Hrsg.: NUFFIC (s.o.)
- Studienfinanzierung in den Niederlanden für Deutsche. Hrsg.: Euregio Rhein Waal, Emmericher Str. 24, 47533 Kleve 2001
- Weitere Literaturangaben s.S. 424 f.

Länderbezogene Hinweise Europa	Norwegen	4

Norwegen

Teilstipendien für Studierende
- zum Studium an einer norwegischen Hochschule s.S. 26 f.
- zu kombinierten Studien- und Praxissemestern im Ausland s.S. 28 f.
- zu Semesteraufenthalten an einer ausländischen Hochschule s.S. 40 f.
- zur Teilnahme an Sprachkursen s.S. 55 ff.
- zur Teilnahme an Fachkursen s.S. 67 ff.
- zu kurzfristigen Studienaufenthalten für Abschlussarbeiten von Studierenden s.S. 51 ff.
- Kurzstipendien für Praktika im Rahmen von auslandsbezogenen Studiengängen s.S. 84
- Musik, Bildende Künste/Design/Film, Tanz/Choreographie/Schauspiel/Theaterregie/Musical s.S. 30 ff.

Stipendien für Graduierte und Promovierte
- zur Teilnahme an Fachkursen s.S. 154 ff.
- zu Semesteraufenthalten im Rahmen von Masterstudiengängen s.S. 101 f.
- für kurzfristige Studienaufenthalte zur Anfertigung einer Masterarbeit s.S. 103 ff.
- zu Ergänzungs- und Aufbaustudien sowie zu Forschungsaufenthalten s.S. 90 f.
- Forschungsstipendien für promovierte Naturwissenschaftler, Ingenieurwissenschaftler und Mediziner (NATO) s.S. 106 ff.
- Jahres- und Kurzstipendien für Doktoranden s.S. 92 ff.
- Jahres- und Kurzstipendien für Post-Docs s.S. 97 ff.
- Musik, Bildende Künste/Design/Film, Tanz/Choreographie/Schauspiel/Theaterregie/Musical s.S. 139 ff.
- zu kurzfristigen Studienaufenthalten für bildende Künstler s.S. 147

Stipendieninformation
Stipendienhöhe s. Übersicht S. 296 ff.

Die norwegische Regierung stellt bis zu 5 Stipendien zur Verfügung. Diese Stipendien werden nach denselben Bedingungen vergeben wie die DAAD-Stipendien.

Studienjahr
1. September bis 31. Mai. Die Stipendien beginnen im September 2002.

Sprachkenntnisse
Gute Kenntnisse des Norwegischen sind unbedingt Voraussetzung.

Weitere Förderprogramme
- Förderung deutscher Gruppen von Studierenden unter Leitung von Hochschullehrern bei Informationsaufenthalten/Studienreisen im Ausland s.S. 74 ff.

4	Länderbezogene Hinweise Europa	Norwegen

- Förderung deutscher Gruppen von Studierenden unter Leitung von Hochschullehrern bei Studienpraktika im Ausland s.S. 78 ff.
- Förderung des Projektbezogenen Personenaustauschs mit Norwegen s.S. 160 ff.
- Lehrtätigkeit an einer ausländischen Hochschule durch Vermittlung des DAAD: Lektoren s.S. 166 ff.
Dozenturen s.S. 170 ff.

Informationen
- Studieninfo Norwegen. DAAD. Kurzinfo zur weiteren Recherche (erhältlich bei den Akademischen Auslandsämtern der deutschen Hochschulen)
- Higher Education in Norway. Hrsg.: Norwegian Council of Universities, Harald Hårfagies gate 17, 5007 Bergen, Norwegen (erscheint jährlich)
- Higher Education in Norway – Guide for students and institutions of higher education. Hrsg.: NAIC, Postboks 1081 Blindern, 0317 Oslo/ Norwegen
- Sprachkurse an Hochschulen in Europa. Hrsg.: DAAD, Bertelsmann-Verlag, Bielefeld (erscheint jährlich im März/April, erhältlich im Buchhandel oder direkt beim Verlag)
- Weitere Literaturangaben s.S. 424 f.

Länderbezogene Hinweise Europa	Österreich	4

Österreich

Teilstipendien für Studierende
- zum Studium an einer österreichischen Hochschule s.S. 26 f.
- zu kombinierten Studien- und Praxissemestern im Ausland s.S. 28 f.
- zu Semesteraufenthalten an einer ausländischen Hochschule s.S. 40 f.
- zur Teilnahme an Fachkursen s.S. 67 ff.
- zu kurzfristigen Studienaufenthalten für Abschlussarbeiten von Studierenden s.S. 51 ff.
- Musik, Bildende Künste/Design/Film, Tanz/Choreographie/Schauspiel/Theaterregie/Musical s.S. 30 ff.

Stipendien für Graduierte und Promovierte
- zur Teilnahme an Fachkursen s.S. 154 ff.
- zu Semesteraufenthalten im Rahmen von Masterstudiengängen s.S. 101 f.
- für kurzfristige Studienaufenthalte zur Anfertigung einer Masterarbeit s.S. 103 ff.
- zu Ergänzungs- und Aufbaustudien sowie zu Forschungsaufenthalten s.S. 90 f.
- Jahres- und Kurzstipendien für Doktoranden s.S. 92 ff.
- Jahres- und Kurzstipendien für Post-Docs s.S. 97 ff.
- Musik, Bildende Künste/Design/Film, Tanz/Choreographie/Schauspiel/Theaterregie/Musical s.S. 139 ff.
- zu kurzfristigen Studienaufenthalten für bildende Künstler s.S. 147

Stipendieninformation
Stipendienhöhe s. Übersicht S. 296 ff.

Für Österreich werden einige der o.g. Stipendien (einschließlich Sachleistungen) von der österreichischen Regierung zur Verfügung gestellt und vom DAAD bis zum Gesamtwert eines DAAD-Stipendiums aufgestockt.

Besondere Hinweise
Die österreichische Regierung bietet für Studierende künstlerischer Fachrichtungen Stipendien (9 Monate) an österreichischen Kunst-/Musikhochschulen und für Studierende und Graduierte Österreichstipendien (1 bis 9 Monate) zur Bearbeitung eines österreichspezifischen Themas an.

Für Graduierte stehen außerdem Weiterbildungsstipendien („Ernst-Mach-Stipendium", 2 bis 9 Monate) und zum Erwerb eines österreichischen Doktorgrades Doktorandenstipendien („Bertha von Suttner-Stipendium", 9 Monate, verlängerbar) zur Verfügung.

Bewerbungsunterlagen sind bei den österreichischen diplomatischen Auslandsvertretungen erhältlich. Nähere Informationen über die genannten und weitere Stipendien der österreichischen Regierung sind im Internet unter http://grantsdb.oead.ac.at zu finden.

4 Länderbezogene Hinweise Europa — Österreich

Weitere Förderprogramme
- Förderung deutscher Gruppen von Studierenden unter Leitung von Hochschullehrern bei Informationsaufenthalten/Studienreisen im Ausland s.S. 74 ff.
- Förderung deutscher Gruppen von Studierenden unter Leitung von Hochschullehrern bei Studienpraktika im Ausland s.S. 78 ff.
- Bilateraler Wissenschaftleraustausch s.S. 164 f.
- Lehrtätigkeit an einer ausländischen Hochschule durch Vermittlung des DAAD: Dozenturen s.S. 170 ff.

Informationen
- Studienführer Schweiz/Österreich. DAAD/Bertelsmann (erhältlich im Buchhandel oder direkt beim Verlag)
- Studieninfo Österreich. DAAD. Kurzinfo zur weiteren Recherche (erhältlich bei den Akademischen Auslandsämtern der deutschen Hochschulen)
- Universitäten. Hochschulen. Hrsg.: Österreichisches Bundesministerium für Wissenschaft, Forschung und Kunst, Wien (erscheint jährlich)
- Studieren in Österreich. Hrsg.: Österreichische Rektorenkonferenz, Liechtensteinstr. 22, 1090 Wien
- Weiterbildung an Universitäten und Hochschulen. Hrsg.: Bundesministerium für Wissenschaft, Forschung und Kunst, 1010 Wien
- Fachhochschulführer. Hrsg.: Industriewissenschaftliches Institut an der Wirtschaftsuniversität Wien, Reisnerstr. 40, 1030 Wien
- Studieren in Österreich. Stipendien. Hrsg.: Bundesministerium für Wissenschaft und Verkehr. Zu beziehen über: ÖAD, Alserstr. 4/1/15/6, 1090 Wien, Österreich. http://www.oead.ac.at
- Informationen für ausländische Studienbewerber an österreichischen Universitäten. Hrsg.: ÖAD (s.o., erscheint jährlich)
- Weitere Literaturangaben s.S. 424 f.

| Länderbezogene Hinweise Europa | Polen | 4 |

Polen

Teilstipendien für Studierende
- zum Studium an einer polnischen Hochschule s.S. 26 f.
- zu kombinierten Studien- und Praxissemestern im Ausland s.S. 28 f.
- zu Semesteraufenthalten an einer ausländischen Hochschule s.S. 40 f.
- zu Semesterstipendien an der Universität Warschau s.S. 47
- zur Teilnahme an Sprachkursen s.S. 55 ff.
- Sprachkurs Polnisch für Anfänger s.S. 59 f.
- zur Teilnahme an Fachkursen s.S. 67 ff.
- zu kurzfristigen Studienaufenthalten für Abschlussarbeiten von Studierenden s.S. 51 ff.
- Musik, Bildende Künste/Design/Film, Tanz/Choreographie/Schauspiel/Theaterregie/Musical s.S. 30 ff.
- Kurzstipendien für Praktika im Rahmen von auslandsbezogenen Studiengängen s.S. 84
- zu kurzfristigen Studienaufenthalten für Magister- und Diplom- Arbeiten s.u. „Besondere Hinweise"

Stipendien für Graduierte und Promovierte
- zu Semesteraufenthalten im Rahmen von Masterstudiengängen s.S. 101 f.
- für kurzfristige Studienaufenthalte zur Anfertigung einer Masterarbeit s.S. 103 ff.
- zu Ergänzungs- und Aufbaustudien sowie zu Forschungsaufenthalten (an Hochschulen, Forschungsinstituten der Polnischen Akademie der Wissenschaften und an den medizinischen Akademien) s.S. 90 f.
- Forschungsstipendien für promovierte Naturwissenschaftler, Ingenieurwissenschaftler und Mediziner (NATO) s.S. 106 ff.
- zu Semesterstipendien an der Universität Warschau (Teilstipendien für Graduierte) s.S. 47
- zur Teilnahme an Sprachkursen s.S. 151 ff.
- Sprachkurs Polnisch für Anfänger s.S. 59 f.
- zur Teilnahme an Fachkursen s.S. 154 ff.
- Jahres- und Kurzstipendien für Doktoranden s.S. 92 ff.
- Jahres- und Kurzstipendien für Post-Docs s.S. 97 ff.
- Musik, Bildende Künste/Design/Film, Tanz/Choreographie/Schauspiel/Theaterregie/Musical s.S. 139 ff.
- zu kurzfristigen Studienaufenthalten für bildende Künstler s.S. 147
- DAAD-Sprachassistentinnen und Sprachassistenten an ausländischen Hochschulen s.S. 144 f.

Stipendieninformation
Stipendienhöhe s. Übersicht S. 296 ff.

Der DAAD nutzt vorrangig die von der polnischen Regierung angebotenen Stipendien („Gegenstipendien", s.S. 21 f.) aus. Die vom DAAD ausgewählten Bewerberinnen und

4 Länderbezogene Hinweise Europa — Polen

Bewerber werden daher dem polnischen Bildungsministerium für ein Stipendium vorgeschlagen. Von polnischer Seite sind folgende Leistungen vorgesehen: Stipendium, Unterkunft, landesübliche Versicherung und Vergünstigungen für Studierende, Befreiung von Studiengebühren (Ausnahme: Filmhochschule Lodz). Wegen der möglichen Veränderungen der Stipen-dienleistungen sollte die aktuelle Höhe der polnischen Stipendien im DAAD erfragt werden.

Der DAAD kann das polnische Stipendium bis zur Höhe seiner üblichen Leistungen aufstocken.

Studienjahr
Oktober bis Juni. Die Stipendien beginnen ab Oktober 2002.

Sprachkenntnisse
Gute Kenntnisse des Polnischen sind unbedingt erforderlich. Für Wirtschafts-, Natur- und Ingenieurwissenschaftler genügen bei kurzen Studienaufenthalten unter Umständen neben Grundkenntnissen der polnischen Sprache gute englische Sprachkenntnisse. In diesem Fall ist dem Antrag eine entsprechende Bestätigung des polnischen Institutes darüber beizufügen, dass die Kommunikation in englischer oder deutscher Sprache erfolgen kann.

Besondere Hinweise
Es wird ausdrücklich darauf hingewiesen, dass Stipendien nicht nur an Slavisten und Studierende der osteuropäischen Geschichte vergeben werden, sondern an Angehörige sämtlicher Fächer. Im Hinblick darauf, dass es sich um Stipendien handelt, die von ausländischer Seite zur Verfügung gestellt werden, ist mit längeren Bearbeitungszeiten zu rechnen (s.S. 21 f.). Die Bearbeitungsdauer für Jahres- und Kurzstipendien beträgt in der Regel ca. 6 Monate.

Studierende, die durch einen deutschen Hochschullehrer betreut werden, können sich für kurzfristige Studienaufenthalte (1 bis 6 Monate) in Polen zum Zwecke der Materialsammlung für Magister-, Diplom- oder Staatsexamensarbeiten über den DAAD um ein Stipendium der polnischen Regierung ohne finanzielle Aufstockung durch den DAAD bewerben. Bewerbungsvoraussetzungen und -unterlagen s.S. 14 ff.; Bewerbungstermin und -ort s.S. 18 f. sinngemäß. Die Betreuungszusage durch einen polnischen Lehrer wird vorausgesetzt.

Die Stipendien werden in der Regel nur zur Teilnahme an den normalen Studiengängen der polnischen staatlichen Hochschulen vergeben, an denen von Stipendiatinnen und Stipendiaten keine Gebühren verlangt werden.

Weitere Förderprogramme
– Förderung deutscher Gruppen von Studierenden unter Leitung von Hochschullehrern bei Informationsaufenthalten/Studienreisen im Ausland s.S. 74 ff.

| Länderbezogene Hinweise Europa | Polen | 4 |

- Förderung deutscher Gruppen von Studierenden unter Leitung von Hochschullehrern bei Studienpraktika im Ausland s.S. 78 ff.
- Förderung des Projektbezogenen Personenaustauschs mit Polen s.S. 160 ff.
- Bilateraler Wissenschaftleraustausch s.S. 164 f.
- Lehrtätigkeit an einer ausländischen Hochschule durch Vermittlung des DAAD: Lektoren s.S. 166 ff.
  Dozenturen s.S. 170 ff.

Informationen

- Studienführer Mittel- und Osteuropa. DAAD/Bertelsmann (erhältlich im Buchhandel oder direkt beim Verlag)
- Studieninfo Polen. DAAD. Kurzinfo zur weiteren Recherche (erhältlich bei den Akademischen Auslandsämtern der deutschen Hochschulen)
- Sprachkurse an Hochschulen in Europa. Hrsg.: DAAD, Bertelsmann-Verlag, Bielefeld (erscheint jährlich im März/April, erhältlich im Buchhandel oder direkt beim Verlag)
- Studieren und Forschen im Ausland: Polen. Hrsg.: Österreichisches Dokumentationszentrum für Auslandsstudien - ÖDOZA, Wien 1993 (zu beziehen bei ÖDOZA, 1010 Wien, Österreich, Schottengasse 1)
- Programs of Studies in Poland Conducted in Foreign Languages. Hrsg.: Ministry of National Education, Warszawa 1998
- Weitere Literaturangaben s.S. 424 f.

4 Länderbezogene Hinweise Europa — Portugal

Portugal

Teilstipendien für Studierende
- zum Studium an einer portugiesischen Hochschule s.S. 26 f.
- zu kombinierten Studien- und Praxissemestern im Ausland s.S. 28 f.
- zur Teilnahme an Sprachkursen s.S. 55 ff.
- zur Teilnahme an Fachkursen s.S. 67 ff.
- Musik, Bildende Künste/Design/Film, Tanz/Choreographie/Schauspiel/Theaterregie/Musical s.S. 30 ff.
- zu kurzfristigen Studienaufenthalten für Abschlussarbeiten von Studierenden s.S. 51 ff.

Stipendien für Graduierte und Promovierte
- zur Teilnahme an Fachkursen s.S. 154 ff.
- zu Semesteraufenthalten im Rahmen von Masterstudiengängen s.S. 101 f.
- für kurzfristige Studienaufenthalte zur Anfertigung einer Masterarbeit s.S. 103 ff.
- zu Ergänzungs- und Aufbaustudien sowie zu Forschungsaufenthalten s.S. 90 f.
- Forschungsstipendien für promovierte Naturwissenschaftler, Ingenieurwissenschaftler und Mediziner (NATO) s.S. 106 ff.
- Jahres- und Kurzstipendien für Doktoranden s.S. 92 ff.
- Jahres- und Kurzstipendien für Post-Docs s.S. 97 ff.
- Musik, Bildende Künste/Design/Film, Tanz/Choreographie/Schauspiel/Theaterregie/Musical s.S. 139 ff.
- zu kurzfristigen Studienaufenthalten für bildende Künstler s.S. 147
- Stipendien für ein LL.M (Master of Laws) Aufbaustudium s.S. 126 f.

Stipendieninformation
Stipendienhöhe s. Übersicht S. 296 ff.

Die portugiesische Regierung stellt Stipendien zur Verfügung.

Studienjahr
1. Oktober bis 30. Juni. Die Stipendien beginnen ab Oktober 2002.

Sprachkenntnisse
Portugiesische Sprachkenntnisse sind unbedingt erforderlich.

Weitere Förderprogramme
- Förderung deutscher Gruppen von Studierenden unter Leitung von Hochschullehrern bei Informationsaufenthalten/Studienreisen im Ausland s.S. 74 ff.
- Förderung deutscher Gruppen von Studierenden unter Leitung von Hochschullehrern bei Studienpraktika im Ausland s.S. 78 ff.

Länderbezogene Hinweise Europa	Portugal	4

- Förderung des Projektbezogenen Personenaustauschs mit Portugal – Acçôes Integradas Luso-Alemãs s.S. 160 ff.
- Deutsch-Portugiesischer Wissenschafteraustausch – Programm INIDA s.S. 160 ff.
- Lehrtätigkeit an einer ausländischen Hochschule durch Vermittlung des DAAD: Lektoren s.S. 166 ff. Dozenturen s.S. 170 ff.

Informationen
- Studienführer Spanien/Portugal. DAAD/Bertelsmann (erhältlich im Buchhandel oder direkt beim Verlag)
- Studieninfo Portugal. DAAD. Kurzinfo zur weiteren Recherche (erhältlich bei den Akademischen Auslandsämtern der deutschen Hochschulen)
- Sprachkurse an Hochschulen in Europa. Hrsg.: DAAD, Bertelsmann-Verlag, Bielefeld (erscheint jährlich im März/April, erhältlich im Buchhandel oder direkt beim Verlag)
- Weitere Literaturangaben s.S. 424 f.

Rumänien

Teilstipendien für Studierende
- zum Studium an einer rumänischen Hochschule s.S. 26 f.
- zu kombinierten Studien- und Praxissemestern im Ausland s.S. 28 f.
- zu Semesteraufenthalten an einer ausländischen Hochschule s.S. 40 f.
- zur Teilnahme an Sprachkursen s.S. 55 ff.
- zur Teilnahme an Fachkursen s.S. 67 ff.
- Musik, Bildende Künste/Design/Film, Tanz/Choreographie/Schauspiel/Theaterregie/Musical s.S. 30 ff.
- zu kurzfristigen Studienaufenthalten für Abschlussarbeiten von Studierenden s.S. 51 ff.
- Kurzstipendien für Praktika im Rahmen von auslandsbezogenen Studiengängen s.S. 84

Stipendien für Graduierte und Promovierte
- zu Semesteraufenthalten im Rahmen von Masterstudiengängen s.S. 101 f.
- für kurzfristige Studienaufenthalte zur Anfertigung einer Masterarbeit s.S. 103 ff.
- zu Ergänzungs- und Aufbaustudien sowie zu Forschungsaufenthalten s.S 90 f.
- zur Teilnahme an Fachkursen s.S. 154 ff.
- Forschungsstipendien für promovierte Naturwissenschaftler, Ingenieurwissenschaftler und Mediziner (NATO), s.S. 106 ff.
- Jahres- und Kurzstipendien für Doktoranden s.S. 92 ff.
- Jahres- und Kurzstipendien für Post-Docs s.S. 97 ff.
- Musik, Bildende Künste/Design/Film, Tanz/Choreographie/Schauspiel/Theaterregie/Musical s.S. 139 ff.
- zu kurzfristigen Studienaufenthalten für bildende Künstler s.S. 147
- DAAD-Sprachassistentinnen und Sprachassistenten an ausländischen Hochschulen s.S. 144 f.

Stipendieninformation
Stipendienhöhe s. Übersicht S. 296 ff.

Einige der oben genannten Stipendien (einschließlich Sachleistungen) werden von der rumänischen Regierung zur Verfügung gestellt und vom DAAD bis zum Gesamtwert eines DAAD-Stipendiums aufgestockt.

Studienjahr
1. Oktober bis 30. Juni. Die Stipendien beginnen ab Oktober 2002.

Sprachkenntnisse
Grundkenntnisse der rumänischen Sprache, mindestens aber gute Kenntnisse einer anderen romanischen Sprache sind erforderlich.

| Länderbezogene Hinweise Europa | Rumänien | 4 |

Besondere Hinweise

Es wird weiterhin auf das folgende Sonderprogramm hingewiesen:

Sonderprogramm Integrierte Umwelttechnik für Post-Docs und Experten aus der Praxis mit den Ländern Indien, Indonesien, Thailand, Vietnam, Argentinien, Brasilien, Mexiko, Uruguay, Rumänien und Ukraine. Einzelheiten hierzu in der Internet-Datenbank des DAAD (http://www.daad.de) und beim DAAD, Referat 421.

Hinweise zum Bewerbungsverfahren

Es wird ausdrücklich darauf hingewiesen, dass das Erlangen eines Studien- bzw. Arbeitsplatzes sehr schwierig ist und daher mit längeren Bearbeitungszeiten gerechnet werden muss.

Weitere Förderprogramme

– Förderung deutscher Gruppen von Studierenden unter Leitung von Hochschullehrern bei Informations-aufenthalten/Studienreisen im Ausland s.S. 74 ff.
– Förderung deutscher Gruppen von Studierenden unter Leitung von Hochschullehrern bei Studienpraktika im Ausland s.S. 78 ff.
– Bilateraler Wissenschaftleraustausch s.S. 164 f.
– Lehrtätigkeit an einer ausländischen Hochschule durch Vermittlung des DAAD:
Lektoren s.S. 166 ff.
Dozenturen s.S. 176 ff.

Informationen

– Studienführer für Mittel- und Osteuropa. DAAD/Bertelsmann (erhältlich im Buchhandel oder direkt beim Verlag)
– Studieren und Forschen im Ausland. Rumänien. Hrsg.: Österreichisches Dokumentationszentrum für Auslandsstudien – ÖDOZA, Wien 1997 (zu beziehen bei ÖDOZA, 1010 Wien, Österreich, Schottengasse 1)
– Romania – Structure of Higher Education Institutions. Hrsg.: Ministry of Education, Bukarest 1996
– Sprachkurse an Hochschulen in Europa. Hrsg.: DAAD, Bertelsmann-Verlag, Bielefeld (erscheint jährlich im März/April, erhältlich im Buchhandel oder direkt beim Verlag)
– Weitere Literaturangaben s.S. 424 f.

Russische Föderation

Teilstipendien für Studierende
- zum Studium an einer russischen Hochschule s.S. 26 f.
- zu kombinierten Studien- und Praxissemestern im Ausland s.S. 28 f.
- zu Semesteraufenthalten an einer ausländischen Hochschule s.S. 40 f.
- zur Teilnahme am Semesterstipendienprogramm für Studierende der Slavistik/Russistik s.S. 45 f.
- zu kurzfristigen Studienaufenthalten für Abschlussarbeiten von Studierenden s.S. 51 ff.
- Musik, Bildende Künste/Design/Film, Tanz/Choreographie/Schauspiel/Theaterregie/Musical s.S. 30 ff.
- zur Teilnahme an Sprachkursen s.S. 55 ff.
- zur Teilnahme an Fachkursen s.S. 67 ff.
- Kurzstipendien für Praktika im Rahmen von auslandsbezogenen Studiengängen s.S. 84

Stipendien für Graduierte und Promovierte
- zu Semesteraufenthalten im Rahmen von Masterstudiengängen s.S. 101 f.
- für kurzfristige Studienaufenthalte zur Anfertigung einer Masterarbeit s.S. 103 ff.
- zu Ergänzungs- und Aufbaustudien sowie zu Forschungsaufenthalten s.S. 90 f.
- zur Teilnahme an Sprachkursen s.S. 151 ff.
- zur Teilnahme an Fachkursen s.S. 154 ff.
- Forschungsstipendien für promovierte Naturwissenschaftler, Ingenieurwissenschaftler und Mediziner (NATO) s.S. 106 ff.
- Jahres- und Kurzstipendien für Doktoranden s.S. 92 ff.
- Jahres- und Kurzstipendien für Post-Docs s.S. 97 ff.
- Musik, Bildende Künste/Design/Film, Tanz/Choreographie/Schauspiel/Theaterregie/Musical s.S. 139 ff.
- zu kurzfristigen Studienaufenthalten für bildende Künstler s.S. 147
- DAAD-Sprachassistentinnen und Sprachassistenten an ausländischen Hochschulen s.S. 144 f.

Stipendieninformation
Stipendienhöhe s. Übersicht S. 296 ff.

Die Stipendien sind in erster Linie für Studienaufenthalte an staatlichen Hochschulen bestimmt; wegen der großen Nachfrage für die Universitäten in Moskau und St. Petersburg und den dortigen hohen Lebenshaltungskosten wird geraten, bevorzugt Studienorte außerhalb dieser Zentren zu wählen.

Für einige der genannten Programme werden Stipendien (Gegenstipendien) vergeben, die mit der russischen Seite für fast alle Fachrichtungen (ausgenommen künstlerische) jeweils vereinbart und die einschließlich der Sachleistungen vom DAAD aufgestockt werden können.

| Länderbezogene Hinweise Europa | Russische Föderation | 4 |

Die Leistungen der Gastuniversität umfassen in der Regel den Erlass der Studiengebühren, die Bereitstellung einer Unterbringung sowie ein Stipendium in einheimischer Währung.

Neben diesen russischen Gegenstipendien steht eine geringe Zahl von Stipendien für Studien- und Forschungsvorhaben zur Verfügung, die allein vom DAAD finanziert werden und nicht an eine bestimmte Hochschule in Russland gebunden sind. Die bei diesen Stipendien anfallenden Studiengebühren übernimmt der DAAD in der Regel bis zu einer Höhe von DM 5.000,– pro Studienjahr (Stand: 1.1.2000). Deshalb ist es notwendig, dass die Bewerbungen bereits konkrete Angaben darüber enthalten, ob das Vorhaben an einer oder mehreren Universitäten durchgeführt werden kann. Die Nennung mehrerer Universitäten – bitte die Präferenzfolge angeben – erhöht die Chancen, für ein Gegenstipendium berücksichtigt zu werden.

Der DAAD behält sich vor, Gegenstipendien vorrangig zu nutzen.

Studienjahr
September 2002 bis Juni 2003. Beginn: 1. September 2002 (auch für Semesterstipendien Studierende)

Sprachkenntnisse
Grundkenntnisse der Landessprache sind bereits zum Zeitpunkt der Bewerbung erforderlich. In Ausnahmefällen kann durch den DAAD ein einmonatiger Intensivsprachkurs in Deutschland vor Stipendienantritt gefördert werden.

Besondere Hinweise
Der DAAD empfiehlt, sich bereits vor dem Zeitpunkt der Stipendienbewerbung mit den gewünschten Hochschulen in Russland in Verbindung zu setzen. Bewerberinnen und Bewerber für ein Jahresstipendium sollten zur Auswahlsitzung eine Zusage eines russischen Hochschullehrers zur wissenschaftlichen Betreuung oder zur Materialeinsicht in Archiven oder Bibliotheken vorlegen. Mindestens sollten Kontakte zur Gasthochschule belegt werden.

Hinweise zum Bewerbungsverfahren
Der Aufnahme eines Studienaufenthaltes in Russland gehen jeweils eine an feste Termine gebundene Auswahl und ein längerer Vermittlungsprozess voraus. Bewerberinnen und Bewerber für ein Jahres- und Semesterstipendium müssen nach der Entscheidung über die Vergabe des Stipendiums ihren Lebenslauf und die Darstellung ihres Studien- bzw. Forschungsvorhabens in der jeweiligen Landessprache einreichen. Diese Unterlagen werden bei der Vergabe von Gegenstipendien an die gewünschten Hochschulen weitergeleitet. Da die Weitergabe sehr kurzfristig nach der Stipendienentscheidung erfolgen muss, wird dringend empfohlen, diese Unterlagen rechtzeitig bereitzuhalten.

Die Jahresstipendienanträge für Russland werden mit persönlicher Vorstellung vor der Auswahlkommission entschieden. Analog gilt dies für regional übergreifende Auswahlverfahren für die Fachrichtungen Musik, Bildende Künste/Design/Film, Tanz/Choreographie/Schauspiel/Theaterregie/Musical, Architektur, (voraussichtliche Aus-

4 Länderbezogene Hinweise
Europa — Russische Föderation

wahltermine Mitte Januar/Anfang Februar 2002). Lediglich bei Bewerbungen aus dem Fachbereich Architektur wird eine Vorauswahl auf der Grundlage der eingereichten Bewerbungsunterlagen vorgeschaltet.

Die Auswahl von Studierenden der Slavistik/Russistik zur Teilnahme am Semesterstipendienprogramm in Kazan und Voronesh erfolgt nur auf der Grundlage der eingereichten Bewerbungsunterlagen.

Für die ausgewählten Stipendiatinnen und Stipendiaten zur Teilnahme am Jahres- sowie Semesterstipendienprogramm veranstaltet der DAAD Ende Juni/Anfang Juli 2002 eine Einführungstagung in Bonn.

Weitere Förderprogramme
- Internationale Studien- und Ausbildungspartnerschaften (ISAP) s.S. 72 f.
- Förderung deutscher Gruppen von Studierenden unter Leitung von Hochschullehrern bei Informations-aufenthalten/Studienreisen im Ausland s.S. 74 ff.
- Förderung deutscher Gruppen von Studierenden unter Leitung von Hochschullehrern bei Studienpraktika im Ausland s.S. 78 ff.
- Bilateraler Wissenschaftleraustausch s.S. 164 f.
- Lehrtätigkeit an einer ausländischen Hochschule durch Vermittlung des DAAD: Lektoren s.S. 166 ff.
Dozenturen s.S. 170 ff.

Russisch für Anfänger in der Russischen Föderation

Studierende und Graduierte aller Fachrichtungen (mit Ausnahme der Slavistik), die an der russischen Wissenschaft, Wirtschaft und Kultur sowie an engeren Kontakten mit Russland interessiert sind und sich Grundkenntnisse der russischen Sprache, Kultur und Landeskunde aneignen wollen, können sich für ein Sommersprachkursstipendium für **Anfänger** bewerben.

Bewerbungsvoraussetzungen: Es wird vorausgesetzt, dass die Bewerber und Bewerberinnen sich zum Zeitpunkt der Bewerbung mindestens im 3. Fachsemester befinden und gute Studienleistungen nachweisen können. Ihre Aus- und Fortbildungspläne sollten einen Bezug zu Russland haben.

Durchführung: Die Stipendiaten nehmen an einem speziell organisierten dreiwöchigen Sommerkurs (August/September) an einer russischen Universität in Zentralrussland (Rostov am Don) oder Westsibirien (Tomsk) teil, dem sich ein einwöchiges Seminar in Moskau oder St. Petersburg anschließt. Es werden circa 20 Stunden/Woche Sprachunterricht sowie Exkursionen und Treffen mit Persönlichkeiten des öffentlichen Lebens Russlands angeboten. Die Unterbringung erfolgt in Studentenwohnheimen oder in Privatquartieren; für die Mahlzeiten steht in der Regel die Mensa zur Verfügung.

Stipendienleistungen: Reisekostenpauschale, Kursgebühren sowie Verpflegung und Unterkunft (im Wohnheim). Ggf. ist mit einer Eigenbeteiligung in Höhe von circa DM 500,– zu rechnen.

Länderbezogene Hinweise Europa	Russische Föderation	4

Laufzeit
4 Wochen

Bewerbungsunterlagen (einfach):
- DAAD-Bewerbungsformular für Deutsche (bitte darauf angeben: Sommersprachkursstipendien/Russisch für Anfänger in der Russischen Föderation, Referat 325)
- Maschinengeschriebener, lückenloser Lebenslauf
- Ausführliche Begründung für die Teilnahme am Sommerkurs (max. 2 Seiten)
- 1 Fachgutachten eines Hochschullehrers aus dem Hauptfach (DAAD-Formular)
- Kopie der Hochschulzugangsberechtigung
- Aufstellung der Scheine (bitte auf DAAD-Formular):
  Studierende: bei gleichzeitiger Einreichung von Vor- bzw. Zwischenprüfungszeugnis (mit Einzelnoten!) Scheine ab der Vorprüfung, ansonsten volltändige Scheinaufstellung
  Graduierte: bei gleichzeitiger Einreichung von Diplom- bzw. Abschlussexamenszeugnis entfällt die Scheinaufstellung, ansonsten Vorlage des Vor- bzw. Zwischenprüfungszeugnisses (mit Einzelnoten!) plus Scheine ab dieser Prüfung (Mediziner: Zeugnisse der drei Abschnitte der ärztlichen Prüfung mit erzielten Prüfungsleistungen)
- Ggf. Kopien von Hochschulzeugnissen bzw. Zwischen- und Abschlussexamen bei Graduierten

Bewerbungstermin und -ort: 15. März 2002 beim Akademischen Auslandsamt.

Zuständig für das Programm ist in der Geschäftsstelle des DAAD das Referat 325.

Sonstiges
Die Auswahl der Stipendiaten wird im DAAD von einer Professorenkommission getroffen. Die Ergebnisse der Auswahl sollen Mitte Juni 2002 vorliegen.

Informationen
- Studienführer Russische Föderation/Baltische Staaten. DAAD/Bertelsmann (erhältlich im Buchhandel oder direkt beim Verlag)
- Studieninfo Russische Föderation. DAAD. Kurzinfo zur weiteren Recherche (erhältlich bei den Akademischen Auslandsämtern der deutschen Hochschulen)
- Gregor Berghorn, Thomas Prahl: Kompendium. Universitäten und Hochschulen in der Russischen Föderation. Hrsg.: DAAD. Reihe Dok + Mat, Band 30, 1998 (erhältlich auf schriftliche Anfrage unter Beilegung eines Verrechnungsschecks in Höhe von DM 12,– bei: Deutsche Vertriebsgesellschaft DVG, Birkenmaarstraße 8, 53340 Meckenheim [Lagerplatznummer 460-38115])
- Alexander-Herzen-Programm zur Vertiefung der Zusammenarbeit zwischen deutschen und russischen Hochschulen auf dem Gebiet der Geistes-, Sozial-, Rechts- und Wirtschaftswissenschaften. Kompendium der geförderten Projekte 1998-2001. Hrsg.: DAAD (erhältlich beim DAAD oder bei den Akademischen Auslandsämtern der Hochschulen)
- Sprachkurse an Hochschulen in Europa. Hrsg.: DAAD, Bertelsmann-Verlag, Bielefeld (erscheint jährlich im März/April, erhältlich im Buchhandel oder direkt beim Verlag)
- Weitere Literaturangaben s.S. 424 f.

Schweden

Teilstipendien für Studierende
- zum Studium an einer schwedischen Hochschule s.S. 26 f.
- zu kombinierten Studien- und Praxissemestern im Ausland s.S. 28 f.
- zur Teilnahme an Sprachkursen s.S. 55 ff.
- zur Teilnahme an Fachkursen s.S. 67 ff.
- Musik, Bildende Künste/Design/Film, Tanz/Choreographie/Schauspiel/Theaterregie/Musical s.S. 30 ff.
- zu kurzfristigen Studienaufenthalten für Abschlussarbeiten von Studierenden s.S. 51 ff.

Stipendien für Graduierte und Promovierte
- zur Teilnahme an Fachkursen s.S. 154 ff.
- zu Semesteraufenthalten im Rahmen von Masterstudiengängen s.S. 101 f.
- für kurzfristige Studienaufenthalte zur Anfertigung einer Masterarbeit s.S. 103 ff.
- zu Ergänzungs- und Aufbaustudien sowie zu Forschungsaufenthalten s.S. 90 f.
- Jahres- und Kurzstipendien für Doktoranden s.S. 92 ff.
- Jahres- und Kurzstipendien für Post-Docs s.S. 97 ff.
- Musik, Bildende Künste/Design/Film, Tanz/Choreographie/Schauspiel/Theaterregie/Musical s.S. 139 ff.
- zu kurzfristigen Studienaufenthalten für bildende Künstler s.S. 147

Stipendieninformation
Stipendienhöhe s. Übersicht S. 296 ff.

Svenska Institutet stellt 3 Stipendien zur Verfügung. Diese Stipendien werden nach denselben Bedingungen vergeben wie die DAAD-Stipendien.

Studienjahr
1. September bis 31. Mai. Die Stipendien beginnen im September 2002.

Sprachkenntnisse
Gute schwedische Sprachkenntnisse sind unbedingt erforderlich. Auch wenn während des Studienaufenthaltes vorwiegend englischsprachige Veranstaltungen besucht werden, müssen Grundkenntnisse in der Landessprache nachgewiesen werden.

Besondere Hinweise
Für Studierende der medizinischen sowie einiger naturwissenschaftlicher Fachrichtungen bestehen an allen schwedischen Universitäten nur sehr beschränkte Zulassungsmöglichkeiten.

| Länderbezogene Hinweise Europa | Schweden | 4 |

Weitere Förderprogramme
- Förderung deutscher Gruppen von Studierenden unter Leitung von Hochschullehrern bei Informations-aufenthalten/Studienreisen im Ausland s.S. 74 ff.
- Förderung deutscher Gruppen von Studierenden unter Leitung von Hochschullehrern bei Studienpraktika im Ausland s.S. 78 ff.
- Förderung des Projektbezogenen Personenaustauschs mit Schweden s.S. 160 ff.
- Lehrtätigkeit an einer ausländischen Hochschule durch Vermittlung des DAAD: Lektoren s.S. 166 ff. Dozenturen s.S. 170 ff.

Informationen
- Studieninfo Schweden. DAAD. Kurzinfo zur weiteren Recherche (erhältlich bei den Akademischen Auslandsämtern der deutschen Hochschulen)
- Sprachkurse an Hochschulen in Europa. Hrsg.: DAAD, Bertelsmann-Verlag, Bielefeld (erscheint jährlich im März/April, erhältlich im Buchhandel oder direkt beim Verlag)
- Study abroad – Study in Sweden. A guide for foreign students. Hrsg.: The Swedish Institute, Box 7434, 10391 Stock-holm, Schweden, Tel.: +46 8 7 89 20 00, Fax: +46 8 20 72 48; Internet: http://www.si.se
- A Student Handbook. Hrsg.: (s.o.)
- Scholarships and Fellowships for Study and Research in Sweden. Hrsg.: (s.o.)
- Swedish Higher Education in English. Hrsg.: (s.o.)
- Courses in English at Swedish Universities & University Colleges. Hrsg.: (s.o.) (erscheint jährlich)
- Weitere Literaturangaben s.S. 424 f.

4 Länderbezogene Hinweise Europa — Schweiz

Schweiz

Teilstipendien für Studierende
- zum Studium an einer schweizerischen Hochschule s.S. 26 f.
- zu kombinierten Studien- und Praxissemestern im Ausland s.S. 28 f.
- zu Semesteraufenthalten an einer ausländischen Hochschule s.S. 40 f.
- zur Teilnahme an Fachkursen s.S. 67 ff.
- Musik, Bildende Künste/Design/Film, Tanz/Choreographie/Schauspiel/Theaterregie/Musical s.S. 30 ff.
- zu kurzfristigen Studienaufenthalten für Abschlussarbeiten von Studierenden s.S. 51 ff.
- Kurzstipendien für Praktika im Rahmen von auslandsbezogenen Studiengängen s.S. 84

Stipendien für Graduierte und Promovierte
- zur Teilnahme an Fachkursen s.S. 154 ff.
- zu Semesteraufenthalten im Rahmen von Masterstudiengängen s.S. 101 f.
- für kurzfristige Studienaufenthalte zur Anfertigung einer Masterarbeit s.S. 103 ff.
- zu Ergänzungs- und Aufbaustudien sowie zu Forschungsaufenthalten s.S. 90 f.
- Jahres- und Kurzstipendien für Doktoranden s.S. 92 ff.
- Jahres- und Kurzstipendien für Post-Docs s.S. 97 ff.
- Musik, Bildende Künste/Design/Film, Tanz/Choreographie/Schauspiel/Theaterregie/Musical s.S. 30 ff.
- zu kurzfristigen Studienaufenthalten für bildende Künstler s.S. 147
- Stipendien für Aufbaustudium Master of Business Administration (MBA) s.S. 124 f.
- Stipendien für ein LL.M (Master of Laws) Aufbaustudium s.S. 126 f.

Stipendieninformation
Stipendienhöhe s. Übersicht S. 296 ff.

Von schweizerischer Seite werden dem DAAD jährlich je ein bis zwei Stipendien zum Studium an den Hochschulen Bern, Genf, Zürich (Universität und ETH) angeboten; die Stipendienraten liegen zum Teil erheblich über den Raten des DAAD für Studierende.

Studienjahr
15. Oktober bis 15. Juli. Die Stipendien beginnen im Oktober 2002.

Sprachkenntnisse
Für alle im französischsprachigen Teil des Landes liegenden Universitäten (Fribourg [zweisprachig], Genf, Lausanne, Neuchâtel, Ecole Polytechnique Fédérale in Lausanne) sind gute französische Sprachkenntnisse erforderlich. Es wird ausdrücklich darauf hingewiesen, dass gute Französischkenntnisse zum Zeitpunkt der Bewerbung nachgewiesen werden müssen.

| Länderbezogene Hinweise Europa | Schweiz | 4 |

Besondere Hinweise

Für Studienbewerberinnen und -bewerber einiger naturwissenschaftlicher Fächer bestehen an verschiedenen Hochschulen der Schweiz nur beschränkte Zulassungsmöglichkeiten.

Für Studierende der Fachrichtungen Medizin und Zahnmedizin bestehen so gut wie keine Aussichten, einen Studienplatz zur Fortsetzung ihres Studiums zu erhalten. Interessenten aus diesen Bereichen sollten, bevor sie sich um ein DAAD-Stipendium bewerben, bei der schweizerischen Universität ihrer Wahl anfragen, ob Stipendiatinnen und Stipendiaten eine Zulassung erhalten können.

Für die Vergabe von Stipendien für die Schweiz wird ein Studienvorhaben vorausgesetzt, das an keiner deutschen Hochschule so gut wie an schweizerischen Hochschulen verwirklicht werden kann.

Weitere Förderprogramme

- Förderung deutscher Gruppen von Studierenden unter Leitung von Hochschullehrern bei Informationsaufenthalten/Studienreisen im Ausland s.S. 74 ff.
- Förderung deutscher Gruppen von Studierenden unter Leitung von Hochschullehrern bei Studienpraktika im Ausland s.S. 78 ff.

Informationen

- Studienführer Schweiz, Österreich. DAAD/Bertelsmann (erhältlich im Buchhandel oder direkt beim Verlag)
- Studieninfo Schweiz. DAAD. Kurzinfo zur weiteren Recherche (erhältlich bei den Akademischen Auslandsämtern der deutschen Hochschulen)
- Jahrbuch der Schweizerischen Hochschulen. Hrsg.: Bundesamt für Bildung und Wissenschaft und Schweizerische Zentralstelle für Hochschulwesen. Zu beziehen bei: BBL/EDMZ, CH-3003 Bern, http://www.admin.ch/edmz
- Weitere Literaturangaben s.S. 424 f.

4 Länderbezogene Hinweise Europa — Slowakische Republik

Slowakische Republik

Teilstipendien für Studierende
- zum Studium an einer slowakischen Hochschule s.S. 26 f.
- zu kombinierten Studien- und Praxissemestern im Ausland s.S. 28 f.
- zu Semesteraufenthalten an einer ausländischen Hochschule s.S. 40 f.
- zur Teilnahme an Sprachkursen s.S. 55 ff.
- Sprachkurs Slowakisch für Anfänger s.S. 59 f.
- zur Teilnahme an Fachkursen s.S. 67 ff.
- Musik, Bildende Künste/Design/Film, Tanz/Choreographie/Schauspiel/Theaterregie/Musical s.S. 30 ff.
- zu kurzfristigen Studienaufenthalten für Abschlussarbeiten von Studierenden s.S. 51 ff.
- Kurzstipendien für Praktika im Rahmen von auslandsbezogenen Studiengängen s.S. 84
- zu kurzfristigen Studienaufenthalten für Magister- und Diplomarbeiten s.u. „Besondere Hinweise"

Stipendien für Graduierte und Promovierte
- zur Teilnahme an Sprachkursen s.S. 151 ff.
- Sprachkurs Slowakisch für Anfänger s.S. 59 f.
- zur Teilnahme an Fachkursen s.S. 154 ff.
- zu Semesteraufenthalten im Rahmen von Masterstudiengängen s.S. 101 f.
- für kurzfristige Studienaufenthalte zur Anfertigung einer Masterarbeit s.S. 103 ff.
- zu Ergänzungs- und Aufbaustudien sowie zu Forschungsaufenthalten s.S. 90 f.
- Forschungsstipendien für promovierte Naturwissenschaftler, Ingenieurwissenschaftler und Mediziner (NATO) s.S. 106 ff.
- Jahres- und Kurzstipendien für Doktoranden s.S. 92 ff.
- Jahres- und Kurzstipendien für Post-Docs s.S. 97 ff.
- Musik, Bildende Künste/Design/Film, Tanz/Choreographie/Schauspiel/Theaterregie/Musical s.S. 139 ff.
- zu kurzfristigen Studienaufenthalten für bildende Künstler s.S. 147
- DAAD-Sprachassistentinnen und Sprachassistenten an ausländischen Hochschulen s.S. 144 f.

Stipendieninformation
Stipendienhöhe s. Übersicht S. 296 ff.

Der DAAD nutzt vorrangig die von der slowakischen Regierung angebotenen Stipendien („Gegenstipendien") aus.

Die vom DAAD ausgewählten Bewerberinnen und Bewerber werden daher dem slowakischen Schulministerium für ein Stipendium vorgeschlagen. Von slowakischer Seite sind folgende Leistungen vorgesehen: Stipendium, Wohnheimplatz, landesübliche Versicherung und Vergünstigungen für Studierende, Befreiung von Studien-

| Länderbezogene Hinweise Europa | Slowakische Republik | 4 |

gebühren. Wegen der möglichen Veränderungen der Stipendienleistungen sollte die aktuelle Höhe des slowakischen Stipendiums im DAAD erfragt werden.

Der DAAD kann das slowakische Stipendium bis zur Höhe seiner üblichen Leistungen aufstocken (vgl. o.g. Übersicht).

Studienjahr
1. Oktober bis 30. Juni. Die Stipendien beginnen ab Oktober 2002.

Sprachkenntnisse
Gute Kenntnisse des Slowakischen sind erforderlich. Für Wirtschafts-, Natur- und Ingenieurwissenschaftler genügen bei kurzen Studienaufenthalten u.U. neben Grundkenntnissen der slowakischen Sprache gute englische Sprachkenntnisse. In diesem Fall ist dem Antrag eine entsprechende Bestätigung des slowakischen Institutes darüber beizufügen, dass die Kommunikation in englischer oder deutscher Sprache erfolgen kann.

Besondere Hinweise
Es wird ausdrücklich darauf hingewiesen, dass Stipendien nicht nur an Studierende der Slavistik und der osteuropäischen Geschichte vergeben werden, sondern an Angehörige sämtlicher Fächer. Im Hinblick darauf, dass es sich um Stipendien handelt, die von ausländischer Seite zur Verfügung gestellt werden, ist mit längeren Bearbeitungszeiten zu rechnen (s.S. 21 f.). Die Bearbeitungsdauer für Jahres- und Kurzstipendien beträgt in der Regel 6 Monate.

Studierende, die durch einen deutschen Hochschullehrer betreut werden, können sich für kurzfristige Studienaufenthalte (1 bis 6 Monate) in der Slowakischen Republik zum Zwecke der Materialsammlung für Magister-, Diplom- oder Staatsexamensarbeiten über den DAAD um ein Stipendium der slowakischen Regierung ohne finanzielle Aufstockung durch den DAAD bewerben. Bewerbungsvoraussetzungen und -unterlagen s.S. 14 ff.; Bewerbungstermin und -ort s.S. 18 f. sinngemäß. Die Betreuung durch einen slowakischen Hochschullehrer wird vorausgesetzt.

Weitere Förderprogramme
– Förderung deutscher Gruppen von Studierenden unter Leitung von Hochschullehrern bei Informations-aufenthalten/Studienreisen im Ausland s.S. 74 ff.
– Förderung deutscher Gruppen von Studierenden unter Leitung von Hochschullehrern bei Studienpraktika im Ausland s.S. 78 ff.
– Bilateraler Wissenschaftleraustausch s.S. 164 f.
– Lehrtätigkeit an einer ausländischen Hochschule durch Vermittlung des DAAD: Lektoren s.S. 166 ff.
Dozenturen s.S. 170 ff.

4 Länderbezogene Hinweise Europa — Slowakische Republik

Informationen
- Studienführer Mittel- und Osteuropa. DAAD/Bertelsmann (erhältlich im Buchhandel oder direkt beim Verlag)
- Studieren und Forschen im Ausland: Slowakische Republik. Hrsg.: Österreichisches Dokumentationszentrum für Auslandsstudien – ÖDOZA, Wien 1997 (zu beziehen bei ÖDOZA, 1010 Wien, Österreich, Schottengasse 1)
- Mariá Hrabinská, Higher Education in the Slovak Republic. Guide for foreign students. Hrsg.: Institute of Information and Prognoses, of Education, Youth and Sports – IIPEYS, Bratislava 1993 (zu beziehen bei IIPEYS, Staré Grunty 52, 842 44 Bratislava, Tel.: +42 (7) 3 36 41-5, Fax: +42 (7) 72 61 80)
- Sprachkurse an Hochschulen in Europa. Hrsg.: DAAD/Bertelsmann-Verlag, Bielefeld (erscheint jährlich im März/April, erhältlich im Buchhandel oder direkt beim Verlag)
- Weitere Literaturangaben s.S. 424 f.

| Länderbezogene Hinweise Europa | Spanien | 4 |

Spanien

Teilstipendien für Studierende
- zum Studium an einer spanischen Hochschule s.S. 26 f.
- zu kombinierten Studien- und Praxissemestern im Ausland s.S. 28 f.
- zur Teilnahme am Semesterstudienprogramm für Studierende der Romanistik s.S. 42 ff.
- zur Teilnahme an Sprachkursen s.S. 55 ff.
- zur Teilnahme an Fachkursen s.S. 67 ff.
- Musik, Bildende Künste/Design/Film, Tanz/Choreographie/Schauspiel/Theaterregie/Musical s.S. 30 ff.
- zu kurzfristigen Studienaufenthalten für Abschlussarbeiten von Studierenden s.S. 51 ff.

Stipendien für Graduierte und Promovierte
- zur Teilnahme an Fachkursen s.S. 154 ff.
- zu Semesteraufenthalten im Rahmen von Masterstudiengängen s.S. 101 f.
- für kurzfristige Studienaufenthalte zur Anfertigung einer Masterarbeit s.S. 103 ff.
- zu Ergänzungs- und Aufbaustudien sowie zu Forschungsaufenthalten s.S. 90 f.
- Forschungsstipendien für promovierte Naturwissenschaftler, Ingenieurwissenschaftler und Mediziner (NATO) s.S. 106 ff.
- Jahres- und Kurzstipendien für Doktoranden s.S. 92 ff.
- Jahres- und Kurzstipendien für Post-Docs s.S. 97 ff.
- Stipendien für Aufbaustudium Master of Business Administration (MBA) s.S. 124 f.
- Stipendien für ein LL.M (Master of Laws) Aufbaustudium s.S. 126 f.
- Musik, Bildende Künste/Design/Film, Tanz/Choreographie/Schauspiel/Theaterregie/Musical s.S. 139 ff.
- zu kurzfristigen Studienaufenthalten für bildende Künstler s.S. 147

Stipendieninformation
Stipendienhöhe s. Übersicht S. 296 ff.

Die spanische Regierung sowie der Consejo Superior de Investigaciones Científicas stellen Stipendien zur Verfügung; die Stipendienraten liegen zum Teil erheblich über den Raten des DAAD für Studierende.

Studienjahr
1. Oktober bis 30. Juni. Die Stipendien beginnen im Oktober 2002.

Sprachkenntnisse
Gute spanische Sprachkenntnisse sind unbedingt erforderlich.

4 Länderbezogene Hinweise Europa — Spanien

Weitere Förderprogramme
- Förderung deutscher Gruppen von Studierenden unter Leitung von Hochschullehrern bei Informations-aufenthalten/Studienreisen im Ausland s.S. 74 ff.
- Förderung deutscher Gruppen von Studierenden unter Leitung von Hochschullehrern bei Studienpraktika im Ausland s.S. 78 ff.
- Förderung des Projektbezogenen Personenaustauschs mit Spanien – Acciones Integradas Hispano-Alemanas s.S. 160 ff.
- Lehrtätigkeit an einer ausländischen Hochschule durch Vermittlung des DAAD: Lektoren s.S. 166 ff.
  Dozenturen s.S. 170 ff.

Informationen
- Studienführer Spanien, Portugal. DAAD/Bertelsmann (erhältlich im Buchhandel oder direkt beim Verlag)
- Studieninfo Spanien. DAAD. Kurzinfo zur weiteren Recherche (erhältlich bei den Akademischen Auslandsämtern der deutschen Hochschulen)
- Sprachkurse an Hochschulen in Europa. Hrsg.: DAAD, Bertelsmann-Verlag, Bielefeld (erscheint jährlich im März/April, erhältlich im Buchhandel oder direkt beim Verlag)
- Weitere Literaturangaben s.S. 424 f.

| Länderbezogene Hinweise Europa | Tschechische Republik | 4 |

Tschechische Republik

Teilstipendien für Studierende
- zum Studium an einer tschechischen Hochschule s.S. 26 f.
- zu kombinierten Studien- und Praxissemestern im Ausland s.S. 28 f.
- zu Semesteraufenthalten an einer ausländischen Hochschule s.S. 40 f.
- zur Teilnahme an Sprachkursen s.S. 55 ff.
- Sprachkurs Tschechisch für Anfänger s.S. 59 f.
- zur Teilnahme an Fachkursen s.S. 67 ff.
- Musik, Bildende Künste/Design/Film, Tanz/Choreographie/Schauspiel/Theaterregie/Musical s.S. 30 ff.
- zu kurzfristigen Studienaufenthalten für Abschlussarbeiten von Studierenden s.S. 51 ff.
- Kurzstipendien für Praktika im Rahmen von auslandsbezogenen Studiengängen s.S. 84
- zu kurzfristigen Studienaufenthalten für Magister- und Diplomarbeiten s.u. „Besondere Hinweise"

Stipendien für Graduierte und Promovierte
- zu Semesteraufenthalten im Rahmen von Masterstudiengängen s.S. 101 f.
- für kurzfristige Studienaufenthalte zur Anfertigung einer Masterarbeit s.S. 103 ff.
- zu Ergänzungs- und Aufbaustudien sowie zu Forschungsaufenthalten s.S. 90 f.
- Forschungsstipendien für promovierte Naturwissenschaftler, Ingenieurwissenschaftler und Mediziner (NATO) s.S. 106 ff.
- zur Teilnahme an Sprachkursen s.S. 151 ff.
- Sprachkurs Tschechisch für Anfänger s.S. 59 f.
- zur Teilnahme an Fachkursen s.S. 154 ff.
- Jahres- und Kurzstipendien für Doktoranden s.S. 92 ff.
- Jahres- und Kurzstipendien für Post-Docs s.S. 97 ff.
- Musik, Bildende Künste/Design/Film, Tanz/Choreographie/Schauspiel/Theaterregie/Musical s.S. 139 ff.
- zu kurzfristigen Studienaufenthalten für bildende Künstler s.S. 147
- DAAD-Sprachassistentinnen und Sprachassistenten an ausländischen Hochschulen s.S. 144 f.

Stipendieninformation
Stipendienhöhe s. Übersicht S. 296 ff.

Der DAAD nutzt vorrangig die von der tschechischen Regierung angebotenen Stipendien („Gegenstipendien") aus.

Die vom DAAD ausgewählten Bewerberinnen und Bewerber werden daher dem tschechischen Schulministerium für ein Stipendium vorgeschlagen. Von tschechischer Seite sind folgende Leistungen vorgesehen: Stipendium, Wohnheimplatz, Vergünstigungen

4 Länderbezogene Hinweise
Europa   Tschechische Republik

für Studierende, Befreiung von Studiengebühren. Wegen der möglichen Veränderungen der Stipendienleistungen sollte die aktuelle Höhe des tschechischen Stipendiums im DAAD erfragt werden.

Der DAAD kann das tschechische Stipendium bis zur Höhe seiner üblichen Leistungen aufstocken (vgl. o.g. Übersicht).

Studienjahr
1. Oktober bis 30. Juni. Die Stipendien beginnen ab Oktober 2002.

Sprachkenntnisse
Gute Kenntnisse des Tschechischen sind erforderlich. Für Wirtschafts-, Natur- und Ingenieurwissenschaftler genügen bei kurzen Studienaufenthalten u.U. neben Grundkenntnissen der tschechischen Sprache gute englische Sprachkenntnisse. In diesem Fall ist dem Antrag eine entsprechende Bestätigung des tschechischen Institutes darüber beizufügen, dass die Kommunikation in englischer oder deutscher Sprache erfolgen kann.

Besondere Hinweise
Es wird ausdrücklich darauf hingewiesen, dass Stipendien nicht nur an Studierende der Slavistik und der osteuropäischen Geschichte vergeben werden, sondern an Angehörige sämtlicher Fächer. Im Hinblick darauf, dass es sich um Stipendien handelt, die von ausländischer Seite zur Verfügung gestellt werden, ist mit längeren Bearbeitungszeiten zu rechnen (s.S. 21 f.). Die Bearbeitungsdauer für Jahres- und Kurzstipendien beträgt in der Regel 6 Monate.

Studierende, die durch einen deutschen Hochschullehrer betreut werden, können sich für kurzfristige Studienaufenthalte (1 bis 6 Monate) in der Tschechischen Republik zum Zwecke der Materialsammlung für Magister-, Diplom- oder Staatsexamensarbeiten über den DAAD um ein Stipendium der tschechischen Regierung ohne finanzielle Aufstockung durch den DAAD bewerben. Bewerbungsvoraussetzungen und -unterlagen s.S. 14 ff.; Bewerbungstermin und -ort s.S. 18 f. sinngemäß. Die Betreuungszusage durch einen tschechischen Hochschullehrer wird vorausgesetzt.

Die Stipendien werden in der Regel nur zur Teilnahme an den normalen Studiengängen der tschechischen staatlichen Hochschule vergeben, an denen von Stipendiatinnen und Stipendiaten keine Gebühren verlangt werden.

Weitere Förderprogramme
– Förderung deutscher Gruppen von Studierenden unter Leitung von Hochschullehrern bei Informationsaufenthalten/Studienreisen im Ausland s.S. 74 ff.
– Förderung deutscher Gruppen von Studierenden unter Leitung von Hochschullehrern bei Studienpraktika im Ausland s.S. 78 ff.
– Bilateraler Wissenschaftleraustausch s.S. 164 f.

| Länderbezogene Hinweise Europa | Tschechische Republik | 4 |

- Lehrtätigkeit an einer ausländischen Hochschule durch Vermittlung des DAAD: Lektoren s.S. 166 ff.
  Dozenturen s.S. 170 ff.

Informationen
- Studienführer Mittel- und Osteuropa. DAAD/Bertelsmann (erhältlich im Buchhandel oder direkt beim Verlag)
- Studieren und Forschen im Ausland: Tschechische Republik. Hrsg.: Österreichisches Dokumentationszentrum für Auslandsstudien – ÖDOZA, Wien 1997 (zu beziehen bei ÖDOZA, 1010 Wien, Österreich, Schottengasse 1)
- Higher Education in the Czech Republic: Guide for Foreign Students. Hrsg.: Centre for Study of Higher Education, Bratislava
- Sprachkurse an Hochschulen in Europa. DAAD/Bertelsmann (erscheint jährlich im März/April, erhältlich im Buchhandel oder direkt beim Verlag)
- Weitere Literaturangaben s.S. 424 f.

| 4 | Länderbezogene Hinweise Europa | Türkei |

Türkei

Teilstipendien für Studierende
- zum Studium an einer türkischen Hochschule (für höhere Semester) s.S. 26 f.
- zu kombinierten Studien- und Praxissemestern im Ausland s.S. 28 f.
- zu Semesteraufenthalten an einer ausländischen Hochschule s.S. 40 f.
- zur Teilnahme an Sprachkursen s.S. 55 ff.
- zur Teilnahme an Fachkursen s.S. 67 ff.
- Musik, Bildende Künste/Design/Film, Tanz/Choreographie/Schauspiel/Theaterregie/Musical s.S. 30 ff.
- zu kurzfristigen Studienaufenthalten für Abschlussarbeiten von Studierenden s.S. 51 ff.
- Kurzstipendien für Praktika im Rahmen von auslandsbezogenen Studiengängen s.S. 84

Stipendien für Graduierte und Promovierte
- zur Teilnahme an Fachkursen s.S. 154 ff.
- zu Semesteraufenthalten im Rahmen von Masterstudiengängen s.S. 101 f.
- für kurzfristige Studienaufenthalte zur Anfertigung einer Masterarbeit s.S. 103 ff.
- zu Ergänzungs- und Aufbaustudien sowie zu Forschungsaufenthalten s.S. 90 ff.
- Forschungsstipendien für promovierte Naturwissenschaftler, Ingenieurwissenschaftler und Mediziner (NATO) s.S. 106 ff.
- Jahres- und Kurzstipendien für Doktoranden s.S. 92 ff.
- Jahres- und Kurzstipendien für Post-Docs s.S. 97 ff.
- Musik, Bildende Künste/Design/Film, Tanz/Choreographie/Schauspiel/Theaterregie/Musical s.S. 139 ff.
- zu kurzfristigen Studienaufenthalten für bildende Künstler s.S. 147
- DAAD-Sprachassistentinnen und Sprachassistenten an ausländischen Hochschulen s.S. 144 f.

Stipendieninformation
Stipendienhöhe s. Übersicht S. 296 ff.

Studienjahr
1. Oktober bis 31. Mai. Die Stipendien beginnen im Oktober 2002.

Sprachkenntnisse
In der Regel werden die Lehrveranstaltungen auf Türkisch abgehalten. An einigen Hochschulen/Fachbereichen ist die Unterrichtssprache Englisch oder Französisch.

Länderbezogene Hinweise Europa	Türkei	4

Weitere Förderprogramme

- Förderung deutscher Gruppen von Studierenden unter Leitung von Hochschullehrern bei Informations-aufenthalten/Studienreisen im Ausland s.S. 74 ff.
- Förderung deutscher Gruppen von Studierenden unter Leitung von Hochschullehrern bei Studienpraktika im Ausland s.S. 78 ff.
- Lehrtätigkeit an einer ausländischen Hochschule durch Vermittlung des DAAD: Lektoren s.S. 166 ff.
  Dozenturen s.S. 170 ff.

Informationen

- Sprachkurse an Hochschulen in Europa. DAAD/Bertelsmann (erscheint jährlich im März/April, erhältlich im Buchhandel oder direkt beim Verlag)
- The Educational System of Turkey. Hrsg.: Educational Credential Evaluators, Inc., P.O.Box 92970, Milwaukee Wi 53202-0970 USA
- Weitere Literaturangaben s.S. 424 f.

4 Länderbezogene Hinweise Europa — Ukraine

Ukraine

Teilstipendien für Studierende
- zum Studium an einer ukrainischen Hochschule (Laufzeit: 10 Monate) s.S. 26 f.
- zu kombinierten Studien- und Praxissemestern im Ausland s.S. 28 f.
- zu Semesteraufenthalten an einer ausländischen Hochschule s.S. 40 f.
- zu kurzfristigen Studienaufenthalten für Abschlussarbeiten von Studierenden s.S. 51 ff.
- Musik, Bildende Künste/Design/Film, Tanz/Choreographie/Schauspiel/Theaterregie/Musical s.S. 30 ff.
- zur Teilnahme an Sprachkursen s.S. 55 ff.
- zur Teilnahme an Fachkursen s.S. 67 ff.
- Kurzstipendien für Praktika im Rahmen von auslandsbezogenen Studiengängen s.S. 84

Stipendien für Graduierte und Promovierte
- zu Semesteraufenthalten im Rahmen von Masterstudiengängen s.S. 101 f.
- für kurzfristige Studienaufenthalte zur Anfertigung einer Masterarbeit s.S.103 ff.
- zu Ergänzungs- und Aufbaustudien sowie zu Forschungsaufenthalten (Laufzeit: 10 Monate) s.S. 90 f.
- zur Teilnahme an Fachkursen s.S. 154 ff.
- Forschungsstipendien für promovierte Naturwissenschaftler, Ingenieurwissenschaftler und Mediziner (NATO) s.S. 106 ff.
- Jahres- und Kurzstipendien für Doktoranden s.S. 92 ff.
- Jahres- und Kurzstipendien für Post-Docs s.S. 97 ff.
- Musik, Bildende Künste/Design/Film, Tanz/Choreographie/Schauspiel/Theaterregie/Musical s.S. 139 ff.
- zu kurzfristigen Studienaufenthalten für bildende Künstler s.S. 147
- DAAD-Sprachassistentinnen und Sprachassistenten an ausländischen Hochschulen s.S. 144 f.

Stipendieninformation
Stipendienhöhe s. Übersicht S. 296 ff.

Die Stipendien sind in erster Linie für Studienaufenthalte an staatlichen Hochschulen bestimmt.

Für einige der genannten Programme werden Stipendien (Gegenstipendien) vergeben, die mit der ukrainischen Seite für fast alle Fachrichtungen (ausgenommen künstlerische) jeweils vereinbart und die einschließlich der Sachleistungen vom DAAD aufgestockt werden können.

Die Leistungen der Gastuniversität umfassen in der Regel den Erlass der Studiengebühren, die Bereitstellung einer Unterbringung sowie ein Stipendium in einheimischer Währung.

| Länderbezogene Hinweise Europa | Ukraine | 4 |

Neben diesen ukrainischen Gegenstipendien steht eine geringe Zahl von Stipendien für Studien- und Forschungsvorhaben zur Verfügung, die allein vom DAAD finanziert werden und nicht an eine bestimmte Hochschule in der Ukraine gebunden sind. Die bei diesen Stipendien anfallenden Studiengebühren übernimmt der DAAD in der Regel bis zu einer Höhe von DM 5.000,– pro Studienjahr (Stand: 1.9.2000). Deshalb ist es notwendig, dass die Bewerbungen bereits konkrete Angaben darüber enthalten, ob das Vorhaben an einer oder mehreren Universitäten durchgeführt werden kann.

Der DAAD behält sich vor, Gegenstipendien vorrangig zu nutzen.

Studienjahr
September 2002 bis Juni 2003. Beginn: 1. September 2002 (auch für Semesterstipendien Studierende).

Sprachkenntnisse
Ausreichende Sprachkenntnisse der Landessprache sind bereits zum Zeitpunkt der Bewerbung erforderlich.

Besondere Hinweise
Der DAAD empfiehlt, sich bereits vor dem Zeitpunkt der Stipendienbewerbung mit den gewünschten Hochschulen in der Ukraine in Verbindung zu setzen. Bewerberinnen und Bewerber für ein Jahresstipendium sollten zur Auswahlsitzung eine Zusage eines ukrainischen Hochschullehrers zur wissenschaftlichen Betreuung oder zur Materialeinsicht in Archiven oder Bibliotheken vorlegen. Mindestens sollten Kontakte zur Gasthochschule belegt werden.

Es wird weiterhin auf das folgende Sonderprogramm hingewiesen:

Sonderprogramm Integrierte Umwelttechnik für Post-Docs und Experten aus der Praxis mit den Ländern Indien, Indonesien, Thailand, Vietnam, Argentinien, Brasilien, Mexiko, Uruguay, Rumänien und Ukraine. Einzelheiten hierzu in der Internet-Datenbank des DAAD (http://www.daad.de) und beim DAAD, Referat 421.

Hinweise zum Bewerbungsverfahren
Der Aufnahme eines Studienaufenthaltes in der Ukraine gehen jeweils eine an feste Termine gebundene Auswahl und ein längerer Vermittlungsprozess voraus. Bewerberinnen und Bewerber für ein Jahres- und Semesterstipendium müssen nach der Entscheidung über die Vergabe des Stipendiums ihren Lebenslauf und die Darstellung ihres Studien- bzw. Forschungsvorhabens in der jeweiligen Landessprache einreichen. Diese Unterlagen werden bei der Vergabe von Gegenstipendien an die gewünschten Hochschulen weitergeleitet. Da die Weitergabe sehr kurzfristig nach der Stipendienentscheidung erfolgen muss, wird dringend empfohlen, diese Unterlagen rechtzeitig bereitzuhalten.

Die Jahresstipendienanträge für die Ukraine werden mit persönlicher Vorstellung vor der Auswahlkommission entschieden. Analog gilt dies für regional übergreifende Aus-

4	Länderbezogene Hinweise Europa	Ukraine

wahlverfahren für die Fachrichtungen Musik, Bildende Künste/Design/Film, Architektur, Tanz/Choreographie/Schauspiel/Theaterregie/Musical (voraussichtliche Auswahltermine Mitte Januar/Anfang Februar 2002). Lediglich bei Bewerbungen aus dem Fachbereich Architektur wird eine Vorauswahl auf der Grundlage der eingereichten Bewerbungsunterlagen vorgeschaltet.

Für die ausgewählten Stipendiatinnen und Stipendiaten zur Teilnahme am Jahres- sowie Semesterstipendienprogramm veranstaltet der DAAD Ende Juni/Anfang Juli 2002 eine Einführungstagung in Bonn.

Weitere Förderprogramme
- Internationale Studien- und Ausbildungspartnerschaften (ISAP) s.S. 72 f.
- Förderung deutscher Gruppen von Studierenden unter Leitung von Hochschullehrern bei Informations-aufenthalten/Studienreisen im Ausland s.S. 74 ff.
- Förderung deutscher Gruppen von Studierenden unter Leitung von Hochschullehrern bei Studienpraktika im Ausland s.S. 78 ff.
- Bilateraler Wissenschaftleraustausch s.S. 164 f.
- Lehrtätigkeit an einer ausländischen Hochschule durch Vermittlung des DAAD: Lektoren s.S. 166 ff.
Dozenturen s.S. 170 ff.

Informationen
- Studieren und Forschen im Ausland. Ukraine. Hrsg.: Österreichisches Dokumentationszentrum für Auslandsstudien – ÖDOZA, Wien 1997 (zu beziehen bei ÖDOZA, 1010 Wien, Österreich, Schottengasse 1)
- Higher Education in Ukraine 1996-1997. Kyiv "Compass". Publishing House 1996 (ukrainisch/engl.)
- Wandel in Mittel- und Osteuropa IV. Länderbericht Ukraine. Aus: Materialien 21. Deutsche Investitions- und Entwicklungsgesellschaft mbH, Köln 1997
- Universities and Institutes of Ukraine. A Guide to Higher Education. Slavonic Center, Ministry of Education (Ukraine), Kiew 1994
- Sprachkurse an Hochschulen in Europa. DAAD/Bertelsmann (erscheint jährlich im März/April, erhältlich im Buchhandel oder direkt beim Verlag)
- Weitere Literaturangaben s.S. 424 f.

Länderbezogene Hinweise Europa	Ungarn	4

Ungarn

Teilstipendien für Studierende
- zum Studium an einer ungarischen Hochschule s.S. 26 f.
- zu kombinierten Studien- und Praxissemestern im Ausland s.S. 28 f.
- zu Semesteraufenthalten an einer ausländischen Hochschule s.S. 40 f.
- zur Teilnahme an Sprachkursen s.S. 55 ff.
- zur Teilnahme an Fachkursen s.S. 67 ff.
- Musik, Bildende Künste/Design/Film, Tanz/Choreographie/Schauspiel/Theaterregie/Musical s.S. 30 ff.
- zu kurzfristigen Studienaufenthalten für Abschlussarbeiten von Studierenden s.S. 51 ff.
- Kurzstipendien für Praktika im Rahmen von auslandsbezogenen Studiengängen s.S. 84
- zu kurzfristigen Studienaufenthalten für Magister- und Diplomarbeiten s.u. „Besondere Hinweise"

Stipendien für Graduierte und Promovierte
- zu Semesteraufenthalten im Rahmen von Masterstudiengängen s.S. 101 f.
- für kurzfristige Studienaufenthalte zur Anfertigung einer Masterarbeit s.S. 103 ff.
- zu Ergänzungs- und Aufbaustudien sowie zu Forschungsaufenthalten s.S. 90 f.
- Forschungsstipendien für promovierte Naturwissenschaftler, Ingenieurwissenschaftler und Mediziner (NATO) s.S. 106 ff.
- zur Teilnahme an Sprachkursen s.S. 151 ff.
- zur Teilnahme an Fachkursen s.S. 154 ff.
- Jahres- und Kurzstipendien für Doktoranden s.S. 92 ff.
- Jahres- und Kurzstipendien für Post-Docs s.S. 97 ff.
- Musik, Bildende Künste/Design/Film, Tanz/Choreographie/Schauspiel/Theaterregie/Musical s.S. 139 ff.
- zu kurzfristigen Studienaufenthalten für bildende Künstler s.S. 147
- DAAD-Sprachassistentinnen und Sprachassistenten an ausländischen Hochschulen s.S. 144 f.

Stipendieninformation
Stipendienhöhe s. Übersicht S. 296 ff.

Der DAAD nutzt vorrangig die von der ungarischen Regierung angebotenen Stipendien („Gegenstipendien") aus.

Die vom DAAD ausgewählten Bewerberinnen und Bewerber werden daher dem ungarischen Bildungsministerium für ein Stipendium vorgeschlagen. Von ungarischer Seite sind folgende Leistungen vorgesehen: Stipendium, Wohnheimplatz, landesübliche Versicherung und Vergünstigungen für Studierende, Befreiung von Studiengebühren. Wegen der möglichen Veränderungen der Stipendienleistungen sollte die aktuelle Höhe des ungarischen Stipendiums im DAAD erfragt werden.

4 Länderbezogene Hinweise
Europa — Ungarn

Der DAAD kann das ungarische Stipendium bis zur Höhe seiner üblichen Leistungen aufstocken.

Studienjahr
September bis Juni. Die Stipendien beginnen ab 1. September 2002.

Sprachkenntnisse
Gute Kenntnisse des Ungarischen sind erforderlich. Für Wirtschafts-, Natur- und Ingenieurwissenschaftler genügen bei kurzen Studienaufenthalten u.U. gute englische Sprachkenntnisse. In diesem Fall ist dem Antrag eine entsprechende Bestätigung des ungarischen Institutes darüber beizufügen, dass die Kommunikation in englischer oder deutscher Sprache erfolgen kann. Für Geisteswissenschaftler sind, vor allem bei längerfristigen Aufenthalten, gute ungarische Sprachkenntnisse erforderlich.

Besondere Hinweise
Es wird ausdrücklich darauf hingewiesen, dass Stipendien nicht nur an Philologen und Studierende der südosteuropäischen Geschichte vergeben werden, sondern an Angehörige sämtlicher Fächer.

Im Hinblick darauf, dass es sich um Stipendien handelt, die von ausländischer Seite zur Verfügung gestellt werden, ist mit längeren Bearbeitungszeiten zu rechnen (s.S. 21 f.). Die Bearbeitungsdauer für Jahres- und Kurzstipendien beträgt in der Regel 6 Monate.

Studierende, die durch einen deutschen Hochschullehrer betreut werden, können sich für kurzfristige Studienaufenthalte (1 bis 6 Monate) in Ungarn zum Zwecke der Materialsammlung für Magister- und Diplomarbeiten über den DAAD um ein Stipendium der ungarischen Regierung ohne finanzielle Aufstockung durch den DAAD bewerben. Bewerbungsvoraussetzungen und -unterlagen s.S. 14 ff.; Bewerbungstermin und -ort s.S. 18 f. sinngemäß. Die Betreuungszusage durch einen ungarischen Hochschullehrer wird vorausgesetzt.

Die Stipendien werden in der Regel nur zur Teilnahme an den normalen Studiengängen der ungarischen staatlichen Hochschulen vergeben, an denen von Stipendiatinnen und Stipendiaten keine Gebühren verlangt werden.

Weitere Förderprogramme
– Förderung deutscher Gruppen von Studierenden unter Leitung von Hochschullehrern bei Informations-aufenthalten/Studienreisen im Ausland s.S. 74 ff.
– Förderung deutscher Gruppen von Studierenden unter Leitung von Hochschullehrern bei Studienpraktika im Ausland s.S. 78 ff.
– Förderung des Projektbezogenen Personenaustauschs mit Ungarn s.S. 160 ff.
– Bilateraler Wissenschaftleraustausch s.S. 164 f.
– Lehrtätigkeit an einer ausländischen Hochschule durch Vermittlung des DAAD: Lektoren s.S. 166 ff.
  Dozenturen s.S. 170 ff.

Länderbezogene Hinweise Europa	Ungarn	4

Informationen
- Studienführer Mittel- und Osteuropa. DAAD/Bertelsmann (erhältlich im Buchhandel oder direkt beim Verlag)
- Studieren und Forschen im Ausland: Ungarn. Hrsg.: Österreichisches Dokumentationszentrum für Auslandsstudien – ÖDOZA, Wien 1997 (zu beziehen bei ÖDOZA, 1010 Wien, Österreich, Schottengasse 1)
- Studieninfo Ungarn. DAAD. Kurzinfo zur weiteren Recherche (erhältlich bei den Akademischen Auslandsämtern der deutschen Hochschulen)
- Higher Education Programs in Foreign Languages in Hungary. Hrsg.: Coordination Office for Higher Education/Hungarian Equivalence and Information Centre (erscheint jährlich)
- Doctoral Studies in Hungary. Hrsg.: Ministry of Culture and Education/Hungarian Equivalence and Information Centre, Budapest 1996
- Higher Education Institutions. Hrsg.: Ministry of Culture and Education/Hungarian Equivalence and Information Centre, Budapest
- Hat évszázad magyar egyetemei és föiskolai. Hrsg.: Müvelödési és közoktatási Ministerium, Budapest 1994
- Sprachkurse an Hochschulen in Europa. Hrsg.: DAAD, Bertelsmann-Verlag, Bielefeld (erscheint jährlich im März/April, erhältlich im Buchhandel oder direkt beim Verlag)
- Weitere Literaturangaben s.S. 424 f.

4

DAAD-Stipendien und Förderungsmöglichkeiten
besondere Hinweise für einzelne Länder und Regionen außerhalb Europas

USA, Kanada allgemein S. 256
Kanada S. 258
USA S. 261

Australien S. 266
Neuseeland S. 269

Lateinamerika (einschließlich Karibischer Raum) S. 271

Afrika (ohne Arabische Staaten) S. 274

Arabische Staaten und Iran S. 276

Israel S. 278

Asien S. 280

Armenien S. 283
Aserbaidschan S. 283
Georgien S. 283
Kasachstan S. 283
Kirgisistan S. 283
Tadschikistan S. 283
Turkmenistan S. 283
Usbekistan S. 283

VR China S. 285
Indien S. 288
Japan S. 290
Korea (Süd) S. 292
Taiwan S. 294

4 Länderbezogene Hinweise außerhalb Europas — USA, Kanada

USA, Kanada allgemein

Der DAAD empfiehlt, sich bereits vor dem Zeitpunkt der Stipendienbewerbung mit den gewünschten Hochschulen in USA und Kanada in Verbindung zu setzen. Bewerberinnen und Bewerber, die nicht an einem degree-Programm teilnehmen, müssen bis zur Auswahlsitzung eine Zusage der wissenschaftlichen Betreuung oder zur Materialeinsicht in Archiven oder Bibliotheken vorlegen. Dieser schriftliche Nachweis ist ein wichtiger Faktor bei der Auswahlentscheidung. Alle nordamerikanischen Hochschulen haben besondere Zulassungsbedingungen und -beschränkungen; es sollten deshalb frühzeitig Auskünfte und Zulassungsunterlagen eingeholt werden. Voraussetzung für eine Zulassung sind u.a. gute Examensergebnisse.

Studienjahr
- USA: September 2002 bis Juni 2003
- Kanada: September 2002 bis April 2003
- Stipendiendauer: 8 bis 12 Monate, je nach Programm
- Beginn: 1. September 2002

Sprachkenntnisse

Sehr gute Englischkenntnisse bzw. Französischkenntnisse (für einige kanadische Universitäten) sind unbedingt erforderlich.

Alle Bewerberinnen und Bewerber, die sich bei der Gasthochschule in ein Programm einschreiben möchten (außer für französischsprachige Universitäten der Provinz Québec), müssen den Test of English as a Foreign Language (TOEFL) ablegen; dies gilt auch für Bewerberinnen und Bewerber der Fachrichtungen Musik, Bildende Künste/Design/Film, Tanz/Choreographie/Schauspiel/Theaterregie/Musical. Das Ergebnis des TOEFL-Tests (nicht älter als zwei Jahre!) muss dem Stipendienantrag beigefügt werden und eine Mindestpunktzahl von 237 Punkten aufweisen. Für Bewerber im MBA- und LL.M-Programm gilt eine Mindestpunktzahl von 250 Punkten. Der Veranstalter ist der Educational Testing Service (ETS) – Test of English as a Foreign Language (TOEFL) – Box 899, Princeton, New Jersey, 08541, USA. Bewerberinnen und Bewerber aus Europa können sich zum Test bei folgender Stelle anmelden: CITO/Sylvan Prometric, P.O.Box 1109, 6801 BC Arnhem, Niederlande, Tel.: 0031-26-352-1577 oder per E-Mail unter: registration@cito.nl.

Da der DAAD über keinen Institutionen-Code verfügt, ist das Testergebnis fristgerecht durch den Bewerber selbst einzureichen.

Testzentren befinden sich in Hamburg, Berlin, Frankfurt, München. Der Test wurde im Sommer 1998 auf eine Computerversion umgestellt. Der neue Test am Computer wird nun werktäglich an den genannten Testzentren angeboten, und die Ergebnisse liegen innerhalb von 3 bis 7 Wochen vor. Eine möglichst rechtzeitige Anmeldung ist ratsam, da einzelne Testtermine oft schon früh ausgebucht sind. Das Testergebnis ist dem DAAD vom Bewerber unter genauer Angabe des betreffenden DAAD-Stipendienprogramms zuzusenden.

Länderbezogene Hinweise außerhalb Europas	USA, Kanada	4

Besondere Hinweise

In vielen Fällen werden außer dem Sprachtest auch der Zulassungstest zur Graduate School GRE oder Fachtests wie GMAT verlangt. Einzelheiten sind zu erfragen beim Admissions Office der amerikanischen bzw. der kanadischen Universität. Informationen über Testtermine etc. (Bulletin of Information for Candidates, International Edition) sind unmittelbar bei ETS oder Cito (s.o.) anzufordern. Alle Bewerberinnen und Bewerber im MBA-Programm müssen ihrem Stipendienantrag neben dem TOEFL-Test auch ein GMAT-Testergebnis von mindestens 250 Punkten beifügen. Die Kosten für die Tests muss der Bewerber bzw. die Bewerberin selbst tragen.

Bewerberinnen und Bewerber, die einen LL.M. oder MBA anstreben, begründen diesen Wunsch im Hinblick auf bisherige fachliche Interessen und Studienschwerpunkte sowie die künftigen Berufspläne. Der DAAD weist darauf hin, dass die Aussichten für Bewerberinnen und Bewerber der Fachrichtung Rechtswissenschaften, die zum Zeitpunkt der Bewerbung das 1. Staatsexamen noch nicht abgelegt haben, aufgrund der vergleichsweise schmalen Beurteilungsbasis recht ungünstig sind. TOEFL- und GMAT-Ergebnisse stellen wichtige Auswahlkriterien dar.

Bewerberinnen und Bewerber für ein Graduiertenstipendium, die ihr Studium zum Zeitpunkt der Bewerbung noch nicht abgeschlossen haben, müssen das Abschlusszeugnis spätestens vier Wochen vor Ausreise vorlegen. Ausnahmen sind nicht möglich. Es wird darauf hingewiesen, dass für die Bewerbung bei den nordamerikanischen Hochschulen ein Abschlusszeugnis u.U. schon im Frühjahr verlangt wird. Die Kandidatinnen und Kandidaten sind gehalten, dies bei ihrer Bewerbung zu berücksichtigen.

Hinweise zum Bewerbungsverfahren

Die Stipendienanträge für Kanada und USA werden in einem zweistufigen Auswahlverfahren (Vorauswahl auf der Grundlage der eingereichten Bewerbungsunterlagen, Hauptauswahl mit persönlicher Vorstellung) entschieden. Für LL.M-Vorhaben ist ein regional übergreifendes Verfahren vorgesehen.

Analog werden Bewerberinnen und Bewerber aus dem Fachbereich Architektur (einschließlich Innenarchitektur) sowie die Bewerber für ein MBA-Vorhaben ausgewählt.

Bewerbungen im Doktorandenprogramm werden auf der Grundlage der eingereichten Unterlagen bewertet.

Die Bewerberinnen und Bewerber der Fachrichtungen Musik, Bildende Kunst/Design/Film, Tanz/Choreographie/Schauspiel/Theaterregie/Musical werden alle zu einer Auswahl mit persönlicher Vorstellung (voraussichtlich Mitte Januar/Anfang Februar 2002) eingeladen.

| 4 | Länderbezogene Hinweise außerhalb Europas | Kanada |

Kanada

Teilstipendien für Studierende
- zum Studium an einer kanadischen Hochschule s.S. 26 f.
- zu kombinierten Studien- und Praxissemestern im Ausland s.S. 28 f.
- zu Semesteraufenthalten an einer ausländischen Hochschule s.S. 40 f.
- Musik, Bildende Künste/Design/Film, Tanz/Choreographie/Schauspiel/Theaterregie/Musical s.S. 30 ff.
- zu kurzfristigen Studienaufenthalten für Abschlussarbeiten von Studierenden s.S. 51 ff.
- Kurzstipendien für Praktika im Rahmen von auslandsbezogenen Studiengängen s.S. 84

Stipendien für Graduierte und Promovierte
- zu Semesteraufenthalten im Rahmen von Masterstudiengängen s.S. 101 f.
- für kurzfristige Studienaufenthalte zur Anfertigung einer Masterarbeit s.S. 103 ff.
- zu Ergänzungs- und Aufbaustudien sowie zu Forschungsaufenthalten s.S. 90 f.
- Forschungsstipendien für promovierte Naturwissenschaftler, Ingenieurwissenschaftler und Mediziner (NATO) s.S. 106 ff.
- Jahres- und Kurzstipendien für Doktoranden s.S. 92 ff.
- Jahres- und Kurzstipendien für Post-Docs s.S. 97 ff.
- Stipendien für Aufbaustudium Master of Business Administration (MBA) s.S. 124 f.
- Stipendien für ein LL.M (Master of Laws) Aufbaustudium s.S. 126 f.
- Musik, Bildende Künste/Design/Film, Tanz/Choreographie/Schauspiel/Theaterregie/Musical s.S. 139 ff.
- zu kurzfristigen Studienaufenthalten für bildende Künstler s.S. 147

Stipendieninformation
Stipendienhöhe s. Übersicht S. 296 ff.

Für einige Programme werden Stipendien (in der Regel zur Deckung der anfallenden Studiengebühren) vergeben, die von den nachfolgend aufgeführten Universitäten dem DAAD angeboten werden und zum Teil auf bestimmte Fachrichtungen an den Graduate Schools of Arts and Sciences beschränkt sind und die Professional Schools – Law, Business und Medicine – ausschließen. Die folgende Liste gibt jeweils die Spezifizierungen in Klammern an. Fehlt eine solche Angabe, ist das „Gegenstipendium" grundsätzlich für alle Fachrichtungen einschließlich der Professional Schools – soweit vorhanden – verfügbar.

- Concordia University
- Université Laval
- Université de Montréal
- Université du Québec
- Queen's University (School of Graduate Studies)
- McGill University, Montreal (College of Graduate Studies, auch Law)

| Länderbezogene Hinweise außerhalb Europas | Kanada | 4 |

- University of Toronto
- University of Victoria
- York University
- ggf. weitere Hochschulen in der Québec-Provinz

Neben diesen kanadischen Gegenstipendien steht **eine geringe Zahl** von Stipendien für Studien- und Forschungsvorhaben zur Verfügung, die allein vom DAAD finanziert werden und nicht an eine bestimmte Hochschule in Kanada gebunden sind. Die bei diesen Stipendien anfallenden Studiengebühren übernimmt der DAAD in der Regel bis zu einer Höhe von DM 15.000,- pro Studienjahr (Stand: 1.1.2001). Deshalb ist es notwendig, dass die Bewerbungen bereits konkrete Angaben darüber enthalten, ob das Vorhaben an einer oder mehreren der oben aufgeführten Universitäten durchgeführt werden kann.

Der DAAD behält sich vor, Gegenstipendien vorrangig zu nutzen und ggf. die Möglichkeit der Hochschulwahl von Stipendiatinnen und Stipendiaten einzuschränken.

Studienjahr
September 2002 bis April 2003
Stipendiendauer: 8 bis 12 Monate, je nach Programm
Beginn: 1. September 2002

Sprachkenntnisse
Siehe „Sprachkenntnisse" auf der Seite „USA, Kanada allgemein" (S. 256)

Hinweise zum Bewerbungsverfahren
Siehe „Besondere Hinweise" und „Hinweise zum Bewerbungsverfahren" auf der Seite „USA, Kanada allgemein" (S. 257)

Weitere Förderprogramme
- Internationale Studien- und Ausbildungspartnerschaften (ISAP) s.S. 72 f.
- Förderung deutscher Gruppen von Studierenden unter Leitung von Hochschullehrern bei Informations-aufenthalten/Studienreisen im Ausland s.S. 74 ff.
- Förderung deutscher Gruppen von Studierenden unter Leitung von Hochschullehrern bei Studienpraktika im Ausland s.S. 78 ff.
- Lehrtätigkeit an einer ausländischen Hochschule durch Vermittlung des DAAD:
Lektoren s.S. 166 ff.
Dozenturen s.S. 170 ff.

Die **Stiftung für Kanada-Studien** vergibt ein bis zu neunmonatiges Promotionsstipendium für eine besonders qualifizierte Nachwuchswissenschaftlerin bzw. einen besonders qualifizierten Nachwuchswissenschaftler auf dem Felde der Kanada-Studien zur Durchführung eines Forschungsaufenthaltes an einer Hochschule oder einer anderen wissenschaftlichen Einrichtung in Kanada. Bewerbungsschluss: **15. Oktober eines**

4 Länderbezogene Hinweise außerhalb Europas — Kanada

jeden Jahres. Weitere Informationen sind erhältlich bei der Stiftung für Kanada-Studien, Prof. Dr. Rainer-Olaf Schultze, Institut für Kanada-Studien, Universität Augsburg, 86135 Augsburg, Tel.: (08 21) 5 98-51 77.

Stipendien der kanadischen Regierung 2002/2003

Es ist zu erwarten, dass die kanadische Regierung im Sommer 2001 die Ausschreibung von circa 18 Stipendien für deutsche Graduierte und Promovierte bekannt geben wird. Bewerbungen sind für alle Fachrichtungen möglich. Die Bewerberinnen und Bewerber müssen nachweisen, dass ihre beabsichtigten Arbeiten ein kanadisches Thema betreffen oder ein Sachgebiet behandeln, auf dem kanadische Forschungsarbeiten einen anerkannten Beitrag geleistet haben. Ferner müssen Kontakte zu der in Aussicht genommenen kanadischen Gastinstitution bzw. dem Betreuer belegt werden.

Die Bewerberinnen und Bewerber sollten den überwiegenden Teil ihres Studiums in Deutschland absolviert und nach Möglichkeit bereits das Diplom bzw. einen gleichwertigen Abschluss abgelegt haben.

In der Regel sollte eine bisher in Kanada verbrachte Studienzeit mehrere Semester nicht überschreiten. Ziel des Programmes ist es, denjenigen einen Aufenthalt in Kanada zu ermöglichen, denen sich eine solche Chance normalerweise nicht bieten würde.

Die Bewerbungsunterlagen sind direkt beim DAAD, Referat 315, anzufordern. Einsendeschluss ist voraussichtlich der 15. November 2001. Die Vorauswahl der Stipendiatinnen und Stipendiaten erfolgt durch den DAAD, die endgültige Entscheidung fällt die kanadische Regierung.

Informationen

- Studienführer USA, Kanada. DAAD/Bertelsmann-Verlag, Bielefeld (erhältlich im Buchhandel oder direkt beim Verlag)
- Studieninfo Kanada. DAAD. Kurzinfo zur weiteren Recherche (erhältlich bei den Akademischen Auslandsämtern der deutschen Hochschulen)
- Directory of Canadian Universities – Répertoire des Universités Canadiennes. Hrsg.: Association of Universities and Colleges of Canada (AUCC), 350 Albert Street, Suite 600, Ottawa, Ontario K1R 1B1, Tel.: (613) 5 63-39 61 ext. 205, Fax: (613) 5 63-97 45, Internet: gales@aucc.ca
- Weitere Informationen sind zu beziehen über die Kanadische Botschaft
- Weitere Literaturangaben s.S. 424 f.

Länderbezogene Hinweise außerhalb Europas	USA	4

USA

Teilstipendien für Studierende
- zum Studium an einer amerikanischen Hochschule s.S. 26 f.
- zu kombinierten Studien- und Praxissemestern im Ausland s.s. 28 f
- zu Semesteraufenthalten an einer ausländischen Hochschule s.S. 40 f.
- Musik, Bildende Künste/Design/Film, Tanz/Choreographie/Schauspiel/Theaterregie/Musical s.s. 30 ff.
- zu kurzfristigen Studienaufenthalten für Abschlussarbeiten von Studierenden s.s. 51 ff.
- Kurzstipendien für Praktika im Rahmen von auslandsbezogenen Studiengängen s.s. 84.

Stipendien für Graduierte und Promovierte
- zu Semesteraufenthalten im Rahmen von Masterstudiengängen s.S. 101 f.
- für kurzfristige Studienaufenthalte zur Anfertigung einer Masterarbeit s.S. 103 ff.
- zu Ergänzungs- und Aufbaustudien sowie zu Forschungsaufenthalten s.S. 90 f.
- Forschungsstipendien für promovierte Naturwissenschaftler, Ingenieurwissenschaftler und Mediziner (NATO) s.S. 106 ff.
- J.F. Kennedy-Stipendien s.S. 115 f.
- Stipendien der Firma Boston Consulting Group s.S. 325 f.
- Stipendien zum Studium am Bologna Center der Johns Hopkins University in Bologna, Italien s.S. 137 f.
- Jahres- und Kurzstipendien für Doktoranden s.S. 92 ff.
- Jahres- und Kurzstipendien für Post-Docs s.S. 97 ff.
- Jahresstipendien für Post-Docs am International Compuer Science Institute (ICSI), Berkeley s.S. 109 ff.
- Stipendien für Aufbaustudium Master of Business Administration (MBA) s.S. 124 f.
- Stipendien für ein LL.M (Master of Laws) Aufbaustudium s.S. 126 f.
- Musik, Bildende Künste/Design/Film, Tanz/Choreographie/Schauspiel/Theaterregie/Musical s.S. 139 ff.
- zu kurzfristigen Studienaufenthalten für bildende Künstler s.S. 147

Stipendieninformation
Stipendienhöhe s. Übersicht S. 296 ff.

Aufgrund des US Tax Reform Act of 1986 können von amerikanischer Seite gewährte Stipendienleistungen (Lebenshaltungskosten, Gebühren[teil]erlasse) der amerikanischen Einkommensteuer unterworfen werden. Nähere Einzelheiten müssen nach Ankunft mit der Gasthochschule geklärt werden.

Für einige der genannten Programme werden Stipendien (in der Regel zur Deckung der Studiengebühren) vergeben, die von den nachfolgend aufgeführten Universitäten dem DAAD angeboten werden und die größtenteils auf die Fachrichtungen an den Graduate Schools of Arts and Sciences beschränkt sind und die Professional Schools –

4 Länderbezogene Hinweise außerhalb Europas — USA

Law, Business, Architecture und Medicine – in der Regel ausschließen. Die folgende Liste gibt jeweils die Spezifizierungen in Klammern an. Fehlt eine solche Angabe, ist das „Gegenstipendium" grundsätzlich für alle Fachrichtungen einschließlich der Professional Schools – soweit vorhanden – verfügbar. An einigen US-Universitäten können auch Studierende unter bestimmten Voraussetzungen als „non-degree graduate students" zugelassen werden, nämlich dann, wenn sie vor Beginn des geplanten US-Studiums das Grundstudium plus zwei volle Studiensemester abgeschlossen haben. An einigen wenigen US-Universitäten werden auch Studierende, die vor Beginn des US-Studiums das Grundstudium ohne zusätzliche Studiensemester abgeschlossen haben, akzeptiert. Angaben hierzu sind aus der nachfolgenden Liste der Universitäten und der Legende zur jeweiligen Kennzeichnung mit Sternchen (*) ersichtlich. Einzelheiten zu den Zulassungsvoraussetzungen müssen bei den entsprechenden Hochschulen erfragt werden.

Bewerberinnen und Bewerber sollten sich an Hand der Vorlesungsverzeichnisse amerikanischer Hochschulen informieren, in welchen Fachbereichen an den einzelnen Graduate Schools Studienmöglichkeiten angeboten werden. Vorlesungsverzeichnisse können bei den Amerika-Häusern auf Mikrofiche eingesehen werden.

- University of Arizona, Tuscon, Arizona (Graduate School of Arts and Sciences, MBA)
- Boston University, Boston, Massachusetts (Graduate School of Arts and Sciences, College of Communication, College of Engineering, School for the Arts, School of Business, School of Education, School of Public Health and the School of Medicine limited to the Division of Graduate Medical Sciences)
- *Brandeis University, Waltham, Massachusetts (Graduate School of Arts and Sciences)
- *Brown University, Providence, Rhode Island (Graduate School of Arts and Sciences)
- University of California, alle "Campusse"
- California Institute of the Arts, Valencia, California
- University of Chicago, Chicago, Illinois (Graduate School of Arts and Sciences)
- Chicago-Kent College of Law, Chicago, Illinois (nur LL.M)
- *Clark University, Worcester, Massachusetts (Graduate School of Arts and Sciences)
- Columbia University, New York City (Graduate School of Arts and Sciences)
- Cornell University, Ithaca, New York (Graduate School of Arts and Sciences, Architecture)
- Dartmouth College, Hanover, New Hampshire (Graduate School of Arts and Sciences)
- *Duke University, Durham, North Carolina (Graduate School of Arts and Sciences)
- *Emory University, Atlanta, Georgia (Graduate School of Arts and Sciences)
- University of Georgia, Athens, Georgia
- **Georgetown University, Washington, D. C. (Graduate School of Arts and Sciences, LL.M)
- Harvard University, Cambridge, Massachusetts: Holtzer Stipendium

| Länderbezogene Hinweise außerhalb Europas | USA | 4 |

- *Harvard University (Graduate School of Arts and Sciences, nur „non degree status")
- University of Illinois at Chicago, Illinois
- University of Illinois at Urbana-Champaign, Illinois
- *Indiana University, Bloomington, Indiana
- *University of Iowa, Iowa City, Iowa (Graduate School of Arts and Sciences)
- *Johns Hopkins University, Baltimore, Maryland
- *University of Kansas, Lawrence, Kansas (alle Fächer außer Law und Social Welfare, nur Lawrence Campus)
- *University of Massachusetts, Amherst, Massachusetts (Graduate School of Arts and Sciences)
- University of Michigan, Ann Arbor, Michigan
- *University of Minnesota, Minneapolis, Minnesota (Graduate School of Arts and Sciences)
- *University of Missouri, Columbia, Missouri
- *Monterey Institute of International Studies, Monterey, California
- ***Mount Holyoke College, South Hadley, Massachusettes (undergraduates only)
- *University of New Mexico, Albuquerque, New Mexico
- New School University, New York City (Graduate Faculty, Parsons School of Design)
- *New York University, New York City (Graduate School of Arts and Science)
- *Northwestern University, Evanston, Illinois (Graduate School of Arts and Sciences)
- *University of North Carolina, Chapel Hill, North Carolina (Graduate School of Arts and Sciences)
- University of Notre Dame, Notre Dame, Indiana (Graduate School of Arts and Sciences)
- *University of Oregon, Eugene, Oregon
- University of Pennsylvania, Philadelphia, Pennsylvania (Graduate School of Arts and Sciences, students in PhD program preferred)
- *Pennsylvania State University (Graduate School of Arts and Sciences)
- University of Pittsburgh, Pittsburgh, Pennsylvania (Graduate School of Arts and Sciences, MBA)
- *Princeton University, Princeton, New Jersey (Graduate School of Arts and Sciences, nur als „Visiting Student" = non-degree)
- *Rutgers University, New Brunswick, New Jersey (Graduate School of Arts and Sciences)
- ***Smith College, Northampton, Massachusettes (undergraduates only)
- Stanford University, Stanford, California (Graduate School of Arts and Sciences)
- *State University of New York at Stony Brook, New York (Graduate School of Arts and Sciences)
- *State University of New York at Buffalo, New York (Graduate School of Arts and Sciences)
- **University of Texas, Austin, Texas

4 Länderbezogene Hinweise außerhalb Europas — USA

- *Vanderbilt University, Nashville, Tennessee (Graduate School of Arts and Sciences)
- *University of Virginia, Charlottesville, Virginia (Graduate School of Arts and Sciences)
- *University of Washington, Seattle, Washington
- *Washington University, St. Louis, Missouri (Graduate School of Arts and Sciences)
- *Wesleyan University, Middletown, Connecticut (prefer students from Universität Regensburg)
- **University of Wisconsin, Madison, Wisconsin (alle Fächer außer Jura und Medizin)
- *Yale University, New Haven, Connecticut (Graduate School of Arts and Sciences)

   * Studierende möglich, wenn vor Beginn des US-Studiums das Grundstudium plus zwei zusätzliche volle Studiensemester abgeschlossen sind.
  ** Studierende möglich, wenn vor Beginn des US-Studiums das Grundstudium plus zwei zusätzliche volle Studiensemester abgeschlossen sind, aber nur für die Graduate Schools of Arts and Sciences.
*** für Studierende, die vor Beginn des US-Studiums das Grundstudium, aber keine zusätzlichen Studiensemester abgeschlossen haben.

Neben diesen amerikanischen Gegenstipendien stehen auch Stipendien für Studien- und Forschungsvorhaben zur Verfügung, die allein vom DAAD finanziert werden und nicht an eine bestimmte Hochschule in den USA gebunden sind. Die bei diesen Stipendien anfallenden Studiengebühren übernimmt der DAAD in der Regel bis zu einer Höhe von DM 20.000,- pro Studienjahr (Stand: 1.12.2000). Deshalb ist es notwendig, dass die Bewerbungen bereits konkrete Angaben darüber enthalten, ob das Vorhaben an einer oder mehreren der oben aufgeführten Universitäten durchgeführt werden kann.

Der DAAD behält sich vor, Gegenstipendien vorrangig zu nutzen und ggf. die Möglichkeit der Hochschulwahl von Stipendiatinnen und Stipendiaten einzuschränken.

Studienjahr
- September 2002 bis Juni 2003
- Stipendiendauer: 8 bis 12 Monate, je nach Programm
- Beginn: 1. September 2002

Sprachkenntnisse
Siehe „Sprachkenntnisse" auf der Seite „USA, Kanada allgemein" (S. 256)

Hinweise zum Bewerbungsverfahren
Siehe „Besondere Hinweise" und „Hinweise zum Bewerbungsverfahren" auf der Seite „USA, Kanada allgemein" (S. 257)

Länderbezogene Hinweise außerhalb Europas	USA	4

Weitere Förderprogramme
- Internationale Studien- und Ausbildungspartnerschaften (ISAP) s.S. 72 f.
- Förderung deutscher Gruppen von Studierenden unter Leitung von Hochschullehrern bei Informations-aufenthalten/Studienreisen im Ausland s.S. 74 ff.
- Förderung deutscher Gruppen von Studierenden unter Leitung von Hochschullehrern bei Studienpraktika im Ausland s.S. 78 ff.
- Förderung des Projektbezogenen Personenaustauschs in Geistes-, Wirtschafts- und Sozialwissenschaften sowie in Natur- und Ingenieurwissenschaften mit dem American Council of Learned Societies (ACLS) und mit der National Science Foundation (NSF) s.S. 160 ff.
- Lehrtätigkeit an einer ausländischen Hochschule durch Vermittlung des DAAD: Dozenturen s.S. 166 ff.

Informationen
- Studienführer USA, Kanada. DAAD/Bertelsmann (erhältlich im Buchhandel oder direkt beim Verlag)
- Studieninfo USA. DAAD. Kurzinfo zur weiteren Recherche (erhältlich bei den Akademischen Auslandsämtern der deutschen Hochschulen)
- Directory of Graduate Programs published by Educational Testing Service, Princeton, New Jersey 08541-6000
- Peterson's Guide to Graduate and Professional Programs: An Overview. Hrsg.: Peterson's, P.O.Box 2123, Princeton, NJ 08543-2123, USA (erscheint jährlich)
- Weitere Auskünfte über Studienmöglichkeiten in den USA erteilen die Amerika-Häuser bzw. -Zentren, bei denen Vorlesungsverzeichnisse amerikanischer Hochschulen auf Mikrofiche eingesehen werden können sowie die Fachhochschule Hannover (http://www.fh-hannover.de/usa) und das Council on International Educational Exchange e.V., Oranienburger Straße 13-14, 10178 Berlin, Tel.: (0 30) 28 48 59-0, Fax: (0 30) 28 09 61 80, E-Mail: infogermany@councilexchanges.de; http://www.council.de
- Weitere Literaturangaben s.S. 424 f.

4 Länderbezogene Hinweise außerhalb Europas — Australien

Australien

Teilstipendien für Studierende
- zum Studium an einer australischen Hochschule s.S. 26 f.
- zu kombinierten Studien- und Praxissemestern im Ausland s.S. 28 f.
- zu Semesteraufenthalten an einer ausländischen Hochschule s.S. 40 f.
- zu kurzfristigen Studienaufenthalten für Abschlussarbeiten von Studierenden s.S. 51 ff.
- Musik, Bildende Künste/Design/Film, Tanz/Choreographie/Schauspiel/Theaterregie/Musical s.S. 30 ff.
- Kurzstipendien für Praktika im Rahmen von auslandsbezogenen Studiengängen s.S. 84.

Stipendien für Graduierte und Promovierte
- zu Semesteraufenthalten im Rahmen von Masterstudiengängen s.S. 101 f.
- für kurzfristige Studienaufenthalte zur Anfertigung einer Masterarbeit s.S. 103 ff.
- zu Ergänzungs- und Aufbaustudien sowie zu Forschungsaufenthalten s.S. 90 f.
- Jahres- und Kurzstipendien für Doktoranden s.S. 92 ff.
- Jahres- und Kurzstipendien für Post-Docs s.S. 97 ff.
- Stipendien für Aufbaustudium Master of Business Administration (MBA) s.S. 124 f.
- Stipendien für ein LL.M (Master of Laws) Aufbaustudium s.S. 126 f.
- Musik, Bildende Künste/Design/Film, Tanz/Choreographie/Schauspiel/Theaterregie/Musical s.S. 139 ff.
- zu kurzfristigen Studienaufenthalten für bildende Künstler s.S. 147

Stipendieninformation
Stipendienhöhe s. Übersicht S. 296 ff.

Studienjahr
März bis November. Die Stipendien beginnen Anfang März 2002 (für 10 Monate).

Besondere Hinweise
Der DAAD empfiehlt, sich bereits vor dem Zeitpunkt der Stipendienbewerbung mit der gewünschten australischen Hochschule in Verbindung zu setzen. Bewerberinnen und Bewerber, die nicht an einem Degree-Programm teilnehmen, müssen bis zur Auswahlsitzung eine Zusage der wissenschaftlichen Betreuung oder Materialeinsicht in Archiven oder Bibliotheken vorlegen.

Bei Graduierten muss das Studien- bzw. Forschungsvorhaben in der Regel an einer Hochschule des Gastlandes durchgeführt werden; in gut begründeten Fällen sind auch Feld- und Archivarbeiten möglich.

| Länderbezogene Hinweise außerhalb Europas | Australien | 4 |

Bewerberinnen und Bewerber, die ihr Studium zum Zeitpunkt der Bewerbung noch nicht abgeschlossen haben, müssen das Zeugnis über das abgeschlossene Hochschulstudium – zumindest jedoch eine Aufstellung aller Abschlussnoten – bis Ende Dezember (Stipendienantritt im Februar/März) vorlegen. Bewerberinnen und Bewerber, die ihr zweites Examen oder die Promotion abschließen, müssen ebenfalls bis Ende Dezember den entsprechenden Nachweis erbringen.

Bewerberinnen und Bewerber, die in Australien ein Studium mit einem Abschluss anstreben, müssen zusammen mit ihrer Bewerbung das Ergebnis des TOEFL- oder IELTS-Tests (IELTS = International English Language Testing System) einreichen (zum TOEFL-Test vgl. S. 256).

Bewerberinnen und Bewerber um ein Jahresstipendium zu Ergänzungs- und Aufbaustudien sowie zu Forschungsaufenthalten und Bewerber um ein Jahresstipendium im Doktorandenprogramm werden darauf hingewiesen, dass sie sich der Auswahlkommission persönlich vorstellen müssen.

Weitere Förderprogramme
- Internationale Studien- und Ausbildungspartnerschaften (ISAP) s.S. 72 f.
- Förderung deutscher Gruppen von Studierenden unter Leitung von Hochschullehrern bei Informationsaufenthalten/Studienreisen im Ausland s.S. 74 ff.
- Förderung deutscher Gruppen von Studierenden unter Leitung von Hochschullehrern bei Studienpraktika im Ausland s.S. 78 ff.
- Lehrtätigkeit an einer ausländischen Hochschule durch Vermittlung des DAAD: Dozenturen s.S. 170 ff.

Stipendienprogramme der australischen Regierung 2002

Australian-European Awards Program
Die australische Regierung bietet jedes Jahr zwei Studien- bzw. Forschungsstipendien für Bewerberinnen und Bewerber an, die ihr Hochschulstudium abgeschlossen haben. Die Stipendien gelten für ein akademisches Jahr und können nicht verlängert werden. Sie schließen ein:
- Reisekosten nach Australien und zurück (nur für den Stipendiaten, nicht für seine Angehörigen)
- die anfallenden Studiengebühren
- Beihilfe zu den Lebenshaltungskosten (wird alle 2 Wochen in Raten von $ A 668.34 gezahlt).

Stipendien werden in Australien nicht versteuert. Die Höhe der Stipendienraten wird von Zeit zu Zeit neu festgelegt.
Bewerberinnen und Bewerber sollten am 1. März 2002 das 35. Lebensjahr noch nicht vollendet haben.
Sehr gute Englischkenntnisse sind unbedingt erforderlich.
Bewerbungsunterlagen sind direkt beim DAAD, Referat 424, anzufordern. Die Auswahl findet in Australien statt.

4 Länderbezogene Hinweise außerhalb Europas — Australien

Bewerbungsschluss: zu erfragen beim DAAD, Referat 424.

Overseas Postgraduate Research Scholarship Program
Die australische Regierung bietet Gebührenstipendien zum Erwerb eines Master- oder Ph.D.-Abschlusses in verschiedenen Fachrichtungen an. Diese Stipendien decken die Studiengebühren für einen zweijährigen Masterkurs bzw. einen dreijährigen Ph.D.-Kurs.
- Bewerberinnen und Bewerber sollten das 35. Lebensjahr nicht überschritten haben.
- Bewerbungsunterlagen sind bei der jeweiligen australischen Universität anzufordern und einzureichen.
- Bewerbungsschluss: Ende September 2001

Informationen
- Studieninfo Australien. DAAD. Kurzinfo zur weiteren Recherche (erhältlich bei den Akademischen Auslandsämtern der deutschen Hochschulen)
- Auskünfte über die Studienmöglichkeiten erteilt der "Student Information Service" der Australischen Botschaft.
- Australian Education. A Guide for European Students. Hrsg.: International Development Program of Australian Universities and Colleges – IDP, Canberra (zu beziehen bei IDP Education Australia, GPO Box 2006, Canberra ACT 2601, Tel.: +616 285 82 22, Fax: +616 285 30 36) (erscheint jährlich)
- Courses Available. Hrsg.: IDP (zu beziehen bei IDP, s.o.; erscheint jährlich)
- Australian Universities. Hrsg.: IDP (zu beziehen bei IDP, s.o.; erscheint jährlich)
- A Guide to Australian Universities. A Directory of Programs offered by Australian Universities. Hrsg.: IDP (zu beziehen bei IDP, s.o.; erscheint jährlich)
- Study and Travel in Australia. Hrsg.: IDP (zu beziehen bei IDP, s.o.; erscheint jährlich)
- Postgraduate Study in Australia. Canberra (zu beziehen bei IDP, s.o.)
- Australian Study Opportunities. Hrsg.: IDP (zu beziehen bei IDP, s.o.; erscheint jährlich)
- Study at an Australian University. Hrsg.: Australian Government Publishing Service, GPO Box 84, Canberra ACT 2601
- The Good Universities Guide to Australian Universities. Hrsg.: Ashenden Milligan Pty Ltd, 38 Gloster Street, Subiaco, Western Australia 6008, 1996
- Weitere Informationen erteilt das Overseas Student Office, P.O. Box 25, Woden A.C.T. 2606 Australia
- Weitere Literaturangaben s.S. 424 f.

| Länderbezogene Hinweise außerhalb Europas | Neuseeland | 4 |

Neuseeland

Teilstipendien für Studierende
- zum Studium an einer neuseeländischen Hochschule s.S. 26 f.
- zu kombinierten Studien- und Praxissemestern im Ausland s.S. 28 f.
- zu Semesteraufenthalten an einer ausländischen Hochschule s.S. 40 f.
- Musik, Bildende Künste/Design/Film, Tanz/Choreographie/Schauspiel/Theaterregie/Musical s.S. 30 ff.
- zu kurzfristigen Studienaufenthalten für Abschlussarbeiten von Studierenden s.S. 51 ff.
- Kurzstipendien für Praktika im Rahmen von auslandsbezogenen Studiengängen s.S. 84

Stipendien für Graduierte und Promovierte
- zu Semesteraufenthalten im Rahmen von Masterstudiengängen s.S. 101 f.
- für kurzfristige Studienaufenthalte zur Anfertigung einer Masterarbeit s.S. 103 ff.
- zu Ergänzungs- und Aufbaustudien sowie zu Forschungsaufenthalten s.S. 90 f.
- Jahres- und Kurzstipendien für Doktoranden s.S. 92 ff.
- Jahres- und Kurzstipendien für Post-Docs s.S. 97 ff.
- Stipendien für Aufbaustudium Master of Business Administration (MBA) s.S. 124 f.
- Musik, Bildende Künste/Design/Film, Tanz/Choreographie/Schauspiel/Theaterregie/Musical s.S. 139 ff.
- zu kurzfristigen Studienaufenthalten für bildende Künstler s.S. 147

Stipendieninformation
Stipendienhöhe s. Übersicht S. 296 ff.

Studienjahr
März bis November. Die Stipendien beginnen am 1. März 2002 (für 9 Monate)

Besondere Hinweise
Der DAAD empfiehlt, sich bereits vor dem Zeitpunkt der Stipendienbewerbung mit der gewünschten neuseeländischen Hochschule in Verbindung zu setzen. Bewerberinnen und Bewerber, die nicht an einem Degree-Programm teilnehmen, müssen bis zur Auswahlsitzung eine Zusage der wissenschaftlichen Betreuung oder Materialeinsicht in Archiven oder Bibliotheken vorlegen.

Bei Graduierten muss das Studien- bzw. Forschungsvorhaben in der Regel an einer Hochschule des Gastlandes durchgeführt werden; in gut begründeten Fällen sind auch Feld- und Archivarbeiten möglich.

Bewerberinnen und Bewerber, die ihr Studium zum Zeitpunkt der Bewerbung noch nicht abgeschlossen haben, müssen das Zeugnis über das abgeschlossene Hochschulstudium – zumindest jedoch eine Aufstellung aller Abschlussnoten – bis Ende Dezem-

| 4 | Länderbezogene Hinweise außerhalb Europas | Neuseeland |

ber (Stipendienantritt im März) vorlegen. Bewerberinnen und Bewerber, die ihr zweites Examen oder die Promotion abschließen, müssen ebenfalls bis Ende Dezember den entsprechenden Nachweis erbringen.

Bewerberinnen und Bewerber, die in Neuseeland ein Studium mit einem Abschluss anstreben, müssen zusammen mit ihrer Bewerbung das Ergebnis des TOEFL- oder IELTS-Tests (IELTS = International English Language Testing System) einreichen (zum TOEFL-Test vgl. S. 256).

Bewerberinnen und Bewerber um ein Jahresstipendium zu Ergänzungs- und Aufbaustudien sowie zu Forschungsaufenthalten und Bewerber um ein Jahresstipendium im Doktorandenprogramm werden darauf hingewiesen, dass sie sich der Auswahlkommission persönlich vorstellen müssen.

Weitere Förderprogramme
- Internationale Studien- und Ausbildungspartnerschaften (ISAP) s.S. 72 f.
- Förderung deutscher Gruppen von Studierenden unter Leitung von Hochschullehrern bei Informations-aufenthalten/Studienreisen im Ausland s.S. 74 ff.
- Förderung deutscher Gruppen von Studierenden unter Leitung von Hochschullehrern bei Studienpraktika im Ausland s.S. 78 ff.
- Lehrtätigkeit an einer ausländischen Hochschule durch Vermittlung des DAAD: Dozenturen s.S. 170 ff.

Informationen
- Auskünfte erteilt das Neuseeländische Generalkonsulat, Heimhuder Str. 56, 20184 Hamburg
- Studieninfo Neuseeland. Kurzinfo zur weiteren Recherche. DAAD (erhältlich bei den Akademischen Auslandsämtern der deutschen Hochschulen)
- Study in New Zealand – Tertiary Education. Hrsg.: New Zealand Education International Ltd. (NZEIL), 114 The Terrace, P.O.Box 10-500, Wellington, Neuseeland
- New Zealand Education. Handbook of Courses and Costs. Hrsg.: New Zealand Education International Ltd. (NZEIL)
- Excellence – NZ Education Directory. Hrsg.: Suedden & Cerrin Publishing Limited, 1st Floor, 38 East Street, Newton, Auckland, New Zealand
- Weitere Literaturangaben s.S. 424 f.

Länderbezogene Hinweise außerhalb Europas	Lateinamerika	4

Lateinamerika (einschließlich Karibischer Raum)

Teilstipendien für Studierende
- zum Studium an einer Hochschule Lateinamerikas und der Karibik s.S. 26 f.
- zu kombinierten Studien- und Praxissemestern im Ausland s.S. 28 f.
- zu Semesteraufenthalten an einer ausländischen Hochschule s.S. 40 f.
- Musik, Bildende Künste/Design/Film, Tanz/Choreographie/Schauspiel/Theaterregie/Musical s.S. 30 ff.
- zu kurzfristigen Studienaufenthalten für Abschlussarbeiten von Studierenden s.S. 51 ff.
- Kurzstipendien für Praktika im Rahmen von auslandsbezogenen Studiengängen s.S. 84

Stipendien für Graduierte und Promovierte
- zu Semesteraufenthalten im Rahmen von Masterstudiengängen s.S. 101 f.
- für kurzfristige Studienaufenthalte zur Anfertigung einer Masterarbeit s.S. 103 ff.
- zu Ergänzungs- und Aufbaustudien sowie zu Forschungsaufenthalten s.S. 90 f.
- Jahres- und Kurzstipendien für Doktoranden s.S. 92 ff.
- Jahres- und Kurzstipendien für Post-Docs s.S. 97 ff.
- Musik, Bildende Künste/Design/Film, Tanz/Choreographie/Schauspiel/Theaterregie/Musical s.S. 139 ff.
- zu kurzfristigen Studienaufenthalten für bildende Künstler s.S. 147
- Sonderprogramm Biotechnologie für Post-Docs mit den Ländern Brasilien, VR China (einschl. Hongkong) und Indonesien s.S. 112 ff.
- FAPESP-DAAD-Forschungsstipendien für promovierte deutsche Nachwuchswissenschaftlerinnen und -wissenschaftler an Hochschulen im Bundesstaat São Paulo, Brasilien, s.S. 117 ff.
- DAAD-Sprachassistentinnen und Sprachassistenten an ausländischen Hochschulen s.S. 144 f.

Stipendieninformation
Stipendienhöhe s. Übersicht S. 296 ff.

Neben der Förderung des Studiums an lateinamerikanischen Hochschulen und von Ergänzungs- und Aufbaustudien für Graduierte in allen Ländern Lateinamerikas bestehen Förderungsmöglichkeiten für Feld- und Archivarbeiten von Doktoranden und jüngeren promovierten Wissenschaftlern.

Für Mediziner mit Approbation wird ein Studienaufenthalt in Lateinamerika besonders interessant sein, falls sie sich tropenmedizinischen Studien widmen möchten.

Es wird weiterhin auf das folgende Sonderprogramm hingewiesen:
Sonderprogramm Integrierte Umwelttechnik für Post-Docs und Experten aus der Praxis mit den Ländern Indien, Indonesien, Thailand, Vietnam, Argentinien, Brasilien,

4 Länderbezogene Hinweise außerhalb Europas — Lateinamerika

Mexiko, Uruguay, Rumänien und Ukraine. Einzelheiten hierzu in der Internet-Datenbank des DAAD (http://www.daad.de) und beim DAAD, Referat 421.

Für Bewerberinnen und Bewerber, die lediglich ihre Kenntnisse in der Sprache des Gastlandes vervollständigen oder allgemein landeskundliche Studien treiben möchten, stehen keine Stipendien zur Verfügung.

Studienjahr
In den meisten Ländern März bis Dezember; Mexiko September bis Juni. Die Stipendien beginnen Frühjahr 2002 oder Sommer/Herbst 2002.

Sprachkenntnisse
Erforderlich sind gute spanische bzw. portugiesische, für einige Länder im karibischen Raum entsprechend gute englische bzw. französische Sprachkenntnisse.

Weitere Förderprogramme
- Internationale Studien- und Ausbildungspartnerschaften (ISAP) s.S. 72 f.
- Förderung deutscher Gruppen von Studierenden unter Leitung von Hochschullehrern bei Informations-aufenthalten/Studienreisen im Ausland s.S. 74 ff.
- Förderung deutscher Gruppen von Studierenden unter Leitung von Hochschullehrern bei Studienpraktika im Ausland s.S. 78 ff.
- Förderung des Projektbezogenen Personenaustauschs mit Argentinien, Brasilien und Chile s.S. 160 ff.
- Bilateraler Wissenschaftleraustausch s.S. 164 f.
- Lehrtätigkeit an einer ausländischen Hochschule durch Vermittlung des DAAD:
  Lektoren s.S. 166 ff
  Dozenturen s.S. 170 ff.

Ausländische Stipendien

Die mexikanische Regierung bietet dem DAAD jährlich bis zu 10 Stipendien für deutsche Graduierte an. Bewerbungen für diese Stipendien müssen zu den üblichen Terminen über die Akademischen Auslandsämter beim DAAD eingereicht werden. Diese Stipendien werden vom DAAD durch einen Zuschuss aufgestockt.

Die brasilianische Koordinierungsstelle für die Förderung des Hochschullehrernachwuchses CAPES bietet jährlich bis zu 10 Stipendien für deutsche Graduierte an. Sie sind bestimmt für Forschungsarbeiten an einer brasilianischen Hochschule im Zusammenhang mit einer Promotion an einer Hochschule in Deutschland. Die Stipendiendauer beträgt in der Regel 1 Jahr, maximal 2 Jahre. Die Laufzeit richtet sich nach dem brasilianischen Hochschuljahr, das heißt von März bis Februar. Voraussetzung für eine Bewerbung sind neben dem Studienabschluss an einer deutschen Hochschule der schriftliche Nachweis der Betreuung durch einen brasilianischen Hochschullehrer sowie gute Grundkenntnisse der portugiesischen Sprache.

Länderbezogene Hinweise außerhalb Europas	Lateinamerika	4

Das Instituto Colombiano de Crédito Educativo y Estudios Técnicos en el Exterior (ICETEX) bietet jährlich Stipendien für deutsche Graduierte an. Diese Stipendien sind bestimmt für ein Vertiefungsstudium an einer kolumbianischen Hochschule, einer staatlichen oder privaten Forschungsinstitution. Bei Feldforschungen ist eine Einbindung in eine Hochschule bzw. offizielle Forschungsinstitution in Kolumbien erforderlich.

Informationen
- Literaturnachweise mit Standortangaben in deutschen Bibliotheken zur politischen, wirtschaftlichen und gesellschaftlichen Entwicklung Lateinamerikas durch Deutsches Übersee-Institut, Referat Lateinamerika, Neuer Jungfernstieg 21, 20354 Hamburg. Auskünfte über Studienmöglichkeiten sind dort nicht erhältlich.
- Studieninfo Lateinamerika nördlicher Bereich / Studieninfo Lateinamerika südlicher Bereich. DAAD. Kurzinfos zur weiteren Recherche (erhältlich bei den Akademischen Auslandsämtern der deutschen Hochschulen)
- Weitere Literaturangaben s.S. 424 f.

4 Länderbezogene Hinweise außerhalb Europas — Afrika

Afrika (ohne Arabische Staaten)

Teilstipendien für Studierende
- zum Studium an einer afrikanischen Hochschule s.S. 26 f.
- zu kombinierten Studien- und Praxissemestern im Ausland s.S. 28 f.
- zu Semesteraufenthalten an einer ausländischen Hochschule s.S. 40 f.
- zur Teilnahme am Intensivsprachkursprogramm Hausa bzw. Bambara s.S. 65 f.
- Musik, Bildende Künste/Design/Film, Tanz/Choreographie/Schauspiel/Theaterregie/Musical s.S. 30 ff.
- zu kurzfristigen Studienaufenthalten für Abschlussarbeiten von Studierenden s.S. 51 ff.
- Kurzstipendien für Praktika im Rahmen von auslandsbezogenen Studiengängen s.S. 84

Stipendien für Graduierte und Promovierte
- zu Semesteraufenthalten im Rahmen von Masterstudiengängen s.S. 101 f.
- für kurzfristige Studienaufenthalte zur Anfertigung einer Masterarbeit s.S. 103 ff.
- zu Ergänzungs- und Aufbaustudien sowie zu Forschungsaufenthalten s.S. 90 f.
- Jahres- und Kurzstipendien für Doktoranden s.S. 92 ff.
- Jahres- und Kurzstipendien für Post-Docs s.S. 97 ff.
- Musik, Bildende Künste/Design/Film, Tanz/Choreographie/Schauspiel/Theaterregie/Musical s.S. 139 ff.
- zu kurzfristigen Studienaufenthalten für bildende Künstler s.S. 147
- DAAD-Sprachassistentinnen und Sprachassistenten an ausländischen Hochschulen s.S. 144 f.

Stipendieninformation
Stipendienhöhe s. Übersicht S. 296 ff.

Studienjahr
Je nach geographischer Lage von Februar bis November, Juli bis März bzw. Oktober bis Juni. Die Stipendien beginnen dementsprechend.

Sprachkenntnisse
Es sind gute Kenntnisse der englischen bzw. französischen Sprache erforderlich; bei einem Sprachstudium ausreichende Kenntnisse der entsprechenden afrikanischen Sprache.

Besondere Hinweise
Neben der Förderung des Studiums an afrikanischen Hochschulen und von Ergänzungs- und Aufbaustudien für Graduierte in den Ländern Afrikas bestehen Förderungsmöglichkeiten für Feld- und Archivarbeiten jüngerer promovierter Wissenschaftler.

| Länderbezogene Hinweise außerhalb Europas | Afrika | 4 |

Für Mediziner mit Approbation wird ein Studienaufenthalt in den Ländern Afrikas besonders interessant sein, falls sie sich tropenmedizinischen Studien widmen möchten.

Stipendien zum Studium afrikanischer Sprachen können nur gewährt werden, wenn hierfür bereits in Deutschland gute Vorbereitungen getroffen wurden; es ist nicht möglich, das Studium einer Sprache erst im Gastland zu beginnen.

Kandidatinnen und Kandidaten, die Forschungen in Afrika durchführen wollen, benötigen eine Forschungserlaubnis der Regierung des Gastlandes. Diese „Research Clearance" muss vom Bewerber bzw. der Bewerberin selbst beantragt werden und wird nicht automatisch durch die Stipendienzusage gewährleistet. Der Antrag läuft circa drei bis neun Monate. Es empfiehlt sich daher, den Antrag bei der betreffenden Regierung frühzeitig zu stellen. Das Stipendium kann erst verliehen werden, wenn die Forschungserlaubnis vorliegt.

Für die meisten afrikanischen Länder ist ein Visum erforderlich, das rechtzeitig beantragt werden sollte.

Weitere Förderprogramme
- Internationale Studien- und Ausbildungspartnerschaften (ISAP) s.S. 72 f.
- Förderung deutscher Gruppen von Studierenden unter Leitung von Hochschullehrern bei Informationsaufenthalten/Studienreisen im Ausland s.S. 74 ff.
- Förderung deutscher Gruppen von Studierenden unter Leitung von Hochschullehrern bei Studienpraktika im Ausland s.S. 78 ff.
- Bilateraler Wissenschaftleraustausch s.S. 164 f.
- Lehrtätigkeit an einer ausländischen Hochschule durch Vermittlung des DAAD: Lektoren s.S. 166 ff.
Dozenturen s.S. 170 ff.

Informationen
- Auskünfte über englischsprachige Hochschulen Afrikas erteilt der Registrar der jeweiligen Hochschule, über französischsprachige Universitäten unterrichten der Secrétaire Général oder das Rektorat der jeweiligen Hochschule.
- Literaturnachweise mit Standortangaben in deutschen Bibliotheken zur politischen, wirtschaftlichen und gesellschaftlichen Entwicklung Afrikas durch Deutsches Übersee-Institut, Referat Afrika, Neuer Jungfernstieg 21, 20354 Hamburg. Auskünfte über Studienmöglichkeiten sind dort nicht erhältlich.
- Directory of African Universities. Hrsg.: Association of African Universities (AAU)
- Weitere Literaturangaben s.S. 424 f.

Arabische Staaten und Iran

Teilstipendien für Studierende
- zum Studium an einer arabischen/iranischen Hochschule s.S. 26 f.
- zu kombinierten Studien- und Praxissemestern im Ausland s.S. 28 f.
- zu Semesteraufenthalten an einer ausländischen Hochschule s.S. 40 f.
- zur Teilnahme am Semesterprogramm für Arabisch in Kairo s.S. 48 f.
- zur Teilnahme an Arabischkursen in Tunis s.S. 61 f.
- Musik, Bildende Künste/Design/Film, Tanz/Choreographie/Schauspiel/Theaterregie/Musical s.S. 30 ff.
- zu kurzfristigen Studienaufenthalten für Abschlussarbeiten von Studierenden s.S. 51 ff.
- Kurzstipendien für Praktika im Rahmen von auslandsbezogenen Studiengängen s.S. 84

Stipendien für Graduierte und Promovierte
- zu Semesteraufenthalten im Rahmen von Masterstudiengängen s.S. 101 f.
- für kurzfristige Studienaufenthalte zur Anfertigung einer Masterarbeit s.S. 103 ff.
- zu Ergänzungs- und Aufbaustudien sowie zu Forschungsaufenthalten s.S. 90 f.
- zur Teilnahme an Arabischkursen s.u. „Besondere Hinweise"
- Jahres- und Kurzstipendien für Doktoranden s.S. 92 ff.
- Jahres- und Kurzstipendien für Post-Docs s.S. 97 ff.
- Musik, Bildende Künste/Design/Film, Tanz/Choreographie/Schauspiel/Theaterregie/Musical s.S. 139 ff.
- zu kurzfristigen Studienaufenthalten für bildende Künstler s.S. 147
- DAAD-Sprachassistentinnen und Sprachassistenten an ausländischen Hochschulen s.S. 144 f.

Stipendieninformation
Stipendienhöhe s. Übersicht S. 296 ff.

Studienjahr
Das Studienjahr beginnt in der Regel Ende September/Anfang Oktober. Die Stipendien beginnen im Herbst 2002.

Sprachkenntnisse
Sehr gute Englisch- bzw. Französischkenntnisse sind für alle Länder erforderlich; zum Studium der Geistes- und Sozialwissenschaften werden in fast allen arabischen Ländern gute Arabischkenntnisse vorausgesetzt.

Länderbezogene Hinweise außerhalb Europas	Arabische Staaten und Iran	4

Besondere Hinweise

Neben der Förderung von Ergänzungs- und Aufbaustudien für Graduierte in allen oben genannten Ländern bestehen Förderungsmöglichkeiten für Feld- und Archivarbeiten jüngerer promovierter Wissenschaftler. **Ein Studium an einer Hochschule des Gastlandes ist nicht Bedingung.**

Graduierte (mit Ausnahme der Fachrichtung Arabistik/Islamwissenschaft/Orientalistik), die im Rahmen ihrer akademischen Weiterbildung oder zur Verbesserung ihrer beruflichen Qualifikation den Ausbau ihrer bereits erworbenen Grundkenntnisse der arabischen Hochsprache anstreben, können **Stipendien über ein Hochschuljahr zur Teilnahme an Sprachkursen** erhalten. Die Motivation für das Vorhaben sollte durch den bisherigen akademischen oder beruflichen Werdegang detailliert nachgewiesen werden. Vorkenntnisse der arabischen Hochsprache sind erforderlich. Die Bewerbungen sind bis zum 31.3.2002 beim Akademischen Auslandsamt, Büro Fachhochschulpräsident/-Rektor einzureichen.

Weitere Förderprogramme

- Internationale Studien- und Ausbildungspartnerschaften (ISAP) s.S. 72 f.
- Förderung deutscher Gruppen von Studierenden unter Leitung von Hochschullehrern bei Informationsaufenthalten/Studienreisen im Ausland s.S. 74 ff.
- Förderung deutscher Gruppen von Studierenden unter Leitung von Hochschullehrern bei Studienpraktika im Ausland s.S. 78 ff.
- Bilateraler Wissenschaftleraustausch s.S. 164 f.
- Lehrtätigkeit an einer ausländischen Hochschule durch Vermittlung des DAAD: Lektoren s.S. 166 ff.
  Dozenturen s.S. 170 ff.

Informationen

- Auskünfte über Studienbedingungen in Ägypten sowie über Stipendien der ägyptischen Regierung erteilt die Außenstelle des DAAD, German Academic Exchange Service, 11, Sh. Saleh Ayoub, Cairo-Zamalek, Ägypten.
- Einige Staaten der Region bieten Stipendien für Deutsche an. Nähere Auskünfte erteilt das Referat 425 des DAAD.
- Literaturnachweise mit Standortangaben in deutschen Bibliotheken zur politischen, wirtschaftlichen und gesellschaftlichen Entwicklung des Nahen Ostens durch Deutsches Übersee-Institut, Referat Vorderer Orient, Neuer Jungfernstieg 21, 20354 Hamburg. Auskünfte über Studienmöglichkeiten sind dort nicht erhältlich.
- Weitere Literaturangaben s.S. 424 f.

4 Länderbezogene Hinweise außerhalb Europas — Israel

Israel

Teilstipendien für Studierende
- zum Studium an einer israelischen Hochschule s.S. 26 f.
- zu kombinierten Studien- und Praxissemestern im Ausland s.S. 28 f.
- zu Semesteraufenthalten an einer ausländischen Hochschule s.S. 40 f.
- zur Teilnahme an Hebräischkursen in Beersheva s.S. 63 f.
- zum Theologiestudium in Jerusalem s.S. 38 f.
- Musik, Bildende Künste/Design/Film, Tanz/Choreographie/Schauspiel/Theaterregie/Musical s.S. 30 ff.
- zu kurzfristigen Studienaufenthalten für Abschlussarbeiten von Studierenden s.S. 51 ff.
- Kurzstipendien für Praktika im Rahmen von auslandsbezogenen Studiengängen s.S. 84

Stipendien für Graduierte und Promovierte
- zu Semesteraufenthalten im Rahmen von Masterstudiengängen s.S. 101 f.
- für kurzfristige Studienaufenthalte zur Anfertigung einer Masterarbeit s.S. 103 ff.
- zu Ergänzungs- und Aufbaustudien sowie zu Forschungsaufenthalten s.S. 90 f.
- zur Teilnahme an Hebräischkursen in Beersheva s.S. 63 f.
- Jahres- und Kurzstipendien für Doktoranden s.S. 92 ff.
- Jahres- und Kurzstipendien für Post-Docs s.S. 97 ff.
- Musik, Bildende Künste/Design/Film, Tanz/Choreographie/Schauspiel/Theaterregie/Musical s.S. 139 ff.
- zu kurzfristigen Studienaufenthalten für bildende Künstler s.S. 147
- Regierungsstipendien des Staates Israel s. unten

Stipendieninformation
Stipendienhöhe s. Übersicht S. 296 ff.

Studienjahr
Das Studienjahr beginnt in der Regel Ende September/Anfang Oktober. Die Stipendien beginnen im Herbst 2002.

Sprachkenntnisse
Für Studium oder Forschung an israelischen Universitäten werden sehr gute Englischkenntnisse vorausgesetzt; für die Teilnahme an regulären Studiengängen sind sehr gute Hebräischkenntnisse absolut erforderlich. Die jeweiligen Sprachkenntnisse müssen durch einen schriftlichen Nachweis belegt werden.

Länderbezogene Hinweise außerhalb Europas	Israel	4

Besondere Hinweise

Neben der Förderung des Studiums an einer israelischen Hochschule und von Ergänzungs- und Aufbaustudien für Graduierte bestehen Förderungsmöglichkeiten für Feld- und Archivarbeiten jüngerer promovierter Wissenschaftler. **Ein Studium an einer Hochschule des Gastlandes ist nicht Bedingung.**

Weitere Förderprogramme
- Internationale Studien- und Ausbildungspartnerschaften (ISAP) s.S. 72 f.
- Förderung deutscher Gruppen von Studierenden unter Leitung von Hochschullehrern bei Informationsaufenthalten/Studienreisen im Ausland s.S. 74 ff.
- Förderung deutscher Gruppen von Studierenden unter Leitung von Hochschullehrern bei Studienpraktika im Ausland s.S. 78 ff.
- Lehrtätigkeit an einer ausländischen Hochschule durch Vermittlung des DAAD:
  Lektoren s.S. 166 ff.
  Dozenturen s.S. 170 ff.

Israelische Regierungsstipendien

Der Staat Israel bietet für deutsche Graduierte aller Fachrichtungen Stipendien zu Forschungsvorhaben an einer israelischen Universität an. Anträge müssen direkt an die Israelische Botschaft in Berlin gestellt werden. Nähere Informationen und Antragsformulare sind dort erhältlich: Israelische Botschaft, Schinkelstraße 10, 14193 Berlin, Tel.: (0 30) 89 04 55 00.

Abgabeschluss: Dezember (genauen Termin bitte in der israelischen Botschaft erfragen).

Informationen
- Auskünfte über Studienbedingungen in Israel erteilt die Kulturabteilung der Israelischen Botschaft.
- Literaturnachweise mit Standortangaben in deutschen Bibliotheken zur politischen, wirtschaftlichen und gesellschaftlichen Entwicklung des Nahen Ostens durch Deutsches Übersee-Institut, Referat Vorderer Orient, Neuer Jungfernstieg 21, 20354 Hamburg. Auskünfte über Studienmöglichkeiten sind dort nicht erhältlich.
- Studieren und Forschen im Ausland: Israel. Hrsg.: Österreichisches Dokumentationszentrum für Auslandsstudien – ÖDOZA, Wien (zu beziehen bei ÖDOZA, Schottengasse 1, 1010 Wien, Österreich)
- Higher Education in Israel – A Guide for Overseas Students. Hrsg.: Committee for Overseas Students of the Planning and Budgeting Committee-Council for Higher Education in Israel, P.O.B. 4037, Jerusalem 91040
- Weitere Literaturangaben s.S. 424 f.

4 Länderbezogene Hinweise außerhalb Europas — Asien

Asien
ausgenommen Armenien, Aserbaidschan, Georgien, Kasachstan, Kirgisistan, Tadschikistan, Turkmenistan, Usbekistan, VR China, Indien, Japan, Korea und Taiwan

Zum Studium in den hier ausgeschlossenen Ländern werden auf den folgenden Seiten gesonderte Förderungsmöglichkeiten angeboten.

Teilstipendien für Studierende
- zum Studium an einer asiatischen Hochschule s.S. 26 f.
- zu kombinierten Studien- und Praxissemestern im Ausland s.S. 28 f.
- zu Semesteraufenthalten an einer ausländischen Hochschule s.S. 40 f.
- Musik, Bildende Künste/Design/Film, Tanz/Choreographie/Schauspiel/Theaterregie/Musical s.S. 30 ff.
- zu kurzfristigen Studienaufenthalten für Abschlussarbeiten von Studierenden s.S. 51 ff.
- Kurzstipendien für Praktika im Rahmen von auslandsbezogenen Studiengängen s.S. 84

Stipendien für Graduierte und Promovierte
- zu Semesteraufenthalten im Rahmen von Masterstudiengängen s.S. 101 f.
- für kurzfristige Studienaufenthalte zur Anfertigung einer Masterarbeit s.S. 103 ff.
- zu Ergänzungs- und Aufbaustudien sowie zu Forschungsaufenthalten s.S. 90 f.
- zum Studium ostasiatischer Sprachen s.S. 128
- Jahres- und Kurzstipendien für Doktoranden s.S. 92 ff.
- Jahres- und Kurzstipendien für Post-Docs s.S. 97 ff.
- Musik, Bildende Künste/Design/Film, Tanz/Choreographie/Schauspiel/Theaterregie/Musical s.S. 139 ff.
- zu kurzfristigen Studienaufenthalten für bildende Künstler s.S. 147
- Sonderprogramm Biotechnologie für Post-Docs mit den Ländern Brasilien, VR China (einschl. Hongkong) und Indonesien s.S. 112 ff.
- DAAD-Sprachassistentinnen und Sprachassistenten an ausländischen Hochschulen s.S. 144 f.

Stipendieninformation
Stipendienhöhe s. Übersicht S. 296 ff.

Studienjahr
Sehr unterschiedlich. Siehe Angaben in „Study Abroad". Die Stipendien beginnen in der Regel im Herbst. Dauer der Stipendien: im Allgemeinen 12 Monate.

Länderbezogene Hinweise außerhalb Europas	Asien	4

Sprachkenntnisse

Es sind für die meisten Länder Asiens gute Englischkenntnisse nachzuweisen. Darüber hinaus sind ausreichende Kenntnisse der Unterrichtssprache des Gastlandes erforderlich. Generell ist der Nachweis zu erbringen, dass das Arbeitsvorhaben ohne sprachliche Schwierigkeiten realisiert werden kann.

Besondere Hinweise

Neben der Förderung des Studiums an asiatischen Hochschulen und von Ergänzungs- und Aufbaustudien für Graduierte in den asiatischen Ländern bestehen Förderungsmöglichkeiten für Feld- und Archivarbeiten jüngerer promovierter Wissenschaftler.

Für Mediziner mit Approbation wird ein Studienaufenthalt in diesen Ländern besonders interessant sein, falls sie sich tropenmedizinischen Studien widmen möchten.

Es wird weiterhin auf das folgende Sonderprogramm hingewiesen:
Sonderprogramm Integrierte Umwelttechnik für Post-Docs und Experten aus der Praxis mit den Ländern Indien, Indonesien, Thailand, Vietnam, Argentinien, Brasilien, Mexiko, Uruguay, Rumänien und Ukraine. Einzelheiten hierzu in der Internet-Datenbank des DAAD (http://www.daad.de) und beim DAAD, Referat 421.

Weitere Förderprogramme

- Internationale Studien- und Ausbildungspartnerschaften (ISAP) s.S. 72 f.
- Förderung deutscher Gruppen von Studierenden unter Leitung von Hochschullehrern bei Informationsaufenthalten/Studienreisen im Ausland s.S. 74 ff.
- Förderung deutscher Gruppen von Studierenden unter Leitung von Hochschullehrern bei Studienpraktika im Ausland s.S. 78 ff.
- Bilateraler Wissenschaftleraustausch s.S. 164 f.
- Lehrtätigkeit an einer ausländischen Hochschule durch Vermittlung des DAAD: Lektoren s.S. 166 ff.
Dozenturen s.S. 170 ff.

Ausländische Stipendien

Die Universitäten in Singapur, The National University of Singapore und Nanyang Technological University, bieten ausländischen Graduierten Stipendien für Masterkurse und Ph.D.-Programme an. Die Stipendien werden zunächst für ein Jahr verliehen, sie sind maximal für Masterkurse um ein Jahr und Ph.D.-Programme um zwei Jahre verlängerbar.

Bewerbungsfrist:
15. Mai (für Januar des folgenden Jahres)
15. Dezember (für Juli des folgenden Jahres)

4	Länderbezogene Hinweise außerhalb Europas	Asien

Weitere Informationen und Bewerbungsunterlagen sind nur schriftlich erhältlich bei:
– The Registrar, National University of Singapore, 10 Kent Ridge Crescent, Singapore 119260, Tel.: (00 65) 8 74 23 01, Fax: (00 65) 7 78 63 71, http:www.nus.sg
– The Registrar, Nanyang Technological University (Yunnan Garden Campus), Nanyang Avenue, Singapore 639798, Tel.: (00 65) 7 91 17 44, Fax: (00 65) 7 93 11 40

Informationen
– Literaturnachweise mit Standortangaben in deutschen Bibliotheken zur politischen, wirtschaftlichen und gesellschaftlichen Entwicklung der erwähnten Region durch Deutsches Übersee-Institut, Referat Asien und Südpazifik, Neuer Jungfernstieg 21, 20354 Hamburg. Auskünfte über Studienmöglichkeiten sind dort nicht erhältlich.
– Weitere Literaturangaben s.S. 424 f.

Länderbezogene Hinweise außerhalb Europas	Kaukasus, Zentralasien	4

Armenien, Aserbaidschan, Georgien, Kasachstan, Kirgisistan, Tadschikistan, Turkmenistan, Usbekistan

Zum Studium in den hier nicht genannten asiatischen Ländern werden auf den beiden vorhergehenden und den folgenden Seiten gesonderte Förderungsmöglichkeiten angeboten.

Teilstipendien für Studierende
- zum Studium an Hochschulen der Region s.S. 26 f.
- zu kombinierten Studien- und Praxissemestern im Ausland s.S. 28 f.
- zu Semesteraufenthalten an einer ausländischen Hochschule s.S. 40 f.
- Musik, Bildende Künste/Design/Film, Tanz/Choreographie/Schauspiel/Theaterregie/Musical s.S. 30 ff.
- zu kurzfristigen Studienaufenthalten für Abschlussarbeiten von Studierenden s.S. 51 ff.
- Kurzstipendien für Praktika im Rahmen von auslandsbezogenen Studiengängen s.S. 84

Stipendien für Graduierte und Promovierte
- zu Semesteraufenthalten im Rahmen von Masterstudiengängen s.S. 101 f.
- für kurzfristige Studienaufenthalte zur Anfertigung einer Masterarbeit s.S. 103 ff.
- zu Ergänzungs- und Aufbaustudien sowie zu Forschungsaufenthalten (Laufzeit: 10 Monate) s.S. 90 f.
- Forschungsstipendien für promovierte Naturwissenschaftler, Ingenieurwissenschaftler und Mediziner (NATO) s.S. 106 ff.
- Jahres- und Kurzstipendien für Doktoranden s.S. 92 ff.
- Jahres- und Kurzstipendien für Post-Docs s.S. 97 ff.
- Musik, Bildende Künste/Design/Film, Tanz/Choreographie/Schauspiel/Theaterregie/Musical s.S. 139 ff.
- zu kurzfristigen Studienaufenthalten für bildende Künstler s.S. 147
- DAAD-Sprachassistentinnen und Sprachassistenten an ausländischen Hochschulen s.S. 144 f.

Stipendieninformation
Stipendienhöhe s. Übersicht S. 296 ff.

Die Stipendien einschließlich Sachleistungen (zum Beispiel Unterbringung) werden in der Regel von dem jeweiligen Land zur Verfügung gestellt und können vom DAAD aufgestockt werden (Aufstockungsstipendium). Darüber hinaus übernimmt der DAAD für Stipendiatinnen und Stipendiaten, die kein Aufstockungsstipendium erhalten, die Vermittlung an eine ausländische Hochschule. Die Leistungen der Gasthochschule bestehen in der Regel im Erlass der Studiengebühren, in der Bereitstellung einer Unterbringung sowie in der Zahlung eines Stipendiums in einheimischer Währung. Die genauen Leistungen des Gastlandes standen zum Zeitpunkt der Drucklegung noch nicht fest.

| 4 | Länderbezogene Hinweise außerhalb Europas | Kaukasus, Zentralasien |

Für die DAAD-Stipendiatinnen und -Stipendiaten übernimmt der DAAD die Flugkosten bis zum Studienort.

Studienjahr
September bis Juni. Der Antrittstermin für alle Stipendien ist in der Regel der 1. September 2002.

Sprachkenntnisse
Ausreichende Kenntnisse der Landessprache oder alternativ der russischen Sprache sind zum Zeitpunkt der Bewerbung erwünscht. Sofern bereits im Vorfeld Kontakt zur aufnehmenden Hochschule besteht, kann auch geklärt werden, inwieweit Kenntnisse der englischen oder deutschen Sprache zur Durchführung des Studienvorhabens ausreichen.

Besondere Hinweise
Der Aufnahme eines Studienaufenthaltes in dieser Region gehen jeweils eine an feste Termine gebundene Auswahl und ein längerer Vermittlungsprozess voraus. Hierdurch kann sich der gewünschte Ausreisetermin unter Umständen verschieben.

Denjenigen, die einen Studienaufenthalt mit anderen Mitteln planen, wird in jedem Fall empfohlen, sich beim DAAD um ein Gegenstipendium zu bewerben.

Nominierungen im Rahmen der Graduiertenförderung der Länder (s.S. 316 ff.) sowie der Förderung aus anderen Mitteln (BAföG, Stiftungen) erfolgen durch den DAAD zu den gleichen Terminen; auch diese Stipendiatinnen und Stipendiaten müssen daher ihre Unterlagen entsprechend rechtzeitig einreichen.

Vor der Ausreise findet in der Regel ein Vorbereitungsseminar in Bonn statt. Zuständig im DAAD ist das Referat 321.

Weitere Förderprogramme
– Internationale Studien- und Ausbildungspartnerschaften (ISAP) s.S. 72 f.
– Förderung deutscher Gruppen von Studierenden unter Leitung von Hochschullehrern bei Informationsaufenthalten/Studienreisen im Ausland s.S. 74 ff.
– Förderung deutscher Gruppen von Studierenden unter Leitung von Hochschullehrern bei Studienpraktika im Ausland s.S. 78 ff.
– Bilateraler Wissenschaftleraustausch s.S. 164 f.
– Lehrtätigkeit an einer ausländischen Hochschule durch Vermittlung des DAAD: Lektoren und Lektoren s.S. 166 ff.
  Dozenturen s.S. 170 ff.

Informationen
– Stand und Perspektiven der Zusammenarbeit mit Hochschulen in Armenien, Aserbaidschan, Georgien, Kasachstan, Kirgisistan, Tadschikistan, Turkmenistan und Usbekistan. HRK-Materialien zur Hochschulkooperation 9/1997
– Weitere Literaturangaben s.S. 424 f.

| Länderbezogene Hinweise außerhalb Europas | Volksrepublik China | 4 |

Volksrepublik China

Teilstipendien für Studierende
- zum Studium an einer chinesischen Hochschule s.S. 26 f.
  Es können sich Studierende der Sinologie und/oder der chinesischen Sprache bewerben. Bei Bewerbern anderer Fachrichtungen werden chinesische Grundkenntnisse vorausgesetzt. Bewerberinnen und Bewerber müssen sich bei Stipendienantritt (WS 2002/2003 im 5. bis 9. Fachsemester befinden und die Zwischenprüfung abgelegt bzw. das Grundstudium abgeschlossen haben.
- zu kombinierten Studien- und Praxissemestern im Ausland s.S. 28 f.
- zu Semesteraufenthalten an einer ausländischen Hochschule s.S. 40 f.
- Musik, Bildende Künste/Design/Film, Tanz/Choreographie/Schauspiel/Theaterregie/Musical s.S. 30 ff.
- zu kurzfristigen Studienaufenthalten für Abschlussarbeiten von Studierenden s.S. 51 ff.
- Kurzstipendien für Praktika im Rahmen von auslandsbezogenen Studiengängen s.S. 84

Stipendien für Graduierte und Promovierte
- zu Semesteraufenthalten im Rahmen von Masterstudiengängen s.S. 101 f.
- für kurzfristige Studienaufenthalte zur Anfertigung einer Masterarbeit s.S. 103 ff.
- zu Ergänzungs- und Aufbaustudien sowie zu Forschungsaufenthalten s.S. 90 f.
- zum Studium ostasiatischer Sprachen s.S. 128
- Jahres- und Kurzstipendien für Doktoranden s.S. 92 ff.
- Jahres- und Kurzstipendien für Post-Docs s.S.97 ff.
- Musik, Bildende Künste/Design/Film, Tanz/Choreographie/Schauspiel/Theaterregie/Musical s.S. 139 ff.
- zu kurzfristigen Studienaufenthalten für bildende Künstler s.S. 147
- Zwei Jahre Sprache und Praxis in der VR China s.S. 133 f.
- Sonderprogramm Biotechnologie für Post-Docs mit den Ländern Brasilien, VR China (einschl. Hongkong) und Indonesien s.S. 112 ff.
- DAAD-Sprachassistentinnen und Sprachassistenten an ausländischen Hochschulen s.S. 144 f.

Stipendieninformation
Stipendienhöhe s. Übersicht S. 296 ff.

Das Stipendium und die Sachleistungen der chinesischen Seite werden vom DAAD bis zur Höhe eines DAAD-Stipendiums aufgestockt. Die Studiengebühren übernimmt die chinesische Seite.

4 Länderbezogene Hinweise außerhalb Europas — Volksrepublik China

Studienjahr
Beginn: 1. September

Sprachkenntnisse
Grundsätzlich müssen bei der Bewerbung ausreichende Kenntnisse der chinesischen Sprache nachgewiesen werden. Der Umfang der diesbezüglichen Anforderungen ist je nach Fachrichtung verschieden. Dies gilt insbesondere für Bewerberinnen und Bewerber, die ein Ergänzungsstudium zur Verbesserung chinesischer Sprachkenntnisse anstreben (s.S. 128).

Besondere Hinweise
Im Programm „Jahresstipendien für Studierende" können sich Studierende der Sinologie und/oder der chinesischen Sprache bewerben. Bei Bewerbern anderer Fachrichtungen werden chinesische Grundkenntnisse vorausgesetzt. Bewerberinnen und Bewerber müssen sich bei Stipendienantritt (WS 2002/2003) im 5. bis 9. Fachsemester befinden und die Zwischenprüfung abgelegt bzw. das Grundstudium abgeschlossen haben.

Über die endgültige Gewährung des Stipendiums entscheidet der China Scholarship Council in Beijing auf Vorschlag der Fachkommission des DAAD. Den Hochschulort bestimmt das chinesische Erziehungsministerium unter weitgehender Berücksichtigung von geäußerten Wünschen. Die Einleitung des Zulassungsverfahrens erfolgt nach der Auswahl durch den DAAD.

Studierende haben ggf. einem von der Hochschule festgelegten Studienplan zu folgen. Eigene Forschungen sind, und das gilt auch bzw. insbesondere für Graduierte, nicht immer durchführbar.

Außer den Jahresstipendien werden bis zu 8 Kurzstipendien von zwei- bis sechsmonatiger Dauer vergeben, um die sich Doktorandinnen und Doktoranden (mit chinesischen Sprachkenntnissen) bewerben können.

Entsprechend den chinesischen Bestimmungen sollten Bewerberinnen und Bewerber nicht älter als 35 Jahre sein. Besonderer Wert wird auf den Nachweis eines guten Gesundheitszustandes vor Stipendienantritt gelegt.

Die Mitnahme von Familienangehörigen kann auf chinesischer Seite auf Schwierigkeiten stoßen.

Für deutsche Studierende und Graduierte aller Fachrichtungen besteht ferner die Möglichkeit, unter Erlass der Studiengebühren im Rahmen des Selbstzahlerprogramms an chinesischen Hochschulen zu studieren. Sie müssen mindestens Grundkenntnisse der chinesischen Sprache sowie ein mindestens viersemestriges Studium nachweisen. Über die Vermittlung des Studienplatzes entscheidet die chinesische Seite. Bewerbungsformulare müssen schriftlich bis zum 15.12.2001 beim DAAD, Referat 423, angefordert werden.

Länderbezogene Hinweise außerhalb Europas	Volksrepublik China	4

Weitere Förderprogramme
- Internationale Studien- und Ausbildungspartnerschaften (ISAP) s.S. 72 f.
- Förderung deutscher Gruppen von Studierenden unter Leitung von Hochschullehrern bei Informationsaufenthalten/Studienreisen im Ausland s.S. 74 ff.
- Förderung deutscher Gruppen von Studierenden unter Leitung von Hochschullehrern bei Studienpraktika im Ausland s.S. 78 ff.
- Förderung des Projektbezogenen Personenaustauschs mit Hongkong s.S. 160 ff.
- Bilateraler Wissenschaftleraustausch s.S. 164 f.
- Lehrtätigkeit an einer ausländischen Hochschule durch Vermittlung des DAAD: Lektoren s.S.166 ff.
Dozenturen s.S. 170 ff.

Informationen
- Studienführer China, Japan. DAAD/Bertelsmann (erhältlich im Buchhandel oder direkt beim Verlag)
- Studieninfo VR China. DAAD. Kurzinfo zur weiteren Recherche (erhältlich bei den Akademischen Auslandsämtern der deutschen Hochschulen)
- Chinese Universities and Colleges. Hrsg.: Chinese Education Association for International Exchange (zu beziehen über Higher Education Press, 55 Shatan Houjie, Beijing, 10 000 9, P.S. China)
- Literaturnachweise mit Standortangaben in deutschen Bibliotheken zur politischen, wirtschaftlichen und gesellschaftlichen Entwicklung der VR China durch Deutsches Übersee-Institut, Referat Asien und Südpazifik, Neuer Jungfernstieg 21, 20354 Hamburg. Auskünfte über Studienmöglichkeiten sind dort nicht erhältlich.
- Weitere Literaturangaben s.S. 424 f.

4	Länderbezogene Hinweise außerhalb Europas	Indien

Indien

Teilstipendien für Studierende
- zum Studium an einer indischen Hochschule s.S. 26 f.
- zu kombinierten Studien- und Praxissemestern im Ausland s.S. 28 f.
- zu Semesteraufenthalten an einer ausländischen Hochschule s.S. 40 f
- zu kurzfristigen Studienaufenthalten für Abschlussarbeiten von Studierenden s.S. 51 ff.
- Musik, Bildende Künste/Design/Film, Tanz/Choreographie/Schauspiel/Theaterregie/Musical s.S. 30 ff.
- Kurzstipendien für Praktika im Rahmen von auslandsbezogenen Studiengängen s.S. 84

Stipendien für Graduierte und Promovierte
- zu Semesteraufenthalten im Rahmen von Masterstudiengängen s.S. 101 f.
- für kurzfristige Studienaufenthalte zur Anfertigung einer Masterarbeit s.S. 103 ff.
- zu Ergänzungs- und Aufbaustudien sowie zu Forschungsaufenthalten s.S. 90 f.
- Jahres- und Kurzstipendien für Doktoranden s.S. 92 ff.
- Jahres- und Kurzstipendien für Post-Docs s.S. 97 ff.
- Musik, Bildende Künste/Design/Film, Tanz/Choreographie/Schauspiel/Theaterregie/Musical s.S. 139 ff.
- zu kurzfristigen Studienaufenthalten für bildende Künstler s.S. 147

Stipendieninformation
Stipendienhöhe s. Übersicht S. 296 ff.

Der DAAD nutzt vorrangig die vom indischen Erziehungsministerium angebotenen Stipendien („Gegenstipendien") aus. Die vom DAAD ausgewählten Bewerberinnen und Bewerber werden daher dem indischen Erziehungsministerium für ein Stipendium vorgeschlagen.

Der von indischer Seite zur Verfügung gestellte Stipendienbetrag wird vom DAAD auf den in der o.g. Übersicht angegebenen Betrag aufgestockt.

Sprachkenntnisse
Gute englische Sprachkenntnisse sind erforderlich. Feldarbeiten setzen Grundkenntnisse der betreffenden Regionalsprache voraus.

Besondere Hinweise
Hin- und Rückreisekosten (Flug) werden von der indischen Regierung übernommen (Air India), wenn ein „Gegenstipendium" verliehen wird.

Länderbezogene Hinweise außerhalb Europas	Indien	4

Für Jahresstipendien (außer für Musik, Bildende Künste/Design/Film, Tanz/Choreographie/Schauspiel/Theaterregie/Musical) ist eine Bewerbung nur bis zum **30. September 2001** möglich. Die Ausreise kann erfahrungsgemäß nicht vor Sommer/Herbst 2002 erfolgen.

Es wird weiterhin auf das folgende Sonderprogramm hingewiesen:
Sonderprogramm Integrierte Umwelttechnik für Post-Docs und Experten aus der Praxis mit den Ländern Indien, Indonesien, Thailand, Vietnam, Argentinien, Brasilien, Mexiko, Uruguay, Rumänien und Ukraine. Einzelheiten hierzu in der Internet-Datenbank des DAAD (http://www.daad.de) und beim DAAD, Referat 421.

Weitere Förderprogramme
- Internationale Studien- und Ausbildungspartnerschaften (ISAP) s.S. 72 f.
- Förderung deutscher Gruppen von Studierenden unter Leitung von Hochschullehrern bei Informations-aufenthalten/Studienreisen im Ausland s.S. 74 ff.
- Förderung deutscher Gruppen von Studierenden unter Leitung von Hochschullehrern bei Studienpraktika im Ausland s.S. 78 ff.
- Förderung des Projektbezogenen Personenaustauschs mit Indien s.S. 160 ff.
- Bilateraler Wissenschaftleraustausch s.S. 164 f.
- Lehrtätigkeit an einer ausländischen Hochschule durch Vermittlung des DAAD: Lektoren s.S. 166 ff.
Dozenturen s.S. 170 ff.

Stipendien des indischen Erziehungsministeriums

- Studierende zur Materialsammlung für Magister-, Diplom- oder Staatsexamensarbeiten (Dauer des Stipendiums allgemein: 12 Monate)
- Doktorandinnen und Doktoranden zur Durchführung von Feldforschung (auch zur Materialsammlung für Dissertationen)
- deutsche Graduierte zur Durchführung von Ergänzungs- und Aufbaustudien
- jüngere promovierte Wissenschaftler und Wissenschaftlerinnen zur Durchführung von Feldforschung, Aufbau- und Ergänzungsstudien, sofern die Promotion nicht mehr als zwei Jahre zurückliegt.

Informationen
- Auskünfte erteilen der DAAD sowie die Außenstelle des DAAD, German Academic Exchange Service, New Delhi, 176, Golf Links, New Delhi 110003, India.
- Literaturnachweise mit Standortangaben in deutschen Bibliotheken zur politischen, wirtschaftlichen und gesellschaftlichen Entwicklung Indiens durch Deutsches Übersee-Institut, Referat Asien und Südpazifik, Neuer Jungfernstieg 21, 20354 Hamburg. Auskünfte über Studienmöglichkeiten sind dort nicht erhältlich.
- „Universities Handbook". Hrsg.: Association of Indian Universities, AIU House, 16 Kotla Marg, New Delhi 110 002, India (erscheint alle 2 Jahre)
- Weitere Literaturangaben s.S. 424 f.

| 4 | Länderbezogene Hinweise außerhalb Europas | Japan |

Japan

Teilstipendien für Studierende
- zum Studium an einer japanischen Hochschule s.S. 26 f.
- zu kombinierten Studien- und Praxissemestern im Ausland s.S. 28 f.
- zu Semesteraufenthalten an einer ausländischen Hochschule s.S. 40 f.
- Es stehen außerdem unter den gleichen Bedingungen Stipendien des japanischen Kultusministeriums für „Japanische Studien" an bestimmten japanischen Hochschulen zur Verfügung.
- Musik, Bildende Künste/Design/Film, Tanz/Choreographie/Schauspiel/Theaterregie/Musical s.S. 30 ff.
- zu kurzfristigen Studienaufenthalten für Abschlussarbeiten von Studierenden s.S. 51 ff.
- für Studienpraktika in Japan s.s. 50
- Kurzstipendien für Praktika im Rahmen von auslandsbezogenen Studiengängen s.S. 84

Stipendien für Graduierte und Promovierte
- zu Semesteraufenthalten im Rahmen von Masterstudiengängen s.S. 101 f.
- für kurzfristige Studienaufenthalte zur Anfertigung einer Masterarbeit s.S. 103 ff.
- zu Ergänzungs- und Aufbaustudien sowie zu Forschungsaufenthalten s.S. 90 f.
- zum Studium ostasiatischer Sprachen s.S. 128
- Zwei Jahre Sprache und Praxis in Japan s.S. 131 f.
- Jahres- und Kurzstipendien für Doktoranden s.S. 92 ff.
- Jahres- und Kurzstipendien für Post-Docs s.S. 97 ff.
- Musik, Bildende Künste/Design/Film, Tanz/Choreographie/Schauspiel/Theaterregie/Musical s.S. 139 ff.
- zu kurzfristigen Studienaufenthalten für bildende Künstler s.S. 147
- Monbusho-Stipendien für Ergänzungs- und Aufbaustudien sowie Forschungsaufenthalte in Japan s.S. 129 f.
- Monbusho-Kurzstipendien für Japan s.S. 148

Stipendieninformation
Stipendienhöhe s. Übersicht S. 296 ff.

Besondere Hinweise
Angebote zu ein- bis dreimonatigen Forschungsaufenthalten von deutschen Wissenschaftlern bestehen über die Japan Society for the Promotion of Science, JSPS (Ziel: Forschungsinstitute an Hochschulen im Zuständigkeitsbereich des Japanischen Kultusministeriums), sowie der Japan Science and Technology Corporation, JST (Ziel: staatliche Forschungsinstitute außerhalb der Hochschulen sowie in Tsukuba). Informationen hierzu beim zuständigen Referat 424 im DAAD.

Länderbezogene Hinweise außerhalb Europas	Japan	4

Weitere Förderprogramme
- Internationale Studien- und Ausbildungspartnerschaften (ISAP) s.S. 72 f.
- Förderung deutscher Gruppen von Studierenden unter Leitung von Hochschullehrern bei Informationsaufenthalten/Studienreisen im Ausland s.S. 74 ff.
- Förderung deutscher Gruppen von Studierenden unter Leitung von Hochschullehrern bei Studienpraktika im Ausland s.S. 78 ff.
- Bilateraler Wissenschaftleraustausch s.S. 164 f.
- Lehrtätigkeit an einer ausländischen Hochschule durch Vermittlung des DAAD: Lektoren s.S. 166 ff.
  Dozenturen s.S. 170 ff.

Japanische Stipendien

Stipendien im Rahmen von Hochschulpartnerschaften
Es wird auf die Semester- und Jahresstipendien des Japanischen Kultusministeriums hingewiesen, die bei Bestehen von Hochschulpartnerschaften über die deutschen Akademischen Auslandsämter angeboten werden.

Informationen
- Studienführer China, Japan. DAAD/Bertelsmann (erhältlich im Buchhandel oder direkt beim Verlag)
- Studieninfo Japan. DAAD. Kurzinfo zur weiteren Recherche (erhältlich bei den Akademischen Auslandsämtern der deutschen Hochschulen)
- Student Guide to Japan. Hrsg.: Association of International Education, Japan, Komaba 4-5-29, Meguro-ku, Tokyo 153, Tel.: 03-54 54-52 16, Fax: 03-54 54-52 36, Internet: http://www.aiej.or.jp
- Japanese Colleges and Universities. Hrsg.: Association of International Education, Japan (s.o)
- Undergraduate und Graduate Degree Programs in Japan – Index of majors. Hrsg.: Association of international Education (s.o.)
- Special Courses for Foreign Students in Japanese Private Universities. Hrsg.: Federation of Japanese Private Colleges and Universities Associations, Shigaku kaikan, 4-2-25, Kudan kita, Chiyoda-ku, Tokyo 102-0073
- Adressbuch der deutsch-japanischen Zusammenarbeit. Hrsg.: Auswärtiges Amt, Referat Öffentlichkeitsarbeit
- Literaturnachweise: Verbundkatalog von mehr als 1.200 japanischen Bibliotheken über folgende Internet-Adresse abrufbar: http://webcat.nacsis.ac.jp/
- Weitere Literaturangaben s.S. 424 f.

| 4 | Länderbezogene Hinweise außerhalb Europas | Korea (Süd) |

Korea (Süd)

Teilstipendien für Studierende
- zum Studium an einer koreanischen Hochschule s.S. 26 f.
- zu kombinierten Studien- und Praxissemestern im Ausland s.S. 28 f.
- zu Semesteraufenthalten an einer ausländischen Hochschule s.S. 40 f.
- Musik, Bildende Künste/Design/Film, Tanz/Choreographie/Schauspiel/Theaterregie/Musical s.S. 30 ff.
- zu kurzfristigen Studienaufenthalten für Abschlussarbeiten von Studierenden s.S. 51 ff.
- Kurzstipendien für Praktika im Rahmen von auslandsbezogenen Studiengängen s.S. 84
- KOSEF-Kurzstipendien für natur- und ingenieurwissenschaftliche Fachrichtungen in Korea s.S. 149 f.

Stipendien für Graduierte und Promovierte
- zum Studium ostasiatischer Sprachen s.S. 128
- zu Semesteraufenthalten im Rahmen von Masterstudiengängen s.S. 101 f.
- für kurzfristige Studienaufenthalte zur Anfertigung einer Masterarbeit s.S. 103 ff.
- zu Ergänzungs- und Aufbaustudien sowie zu Forschungsaufenthalten s.S. 90 f.
- Jahres- und Kurzstipendien für Doktoranden s.S. 92 ff.
- Jahres- und Kurzstipendien für Post-Docs s.S. 97 ff.
- Musik, Bildende Künste/Design/Film, Tanz/Choreographie/Schauspiel/Theaterregie/Musical s.S. 139 ff.
- zu kurzfristigen Studienaufenthalten für bildende Künstler s.S. 147
- KOSEF-Kurzstipendien für natur- und ingenieurwissenschaftliche Fachrichtungen in Korea s.S. 149 f.

Stipendieninformation
Stipendienhöhe s. Übersicht S. 296 ff.

Weitere Förderprogramme
- Internationale Studien- und Ausbildungspartnerschaften (ISAP) s.S. 72 f.
- Förderung deutscher Gruppen von Studierenden unter Leitung von Hochschullehrern bei Informationsaufenthalten/Studienreisen im Ausland s.S. 74 ff.
- Förderung deutscher Gruppen von Studierenden unter Leitung von Hochschullehrern bei Studienpraktika im Ausland s.S. 78 ff.
- Bilateraler Wissenschaftleraustausch s.S. 164 f.
- Lehrtätigkeit an einer ausländischen Hochschule durch Vermittlung des DAAD: Lektoren s.S. 166 ff.
  Dozenturen s.S. 170 ff.

Länderbezogene Hinweise außerhalb Europas	Korea (Süd)	4

Koreanische Stipendien

In Zusammenarbeit mit der Regierung der Republik Südkorea vermittelt der DAAD Stipendien für deutsche Studierende und Graduierte zum Erwerb eines Masterabschlusses bzw. einer Promotion in Korea. Das Stipendienprogramm steht Vertretern aller Fachrichtungen offen und beinhaltet einen einführenden Sprachkurs (Beginn: 1. September 2002).

Die Bewerbungsunterlagen und nähere Informationen zum Programm sind beim DAAD, Referat 424, erhältlich.

Für einen mindestens einjährigen Aufenthalt stehen auch Stipendien des koreanischen Erziehungsministeriums zur Verfügung. Um diese Stipendien können sich Studierende und Graduierte bewerben.

Informationen

– Literaturnachweise mit Standortangaben in deutschen Bibliotheken zur politischen, wirtschaftlichen und gesellschaftlichen Entwicklung Koreas durch Deutsches Übersee-Institut, Referat Asien und Südpazifik, Neuer Jungfernstieg 21, 20354 Hamburg. Auskünfte über Studienmöglichkeiten sind dort nicht erhältlich.
– Weitere Literaturangaben s.S. 424 f.

4 Länderbezogene Hinweise außerhalb Europas — Taiwan

Taiwan

Teilstipendien für Studierende
- zum Studium an einer taiwanesischen Hochschule s.S. 26 f.
- zu kombinierten Studien- und Praxissemestern im Ausland s.S. 28 f.
- zu Semesteraufenthalten an einer ausländischen Hochschule s.S. 40 f.
- Musik, Bildende Künste/Design/Film, Tanz/Choreographie/Schauspiel/Theaterregie/Musical s.S. 30 ff.
- zu kurzfristigen Studienaufenthalten für Abschlussarbeiten von Studierenden s.S. 51 ff.
- Kurzstipendien für Praktika im Rahmen von auslandsbezogenen Studiengängen s.S. 84

Stipendien für Graduierte und Promovierte
- zu Semesteraufenthalten im Rahmen von Masterstudiengängen s.S. 101 f.
- für kurzfristige Studienaufenthalte zur Anfertigung einer Masterarbeit s.S. 103 ff.
- zu Ergänzungs- und Aufbaustudien sowie zu Forschungsaufenthalten s.S. 90 f.
- zum Studium ostasiatischer Sprachen s.S. 128
- Jahres- und Kurzstipendien für Doktoranden s.S. 92 ff.
- Jahres- und Kurzstipendien für Post-Docs s.S. 97 ff.
- Musik, Bildende Künste/Design/Film, Tanz/Choreographie/Schauspiel/Theaterregie/Musical s.S. 139 ff.
- zu kurzfristigen Studienaufenthalten für bildende Künstler s.S. 147
- DAAD-Sprachassistentinnen und Sprachassistenten an ausländischen Hochschulen s.S. 144 f.

Stipendieninformation
Stipendienhöhe s. Übersicht S. 296 ff.

Die von taiwanesischer Seite angebotenen Stipendien werden auf die Höhe eines DAAD-Stipendiums aufgestockt.

Studienjahr
Generell: 1. September bis 31. August
Dauer der Stipendien: im Allgemeinen 12 Monate

Sprachkenntnisse
Ausreichende Kenntnisse der Unterrichtssprache des Gastlandes sind erforderlich. Generell ist der Nachweis zu erbringen, dass das Arbeitsvorhaben ohne sprachliche Schwierigkeiten realisiert werden kann.

Länderbezogene Hinweise außerhalb Europas	Taiwan	4

Besondere Hinweise

Neben der Förderung des Studiums an taiwanesischen Hochschulen und von Ergänzungs- und Aufbaustudien für Graduierte bestehen Förderungsmöglichkeiten für Feld- und Archivarbeiten jüngerer promovierter Wissenschaftler.

Weitere Förderprogramme
- Internationale Studien- und Ausbildungspartnerschaften (ISAP) s.S. 72 f.
- Förderung deutscher Gruppen von Studierenden unter Leitung von Hochschullehrern bei Informationsaufenthalten/Studienreisen im Ausland s.S. 74 ff.
- Förderung deutscher Gruppen von Studierenden unter Leitung von Hochschullehrern bei Studienpraktika im Ausland s.S. 78 ff.
- Förderung des Projektbezogenen Personenaustauschs mit Taiwan s.S. 160 ff.
- Bilateraler Wissenschaftleraustausch s.S. 164 f.
- Lehrtätigkeit an einer ausländischen Hochschule durch Vermittlung des DAAD: Lektoren s.S. 166 ff. Dozenturen s.S. 170 ff.

Taiwanesische Stipendien

Das Erziehungsministerium in Taipei stellt deutschen Studierenden 12 Stipendien zur Durchführung von Sprachstudien am Mandarin Training Center in Taipei sowie an anderen Hochschulen Taiwans zur Verfügung.

Über die endgültige Gewährung des Stipendiums entscheidet das Erziehungsministerium in Taipei auf Vorschlag der Auswahlkommission im DAAD.

Informationen
- Literaturnachweise mit Standortangaben in deutschen Bibliotheken zur politischen, wirtschaftlichen und gesellschaftlichen Entwicklung der erwähnten Region durch Deutsches Übersee-Institut, Referat Asien und Südpazifik, Neuer Jungfernstieg 21, 20354 Hamburg. Auskünfte über Studienmöglichkeiten sind dort nicht erhältlich.
- Literaturangaben s.S. 424 f.

4 DAAD-Stipendiensätze

Übersicht über die Höhe der Stipendien

Die monatlichen Stipendienraten des DAAD setzen sich aus einem Stipendiengrundbetrag, der für Studierende und Graduierte unterschiedlich hoch ist, und einer Auslandszulage zusammen. Sie werden bei Bedarf den veränderten Lebenshaltungskosten in den genannten Ländern angepasst. Zur Deckung höherer Lebenshaltungskosten, mit denen bei Forschungsvorhaben insbesondere in Ländern der Dritten Welt zu rechnen ist, können grundsätzlich keine Mittel beim DAAD beantragt werden. Eine Erhöhung der Stipendienrate über den genehmigten Betrag hinaus ist nicht möglich.

Stipendien für Studierende werden als Teilstipendien vergeben, wobei bei Nicht-BAföG-Empfängern eine Eigenbeteiligung von DM 700,– in Anschlag gebracht wird. BAföG-Empfänger erhalten stattdessen vom DAAD eine Aufstockung auf die BAföG-Auslandsförderung.

Die bei den einzelnen Ländern genannten Stipendienraten geben den zur Zeit der Drucklegung bekannten Stand für die im Jahre 2001 für das akademische Jahr 2001/2002 vergebenen Stipendien an. Sie sind nicht als bindend zu betrachten. Stipendienraten für Länder, die nachfolgend nicht aufgeführt sind, können auf Anfrage mitgeteilt werden.

Ab dem 01.01.2002 werden alle Raten und sonstigen Beträge in Euro-Gegenwert gezahlt.

	Teilstipendien für Studierende (in DM)	Stipendien für Graduierte (in DM)
Europa		
Albanien	950,–	2.200,–
Belarus	850,–	2.100,–
Belgien	600,–	1.800,–
Bosnien und Herzegowina	850,–	2.100,–
Bulgarien	850,-	2.000,-
Dänemark	750,–	2.100,–
Estland	850,–	2.000,–
Finnland	850,–	2.200,–
Frankreich	750,–	2.100,–
Griechenland	850,–	2.000,–
Großbritannien	950,–	2.400,–
Irland	750,–	2.000,–
Island	1.150,–	2.600,–
Italien	750,–	2.000,–
Jugoslawien	850,–	2.000,–
Kroatien	750,–	2.000,–

DAAD-Stipendiensätze 4

	Teilstipendien für Studierende (in DM)	Stipendien für Graduierte (in DM)
Lettland	850,–	2.100,–
Litauen	850,–	2.000,–
Mazedonien	850,–	2.000,–
Moldawien	950,–	2.200,–
Niederlande	600,–	1.800,–
Norwegen	950,–	2.300,–
Österreich	650,–	1.900,–
Polen	850,–	2.000,–
Portugal	750,–	2.000,–
Rumänien	850,–	2.000,–
Russische Föderation	950,–	2.100,–
Schweden	850,–	2.200,–
Schweiz	850,–	2.200,–
Slowakische Republik	750,–	2.000,–
Slowenien	650,–	1.900,–
Spanien	750,–	2.000,–
Tschechische Republik	750,–	2.000,–
Türkei	850,–	2.100,–
Ukraine	850,–	2.100,–
Ungarn	750,–	2.000,–
Nordamerika		
Kanada	950,–	2.200,–
USA	1.250,–	2.700,–
Australien	850,–	2.000,–
Neuseeland	850,–	2.000,–
Lateinamerika		
Argentinien	1.350,–	2.800,–
Bolivien	950,–	2.000,–
Brasilien	950,–	2.000,–
Chile	1.050,–	2.000,–
Costa Rica	950,–	2.200,–
Dominikan. Republik	1.150,–	2.300,–
Ecuador	850,–	1.900,–

4 DAAD-Stipendiensätze

	Teilstipendien für Studierende (in DM)	Stipendien für Graduierte (in DM)
El Salvador	950,–	2.200,–
Guatemala	950,–	1.900,–
Guayana	950,–	2.100,–
Haiti	1.050,–	2.200,–
Honduras	1.050,–	2.200,–
Jamaika	1.250,–	2.400,–
Kolumbien	850,–	1.900,–
Kuba	1.250,–	2.400,–
Mexiko	1.050,–	2.100,–
Nicaragua	1.150,–	2.200,–
Panama	1.050,–	2.400,–
Paraguay	850,–	2.000,–
Peru	1.050,–	2.300,–
Trinidad	1.050,–	2.300,–
Uruguay	1.150,–	2.300,–
Venezuela	1.050,–	2.200,–
Afrika		
Äthiopien	1.050,–	2.300,–
Benin	950,–	2.000,–
Burkina Faso	950,–	2.100,–
Burundi	1.250,–	2.600,–
Elfenbeinküste	1.050,–	2.100,–
Gabun	1.150,–	2.400,–
Gambia	1.050,–	2.200,–
Ghana	950,–	2.000,–
Guinea	1.050,–	2.200,–
Kamerun	950,–	2.100,–
Kenia	950,–	2.100,–
Madagaskar	1.050,–	2.200,–
Malawi	850,–	2.100,–
Mali	1.150,–	2.300,–
Namibia	850,–	2.000,–
Niger	1.150,–	2.100,–
Nigeria	1.150,–	2.200,–
Ruanda	1.150,–	2.100,–
Senegal	1.050,–	2.000,–
Simbabwe	750,–	2.000,–
Sudan	1.050,–	2.100,–
Südafrika	850,–	1.900,–
Tansania	1.150,–	2.500,–
Togo	1.050,–	2.200,–
Uganda	1.050,–	2.200,–

DAAD-Stipendiensätze 4

	Teilstipendien für Studierende (in DM)	Stipendien für Graduierte (in DM)
Arabische Staaten, Israel		
Ägypten	950,–	2.100,–
Algerien	950,–	2.200,–
Israel	1.150,–	2.500,–
AR Jemen	1.050,–	2.200,–
Jordanien	1.150,–	2.400,–
Katar	1.050,–	2.200,–
Kuwait	1.050,–	2.200,–
Libanon	1.050,–	2.500,–
Libyen	950,–	2.000,–
Marokko	950,–	2.100,–
Oman	1.050,–	2.300,–
Saudi-Arabien	1.050,–	2.300,–
Syrien	950,–	2.100,–
Tunesien	950,–	2.200,–
V.A.E.	1.050,–	2.200,–
Asien		
Armenien	1.050,–	2.300,–
Aserbaidschan	950,–	2.200,–
Bangladesch	950,–	1.900,–
China (VR)	1.050,–	2.100,–
Georgien	950,–	2.200,–
Hongkong	1.250,–	2.600,–
Indien	950,–	1.800,–
Indonesien	950,–	1.900,–
Japan	2.250,–	4.700,–
Kasachstan	1.050,–	2.300,–
Kirgisistan	850,–	2.100,–
Korea (Süd)	1.350,–	2.400,–
Malaysia	850,–	2.000,–
Nepal	950,–	1.800,–
Pakistan	850,–	1.900,–
Philippinen	850,–	1.800,–
Singapur	950,–	2.200,–
Sri Lanka	850,–	1.800,–
Tadschikistan	950,–	2.200,–
Taiwan	1.250,–	2.500,–
Thailand	850,–	1.800,–
Turkmenistan	1.050,–	2.300,–
Usbekistan	950,–	2.200,–

4 DAAD-Stipendiensätze

Für folgende Programme gelten andere Raten:

Jahres- und Kurzstipendien für Post-Docs s.S. 97 ff.

Forschungsstipendien für promovierte Naturwissenschaftler, Ingenieurwissenschaftler und Mediziner (NATO) s.S. 106 ff.

Post-Doc-Stipendien für Forschungsaufenthalte am International Computer Science Institute (ICSI) in Berkeley, Kalifornien, USA s.S. 109 ff.

Forschungsstipendien für promovierte Geistes- und Sozialwissenschaftler an der Maison des Sciences de l'Homme (MSH) s.S. 120 f.

Stipendien an der Ecole Nationale d'Administration (ENA) für Juristen, Volks- und Betriebswirte sowie Politologen s.S. 122 f.

John F. Kennedy-Gedächtnisstipendien (Harvard) für die Fachgebiete Politische Wissenschaft, Zeitgeschichte, Öffentliches Recht, Wirtschafts- und Sozialwissenschaften und Public Policy s.S. 115 f.

Stipendien für promovierte Nachwuchswissenschaftlerinnen und Nachwuchswissenschaftler aus dem Bereich der Biotechnologie zu Forschungsaufenthalten in den Ländern Brasilien, VR China (einschließlich Hongkong) und Indonesien s.S. 112 ff.

FAPESP-DAAD-Forschungsstipendien für promovierte deutsche Nachwuchswissenschaftlerinnen und Nachwuchswissenschaftler an Hochschulen im Bundesstaat São Paulo, Brasilien, s.S. 117 ff.

Zwei Jahre „Sprache und Praxis in Japan" s.S. 131 f.

Monbusho-Kurzstipendien für Japan s.S. 148

Stipendien des DAAD und des British Council für Juristen s.S. 146

Kurzfristige Studienaufenthalte für bildende Künstler s.S. 147

Sprach- und Fachkursstipendien s.S. 55 ff., 67 ff., 151 ff., 154 ff.

5

Programme der Europäischen Union

5 Programme der Europäischen Union — Allgemeine Hinweise

Allgemeine Hinweise

Seit der zweiten Hälfte der 80er Jahre engagiert sich die Europäische Union als Programminitiator und Förderer in den Bereichen allgemeine und berufliche Bildung und Jugend. Die transnationalen europäischen Programme, die aus diesem Engagement entstanden, gehen nunmehr zum Teil schon in die dritte Generation.

Der Deutsche Akademische Austauschdienst, Arbeitsstelle EU, ist seit mehreren Jahren an der Durchführung der Programme SOKRATES/ERASMUS, LEONARDO DA VINCI und TEMPUS als Nationale Agentur, Durchführungsstelle oder Nationaler Kontaktpunkt beteiligt.

Daneben ist die Arbeitsstelle EU des DAAD als nationale Informations- und Beratungsstelle für die EU-Bildungsprogramme mit Drittländern tätig. Die in diesem Bereich angesiedelte EU-Förderung von Hochschulkooperationen erstreckt sich auf **Lateinamerika** (ALFA-Programm), **Nordamerika** (EU-USA/EU-Kanada Zusammenarbeit im Bereich der Hochschul- und Berufsbildung), **Asien** (EU-Indien Interkulturelles Wirtschaftsprogramm, EU-China Stipendien- und Kooperationsprogramme, Hochschul- und Praktikantenprogramme mit Südostasien und Japan) und den **Mittelmeerraum** (Med-Programme). Die EU-Kommission (vorrangig die Generaldirektion „Außenbeziehungen") ist bestrebt, die Förderung von Netzwerken zur Kooperation im Bildungsbereich auf weitere Regionen außerhalb Europas auszudehnen.

Der **DAAD*EURO*LETTER**, der in der Regel vier Mal pro Jahr erscheint und über aktuelle Entwicklungen und Ausschreibungen zu den EU-Programmen berichtet, ist in allen Akademischen Auslandsämtern einsehbar und kann im Internet unter der Adresse http://www.daad.de, Studieren und Forschen im Ausland, Förderprogramme, EU-Programme, als pdf-Datei abgerufen werden.

An den deutschen Hochschulen informieren die Akademischen Auslandsämter und die Koordinatoren über die spezifischen Stipendien, Austausch- und Teilnahmemöglichkeiten, welche die jeweilige Hochschule im Rahmen der EU-Programme anbietet. Die Arbeitsstelle EU übersendet auf Anfrage gerne das Verzeichnis der SOKRATES-, LEONARDO DA VINCI- und TEMPUS-Koordinatoren deutscher Hochschulen. Informativ sind die Internet-Seiten der deutschen Hochschulen mit deren Beteiligung an EU-Programmen. Die Adressen der Startseiten („Homepages") der deutschen Hochschulen haben fast immer denselben strukturellen Aufbau: www.uni-nameuniversitätsstadt.de oder www.fh-namefachhochschulstadt.de (zum Beispiel www.fh-reutlingen.de).

Im Internet sind auch Informationen zu den Bildungsprogrammen unter folgender Adresse abrufbar: http://www.sokrates-leonardo.de.

Einzelheiten zu den Programmen SOKRATES/ERASMUS, LEONARDO DA VINCI und TEMPUS, die dem Stand Oktober 2000 entsprechen, finden sich auf den Folgeseiten in dieser Broschüre. Bitte beachten Sie, dass zum Zeitpunkt der Drucklegung noch nicht alle Details feststanden. Im Zweifelsfall sollte mit der Arbeitsstelle EU Rücksprache gehalten werden.

Teil A beschreibt die wichtigsten EU-Programme in Bildung und Wissenschaft („Aktionsprogramme"), in denen der DAAD Durchführungs- oder Informationsaufgaben wahrnimmt. Teil B gibt Auskunft über Stipendien in den Forschungs- und Technologieprogrammen der Europäischen Union.

| Programme der Europäischen Union | LEONARDO DA VINCI | 5 |

Teil A
Europäische Kommission, Bildung und Kultur
200, Rue de la Loi
1049 Bruxelles, Belgien
Telefax: (00 32-2) 22 99 53 25
E-Mail: leonardo@dg22.cec.be
http://europa.eu.int/comm/education/leonardo.htm

LEONARDO DA VINCI
Förderung von Betriebspraktika und Personalaustausch im Berufsbildungsprogramm der EU

Programmbeschreibung
Zum 1. Januar 2000 startete die zweite Phase des Programms LEONARDO DA VINCI (oft verkürzt als LEONARDO II bezeichnet), das am 26. April 1999 formell vom EU-Ministerrat angenommen wurde und mit einem Budget von 1,15 Milliarden EURO bis Ende Dezember 2006 laufen wird.

Der Annahmebeschluss sieht vor, dass die Qualität, Innovation und europäische Dimension in Berufsbildungssystemen und -praktiken durch grenzüberschreitende Zusammenarbeit weiterentwickelt werden sollen. Der Weiterbildung wird großes Gewicht beigemessen. Insgesamt fünf Maßnahmen dienen der Weiterentwicklung der Berufsbildungssysteme:

- Mobilität
- Pilotprojekte
- Sprachenkompetenz
- Transnationale Netze
- Vergleichsmaterial

Ein neues Merkmal des Programms stellen die gemeinsamen Maßnahmen dar, die zu anderen Gemeinschaftsprogrammen, zum Beispiel zu SOKRATES, Verknüpfungen schaffen können.

Das Programm steht allen öffentlichen und privaten Organisationen (darin eingeschlossen die Hochschulen) sowie allen Institutionen offen, die sich an Berufsbildungsmaßnahmen beteiligen.

An LEONARDO DA VINCI können insgesamt 31 europäische Länder teilnehmen. Das sind die 15 EU-Staaten, die drei EWR/EFTA-Länder sowie elf assoziierte Länder (darunter zum Beispiel Polen, Tschechien und Ungarn). Für Malta und die Türkei gibt es eine Teilnahmeperspektive.

5 Programme der Europäischen Union — LEONARDO DA VINCI

In LEONARDO DA VINCI können Studierende für drei bis zwölf Monate für ein Auslandspraktikum in Unternehmen der teilnahmeberechtigten Länder vermittelt werden und ein Stipendium erhalten. Die Vermittlung erfolgt im Rahmen transnationaler Partnerschaften, an denen unter anderem Hochschulen und Unternehmen beteiligt sind. Eine Liste mit den aktuellen Partnerschaften kann bei der Arbeitsstelle EU (Adresse siehe unten) angefordert werden. Detaillierte Beratung zu Fördermöglichkeiten und konkretem Vorgehen erhalten Studierende bei den LEONARDO DA VINCI-Koordinatoren ihrer Hochschule.

Personal aus Hochschulen kann für einen Aufenthalt von einer bis sechs Wochen in einem Unternehmen eines anderen teilnehmenden Landes gefördert werden.

Informationen

Hochschulen, die eine transnationale Partnerschaft eingehen und einen Antrag auf finanzielle Förderung im Rahmen von LEONARDO DA VINCI stellen möchten, wenden sich wegen Information und Beratung an:

Arbeitsstelle EU im DAAD
Kennedyallee 50
53175 Bonn
Tel.: (02 28) 8 82-3 97
Fax: (02 28) 8 82-5 51
E-Mail: leonardo@daad.de

Im Internet sind Informationen zu LEONARDO DA VINCI abrufbar unter der Adresse: http://www.daad.de/info-f-d/foerderprogramme/eu-programme/index.html

Programme der Europäischen Union	SOKRATES / ERASMUS	5

SOKRATES / ERASMUS
Förderung der Mobilität von Studierenden und Dozenten und Zusammenarbeit im Hochschulbereich

Programmbeschreibung

Die zweite Phase von SOKRATES begann am 1. Januar 2000 und endet am 31. Dezember 2006.

Mit einem Etat von 1,85 Milliarden EURO sollen folgende Aktionen im oben genannten Sieben-Jahreszeitraum gefördert werden: Schulbildung (COMENIUS), Hochschulbildung (ERASMUS), Erwachsenenbildung und andere Bildungswege (GRUNDTVIG), Sprachunterricht und Spracherwerb (LINGUA), Offener Unterricht und Fernlehre, Informations- und Kommunikationstechnologien auf dem Gebiet des Bildungswesens (MINERVA), Beobachtung von und Innovation bei Bildungssystemen und -politiken, gemeinsame Aktionen, um SOKRATES an andere Programme der Gemeinschaft anzubinden, sowie flankierende Maßnahmen.

Innerhalb der Aktion SOKRATES/ERASMUS sollen die Hochschulverträge und die darin enthaltenen Aktivitäten Studentenmobilität, Dozentenmobilität, ECTS, Entwicklung von Lehrplänen und Kursen sowie Intensivprogramme fortgeführt werden. Jede Hochschule stellt für alle diese Aktivitäten jährlich nur einen Gesamtantrag (Hochschulantrag). Die Mobilitätszuschüsse für Studierende und Dozenten werden von den nationalen Agenturen (in Deutschland vom DAAD) an die Hochschulen vergeben.

An SOKRATES II können insgesamt rund 30 europäische Länder teilnehmen. Das sind die 15 EU-Staaten, die drei EWR/EFTA-Länder, die zehn assoziierten Länder in Mittel- und Osteuropa sowie Malta und Zypern. Für die Türkei gibt es eine Teilnahmeperspektive.

Der aktuelle Programm-Leitfaden kann über das Internet ausgedruckt werden: http://europa.eu.int/en/comm/education/socrates/erasmus/info.html.

Informationen

ERASMUS-Auslandsstipendien für Studierende werden dezentral durch die deutsche Hochschule vergeben. Studierende, die über das SOKRATES/ERASMUS-Programm drei bis zwölf Monate ins Ausland gehen möchten, sollten sich wegen weiterer Informationen bzw. zur Beratung an das Akademische Auslandsamt oder den SOKRATES-Koordinator ihrer Hochschule wenden, deren Namen und Adressen im Personal- und Vorlesungsverzeichnis bzw. auf der Internet-Homepage nachzulesen sind.

Hochschullehrer und Dozenten, die an Lehrtätigkeiten im Rahmen des SOKRATES/ERASMUS-Programms interessiert sind, sollten sich sowohl wegen der Antragstellung als auch wegen der Durchführung von Lehraufenthalten mit den oben genannten Stellen ihrer Hochschulen in Verbindung setzen.

5 Programme der Europäischen Union — SOKRATES / ERASMUS

Grundsätzliche Auskünfte zum SOKRATES/ERASMUS-Programm erteilen:

Arbeitsstelle EU des DAAD
Kennedyallee 50
53175 Bonn
Tel.: (02 28) 8 82-4 13
Fax: (02 28) 8 82-5 51
E-Mail: erasmus@daad.de

Büro SOKRATES & Jugend
Rue Montoyer 70
1000 Brüssel, Belgien
Tel.: (00 3 22) 2 33-01 11
Fax: (00 3 22) 2 33-01 50
E-Mail: info@socrates-youth.be

Weitere Informationen:
http://www.sokrates-leonardo.de

| Programme der Europäischen Union | TEMPUS | 5 |

TEMPUS

Kooperationsprogramm im Hochschulbereich zwischen förderungsberechtigten Ländern Mittel- und Osteuropas, den Neuen Unabhängigen Staaten (NUS), der Mongolei und den Europäischen Mitgliedsstaaten

Programmbeschreibung

Der EU-Ministerrat hat am 29. April 1999 das TEMPUS III-Programm angenommen. Das neue TEMPUS-Programm umfasst die Jahre 2000 bis 2006 und unterstützt zwei Gruppen von Ländern: **die Neuen Unabhängigen Staaten** (NUS) und die Mongolei sowie die **nichtassoziierten Länder Mittel- und Osteuropas** (Albanien, Bosnien und Herzegowina, Kroatien und die ehemalige jugoslawische Republik Mazedonien). Teilnahme- und zuschussberechtigt sind außerdem die EU-Partner. Teilnahme-, aber **nicht** mehr zuschussberechtigt sind die assoziierten Länder Mittel- und Osteuropas (Bulgarien, Estland, Lettland, Litauen, Polen, Rumänien, Slowakische Republik, Slowenien, Tschechien, Ungarn). Länder der G-24-Gruppe (Australien, Kanada, Island, Japan, Liechtenstein, Norwegen, Neuseeland, Schweiz, USA) können ohne Förderung in die Projekte einbezogen werden.

Auch TEMPUS III soll in den zuschussberechtigten Ländern einen Beitrag leisten zur Reform der Hochschulstrukturen und -einrichtungen sowie ihrer Verwaltungen, zur Entwicklung von Lehrplänen in prioritären Bereichen, zur Schaffung moderner institutioneller Strukturen („Institution Building"), zur Entwicklung fachbezogener Ausbildungsmaßnahmen und zum Ausbau der regionalen Zusammenarbeit, insbesondere in Südosteuropa und zwischen den NUS und der Mongolei.

Zum Instrumentarium der TEMPUS-Zusammenarbeit gehören die **Gemeinsamen Europäischen Projekte** (GEP), die **Netzwerkprojekte** (NP) und die **Individuellen Mobilitätszuschüsse** (IMG). Die Gemeinsamen Europäischen Projekte umfassen vier Einzelmaßnahmen: GEP für das Hochschulmanagement, GEP zur Lehrplanentwicklung, GEP für das „Institution Building" und GEP für Mobilität. Die Laufzeit dieser Projekte beträgt je nach Projektart zwischen zwei und drei Jahren. Inhaltliche Prioritäten werden zwischen den förderberechtigten Partner-Ländern und der Europäischen Kommission abgestimmt.

Für Studierende dürfte der Austausch (Ost-West und West-Ost) innerhalb von Netzwerken von besonderem Interesse sein, für den Zuschüsse bewilligt werden können. Zugelassen sind Studienaufenthalte von drei bis zwölf Monaten (bei Intensivkursen mindestens ein Monat) und Praktika von mindestens einem Monat. Neben Studierenden ab dem dritten Studienjahr können sich auch Graduierte am Austausch beteiligen. Eine Entsendung und Förderung ist jedoch nur im Rahmen von bestehenden Netzwerken möglich, an denen die deutsche Hochschule beteiligt ist.

Informationen

Den TEMPUS-Leitfaden, der eine detaillierte Programmbeschreibung und Hinweise zur Antragstellung enthält, finden Internet-Nutzer unter der Adresse http://www.etf.eu.int („Download Section").

5 Programme der Europäischen Union — TEMPUS

Informationen zur Förderung von Studienaufenthalten und Praktika erteilt das Akademische Auslandsamt bzw. der TEMPUS-Koordinator/die TEMPUS-Koordinatorin der jeweiligen Hochschule.

Grundsätzliche Informationen zum TEMPUS III-Programm erteilen:

Arbeitsstelle EU des DAAD
Kennedyallee 50
53175 Bonn
Tel.: (02 28) 8 82-4 66
Fax: (02 28) 8 82-5 51
E-Mail: tempus@daad.de

Europäische Stiftung für Berufsbildung – Turin
Villa Gualino, Viale Settimio Severo, 65
10133 Torino, Italien
Tel.: (00 39) 11 630 22 22
Fax: (00 39) 11 630 22 00
E-Mail: tempus@etf.eu.int

| Programme der Europäischen Union | Forschungsstipendien | 5 |

Teil B
Europäische Kommission

200, Rue de la Loi
1049 Bruxelles, Belgien

Marie Curie Forschungsstipendien der Europäischen Union

Programmbeschreibung

Die Europäische Kommission vergibt innerhalb des 5. Forschungsrahmenprogramms der EU (1998-2002) so genannte Marie Curie Forschungsstipendien (Post-Docs und erfahrene Forscherinnen und Forscher) in verschiedenen Forschungsförderungsprogrammen.

Mit kleinen Abweichungen werden Stipendien in verschiedenen Programmen nach den gleichen formalen Bedingungen vergeben. Die fachlichen Anforderungen orientieren sich an den wissenschaftlichen Schwerpunkten der jeweiligen Förderprogramme. Nur im IHP-Programm (Improving Human Potential, Nachfolgeprogramm von „Training and Mobility of Researchers", TMR) gibt es, mit Ausnahme einiger Geisteswissenschaften, keine fachlichen Einschränkungen.

- Marie Curie Individualstipendien: Stipendien für Post-Docs; Dauer: ein bis zwei Jahre
- Marie Curie Rückkehrstipendien: Stipendien für Stipendiatinnen und Stipendiaten des jeweiligen Programms, die in ihre benachteiligte europäische Heimatregion zurückkehren; Dauer: ein Jahr
- Marie Curie Stipendien für erfahrene Forscher: Forscherinnen und Forscher mit mindestens zehn Jahren Forschungserfahrung und etablierter Stellung, nur Austausch zwischen benachteiligten Regionen der EU und anderen Regionen sowie zwischen industrieller und öffentlicher Forschung; Dauer: drei bis zwölf Monate

Stipendienleistungen

Obwohl in der deutschen Übersetzung stets von „Forschungsstipendien" die Rede ist (Original: Marie Curie Fellowships), handelt es sich nicht im eigentlichen Sinne um Stipendien, sondern eher um Zuwendungen zur Förderung der Ausbildung und Mobilität von Nachwuchswissenschaftlern. Dementsprechend erhält das Gastinstitut von der Europäischen Kommission einen Arbeitgeberbrutto-Betrag zur Einstellung des Stipendiaten bzw. der Stipendiatin, typischerweise per Arbeitsvertrag! Die daraus resultierenden Netto-Gehälter entsprechen denen eines vergleichbaren Wissenschaftlers im Gastland zuzüglich eines Mobilitätszuschlags von monatlich 400 Euro. Weiterhin umfasst die Förderung eine einmalige Reisekostenpauschale (Hin-/Rückreise zum Gastinstitut) sowie einen Forschungs- und Verwaltungskostenzuschuss von 900 Euro für theoretische bzw. 1.200 Euro für experimentelle Projekte pro Monat für das Gastinstitut.

5 Programme der Europäischen Union — Forschungsstipendien

Hinweise zum Bewerbungsverfahren

Die Anträge bei der Europäischen Kommission werden gemeinsam vom potenziellen Stipendiaten und seinem, von ihm selbst ausgesuchten Gastinstitut gestellt. Dabei sind die für jedes Programm unterschiedlichen Einreichfristen unbedingt einzuhalten (bitte die aktuellen Daten bei der EU-Querschnittskontaktstelle erfragen, s.u.). Es sind ausschließlich Wissenschaftlerinnen und Wissenschaftler mit der Nationalität eines der Mitgliedstaaten der Europäischen Union oder einer der assoziierten Staaten zugelassen (derzeit Island, Israel, Liechtenstein und Norwegen, sowie die zehn mittel- und osteuropäischen Beitrittskandidaten zur EU und Zypern; ein Vertrag mit der Schweiz ist in Vorbereitung).

Keine Stipendien werden vergeben für Aufenthalte im Heimatland und in einem Land, in dem man in den letzten zwei Jahren bereits mehr als zwölf Monate gelebt hat. Für Post-Docs gilt eine Altershöchstgrenze von 35 Jahren, wobei Wehr- und Ersatzdienst und Kindererziehung angerechnet werden können.

Weitere Fördermöglichkeiten

Neben den oben aufgeführten Individualstipendien gibt es innerhalb des Systems der Marie Curie Stipendien auch so genannte Institutsstipendien. Hier beantragen Institute Geld bei der Europäischen Kommission, um dann mehrere junge Wissenschaftlerinnen und Wissenschaftler nach eigener Wahl aufzunehmen:

- Marie Curie Industriestipendien für industrielle Forschungslabore, die Doktoranden und Post-Docs für ein bis drei Jahre aufnehmen möchten;
- Marie Curie Regionalstipendien für Forschungsinstitute in den benachteiligten Regionen der EU, die Post-Docs für ein bis zwei Jahre aufnehmen möchten;
- Marie Curie Ausbildungszentren: Förderung von Spitzeninstituten, die Doktoranden für drei bis zwölf Monate im Rahmen von deren Doktorarbeiten im Heimatland aufnehmen möchten.

Außerdem gibt es im Rahmen der Netzwerke im IHP-Programm für Doktoranden und Post-Docs die Möglichkeit, dort mitzuarbeiten. Weitere Informationen dazu erhalten Sie ebenfalls bei der EU-Querschnittskontaktstelle. Listen der freien Stellen gibt es im Internet unter: http://improving-mcf.sti.jrc.it/project/ und http://improving-rtn.sti.jrc.it/vacancy/

Informationen

Weitere Informationen und Beratung einschließlich eines „Leitfadens für Antragsteller" erhalten Sie bei der deutschen Kontaktstelle für Marie Curie Forschungsstipendien (EU-Querschnittskontaktstelle) und können ebenso wie eine Adressliste bereits geförderter Stipendiatinnen und Stipendiaten im Internet abgerufen werden unter: http://www.dlr.de/querko/.

EU-Querschnittskontaktstelle: Marie Curie Forschungsstipendien, Königswinterer Straße 522-524, 53227 Bonn; Tel.: (02 28) 44 92-200; Fax: (02 28) 44 92-211; E-Mail: eu-forschung@dlr.de

Das Informationspaket der EU-Kommission einschließlich der Antragsunterlagen ist erhältlich unter: http://www.cordis.lu.improving/

6

Gesetzliche Förderungsmaßnahmen
BAföG und Landesgesetze zur Förderung des wissenschaftlichen und künstlerischen Nachwuchses

| 6 | Gesetzliche Förderungsmaßnahmen | BAföG |

Förderung von Auslandsaufenthalten nach BAföG

Programmbeschreibung

Für einen Studienauslandsaufenthalt erhalten wesentlich mehr Studierende Ausbildungsförderung als für eine Ausbildung im Inland. Denn: Die an Kaufkraft und Lebenshaltungskosten orientierten Auslandszuschläge, Reisekosten und die möglicherweise anfallenden Studiengebühren lassen den Bedarfssatz so erheblich ansteigen, dass für viele Studierende ein Anspruch auf Studienförderung entsteht.

ACHTUNG: Der Bundestag hat mit Zustimmung des Bundesrates eine BAföG-Reform beschlossen. Das neue Gesetz zur Reform und Verbesserung der Ausbildungsförderung – Ausbildungsförderungsreformgesetz (AföRG) tritt am **01.04.2001 in Kraft.** Die im Folgenden abgedruckten Ausführungen entsprechen noch dem alten BAföG. Die Darlegung der neuen Regelungen wird zu gegebener Zeit beim Deutschen Studentenwerk (www.studentenwerke.de) veröffentlicht werden. Sie wird so bald wie möglich ebenfalls auf der DAAD-homepage (www.daad.de) nachzulesen sein. Schon jetzt steht aber fest, dass ein mindestens einjähriges Studium in Deutschland in einem anderen EU-Land bis zum Abschluss fortgesetzt werden kann. Allerdings entfallen in der EU die BAföG-Auslandszuschläge.

BAföG bis zum 31.03.2001:

Leistungen

- Die Förderung nach dem BAföG wird in der Regel für einen einzigen zusammenhängenden Zeitraum bis zu einem Jahr Dauer geleistet.
- Darüber hinaus kann während drei weiterer Semester Ausbildungsförderung geleistet werden, wenn der studienbezogene Auslandsaufenthalt für die Ausbildung von besonderer Bedeutung ist.
- Ausbildungszeiten im Ausland bis zu einem Jahr werden nicht auf die Förderungshöchstdauer angerechnet. Dies gilt jedoch nicht, wenn der Auslandsaufenthalt in den Ausbildungsbestimmungen als ein notwendig im Ausland durchzuführender Teil der Ausbildung vorgeschrieben ist.
- Die Ausbildung im Ausland muss mindestens 6 Monate bzw. mindestens 3 Monate bei Praktikum und Studium im Rahmen einer Hochschulkooperation dauern.
- Die Leistungen bei einem Studium oder Praktikum im Ausland umfassen zusätzlich zur Inlandsförderung Auslandszuschläge, nachweisbar notwendige Studiengebühren (bis zu DM 9.000,– pro Studienjahr), Reisekosten, Kosten der Krankenversicherung.
- Die zusätzliche Auslandsförderung wird als Zuschuss geleistet.

Bewerbungsvoraussetzungen

Studierende mit ständigem Wohnsitz in der Bundesrepublik Deutschland können Förderung nach dem BAföG für einen fachorientierten **Studienaufenthalt im Ausland** erhalten, wenn gem. § 5 Abs. 2 BAföG

| Gesetzliche Förderungsmaßnahmen | BAföG | 6 |

- die Ausbildung im Ausland für die Ausbildung im Inland nach dem Ausbildungsstand förderlich ist und mindestens teilweise auf die im Inland begonnene Ausbildung angerechnet werden kann (Nach dem Ausbildungsstand förderlich ist ein Auslandsstudium, wenn der oder die Studierende in der gewählten Fachrichtung die Grundkenntnisse während einer zumindest einjährigen Ausbildung bereits erlangt hat.),
- die Ausbildung im Inland nicht durchgeführt werden kann und sie vor dem 1. Juli 1990 aufgenommen wurde, oder
- die Ausbildung im Ausland vor dem 1. Oktober 1990 begonnen und für den Monat Dezember 1990 nach dem Stipendienrecht der Deutschen Demokratischen Republik gefördert wurde,
- ausreichende Kenntnisse der Unterrichts- und Landessprache vorhanden sind
- sowie eine Immatrikulation bei einer Ausbildungsstätte besteht, die dem Besuch einer inländischen höheren Fachschule, Akademie oder Hochschule gleichwertig ist.

Auch kann die Förderung eines **Auslandspraktikums** im Rahmen eines Studiums geleistet werden, wenn gem. § 5 Abs. 5 BAföG
- dies in der Prüfungsordnung vorgeschrieben und inhaltlich geregelt ist,
- die im Inland gelegene Hochschule bzw. die zuständige Prüfungsstelle anerkennt, dass die Praktikantenstelle den Anforderungen der Prüfungsordnung genügt (d.h., wenn das Praktikum in ihr vorgeschrieben und inhaltlich geregelt ist),
- das Praktikum im Ausland der Ausbildung im Inland nach dem Ausbildungsstand förderlich ist und mindestens 3 Monate dauert,
- bei Praktika außerhalb Europas zusätzlich eine Bescheinigung mit dem Inhalt vorgelegt wird, dass die Durchführung des Praktikums außerhalb Europas nach dem Ausbildungsstand besonders förderlich ist,
- ausreichende Sprachkenntnisse vorhanden sind.

Bewerbungstermin und -ort

Der Antrag sollte mindestens 6 Monate vor der Ausreise beim zuständigen Ausbildungsförderungsamt gestellt werden. Bei der Beantragung eines DAAD-Teilstipendiums für Studierende (BAföG-Aufstockung) sollte der Antrag beim Ausbildungsförderungsamt gleichzeitig mit dem DAAD-Antrag gestellt werden.

Zuständig für die Förderung im Ausland sind die folgenden, von den Bundesländern bestimmten Ämter, denen jeweils ein bestimmter Länderbereich zugewiesen worden ist:

Dänemark, Finnland, Island, Norwegen, Schweden:
Stadt Flensburg, Fachbereich Jugend und Soziales, Amt für Ausbildungsförderung
Postfach 27 42, 24917 Flensburg
Besucheranschrift: Rathausplatz 1, 24937 Flensburg
Tel.: 04 61/85-27 60, -28 26, -21 60, Fax: 04 61/85-17 65

6 Gesetzliche Förderungsmaßnahmen   BAföG

USA:
Studentenwerk Hamburg, Amt für Ausbildungsförderung, BWF-Auslandsförderung
Postfach 13 09 51, 20109 Hamburg
Besucheranschrift: Grindelallee 9, 20146 Hamburg
Tel.: 0 40/4 19 02-0, Fax: 0 40/4 19 02-1 26
E-Mail: bafoeg@studentenwerk.hamburg.de
Internet: http://stw.whm.tu-harburg.de

Amerika (mit Ausnahme der USA), Australien, Ozeanien:
Senator für Bildung, Wissenschaft, Kunst und Sport
Landesamt für Ausbildungsförderung
Rembertiring 8-12, 28195 Bremen
Tel.: 04 21/3 61-49 95, -29 78, Fax: 04 21/3 61-1 55 43

Belgien, Luxemburg, Niederlande:
Landeshauptstadt Hannover, Schulamt, Abteilung Ausbildungsförderung
Röselerstraße 2, 30159 Hannover
Tel.: 05 11/1 68-4 48 59, Fax: 05 11/1 68-4 50 62
E-Mail: 40.4@hannover-stadt.de

Italien/Vatikanstadt:
Bezirksamt Charlottenburg von Berlin, Abteilung Soziales und Gesundheit
Amt für Ausbildungsförderung, Auslandsamt
10617 Berlin
Tel.: 0 30/34 30-83 63, -82 53, -82 51, -83 60, Fax: 0 30/34 30-83 80
Besucheranschrift: Wilmersdorfer Straße 98/99, 10629 Berlin

Afrika, Asien (mit Ausnahme der in Asien gelegenen Nachfolgestaaten der Sowjetunion), europäischer Teil der Türkei, Großbritannien, Irland:
Landesamt für Ausbildungsförderung Nordrhein-Westfalen
Theaterplatz 14, 52062 Aachen
Tel.: 02 41/4 55-02, Fax: 02 41/4 55-3 00

Griechenland, Bundesrepublik Jugoslawien (Serbien/Montenegro), Bosnien und Herzegowina, Kroatien, Mazedonien, Slowenien, Zypern, Paris:
Studentenwerk Marburg, Amt für Ausbildungsförderung
Erlenring 5, 35037 Marburg
Tel.: 0 64 21/2 96-2 03, -2 04, Fax: 0 64 21/1 57 61
E-Mail: schulzek@mailer.uni-marburg.de
Internet: http://www.uni-marburg.de/stw

Malta, Portugal, Spanien:
Universität des Saarlandes, Amt für Ausbildungsförderung, Studentenhaus
Universitätsgelände Bau 28, 66123 Saarbrücken
Tel.: 06 81/3 02-49 92 oder -49 93, Fax: 06 81/3 02-28 90
Internet: http://www.Uni-Saarland.de

| Gesetzliche Förderungsmaßnahmen | BAföG | 6 |

Schweiz, Liechtenstein:
Studentenwerk Heidelberg, Amt für Ausbildungssförderung
Marstallhof 1-5, 69117 Heidelberg
Tel.: 0 62 21/54-0, Fax: 0 62 21/54-35 24

Armenien, Aserbaidschan, Bordeaux, Bulgarien, Estland, Frankreich/Monaco/ Andorra (mit Ausnahme der Städte Paris und Bordeaux), Georgien, Kasachstan, Kirgisistan, Kiribati, Lettland, Litauen, Moldawien, Republik Polen, Rumänien, Russische Föderation, Slowakei, Tadschikistan, Tschechische Republik, Turkmenistan, Ukraine, Ungarn, Usbekistan, Weißrussland:
Kreisverwaltung Mainz-Bingen, Amt für Ausbildungsförderung
Postfach 13 55, 55206 Ingelheim
Tel.: 0 61 32/7 87-0, Fax: 0 61 32/7 87-3 60
Internet: http://www.mainz-bingen.de

Österreich:
Landeshauptstadt München, Schul- und Kultusreferat, Amt für Ausbildungsförderung
Schwanthalerstraße 40, 80336 München
Tel.: 0 89/2 33-2 86 53 oder -2 17 85, Fax: 0 89/2 33-2 44 11

6 Gesetzliche Förderungsmaßnahmen — Graduiertenförderung

Graduiertenförderung

Die Bundesländer haben einheitliche Länderregelungen zur Förderung des wissenschaftlichen und künstlerischen Nachwuchses erlassen.

Baden-Württemberg	Landesgraduiertenförderungsgesetz	vom 23.07.1984
Bayern	Gesetz zur Förderung des wissenschaftlichen und künstlerischen Nachwuchses	vom 18.12.1984
Berlin	Nachwuchsförderungsgesetz	vom 24.10.1990
Brandenburg	Graduiertenförderungsverordnung	vom 10.12.1991
Bremen	Brief des Bremer Senators für Bildung, Wissenschaft und Kunst	vom 12.01.1984
Hamburg	Hamburgisches Gesetz zur Förderung des wissenschaftlichen und künstlerischen Nachwuchses	vom 07.11.1984
Hessen	Hessisches Gesetz zur Förderung von Nachwuchswissenschaftlern	vom 11.07.1984
Mecklenburg-Vorpommern	Gesetz zur Förderung des wissenschaftlichen und künstlerischen Nachwuchses im Lande Mecklenburg-Vorpommern (Landesgraduiertenförderungsgesetz, LGFG)	vom 23.02.1993
Niedersachsen	Graduiertenförderungsgesetz	vom 17.11.1984
Nordrhein-Westfalen	Graduiertenförderungsgesetz Nordrhein-Westfalen	vom 26.06.1984
Rheinland-Pfalz	Landesgraduiertenförderungsgesetz	vom 06.07.1984
Saarland	Landesgraduiertenförderungsgesetz	vom 10.10.1984
Sachsen	Sächsisches Graduiertengesetz	vom 24.05.1994
Sachsen-Anhalt	Graduiertenförderungsgesetz und Verordnung über die Durchführung	vom 02.06.1992
Schleswig-Holstein	Landesgesetz zur Förderung des wissenschaftlichen und künstlerischen Nachwuchses	vom 12.04.1984
Thüringen	Graduierten-Förderungsverordnung (gemäß Thüringer Hochschulgesetz)	vom 03.06.1993

Ländergesetze wie deren Durchführungsverordnungen sehen eine Förderung der Promotionsvorbereitung im Ausland vor. In welchem Maße diese Förderung eintritt, darüber sollten sich Bewerberinnen und Bewerber um eine Auslandsförderung bei den zuständigen Stellen ihrer Hochschule informieren.

| Gesetzliche Förderungsmaßnahmen | Graduiertenförderung | 6 |

Programmbeschreibung
Förderung längerer Auslandsaufenthalte von Stipendiaten nach den Graduierten-, Promotions- und Nachwuchsförderungsgesetzen der Länder durch den DAAD

Der DAAD kann Graduierten wissenschaftlicher und künstlerischer Fachrichtungen, die im Rahmen ihres Stipendiums nach den Graduierten-, Promotions- und Nachwuchsförderungsgesetzen der Länder zur Durchführung ihres Arbeitsvorhabens einen Auslandsaufenthalt von mehr als 30 Tagen benötigen, ein Aufstockungsstipendium für diese Zeit (Förderungsdauer von bis zu 12 Monaten) gewähren.

Stipendienleistungen
Stipendienhöhe
– Zusatzstipendien zu Lebenshaltungskosten im Ausland; hierbei handelt es sich um den Differenzbetrag zwischen der normalen Graduiertenrate des DAAD für das betreffende Land (s. Übersicht S. 296 ff.) und dem Regelsatz des Stipendiums im Rahmen der Länder-Graduiertenförderungsgesetze; dieser Betrag wird je nach Höhe und Laufzeit des Stipendiums in einer oder mehreren Raten überwiesen;
– Reisekostenzuschuss (einmalig); für europäische Länder wird eine festgelegte Pauschale, für außereuropäische Länder nach Vorlage eines Kostenvoranschlages ein angemessener Reisetarif erstattet;
– Studiengebühren, wenn sie in unabweisbarem und wirklich notwendigem Zusammenhang mit dem Arbeitsvorhaben stehen (nicht für die Teilnahme an regulären Lehrveranstaltungen); bei Gebühren, die weit über dem nationalen Durchschnitt liegen, ist mit einer – zum Teil erheblichen – Eigenbeteiligung zu rechnen;
– nur für Doktoranden: eine monatliche Pauschale für Forschungs- und Kongresskosten;
– Übernahme der Prämie für eine Kranken-, Unfall- und Privathaftpflichtversicherung durch den Gruppenversicherungsvertrag des DAAD, sofern erforderlich.

Laufzeit
30 Tage bis 12 Monate

Bewerbungsvoraussetzungen
Diese Förderung des DAAD ist an die Vergabe und Laufzeit des Landesstipendiums gebunden; finanziell und zeitlich unabhängig davon kann der DAAD nicht fördern. Verlängerungen bedürfen einer erneuten Antragstellung an der Hochschule.

Bewerbungsunterlagen
– Bescheinigung der Heimathochschule über die Notwendigkeit des beantragten Auslandsaufenthaltes im Rahmen der Förderung nach dem Landesgesetz. Diese Bescheinigung sollte gleichzeitig als Antragsformular dienen, dem eine Kopie des ursprünglichen Antrags auf Gewährung eines Stipendiums beigefügt ist. Die für die Vergabe des Landesstipendiums zuständige Hochschule bescheinigt auf Grund der Feststellung der Vergabekommission, dass im Rahmen des Entscheidungsverfahrens der beantragte Auslandsaufenthalt in dem vorgesehenen Umfang für notwendig erachtet

wird; dem Antrag ist ein Arbeits- und Zeitplan für den Auslandsaufenthalt beizufügen;
- Bestätigung der Hochschule, dass die Inlandsförderung (in der Regel DM 1.400,– pro Monat) für die Dauer des Auslandsaufenthaltes gezahlt wird, die auslandsbedingten Mehrkosten (Reisekosten, ggf. Studiengebühren, Materialkosten etc.) aus Landesmitteln jedoch nicht übernommen werden;
- Sprachzeugnis;
- Research Clearance o.ä., sofern erforderlich;
- Stellungnahme des deutschen Betreuers zum beantragten Auslandsaufenthalt.

Die geforderten Bestätigungen können nur von der zuständigen Hochschule abgegeben werden; ohne sie ist eine Förderung nicht möglich.

Bewerbungstermin und -ort

Anträge können jederzeit unter Wahrung einer angemessenen Bearbeitungsfrist direkt oder über die zuständige Hochschule an den DAAD, Referat 222, gerichtet werden. Für einige Länder kann eine längere Vorlaufzeit erforderlich sein.

7

Auslandsstipendien anderer Organisationen

| 7 | Auslandsstipendien anderer Organisationen | Alexander von Humboldt-Stiftung |

Feodor Lynen-Programm

Name und Anschrift der stipendiengebenden Institution
Alexander von Humboldt-Stiftung (AvH)
Jean-Paul-Straße 12, 53173 Bonn
Telefon (02 28) 8 33-0
Telefax (02 28) 8 33-212
E-Mail: select@avh.de
Internet: http://www.humboldt-foundation.de

Programmbeschreibung

Die Alexander von Humboldt-Stiftung (AvH) bietet hochqualifizierten, promovierten deutschen Nachwuchswissenschaftlern aus allen Fachgebieten bis zum Alter von unter 38 Jahren (es gilt der Zeitpunkt der Auswahlsitzung) die Möglichkeit, langfristige Forschungsvorhaben an ausländischen Instituten durchzuführen. Der Gastgeber muss **ein von der Humboldt-Stiftung früher geförderter ausländischer Wissenschaftler (Forschungsstipendiat oder Forschungspreisträger) sein.**

Die Feodor-Lynen-Forschungsstipendien sollen eine längerfristige Forschungszusammenarbeit fördern. Sie werden für ein Jahr verliehen. Eine über ein zweites Jahr hinausgehende Verlängerung bis zur Förderungshöchstdauer von vier Jahren ist in besonders begründeten Ausnahmefällen möglich. Es wird eine Mischfinanzierung angestrebt, indem das ausländische Partnerinstitut einen Teil der Kosten des Stipendiums übernimmt.

Stipendienleistungen

Die Gesamthöhe der Nettozuwendung (einschließlich des Anteils des ausländischen Gastgebers) setzt sich zusammen aus:
- einem monatlichen Grundbetrag je nach Alter zwischen DM 2.670,- und DM 2.870,- netto
- Verheiratetenzuschlag monatlich DM 400,- (wenn der Ehepartner kein eigenes Einkommen hat)
- einer nach Ländern und Familienstand gestaffelten monatlichen Auslandszulage
- Sachmittelbeihilfe monatlich bis zu DM 200,-
- Beihilfe zur Krankenversicherung
- Kaufkraftausgleich (bei starken Kursschwankungen)
- Kinderzulage sowie
- Beihilfen zu Kongressbesuchen im Gastland und zu den Druckkosten, die im Rahmen der Forschungsarbeiten entstehen

In Ausnahmefällen wird eine befristete Wiedereingliederungsbeihilfe nach Rückkehr gewährt.

| Auslandsstipendien anderer Organisationen | Alexander von Humboldt-Stiftung | 7 |

Die Reisekosten für den Forschungsstipendiaten und die begleitenden Familienangehörigen (sofern sie den Forschungsstipendiaten mindestens 6 Monate ins Ausland begleiten) werden übernommen.

Die aktuelle Höhe des Stipendiums ist den jeweils gültigen Informationsbroschüren der AvH zu entnehmen.

Bewerbungsvoraussetzungen
Promotion, Altersgrenze 38 Jahre (es zählt die Vollendung des 38. Lebensjahrs), wissenschaftliche Veröffentlichungen; selbstständig erarbeiteter, mit dem wissenschaftlichen Gastgeber abgesprochener Forschungsplan sowie eine schriftliche Forschungsplatzzusage des Gastgebers.

Es werden gute Kenntnisse der Sprache des Gastlandes oder sehr gute englische Sprachkenntnisse vorausgesetzt. Handelt es sich um eine seltene Sprache, so kann die AvH auf Antrag zusätzlich zum Forschungsstipendium einen Sprachintensivkurs finanzieren.

Der Kontakt zum ausländischen Gastinstitut und dem dort arbeitenden AvH-Wissenschaftler muss vom Bewerber selbst hergestellt werden. Die AvH kann auf Anfrage mitteilen, ob ein vorgesehener Gastgeber ein ehemals von der AvH geförderter Gastwissenschaftler ist bzw. ob an dem vorgesehenen Institut ein ehemaliger AvH-Gastwissenschaftler tätig ist. Die AvH hält Kontakt zu etwa 20.000 Wissenschaftlern in über 120 Nationen.

Bewerbungsunterlagen
Bewerbungsunterlagen sind bei der AvH erhältlich oder können im Internet abgerufen werden.

Bewerbungstermin und -ort
Bewerbungen können jederzeit bei der AvH eingereicht werden. Der Auswahlausschuss für das Feodor-Lynen-Programm tritt dreimal jährlich zusammen.

– Antragseingang bis 10. Oktober für die Februar-Sitzung
– Antragseingang bis 10. Februar für die Juni-Sitzung
– Antragseingang bis 10. Juni für die Oktober-Sitzung

Der Beginn des Forschungsstipendiums hängt ab von der Absprache zwischen dem Gastgeber, dem Forschungsstipendiaten und der AvH. Der Forschungsaufenthalt kann gegebenenfalls sofort nach der Entscheidung des Auswahlausschusses angetreten werden.

| 7 | Auslandsstipendien anderer Organisationen | Boehringer Ingelheim Fonds/BIF |

Boehringer Ingelheim Fonds / BIF

Name und Anschrift der stipendiengebenden Institution
Boehringer Ingelheim Fonds/BIF
Stiftung für medizinische Grundlagenforschung
Schlossmühle
Grabenstraße 46, 55262 Heidesheim
Telefon: (0 61 32) 89 85-0
Telefax: (0 61 32) 89 85-11
E-Mail: secretariat@bifonds.de
Internet: http://www.bifonds.de

Der Boehringer Ingelheim Fonds ist eine öffentliche Stiftung des bürgerlichen Rechts. Zweck der Stiftung ist die ausschließliche und unmittelbare Förderung der naturwissenschaftlich-medizinischen Grundlagenforschung, insbesondere im Bereich der klinischen und theoretischen Medizin.

Doktoranden-Stipendien

Programmbeschreibung
Die Stiftung vergibt langfristige Stipendien an Doktorandinnen und Doktoranden. Ferner fördert sie Doktoranden und Postdoktoranden bei kurzfristigen Aufenthalten in auswärtigen Laboratorien und dem Besuch von wissenschaftlichen Lehrgängen und Ferienkursen. Den Besuch von Tagungen unterstützt die Stiftung nur im Falle von Doktoranden, die ein langfristiges Stipendium beziehen.

Stipendienleistungen
Stipendienhöhe
Der monatliche Grundbetrag des Stipendiums beläuft sich auf DM 1.800,–. Hinzu kommen ein Sachkosten-Zuschuss in Höhe von DM 200,–, ein Auslands- oder Inlands-Zuschlag sowie ggf. ein Ehegatten-Zuschlag. Die Stipendien variieren von 2.400,- DM für einen unverheirateten Stipendiaten, der in seinem Heimatland arbeitet, bis zu 3.700,– DM für einen verheirateten Stipendaten, der in den USA arbeitet.

Laufzeit
Doktoranden-Stipendien werden in der Regel für einen Zeitraum von 2 Jahren gewährt. Eine Verlängerung von bis zu 12 Monaten ist möglich. Die Fortführung oder den Abschluss von Untersuchungen, die bereits von anderer Seite unterstützt wurden, übernimmt der Boehringer Ingelheim Fonds nicht.

Bewerbungsvoraussetzungen
Doktoranden-Stipendien sind für die Durchführung thematisch umgrenzter Forschungsvorhaben bestimmt. Es werden nur Arbeiten gefördert, die in der Grundlagenforschung angesiedelt sind und neue wissenschaftliche Erkenntnisse zum Ziel haben.

Zum Zeitpunkt der Entscheidung dürfen Antragsteller nicht älter als 28 Jahre sein.

| Auslandsstipendien anderer Organisationen | Boehringer Ingelheim Fonds/BIF | 7 |

Bewerbungsunterlagen
Anträge sollen eine eigenständige Leistung der Bewerberin bzw. des Bewerbers darstellen. Über Bewilligung oder Ablehnung entscheidet die wissenschaftliche Qualität: die Leistungen des Antragstellers, die Originalität des Forschungsvorhabens und die Qualität der Laboratorien, in denen der Bewerber arbeitet bzw. arbeiten will.

Einzelheiten zur Antragstellung finden Sie im Internet unter der Anschrift http://www.bifonds.de oder in der Broschüre „Boehringer Ingelheim Fonds – A Foundation in Progress", die Sie kostenlos bei der Geschäftsstelle anfordern können.

Bewerbungstermin und -ort
Bewerbungen um Doktoranden-Stipendien können zum 1. April, 1. August und 1. Dezember eines jeden Jahres bei der Geschäftsstelle eingereicht werden. Bis zu einer Entscheidung vergehen rund 4 Monate.

Reise-Beihilfen

Programmbeschreibung
Reise-Beihilfen sollen es Doktoranden und Postdoktoranden ermöglichen, an international anerkannten Forschungseinrichtungen klar definierte Methoden zu erlernen, die das eigene Forschungsvorhaben erweitern und der entsendenden Arbeitsgruppe unmittelbar nützen. Ferner wird der Besuch von wissenschaftlichen Lehrgängen und Ferienkursen gefördert, bei denen eine begrenzte Zahl von Teilnehmerinnen und Teilnehmern ein fest umrissenes Thema durch praktische Übungen, Vorträge und Diskussionen erschließt.

Stipendienleistungen
Stipendienhöhe
Im Bewilligungsfalle gewährt der Boehringer Ingelheim Fonds einen Zuschuss bis zur Höhe der Kosten, die für Fahrt bzw. Flug, für die Unterbringung am Gastort und ggf. für Kursgebühren anfallen. Kosten für Verpflegung und Kosten, die im Gastlabor anfallen, übernimmt die Stiftung nicht.

Laufzeit
Reise-Beihilfen werden für einen Zeitraum von bis zu 3 Monaten gewährt. Eine Verlängerung ist nicht möglich. Die Fortführung oder den Abschluss von Arbeiten, die bereits von anderer Seite unterstützt wurden, übernimmt der Boehringer Ingelheim Fonds nicht.

Bewerbungsunterlagen
Anträge sollen eine eigenständige Leistung der Bewerberin bzw. des Bewerbers darstellen. Über Bewilligung oder Ablehnung entscheidet die wissenschaftliche Qualität: die Leistungen des Antragstellers, die Originalität des Forschungsvorhabens und die Qualität der Laboratorien, in denen der Bewerber arbeitet bzw. arbeiten will.

7	Auslandsstipendien anderer Organisationen	Boehringer Ingelheim Fonds/BIF

Einzelheiten zur Antragstellung finden Sie im Internet unter der Anschrift http://www.bifonds.de oder in der Broschüre „Boehringer Ingelheim Fonds – A Foundation in Progress", die Sie kostenlos bei der Geschäftsstelle anfordern können.

Bewerbungstermin und -ort
Bewerbungen um Reise-Beihilfen können fortlaufend bei der Geschäftsstelle eingereicht werden, spätestens jedoch 6 Wochen vor der Reise. Bis zu einer Entscheidung vergehen rund 6 Wochen. Zum Zeitpunkt der Entscheidung sollen Doktoranden nicht älter als 30, Postdoktoranden nicht älter als 32 Jahre sein.

| Auslandsstipendien anderer Organisationen | Boston Consulting Group | 7 |

Thomas-Petersen-Stipendium

Name und Anschrift der stipendiengebenden Institution
The Boston Consulting Group GmbH & Partner
Ansprechpartnerin: Frau Kerstin Steinmann
Stadttor 1, 40219 Düsseldorf
Telefon (02 11) 30 11-30
Telefax (02 11) 13 12-96
Internet http://www.bcg.de

Programmbeschreibung
Die Boston Consulting Group (BCG) bietet Vollstipendien zur wissenschaftlichen Fortbildung mit dem Ziel eines MBA-Abschlusses in den USA. Angesprochen sind deutschsprachige Jungakademikerinnen und Jungakademiker aller Fachrichtungen, die nach dem Abschluss an einer deutschen Hochschule ein zweijähriges MBA-Studium an einer der folgenden sechs Business Schools anschließen wollen:

- Stanford Graduate School of Business
- Harvard Business School
- Graduate School of Business at the University of Chicago
- Kellogg School at Northwestern University
- Wharton School at the University of Pennsylvania
- The Sloan School of Management at M.I.T.

Stipendienleistungen
Die Stipendienleistungen entsprechen den regulären DAAD-Stipendienleistungen für die USA. Die Studiengebühren werden in voller Höhe übernommen.

Bewerbungsvoraussetzungen
- Weit überdurchschnittliche Hochschulleistungen
- Über das Studium hinausgehendes Engagement
- TOEFL- und GMAT-Ergebnisse (Mindestpunktzahl: TOEFL 250 Punkte/GMAT 600 Punkte)
- Des Weiteren gelten die Bewerbungsvoraussetzungen des DAAD-MBA-Programms (s. S. 105 f.)

Bewerbungsunterlagen
Bewerbungsunterlagen sind identisch mit den Bewerbungsunterlagen, die für ein DAAD-MBA-Stipendium eingereicht werden müssen (s. S. 124 f.).

Die Bewerber erklären sich mit der Weitergabe ihrer Bewerbungsunterlagen an Boston Consulting einverstanden.

7	Auslandsstipendien anderer Organisationen	Boston Consulting Group

Bewerbungstermin und -ort
31.8.2001 beim DAAD, Referat 315

Sonstiges
- Die Stipendienvergabe erfolgt gemeinsam durch den DAAD und die Boston Consulting Group im Rahmen der regulären DAAD-MBA-Auswahl.
- Parallel zum DAAD-Auswahlverfahren wird ein Teil der Bewerber zum Interview bei Boston Consulting eingeladen. Die endgültige Entscheidung wird in der DAAD-Endauswahl getroffen. Die Bewerbung wird gleichzeitig auch für ein DAAD-MBA-Stipendium berücksichtigt.
- Mit Annahme des Thomas-Petersen-Stipendiums ist keine Verpflichtung verbunden, bei der Boston Consulting Group tätig zu werden.
- Vorabinformationen zum Thomas-Petersen-Stipendium erhalten Sie beim DAAD oder unter der oben aufgeführten Adresse.

Informationen
Vorabinformationen zum Thomas-Petersen-Stipendium sind möglich über:
The Boston Consulting Group GmbH & Partner
Frau Kerstin Steinmann
Stadttor 1, 40219 Düsseldorf
Telefon (02 11) 30 11-33 33
Telefax (02 11) 30 11-32 85
E-Mail: steinmann.kerstin@bcg.com

| Auslandsstipendien anderer Organisationen | Britische Botschaft | 7 |

The British Chevening Scholarships

Name und Anschrift der stipendiengebenden Institution
Britische Botschaft
Unter den Linden 32/34, 10117 Berlin

Programmbeschreibung
Das Foreign and Commonwealth Office bietet für das im Oktober 2002 beginnende akademische Jahr einige Stipendien für deutsche Staatsangehörige an. Besonders bevorzugt werden Bewerbungen von Studierenden aus den neuen Bundesländern und Bewerber, die bisher noch nicht in Großbritannien studiert haben. Ziel der Vergabe des Chevening-Stipendiums ist es, die Beziehungen zwischen Großbritannien und Deutschland durch die Förderung deutscher Studierender, die in Großbritannien ein Studium aufnehmen wollen, zu stärken.

Es handelt sich dabei um Stipendien für ein Studium von drei Monaten bis zu einem Jahr an einer britischen Universität.

Bewerbungsvoraussetzungen
Bewerben können sich Hochschulabsolventen, die ihr Diplom bis zum 1. Oktober 2002 abgelegt haben oder die bereits in einem Beschäftigungsverhältnis stehen.

Die Stipendien stehen Bewerberinnen und Bewerbern aus folgenden Studienbereichen offen: Business Administration, Development Studies, Economics, Environmental Studies, European Studies, International Relations, Journalism, Law, Media Studies, Modern History, Political Science, Public Administration.

Alle Bewerberinnen und Bewerber sollten über gute Englischkenntnisse in Wort und Schrift verfügen.

Bewerbungsunterlagen
Weitere Informationen und Bewerbungsunterlagen für Chevening Stipendien sind erhältlich über Internet (http://www.britcoun.de/d/education/scholars/index.htm) oder bei:

The British Council
Hardenbergstraße 20, 10623 Berlin
Telefon (0 30) 31 10 99-0
Telefax (0 30) 31 10 99-20
E-Mail: Marjorie.Mende@britcoun.de

| 7 | Auslandsstipendien anderer Organisationen | Britische Botschaft |

Richard von Weizsäcker – University of Wales Stipendium

Name und Anschrift der stipendiengebenden Institution
Britische Botschaft
Unter den Linden 32/34, 10117 Berlin

Programmbeschreibung
Das Stipendium soll dazu dienen, die Beziehungen zwischen der University of Wales und den Universitäten des Landes Baden-Württemberg weiter zu vertiefen. Das vom britischen Außenministerium finanzierte Stipendium soll es jährlich einem Kandidaten oder einer Kandidatin mit abgeschlossenem Hochschulstudium an einer Universität oder Fachhochschule in Baden-Württemberg ermöglichen, an der University of Wales ein Jahr lang ein Fach seiner Wahl zu studieren. Die Antragsteller sollten ein echtes Interesse an Großbritannien und an den britisch-deutschen Beziehungen glaubhaft machen können.

Stipendienleistungen
Das Stipendium deckt die Kosten für An- und Abreise bei Aufnahme bzw. Beendigung des Studiums sowie die Studiengebühren an der University of Wales einschließlich der Gebühren für Prüfungen, Laborbenutzung und Dissertation. Zusätzlich werden angemessene Beträge für Lebensunterhalt, Bücher und Geräte zur Verfügung gestellt. Die University of Wales stellt weitere Gelder zur Verfügung, die es dem Stipendiaten ermöglichen, verschiedene Einrichtungen der University of Wales zu besuchen sowie an walisisch-deutschen Veranstaltungen teilzunehmen, die während seiner Studienzeit in Wales stattfinden.

Bewerbungsunterlagen
Weitere Informationen und Bewerbungsunterlagen sind erhältlich über Internet (http://www.britcoun.de/d/education/scholars/index.htm) oder bei:

The British Council
Hardenbergstraße 20, 10623 Berlin
Telefon (0 30) 31 10 99-0
Telefax (0 30) 31 10 99-20
E-Mail: Marjorie.Mende@britcoun.de

Auslandsstipendien anderer Organisationen	British Council	7

European Young Lawyers Scheme

Name und Anschrift der stipendiengebenden Institution
The British Council
Hahnenstraße 6, 50667 Köln, und
Deutscher Akademischer Austauschdienst
Kennedyallee 50, 53175 Bonn

Stipendienzweck

Im Rahmen des „European Young Lawyers Scheme" werden Stipendien von sechsmonatiger Dauer an Juristinnen und Juristen im Alter von 25 bis 35 Jahren vergeben. Dieses vom British Council und DAAD gemeinsam durchgeführte Programm soll Juristen mit dem englischen bzw. schottischen Rechtssystem vertraut machen. Bewerben können sich Graduierte nach Ablegung des 2. Staatsexamens oder Studierende mit 1. Staatsexamen und zwölfmonatiger Referendarzeit.

Sprachkenntnisse

Bewerberinnen und Bewerber müssen gute Englischkenntnisse in Wort und Schrift nachweisen.

Bewerbung

Detaillierte Auskünfte und Antragsformulare sind beim Deutschen Akademischen Austauschdienst, Referat 313, erhältlich.

Informationen finden sich auch im Internet unter
- http://www.britcoun.de/d/governance.eyls.htm (deutsche Version)
- http://www.britcoun.de/e/governance.eyls.htm (englische Version)

| 7 | Auslandsstipendien anderer Organisationen | Carl Duisberg Gesellschaft |

USA-Programm „US-Business, Marketing und PR"

Name und Anschrift der stipendiengebenden Institution
Carl Duisberg Gesellschaft e.V.
Weyerstraße 79-83, 50676 Köln
Telefon (02 21) 20 98-0
E-Mail: America@cdg.de
Internet: http://www.cdg.de

Programmbeschreibung
Das Programm fördert:
– Praxisorientierte Fortbildung in den Bereichen Marketing und Public Relations, Management, Finance und General Business
– Vertiefung fachlicher Kenntnisse, Erweiterung der Fremdsprachenkenntnisse
– Erlangung interkultureller Kompetenzen durch das Kennenlernen amerikanischer Arbeits- und Geschäftspraktiken

Stipendienleistungen
Stipendienhöhe
Der Programmpreis von ca. US $ 7.850,– enthält Studiengebühren, Unterkunft, Versicherung und Praktikumsvermittlung. Nicht enthalten sind Kosten für Anmeldung, Reise und Verpflegung. Finanzielle Unterstützung ist in Einzelfällen durch Teilstipendien oder Darlehen möglich.

Das unbezahlte Praktikum wird durch das amerikanische Monterey Institute of International Studies vermittelt. Der Teilnehmer bzw. die Teilnehmerin erhält im Rahmen des Programms die Arbeits- und Aufenthaltsgenehmigung für die USA. Die Programmdurchführung ist an eine Mindestteilnehmerzahl gebunden.

Laufzeit
Vorbereitungsseminar in Köln, 2 Monate Intensivstudium an der State University of New York in New Paltz, 2 Monate fachbezogenes Praktikum in einem Unternehmen in New York.

Bewerbungsvoraussetzungen
Junge Berufstätige mit abgeschlossener Ausbildung, Hochschulabsolventen sowie Studierende (mindestens abgeschlossenes Grundstudium), gute Englischkenntnisse (TOEFL: mind. 250 Punkte), Höchstalter 30 Jahre.

Bewerbungstermin und -ort
30. März für Ausreise im September
30. August für Ausreise im Januar

Bewerbungsanschrift s.o.

| Auslandsstipendien anderer Organisationen | Carl Duisberg Gesellschaft | 7 |

USA-Programm „Internet-Einsatz"

Name und Anschrift der stipendiengebenden Institution
Carl Duisberg Gesellschaft e.V.
Weyerstraße 79-83, 50676 Köln
Telefon (02 21) 20 98-0
E-Mail: America@cdg.de
Internet: http://www.cdg.de

Programmbeschreibung
Das Programm fördert:
- Praxisorientierte Fortbildung für den Einsatz des Internets in modernen Unternehmensprozessen
- Kennenlernen amerikanischer Arbeitsmethoden und Geschäftspraktiken
- Vertiefung der fremdsprachlichen und interkulturellen Kompetenzen

Stipendienleistungen
Stipendienhöhe
Der Programmpreis von US $ 4.900,- deckt Kosten für Unterkunft, Studiengebühren, Praktikumsplatzierung und Versicherung. Nicht enthalten sind Kosten für Anmeldung, Reise und Verpflegung. Finanzielle Unterstützung ist in Einzelfällen durch Stipendien oder Darlehen möglich.

Das unbezahlte Praktikum wird durch das amerikanische Monterey Institute of International Studies vermittelt. Der Teilnehmer bzw. die Teilnehmerin erhält im Rahmen des Programms die Arbeits- und Aufenthaltsgenehmigung für die USA. Die Programmdurchführung ist an eine Mindestteilnehmerzahl gebunden.

Laufzeit
5 Wochen Intensivfortbildung am Monterey Institute of International Studies, Schwerpunkt: Anwendungsgebiete des Internets im unternehmerischen Alltag – besonders in den Bereichen Marketing, Vertrieb und Verkauf; 7 Wochen Praktikum in ausgewählten amerikanischen Unternehmen in der Region Monterey.

Bewerbungsvoraussetzungen
Junge Berufstätige mit abgeschlossener Ausbildung, Hochschulabsolventen sowie Studierende (mindestens abgeschlossenes Grundstudium), gute Englischkenntnisse. Keine Programmierkenntnisse erforderlich. Höchstalter 35 Jahre.

Bewerbungstermin und -ort
Anfang Januar für Ausreise im Mai
Bewerbungsanschrift s.o.

7	Auslandsstipendien anderer Organisationen	Carl Duisberg Gesellschaft

ASA-Programm

Name und Anschrift der stipendiengebenden Institution
Carl Duisberg Gesellschaft e.v., ASA-Programm
Lützowufer 6-9, 10785 Berlin
Telefon (0 30) 2 54 82-350 bis -357 und -360
Telefax (0 30) 2 54 82-359
E-Mail: ASA@cdg.de
Internet: http://www.asa-cdg.de

Programmbeschreibung
Als entwicklungspolitisches Stipendienprogramm bietet das ASA-Programm in der Carl Duisberg Gesellschaft Studierenden an Hoch- und Fachhochschulen sowie jungen Berufstätigen die Möglichkeit dreimonatiger Arbeits-, Erfahrungs- und Studienaufenthalte in Ländern der „Dritten Welt". Studierende, ggf. bis zum Abschluss einer zweiten Ausbildung (Referendariat, praktisches Jahr, Anerkennungspraktikum) und Doktoranden erhalten die Chance, theoretische und fachspezifische Kenntnisse mit praktischen Erfahrungen und praxisorientierten Untersuchungen in Entwicklungsprojekten und -ländern zu verbinden und auszubauen. Junge Berufstätige verschiedener Bereiche arbeiten in ausgewählten Entwicklungsprojekten, Betrieben, sozialen Einrichtungen und Selbsthilfeinitiativen mit und haben damit Chancen fachlicher und entwicklungspolitischer Fortbildung. Finanziert wird das Programm von Bundes- und Landesregierungen, der Carl Duisberg Gesellschaft und Eigenbeiträgen der Teilnehmerinnen und Teilnehmer.

Stipendienleistungen
  Stipendienhöhe
  – Ein Stipendium von zurzeit 75 Prozent des DAAD-Graduiertensatzes pro Monat zur Deckung der Kosten für Unterkunft und Verpflegung im Gastland
  – Hin- und Rückflugkosten in das Gastland
  – Unfall-, Haftpflicht- und Krankenversicherung, für Berufstätige auch Erwerbsunfähigkeitsversicherung
  – Seminarkosten für die Vorbereitungs- und Auswertungsseminare
  – Der Eigenbeitrag der Teilnehmer beträgt DM 675,– pro Aufenthaltsmonat im Gastland

  Laufzeit
  3 Monate im Ausland

Bewerbungsvoraussetzungen
Jährlich nehmen zwischen 150 und 190 Studierende deutscher Hoch- und Fachhochschulen einschließlich Doktoranden und junge Berufstätige aller Berufsgruppen mit einer abgeschlossenen, nichtakademischen Ausbildung am Programm teil. Ausländer, die den Schwerpunkt ihrer Schul- bzw. Ausbildungszeit in Deutschland verbracht

| Auslandsstipendien anderer Organisationen | Carl Duisberg Gesellschaft | 7 |

haben, und hier Studierende aus Asien, Afrika und Lateinamerika sind ebenfalls teilnahmeberechtigt.

Alterslimit: zwischen 21 und 30 Jahren

Vorschläge für ASA-Vorhaben kommen von Organisationen der Entwicklungszusammenarbeit, ausländischen Partnergruppen, ehemaligen Teilnehmern, Angehörigen von Hochschulen, anderen Personen; auch Eigenvorschläge seitens der Bewerberinnen und Bewerber sind möglich. Vorbereitung auf die dreimonatigen Aufenthalte: Eigenstudium und Seminare von insgesamt elf Tagen Dauer, zumeist an Wochenenden. Die Seminare finden zwischen Juli und Dezember statt. ASA erwartet von den Teilnehmenden fundierte Auswertungsberichte und die Teilnahme an Auswertungsseminaren sowie weiterwirkendes entwicklungspolitisches Engagement.

Gute Kenntnisse in der Verkehrssprache des Gastlandes sind erforderlich und müssen spätestens während der Vorbereitungszeit erworben werden.

Bewerbungstermin und -ort

Das Einreichen von Projektvorschlägen ist bis zum 10. September möglich; Formulare dafür können angefordert werden. Der Programmkatalog erscheint Mitte Oktober. Bewerbungsschluss ist der 20. November. Projektausschreibungen, Teilnahmebedingungen und Formulare im Internet unter http://www.asa-cdg.de vom 10. Oktober bis 20. November.

| 7 | Auslandsstipendien anderer Organisationen | Carl Duisberg Gesellschaft |

Praxissemester im Ausland für Fachhochschulstudierende

Name und Anschrift der stipendiengebenden Institution
Carl Duisberg Gesellschaft e.v., I 13 FH-Programm
Weyerstraße 79-83, 50676 Köln
Telefon (02 21) 20 98-0
E-Mail: fh-praxissemester@cdg.de
Internet: http://www.cdg.de

Programmbeschreibung
Das Programm fördert:
Praktika im Rahmen einer Fachhochschulausbildung; Vertiefung der fachlichen und sprachlichen Kompetenz, Persönlichkeitsentwicklung; Förderung des Austauschs künftiger Fach- und Führungskräfte zwischen Hochschule und Wirtschaft.

Stipendienleistungen
Stipendienhöhe
Teilstipendien des Bundesministeriums für Bildung und Forschung für Reise- und Aufenthaltskosten; Eigenmittel der Teilnehmer: DM 600,– bis DM 1.000,– je Monat je nach Gastland. Die Stipendienhöhe ist abhängig von den Lebenshaltungskosten vor Ort, den Leistungen der Gastfirma und der monatlichen Eigenbeteiligung.

Laufzeit
6 Monate studienorientierte praktische Tätigkeit in einem ausländischen Unternehmen (WS 1.9 bis 28.2. oder SS 1.3. bis 3.8), Vorbereitungs- und Auswertungstagung

Bewerbungsvoraussetzungen
Immatrikulierte Fachhochschulstudierende der Bereiche Angewandte Technik und Betriebswirtschaft; mindestens drei abgeschlossene Studiensemester und sechs Monate praktische Arbeitserfahrung; gute Kenntnisse der Sprache des Gastlandes; klare Vorstellungen der Fortbildungswünsche.

Bewerbungstermin und -ort
Bewerbungen an den Fachhochschulen im April und Oktober

Sonstiges
Praxissemester im Ausland wird als Pflichtsemester anerkannt; Eigeninitiative bei der Suche nach dem Praktikumsplatz erwünscht. Alle Zielländer möglich – außer deutschsprachige. Als besonders förderungswürdig gelten Praktikumsvorhaben im asiatisch-pazifischen Raum, in Lateinamerika und in Osteuropa/GUS.

| Auslandsstipendien anderer Organisationen | Carl Duisberg Gesellschaft | 7 |

Arbeitsaufenthalte in Mexiko in verschiedenen Fachbereichen

Name und Anschrift der stipendiengebenden Institution
Carl Duisberg Gesellschaft e.V.
Weyerstraße 79-83, 50676 Köln
Telefon (02 21) 20 98-0
E-Mail: America@dcg.de
Internet: http://www.cdg.de

Programmbeschreibung
Förderung der beruflichen Qualifizierung von Fach- und angehenden Führungskräften; praxisorientierte Fortbildung zur Vertiefung fachlicher sowie der Spanischkenntnisse; Kennenlernen mexikanischer Arbeits- und Lebensweisen.

Stipendienleistungen
Stipendienhöhe
Stipendium der mexikanischen Partnerorganisation Consejo Nacional de Ciencia y Tecnología (Conacyt), Mexiko-City; Eigenmittel der Teilnehmer für Anmeldung, Reisekosten und Anteil Lebenshaltung, Krankenversicherung über das Programm.

Laufzeit
Einführungsseminar in Köln; Spanischkurs in Mexiko; Praktikum in mexikanischen Institutionen oder Firmen, individuell zu gestalten. Dauer: 12 Monate.

Bewerbungsvoraussetzungen
Hochschulabsolventen (FH/Uni) aus den Bereichen Wirtschaft/Tourismus, Ingenieurwesen und angewandte Technik, (Tropen-)Medizin, Architektur und Städteplanung sowie Archäologie und Museum; Berufserfahrung erwünscht, gute Spanischkenntnisse notwendig. Alter: bis 35 Jahre.

Bewerbungstermin und -ort
15. März für Ausreise im Oktober
Bewerbungsanschrift s.o.

Sonstiges
Die Praktikumssuche liegt in der Verantwortung der Teilnehmer.

| 7 | Auslandsstipendien anderer Organisationen | Carl Duisberg Gesellschaft |

Arbeitsaufenthalte in Brasilien für Führungsnachwuchskräfte

Name und Anschrift der stipendiengebenden Institution
Carl Duisberg Gesellschaft e.V.
Weyerstraße 79-83, 50676 Köln
Telefon (02 21) 20 98-4 08
E-Mail: America@dcg.de
Internet: http://www.cdg.de

Programmbeschreibung
Praxisorientierte Fortbildung für angehende Führungskräfte zur Vertiefung fachlicher Kenntnisse, Erweiterung der Sprachkenntnisse und interkultureller Kompetenzen; Kennenlernen des brasilianischen Marktes sowie der Arbeits- und Lebensweise; Beitrag zur Pflege der deutsch-brasilianischen Beziehungen.

Stipendienleistungen
Stipendienhöhe
Eigenmittel der Teilnehmer ca. DM 6.000,– bis DM 9.000,– für Sprachkurs, Reise- und Lebenshaltungskosten, ggf. Stipendien.

Laufzeit
Vorbereitungsseminar in Deutschland und Brasilien; berufsbezogenes Praktikum in einem brasilianischen Unternehmen; evtl. praktikumsbegleitender Sprachkurs, Dauer: 12 Monate.

Bewerbungsvoraussetzungen
Führungsnachwuchskräfte vornehmlich aus den Bereichen Wirtschaftswissenschaften, Ingenieurwesen, Umweltschutz und Informatik mit abgeschlossener Berufsausbildung oder Fachhochschul- oder Hochschulstudium, mindestens zweijähriger Berufserfahrung und guten portugiesischen Sprachkenntnissen. Alter: bis 35 Jahre.

Bewerbungstermin und -ort
31. März für Ausreise im September
Bewerbungsanschrift s.o.

Sonstiges
Der brasilianische Partner ist bemüht, geeignete Praktikantenplätze in Unternehmen und Institutionen der brasilianischen Wirtschaft sicherzustellen.

| Auslandsstipendien anderer Organisationen | Carl Duisberg Gesellschaft | 7 |

Career Training für Studierende

Name und Anschrift der stipendiengebenden Institution
Carl Duisberg Gesellschaft e.V.
Weyerstraße 79-83, 50676 Köln
Telefon (02 21) 20 98-0
E-Mail: America@dcg.de
nternet: http://www.cdg.de

Programmbeschreibung
Praxisorientierte Individualfortbildung für Fachhochschul-, Hochschul- und Berufsakademiestudenten zur Erweiterung fachlicher Qualifikationen, internationaler Berufserfahrung, interkulturellem Verständnis. Nachweis eines studienbezogenen Praktikums; Vorbereitungsseminar in New York oder Los Angeles.

Stipendienleistungen
Stipendienhöhe
Eigenmittel und Praktikumsentgelt; Darlehen möglich.

Laufzeit
Dauer: 3, 4, 6, 8, 12 oder 18 Monate

Bewerbungsvoraussetzungen
Absolventen des Grundstudiums (mindestens 4 Semester im wirtschaftlichen, naturwissenschaftlichen oder technischen Bereich) oder Studenten mit abgeschlossener Berufsausbildung (kaufmännisch/technischer Bereich), jeweils mit guten Englischkenntnissen.

Bewerbungstermin und -ort
Mindestens zwei Monate vor Praktikumsbeginn
Bewerbungsanschrift s.o.

Sonstiges
Suche und Nachweis eines Praktikums in den USA liegen in der Verantwortung des Bewerbers. Der Teilnehmer erhält im Rahmen des Programms die Arbeits- und Aufenthaltsgenehmigung für die USA.

| 7 | Auslandsstipendien anderer Organisationen | Carl Duisberg Gesellschaft |

Praxisqualifizierung für Studenten in Entwicklungs- und Transformationsländern

Name und Anschrift der stipendiengebenden Institution
Carl Duisberg Gesellschaft e.V.
Weyerstraße 79-83, 50676 Köln
Telefon (02 21) 20 98-0
E-Mail: America@dcg.de
Internet: http://www.cdg.de

Programmbeschreibung
Einblicke in das Aufgabenspektrum von Unternehmen, Auslandshandelskammern, Delegiertenbüros, Repräsentanzen deutscher Wirtschafts- und Exportverbände oder Einrichtungen zur Förderung deutscher Auslandsinvestoren. Zielregionen sind ausgewählte Entwicklungs- und Schwellenländer sowie die Transformationsländer Mittel- und Osteuropas.

Stipendienleistungen
Stipendienhöhe
Teilstipendien der Stiftung Auslandserfahrung der Carl Duisberg Gesellschaft. Darlehen möglich, Eigenmittel.

Laufzeit
Strukturierte Praktika von 3 bis maximal 6 Monaten

Bewerbungsvoraussetzungen
Immatrikulierte Studenten wirtschaftlicher, technischer oder kombinierter Studiengänge an Hochschulen mit Vordiplom bis 27 Jahre (Auslandssemester oder Studienaufenthalte können nicht gefördert werden).

Bewerbungstermin und -ort
Näheres ist bei der oben genannten Anschrift zu erfragen.

Sonstiges
Nachweis des Praktikumsplatzes

| Auslandsstipendien anderer Organisationen | Deutsch-Französische Hochschule (DFH) Université Franco-Allemande (UFA) | 7 |

Deutsch-Französische Hochschule (DFH)
Université Franco-Allemande (UFA)

Name und Anschrift der stipendiengebenden Institution
Deutsch-Französische Hochschule
Am Staden 17
66121 Saarbrücken
Telefon (06 81) 5 01-13 67
Telefax (06 81) 5 01-13 55
E-Mail: info@dfh-ufa.org

Programmbeschreibung

Die Deutsch-Französische Hochschule (DFH) ist ein Verbund von Mitgliedshochschulen aus Deutschland und Frankreich. Sie besitzt den Rechtsstatus einer Hochschule.

Der Campus der Hochschule ist dezentral organisiert, Verwaltungssitz ist Saarbrücken. Die Hochschule wurde 1997 durch ein Regierungsabkommen gegründet („Abkommen von Weimar"). Das Abkommen legt die juristischen Grundlagen für diese supranationale Hochschuleinrichtung fest und definiert die Organe sowie die Aufgaben der Hochschule. Die Vereinbarung über die Gründung der DFH ist im September 1999 in Kraft getreten.

Ziel der Deutsch-Französischen Hochschule ist die Stärkung der Zusammenarbeit zwischen Deutschland und Frankreich im Hochschulbereich. Sie fördert deshalb die Beziehungen und den Austausch zwischen deutschen und französischen Hochschulen sowie binationale Aktivitäten und Projekte in Lehre, Erstausbildung und Weiterbildung, Forschung und Ausbildung des wissenschaftlichen Nachwuchses.

Zu den grundsätzlichen Aufgaben der DFH zählt das Initiieren, Koordinieren und Finanzieren von Studiengängen zwischen deutschen und französischen Partnerhochschulen. Berücksichtigt werden hierbei jene Programme, die bestimmte – von der DFH festgelegte – Kriterien erfüllen. Das binationale Studium sollte zu einem doppelten Abschluss führen. Die Studienleistungen sowie die Studiendauer müssen gleichwertig auf beide Hochschulen verteilt werden. Der Studienaufenthalt an der Partnerhochschule sollte mindestens drei Semester betragen. Daneben verlangt die Deutsch-Französische Hochschule von ihren Partnern eine gemeinsame – an den jeweiligen Studienstandorten gültige – Studien- und Prüfungsordnung. Zurzeit erfüllen rund 90 Studienprogramme diese Auswahlkriterien. 3.000 Studierende belegen unter dem Dach der DFH einen binationalen Studiengang in Deutschland und Frankreich, die Hälfte von ihnen erhält von der DFH ein Stipendium.

Die DFH hat den Auftrag, ein einheitliches deutsch-französisches Diplom zu entwickeln.

| 7 | Auslandsstipendien anderer Organisationen | Deutsch-Französische Hochschule (DFH) Université Franco-Allemande (UFA) |

Stipendienleistungen

Eine Übersicht über die circa 90 bestehenden Studienprogramme, die mit Infrastrukturkostenzuschüssen und Teilstipendien der DFH gefördert werden, kann bei der DFH angefordert werden.

Die Ausschreibung der Förderprogramme der DFH mit den entsprechenden Rahmenbedingungen erfolgt üblicherweise zum Ende jeden Kalenderjahres.

Die Förderung erstreckt sich auf alle Bereiche der deutsch-französischen Hochschulkooperation und umfasst binationale Aktivitäten und Projekte im Rahmen der Erstausbildung, der Qualifizierung des wissenschaftlichen Nachwuchses sowie der Forschung und Weiterbildung.

Bewerbungstermin und -ort

Anträge auf Förderung richten die Hochschullehrer bzw. Fachbereiche über ihre jeweiligen Hochschulleitungen an die DFH Saarbrücken.

| Auslandsstipendien anderer Organisationen | Deutsche Forschungsgemeinschaft | 7 |

Forschungsstipendien

Name und Anschrift der stipendiengebenden Institution
Deutsche Forschungsgemeinschaft
Hausanschrift: Kennedyallee 40, 53175 Bonn
Postanschrift: 53170 Bonn
E-Mail: postmaster@dfg.de
Internet: http://www.dfg.de

Programmbeschreibung
Die Stipendien der Deutschen Forschungsgemeinschaft (DFG) dienen der Förderung qualifizierter jüngerer Wissenschaftler. Sie sind für den Lebensunterhalt des Empfängers bestimmt.

Forschungsstipendien werden für ein umgrenztes Forschungsvorhaben bewilligt, das selbstständig oder unter Anleitung eines qualifizierten Wissenschaftlers bearbeitet werden soll. Im Rahmen dieses Vorhabens kann das Stipendium auch der Einführung in eine besondere Forschungsrichtung oder der Erlernung bestimmter Methoden dienen.

Stipendienleistungen
   Stipendienhöhe
   Im Ausland umfassen alle Stipendienarten (zusätzlich zum Stipendiengrundbetrag):
   – Die Übernahme von Fahrtkosten des Stipendiaten für die Hin- und Rückreise und der Familienangehörigen bei mehr als 6-monatigem Auslandsaufenthalt (nachträgliche Bewilligung für bereits durchgeführte Reisen ist grundsätzlich nicht möglich)
   – eine monatliche Zuwendung, die den Lebenshaltungskosten des betreffenden Landes angepasst ist, sowie einen Familienzuschlag für verheiratete Stipendiaten
   – einen Sachkostenzuschuss von monatlich DM 200,–, der auch für Reisen im Gastland in Anspruch genommen werden kann
   – unter bestimmten Voraussetzungen einen Kinderbetreuungszuschlag für Kinder unter 12 Jahren

   Laufzeit
   Die Stipendien werden grundsätzlich für einen Zeitraum von maximal zwei Jahren vergeben.

Bewerbungsvoraussetzungen
   Voraussetzung für die Gewährung von Stipendien ist die Promotion.

   Bewerberinnen und Bewerber müssen grundsätzlich die deutsche Staatsangehörigkeit besitzen. Wer nicht die deutsche Staatsangehörigkeit besitzt, kann sich für ein Auslandsstipendium bewerben, wenn er sich bereits seit mehreren Jahren in der Bundesrepublik Deutschland aufhält und inzwischen dort seinen Lebensmittelpunkt hat. Bei Inlandsstipendien wird von dem vorherigen Aufenthalt mit Begründung des Lebens-

7	Auslandsstipendien anderer Organisationen	Deutsche Forschungsgemeinschaft

mittelpunktes abgesehen. Es wird erwartet, dass Stipendiatinnen und Stipendiaten eine spätere wissenschaftliche Tätigkeit in Deutschland anstreben.

Bei der Vergabe von Stipendien stellt die DFG besondere Anforderungen und berücksichtigt nur solche Bewerberinnen und Bewerber, von denen angenommen werden kann, dass sie die Befähigung zu überdurchschnittlichen Leistungen besitzen und auch später wissenschaftlich arbeiten werden.

Bewerbungsunterlagen

Anträge sind von den Bewerberinnen und Bewerbern selbst zu stellen. Die Bearbeitungsdauer beträgt circa drei bis sechs Monate.

Nähere Einzelheiten über die einzureichenden Unterlagen für die Antragstellung sind einem Merkblatt zu entnehmen, das auf Anfrage von der DFG versandt wird.

Bewerbungstermin und -ort

Bewerbungen können jederzeit eingereicht werden.

| Auslandsstipendien anderer Organisationen | Deutsche Forschungsgemeinschaft | 7 |

Emmy-Noether-Programm

Name und Anschrift der stipendiengebenden Institution
Deutsche Forschungsgemeinschaft
Hausanschrift: Kennedyallee 40, 53175 Bonn
Postanschrift: 53170 Bonn
E-Mail: emmy.noether-programm@dfg.de
Internet: http://www.dfg.de

Programmbeschreibung
Besonders qualifizierten jungen Nachwuchswissenschaftlerinnen und -wissenschaftlern soll unmittelbar nach der Promotion die Möglichkeit gegeben werden, über einen zusammenhängenden Zeitraum von fünf Jahren – durch Forschungsaufenthalt im Ausland und eine anschließende eigenverantwortliche Forschungstätigkeit im Inland, verbunden mit der Leitung einer eigenen Nachwuchsgruppe sowie qualifikationsspezifischen Lehraufgaben in angemessenem Umfang – die Voraussetzungen für eine Berufung als Hochschullehrer bzw. Hochschullehrerin zu erlangen. Damit soll ein Weg eröffnet werden, auf dem man auch ohne die übliche Habilitation Hochschullehrer bzw. Hochschullehrerin werden kann.

Stipendienleistungen
Stipendienhöhe
In der ersten Phase erfolgt die Förderung durch ein Forschungsstipendium für einen zweijährigen Auslandsaufenthalt. Daneben werden Reisemittel für den Aufbau einer Nachwuchsgruppe zur Verfügung gestellt.

In der zweiten Phase können zur eigenständigen Durchführung eines insgesamt dreijährigen Forschungsvorhabens Mittel zur Förderung einer Nachwuchsgruppe bereitgestellt werden, die neben den persönlichen Bezügen als Leiterin oder Leiter der Nachwuchsgruppe nach BAT Ib oder Ia die notwendige personelle Ausstattung und die erforderlichen Sachmittel umfassen.

Laufzeit
Die Förderung erfolgt über insgesamt fünf Jahre und teilt sich in zwei Phasen auf.

Bewerbungsvoraussetzungen
Eine Bewerbung setzt eine mit herausragendem Ergebnis abgeschlossene Promotion sowie die Veröffentlichung mindestens einer weiteren Arbeit in einer international hochrangigen Zeitschrift oder in vergleichbar anspruchsvoller Form voraus.

Bewerberinnen und Bewerber dürfen bei Antragstellung grundsätzlich nicht älter als 30 Jahre sein. Eine Überschreitung dieser Altersgrenze kann akzeptiert werden, wenn sie infolge von Kinderbetreuungszeiten, Wehr- oder Ersatzdienst entstanden ist.

7	Auslandsstipendien anderer Organisationen	Deutsche Forschungsgemeinschaft

Wer nicht die deutsche Staatsangehörigkeit besitzt, kann sich bewerben, falls er seine wissenschaftliche Ausbildung in Deutschland absolviert hat und beabsichtigt, seine weitere wissenschaftliche Tätigkeit im Anschluss an die Förderung in Deutschland fortzusetzen.

Möglich ist auch eine Bewerbung ausschließlich um die Förderung der Nachwuchsgruppe in Deutschland, wenn man unmittelbar vor Beginn der Förderungszeit einen mindestens zweijährigen Auslandsaufenthalt als Postdoktorand bzw. Postdoktorandin abschließt. In diesem Fall liegt die Altersgrenze bei 32 Jahren.

Bewerbungsunterlagen

Das Merkblatt zum Emmy Noether-Programm versendet die DFG auf Anfrage.

Bewerbungstermin und -ort

Anträge können jederzeit gestellt werden.

| Auslandsstipendien anderer Organisationen | Deutsche Forschungsgemeinschaft | 7 |

Habilitanden-Stipendien

Name und Anschrift der stipendiengebenden Institution
Deutsche Forschungsgemeinschaft
Hausanschrift: Kennedyallee 40, 53175 Bonn
Postanschrift: 53170 Bonn
E-Mail: postmaster@dfg.de
Internet: http://www.dfg.de

Programmbeschreibung
Die DFG vergibt Stipendien zur Förderung von Habilitationen. Insbesondere Wissenschaftlerinnen sollen ermutigt werden, nach der Promotion ihre wissenschaftliche Arbeit fortzusetzen und die Habilitation anzustreben. Die für das Habilitationsprojekt notwendigen Personal- und Sachmittel können gemeinsam mit dem Stipendium beantragt werden.

Bewerben kann sich, wer nach einer qualifizierten Promotion durch weitere wissenschaftliche Arbeiten seine besondere Befähigung zur wissenschaftlichen Arbeit nachgewiesen hat und die Habilitation an einer deutschen Hochschule im Rahmen der Förderungsdauer anstrebt.

Wissenschaftlerinnen und Wissenschaftler, die nicht deutsche Staatsangehörige sind, können sich nur bewerben, wenn sie sich bereits seit mehreren Jahren in der Bundesrepublik Deutschland aufhalten und ihren Lebensmittelpunkt endgültig in die Bundesrepublik verlagert haben, so dass sie aller Wahrscheinlichkeit nach im Anschluss an ihre Habilitation an einer deutschen Hochschule bleiben werden. Wenn sich eine Wissenschaftlerin oder ein Wissenschaftler im Rahmen einer Förderung in der Bundesrepublik aufhält, deren Zweck die Rückkehr in das Heimatland umfasst, kommt eine Bewerbung nicht in Betracht.

Stipendienleistungen
Laufzeit
Die Förderungsdauer beträgt zwei Jahre mit der Möglichkeit, um ein weiteres Jahr zu verlängern. Im Rahmen der Förderung kann auch ein Auslandsaufenthalt unterstützt werden.

Bewerbungsunterlagen
Das Merkblatt „Programm zur Förderung von Habilitationen" versendet die DFG auf Anfrage.

7	Auslandsstipendien anderer Organisationen	Deutsche Forschungsgemeinschaft

Kongress- und Vortragsreisen

Name und Anschrift der stipendiengebenden Institution
Deutsche Forschungsgemeinschaft
Hausanschrift: Kennedyallee 40, 53175 Bonn
Postanschrift: 53170 Bonn
E-Mail: postmaster@dfg.de
Internet: http://www.dfg.de

Programmbeschreibung
Für Kongress- und Vortragsreisen kann die DFG Beihilfen vergeben:
– zur Teilnahme an internationalen wissenschaftlichen Kongressen in überseeischen und osteuropäischen Ländern
– zur Teilnahme an wissenschaftlichen Tagungen und für den Besuch wissenschaftlicher Einrichtungen in den Staaten Ost- und Südosteuropas
– für wissenschaftliche Vortragsreisen ins Ausland

Bewerbungsunterlagen
Das Merkblatt über Kongress- und Vortragsreisen versendet die DFG auf Anfrage.

| Auslandsstipendien anderer Organisationen | Deutscher Famulantenaustausch | 7 |

Vermittlung von Famulaturplätzen

Name und Anschrift der stipendiengebenden Institution
Deutscher Famulantenaustausch (DFA) e. V.
Godesberger Allee 54, 53175 Bonn

Programmbeschreibung
Vermittlung von Famulaturplätzen für Studierende der Medizin im klinischen Abschnitt des Studiums an ausländischen Krankenhäusern in Mitgliedsländern der IFMSA (International Federation of Medical Student Associations)

Stipendienleistungen
Stipendienhöhe
Während der Famulatur wird von den ausländischen Krankenhäusern in der Regel freie Unterkunft und Verpflegung gewährt.

Die Reisekosten sind innerhalb Europas von den Studierenden selbst zu tragen. Für Überseeländer kann im Rahmen der verfügbaren Mittel ein Fahrtkostenzuschuss aus Mitteln des DAAD gewährt werden, der beim DFA beantragt werden kann.

Laufzeit
– 1 bis 3 Monate, vorzugsweise Februar bis April und Juli bis Oktober
– Innerhalb Europas und nach Übersee

Bewerbungsvoraussetzungen
Mindestens zwei abgeschlossene klinische Semester und der Nachweis einer bereits abgeleisteten vierwöchigen Famulatur. Für überseeische Länder werden Studierende höherer Semester bevorzugt; ausreichende Sprachkenntnisse (Englisch, Französisch, Spanisch bzw. Sprache des Gastlandes) sind erforderlich.

Bewerbungsunterlagen
Bewerbungsunterlagen sind ausschließlich in den Lokalvertretungen des DFA in den medizinischen Fakultäten der Hochschulen erhältlich.

Bewerbungstermin und -ort
– 1. Februar für Famulaturen zwischen dem 1. Juli und 31. Dezember des laufenden Jahres
– 1. Oktober für Famulaturen zwischen dem 1. Januar und 30. Juni des Folgejahres

Bewerbungsanschrift s.o.

7	Auslandsstipendien anderer Organisationen	Deutsches Komitee der AIESEC

Internationales Praktikantenaustauschprogramm der AIESEC

Name und Anschrift der stipendiengebenden Institution
Deutsches Komitee der AIESEC e.V.
(Vereinigung der an Wirtschaft interessierten Studenten)
Subbelrather Straße 247, 50825 Köln
Telefon (02 21) 55 10 56
Telefax (02 21) 5 50 76 76
E-Mail: nc@de.aiesec.org
Internet: http://www.aiesec.org

Programmbeschreibung

Das Internationale Praktikantenaustauschprogramm der AIESEC vermittelt im Rahmen der Hochschulausbildung Fachpraktika in über 80 Länder, primär aus dem Bereich der Wirtschaftswissenschaften (Betriebswirtschaftslehre, Volkswirtschaftslehre, Wirtschaftsingenieurwesen, Wirtschaftsinformatik u.ä.).

Die Vorbereitung und Durchführung des Internationalen Praktikantenaustauschprogramms wird von den einzelnen lokalen Gruppen organisiert und auf der nationalen Ebene koordiniert. Die lokalen Gruppen werben Praktikantenstellen bei Unternehmen an, nominieren Studierende für das Austauschprogramm und helfen den vermittelten Studierenden bei Visa-, Aufenthalts- und Arbeitserlaubnisformalitäten und bei der Wohnungssuche. Insbesondere bietet AIESEC als ausschließlich von Studierenden getragene Institution Praktikanten und Praktikantinnen ein umfangreiches studentisches Rahmenprogramm an, um ihnen einen Einblick in die kulturellen Gegebenheiten des Gastlandes zu ermöglichen.

Stipendienleistungen

Stipendienhöhe
Das Deutsche Komitee der AIESEC gibt keine Zuschüsse. Die Lebenshaltungskosten werden im Regelfall durch das Praktikantenentgelt des Partnerunternehmens im Gastland gedeckt. Reisekosten innerhalb Europas sind vom Praktikanten selbst zu tragen. Für Überseeländer werden vom DAAD Reisekostenzuschüsse zur Verfügung gestellt, die über AIESEC beantragt werden können.

Laufzeit
Die Praktika finden ganzjährig statt, die Dauer variiert zwischen 8 und 78 Wochen.

Bewerbungsvoraussetzungen
Teilnehmerinnen und Teilnehmer müssen grundsätzlich an einer Hochschule eingeschrieben sein. Gute Sprachkenntnisse in Englisch sind Voraussetzung; Kenntnisse einer weiteren Fremdsprache (Spanisch, Französisch) und die Diplomvorprüfung sind von Vorteil.

Auslandsstipendien anderer Organisationen	Deutsches Komitee der AIESEC	7

Bewerbungstermin und -ort

Bester Zeitpunkt für Bewerbungen ist jeweils zu Beginn des Semesters. Interessierte Studierende wenden sich für detaillierte Informationen am Besten direkt an eine der 58 lokalen Gruppen an der jeweiligen Fach- oder Hochschule.

Teilnehmerinnen und Teilnehmer müssen ein Auswahlverfahren absolvieren, das sowohl ein Auswahlgespräch als auch Sprachtests umfasst. Die Gebühren für die Vermittlung (DM 180,–) sind bei Einreichung der Anträge zu entrichten. Falls kein Praktikum vermittelt werden kann, wird der Großteil der Gebühren zurückerstattet.

| 7 | Auslandsstipendien anderer Organisationen | Dr. Carl Duisberg-Stiftung |

Auslandsstipendien für Studierende der Naturwissenschaften

Name und Anschrift der stipendiengebenden Institution
Dr. Carl Duisberg-Stiftung für das
Auslandsstudium deutscher Studierender
c/o Bayer AG, 51368 Leverkusen

Programmbeschreibung
Die im Jahre 1923 von Geheimrat Dr. Carl Duisberg, Leverkusen, ins Leben gerufene Dr. Carl Duisberg-Stiftung für das Auslandsstudium deutscher Studierender vergibt Stipendien, um qualifizierten jungen deutschen Naturwissenschaftlerinnen und Naturwissenschaftlern (vorwiegend Chemikern und Physikern) während ihres Studiums bis zum Diplom einen etwa einjährigen Aufenthalt im europäischen Ausland bei einem anerkannten Forscher für wissenschaftliche Arbeiten zu ermöglichen.

Promotionen und Postdoctorate-Forschungsaufenthalte werden nicht gefördert.

Stipendienleistungen
Stipendienhöhe
Die Leistungen richten sich nach den persönlichen Verhältnissen des Bewerbers bzw. der Bewerberin.

Laufzeit
Die Laufzeit eines Stipendiums zum Studium im europäischen Ausland ist im Allgemeinen auf ein Jahr begrenzt.

Bewerbungsvoraussetzungen
Gut qualifizierte Bewerberinnen und Bewerber, die sehr gute Examensnoten vorweisen, können sich bewerben. Ausreichende Kenntnisse der jeweiligen Landessprache müssen nachgewiesen werden.

Bewerbungstermin und -ort
Die Bewerbungen können während des ganzen Jahres eingereicht werden; sie müssen jedoch spätestens 3 Monate vor dem erwünschten Stipendienantritt der Stiftung vorliegen. Eine persönliche Vorstellung nach Eingang der Bewerbungsunterlagen wird vereinbart.

Bewerbungsanschrift s.o.

| Auslandsstipendien anderer Organisationen | Dr. Carl Duisberg-Stiftung | 7 |

Reisekostenzuschüsse für Famulaturen im Ausland

Name und Anschrift der stipendiengebenden Institution
Dr. Carl Duisberg-Stiftung
zur Fortbildung von deutschen Studierenden der Medizin
c/o Bayer AG, 51368 Leverkusen

Programmbeschreibung
Die im Jahre 1929 von Oberregierungsrat Professor Dr. Johannes Plesch ins Leben gerufene Dr. Carl Duisberg-Stiftung zur Fortbildung von deutschen Studierenden der Medizin soll u.a. jungen Medizinern, die ihr Studium durch Famulaturen im Ausland vertiefen wollen, dies über Reisekostenzuschüsse erleichtern.

Außerdem vergibt die Stiftung in unregelmäßigen Abständen auf Vorschlag der Gesellschaft Deutscher Chemiker einen Preis an einen jungen Forscher bzw. eine Forscherin für besondere Leistungen auf dem Grenzgebiet zwischen Medizin und Chemie.

Bewerbungsvoraussetzungen
Die Bewerberinnen und Bewerber müssen die ärztliche Vorprüfung und den ersten Teil der ärztlichen Prüfung mit einer Punktzahl bestanden haben, die den Durchschnitt weit überschreitet, was nachzuweisen ist. Eine Förderung im Praktischen Jahr ist nicht möglich.

Bewerbungsunterlagen
Bewerbungsformulare sind von der Stiftung zu erhalten. Im Einzelnen werden benötigt:
– Vollständig ausgefüllter Fragebogen mit Lichtbild
– Lebenslauf
– Ausführliche Begründung der Stipendienbewerbung
– Gutachten des zuständigen Dozenten
– Kopien der Prüfungszeugnisse
– Zusageschreiben Famulaturstelle

Bewerbungstermin und -ort
Die Bewerbungen können während des ganzen Jahres eingereicht werden; sie müssen jedoch spätestens 3 Monate vor dem erwünschten Stipendienantritt der Stiftung vorliegen.

Bewerbungsanschrift s.o.

| 7 | Auslandsstipendien anderer Organisationen | Europäische Bewegung Deutschland |

Studienjahr am Europa-Kolleg Brügge und Natolin

Name und Anschrift der stipendiengebenden Institution
Europäische Bewegung Deutschland, Berliner Büro
Jean-Monnet-Haus, 10717 Berlin
E-Mail: ebd_berlin@yahoo.de

Programmbeschreibung
Die Europäische Bewegung Deutschland vergibt jährlich bis zu 35 Studienplätze am Europa-Kolleg, die größtenteils mit Unterstützung des Bundesministeriums für Bildung und Forschung, einzelner Bundesländer sowie privater Stipendiengeber aus Baden-Württemberg finanziert werden.

Als Dachverband all jener gesellschaftlichen Kräfte in der Bundesrepublik Deutschland, die sich für Fortschritte im europäischen Integrationsprozess einsetzen, ist die Europäische Bewegung Deutschland mit der Auswahl der Studenten für das Studium am Europa-Kolleg Brügge und am Europa-Kolleg Natolin betraut worden.

Das Europa-Kolleg Brügge, 1949 gegründet, ist das älteste Institut für postuniversitäre Studien, das praxisorientiert auf Tätigkeiten in europäischen Institutionen, Verbänden, Unternehmen und nationalen Verwaltungen, Behörden, Anwaltskanzleien und Verbänden mit europäischem Bezug vorbereitet.

Das Europa-Kolleg Brügge verfügt neben dem Studiengang „Human Resources Development" über einen rechtswissenschaftlichen, einen wirtschaftswissenschaftlichen und einen verwaltungs-/politikwissenschaftlichen Fachbereich, in denen Spezialisten aus Wissenschaft und Verwaltung der Mitgliedstaaten der Europäischen Union und der Europäischen Kommission sowie nationaler Ministerien jährlich circa 260 Studenten aus über 30 westeuropäischen sowie mittelosteuropäischen Ländern unterrichten.

Das „Human Resources Development"-Programm befasst sich mit der Personalentwicklung und dem Personalmanagement in europäischen Unternehmen sowie mit dem Vergleich von Ausbildungssystemen und Bildungspolitiken in Europa. Der Studiengang richtet sich an Studenten der oben genannten Fachbereiche, ist aber auch geeignet für Absolventen der Sozialwissenschaften sowie der Kommunikations- oder Erziehungswissenschaften, die sich zum „Human Resources Manager" weiterbilden möchten.

Das Europa-Kolleg Natolin, an dem jährlich etwa 60 Studenten unterrichtet werden, beschäftigt sich schwerpunktmäßig mit der Geschichte Mittel- und Osteuropas, mit dem aktuellen Transformationsprozess sowie mit der Heranführungsstrategie dieser Staaten an die Europäische Union. Es richtet sich in der Regel an Absolventen der oben genannten Fachbereiche, aber auch an Slawisten und Historiker.

| Auslandsstipendien anderer Organisationen | Europäische Bewegung Deutschland | 7 |

Stipendienleistungen
Stipendienhöhe
Für das Studium am Europa-Kolleg Brügge und Europa-Kolleg Natolin können Stipendien bei der Europäischen Bewegung Deutschland beantragt werden. Seit 1996 besteht darüber hinaus die Möglichkeit, auf eigene Kosten am Europa-Kolleg zu studieren (ca. 12.100,– EURO). In beiden Fällen müssen die Bewerber jedoch das Bewerbungsverfahren der Europäischen Bewegung Deutschland durchlaufen.

Laufzeit
Mitte September bis Mitte Juni des darauf folgenden Jahres

Bewerbungsvoraussetzungen
Grundsätzliche Voraussetzung für die Bewerbung ist ein abgeschlossenes Hochschulstudium mit achtsemestriger Regelstudienzeit oder ein gleichwertiger Studienabschluss, insbesondere in den Fächern Rechts-, Wirtschafts-, Verwaltungs- und Politikwissenschaft und ggf. verwandter Fachbereiche (für das Europa-Kolleg Natolin auch Geschichte und Slawistik sowie für Human Resources Development zusätzlich Sozialwissenschaften, Kommunikations- oder Erziehungswissenschaften).

Weitere Bedingungen:
– Deutsche Staatsangehörigkeit bzw. Staatsangehörigkeit eines EU-Mitgliedstaates, wobei im letzteren Fall die Bewerberin bzw. der Bewerber ihr/sein Studium in der Bundesrepublik Deutschland absolviert haben muss
– Sprachkenntnisse in Englisch und Französisch. Eine der beiden Sprachen sollte in Wort und Schrift beherrscht werden, die Kenntnis der anderen Sprache muss ausreichen, um auch akademischen mündlichen und schriftlichen Darlegungen folgen zu können.
– Der Bewerber bzw. die Bewerberin verpflichtet sich zur ununterbrochenen Teilnahme am Studienjahr des Europa-Kollegs Brügge und des Europa-Kollegs Natolin.

Bewerbungsunterlagen
Für die Bewerbung ist bei der Europäischen Bewegung Deutschland ein entsprechendes Bewerbungsformular anzufordern. Ihm sind in je vierfacher Ausfertigung beizufügen:
– Ausführlicher Lebenslauf
– Bescheinigung über ein abgeschlossenes Studium. Um auch Bewerber für das Studium zuzulassen, die ihr Abschlussdiplom wegen des Prüfungstermins nicht bis zum Bewerbungsschluss am 31. Januar vorlegen können, wird eine Frist bis zur Sitzung der Auswahlkommission eingeräumt, die in der Regel Ende März/April stattfindet. Über weitere Verlängerungen entscheidet die Auswahlkommission.
– Drei Gutachten von Professoren des Studiengebietes und/oder Persönlichkeiten des wissenschaftlichen, politischen und wirtschaftlichen Lebens. Die Gutachten sollten auf die Qualifikation des Bewerbers oder der Bewerberin hinsichtlich der besonderen Anforderungen des Europa-Kollegs eingehen. Diese sind in vertraulicher Form vom Gutachter an den Generalsekretär der Europäischen Bewegung Deutschland zu leiten. Die Gutachten sind vom Bewerber selbst anzufordern.

| 7 | Auslandsstipendien anderer Organisationen | Europäische Bewegung Deutschland |

– Sprachzertifikate der englischen und französischen Sprache, die nicht älter als ein halbes Jahr sind. Eine Ausnahme gilt für Bewerber, die ihr ganzes oder einen Teil ihres Studiums im englisch- bzw. französischsprachigen Ausland verbracht haben.
– Das Höchstalter für die Bewerber liegt bei 30 Jahren.

Die Bewerbung kann durch Unterlagen ergänzt werden, aus denen das Interesse des Bewerbers bzw. der Bewerberin am europäischen Integrationsprozess hervorgeht (z.b. Nachweise über die Teilnahme an europabezogenen Seminaren, Praktika o.ä.).

Es wird gebeten, Zeugnisse und Urkunden nicht im Original, sondern als Fotokopie oder beglaubigte Abschrift einzusenden.

Um auch Bewerberinnen und Bewerber für das Studium zuzulassen, die ihr Abschlussdiplom wegen des Prüfungstermins nicht bis Mitte März vorlegen können, wird eine Frist bis zur Sitzung der Auswahlkommission eingeräumt. Über weitere Verlängerungen entscheidet die Auswahlkommission auf der Grundlage zusätzlicher substanzieller Bewertungsunterlagen.

Bewerbungstermin und -ort
Bewerbungsanschrift s.o.

Bewerbungsformulare und Merkblätter sind dort erhältlich. Zur Kontaktaufnahme und zur weiteren Information können Anschriften von ehemaligen Brügger Stipendiaten bei der Europäischen Bewegung Deutschland angefordert werden. Für die Zusendung der Unterlagen innerhalb Deutschlands wird ein mit 3,– DM frankierter, adressierter Rückumschlag (A4) benötigt. Für Zusendungen ins Ausland sind entsprechende Wertmarken beizulegen.

Bewerbungen sind jeweils bis zum 31. Januar (Datum des Poststempels) einzureichen.

Sonstiges
Nach der Auswahl für ein Stipendium bzw. einen Studienplatz ist für das Studienjahr in Brügge bzw. in Natolin ein Gesundheitszeugnis vorzulegen.

| Auslandsstipendien anderer Organisationen | Europäische Organisation für Kernforschung (CERN) | 7 |

CERN-Jahresstipendien (Fellowship Programme)

Name und Anschrift der stipendiengebenden Institution
Europäische Organisation für Kernforschung (CERN)
1211 Genf 23, Schweiz
E-Mail: BFio-Frankfurt@t-online.de

Programmbeschreibung
Die Stipendien dienen der praxisbezogenen Fortbildung junger Wissenschaftlerinnen und Wissenschaftler sowie Ingenieure im CERN.

Stipendienleistungen
Stipendienhöhe
– Etwa CHF 5.506,– bis CHF 7.020,– monatlich, steuerfrei, für promovierte junge Wissenschaftler und Ingenieure, bzw.
– CHF 4.833,– bis CHF 6.346,– für diplomierte Wissenschaftler und Ingenieure

Laufzeit
Die Dauer der Forschungstätigkeit ist zunächst für ein Jahr vorgesehen, mit einer Verlängerungsmöglichkeit von einem weiteren Jahr.

Bewerbungsvoraussetzungen
Die Stipendien sind für junge Wissenschaftler und Wissenschaftlerinnen sowie Ingenieure mit abgeschlossenem Hochschulstudium gedacht. Bewerberinnen und Bewerber sollten die Nationalität eines CERN-Mitgliedsstaates vorweisen und in der Regel bei der Antragstellung das 33. Lebensjahr noch nicht vollendet haben.

Bewerbungsunterlagen
Einzelheiten über Stipendienbedingungen, geplante Termine und Bewerbungsunterlagen können angefordert werden beim
– Büro Führungskräfte zu Internationalen Organisationen (BFIO)
 Feuerbachstraße 42-46, 60325 Frankfurt am Main
 Telefon (069) 7 11 15 58
– Recruitment Service, Human Resources Division, CERN, 1211 Genf 23, Schweiz
– via Internet: http://www.cern.ch/jobs/fellows.html

| 7 | Auslandsstipendien anderer Organisationen | Europäische Organisation für Kernforschung (CERN) |

Bewerbungstermin und -ort

Bewerbungsschluss ist im Frühjahr und Herbst eines jeden Jahres.

Bewerbungen auf dem Gebiet der Teilchenphysik und ggf. eine Liste der Veröffentlichungen sind zu richten an:

Professor K. Kleinknecht
Institut für Physik
Johannes Gutenberg Universität (Mainz)
55099 Mainz

Drei Empfehlungsschreiben in englischer oder französischer Sprache von in der Fachwelt bekannten Persönlichkeiten sind unmittelbar an Professor Kleinknecht zu senden.

Bewerbungen für Fellowships in angewandten Gebieten sind zu richten an:

Recruitment Service, Human Resources Division, CERN
1211 Genf 23, Schweiz

Sonstiges

Die internationale Organisation CERN weist auf die günstigen Arbeitsplätze speziell für die Aufgabengebiete experimentelle und theoretische Teilchenphysik, Beschleunigerphysik, Detektorentwicklung, angewandte Physik, Datenverarbeitung, Elektronik und Ingenieurwissenschaften hin.

| Auslandsstipendien anderer Organisationen | Europäische Organisation für Kernforschung (CERN) | 7 |

CERN-Sommerkursstipendien

Name und Anschrift der stipendiengebenden Institution
Europäische Organisation für Kernforschung (CERN)
1211 Genf 23, Schweiz

Programmbeschreibung
Die Stipendiaten und Stipendiatinnen erhalten die Möglichkeit, an der täglichen Arbeit in den CERN-Laboratorien in Genf und an einem speziellen Vorlesungsprogramm in englischer Sprache teilzunehmen.

Stipendienleistungen
Stipendienhöhe
Das Stipendium soll die Lebenshaltungskosten decken. Die Hin- und Rückfahrt 2. Klasse mit der Bahn wird erstattet.

Laufzeit
8 bis 13 Wochen in der Zeit vom 1. Juni bis zum 30. September

Bewerbungsvoraussetzungen
Die Stipendien werden an Studierende der Physik, der ingenieurwissenschaftlichen Fächer und der Informatik vergeben. Die Bewerberinnen und Bewerber müssen in einem CERN-Mitgliedsland studieren und dürfen zum Zeitpunkt der Bewerbung nicht älter als 27 Jahre sein. Sie müssen mindestens 6 Semester absolviert haben.

Bewerbungstermin und -ort
Bewerbungen sind bis Ende Januar eines jeden Jahres einzureichen beim:

Recruitment Service
Human Resources Division, CERN
1211 Genf 23, Schweiz

Bewerbungsunterlagen sind auch verfügbar via Internet:
http://www.cern.ch/jobs/summ.html

| 7 | Auslandsstipendien anderer Organisationen | Europäische Organisation für Kernforschung (CERN) |

CERN-Programm für Gastwissenschaftler (Scientific Associates Programme)

Name und Anschrift der stipendiengebenden Institution
Europäische Organisation für Kernforschung (CERN)
1211 Genf 23, Schweiz

Programmbeschreibung
Dieses Programm bietet Wissenschaftlerinnen und Wissenschaftlern die Möglichkeit, ein Freisemester, ein „sabbatical year" usw. am CERN zu verbringen. Bewerbungsunterlagen für dieses Programm sind erhältlich beim:

Recruitment Service
Human Resources Division, CERN
1211 Genf 23, Schweiz

oder via Internet: http://www.cern.ch/jobs/associates.html

Bewerbungstermin und -ort
Bewerbungen und Empfehlungen sind dann an diese gleiche CERN-Stelle zu richten.

| Auslandsstipendien anderer Organisationen | European Space Agency (ESA) | 7 |

Forschungsstipendien der European Space Agency (ESA)

Name und Anschrift der stipendiengebenden Institution
European Space Agency (ESA)
8-10, rue Mario Nikis, 75738 Paris Cedex 15, Frankreich

Programmbeschreibung
Die Stipendien dienen der wissenschaftlichen Fortbildung erfahrener Natur- und Ingenieurwissenschaftlerinnen und -wissenschaftler. Es soll ihnen die Möglichkeit gegeben werden, Forschungsarbeiten zu übernehmen auf den Gebieten der Weltraumforschung, der Nutzung des Weltraums oder der Raumfahrttechnik. Die Stipendien werden verliehen zu Forschungszwecken innerhalb universitärer Forschungsgruppen in Europa, die in ESA- oder nationalen Raumfahrtprogrammen tätig sind, und in ESA-Einrichtungen. Einige Plätze stehen auch an amerikanischen Universitäten und den NASA-Zentren zur Verfügung, falls die vorgesehenen Forschungsarbeiten nicht in Europa durchgeführt werden können.

Allgemeine Bewerbungsvoraussetzungen
Um die ESA-Stipendien können sich Staatsangehörige aller Mitgliedsstaaten der ESA bewerben; zu diesen zählt u.a. die Bundesrepublik Deutschland. Die Voraussetzungen für die internen Stipendien (Stipendien in ESA-Einrichtungen) und externen Stipendien (Stipendien an Universitäten oder Forschungsinstituten in Europa, in Ausnahmefällen in den USA einschließlich der NASA-Zentren) werden unten aufgeführt; interessierte Bewerber sollten jedoch die folgenden allgemeinen Voraussetzungen beachten:
– Die ESA-Stipendien können **nicht** im Heimatland des Bewerbers in Anspruch genommen werden, es sei denn für Forschungsarbeiten in ESA-Einrichtungen.
– Kandidaten, die ein Stipendium für einen Forschungsaufenthalt in den USA erhalten, verpflichten sich, nach Ablauf des Stipendiums nach Europa zurückzukehren.
– Bewerbungen nur solcher Kandidaten werden entgegengenommen, die in der Weltraumforschung, in der Nutzung des Weltraums oder in der Raumfahrttechnik tätig sind.

7 Auslandsstipendien anderer Organisationen — European Space Agency (ESA)

I. Interne Programme – Forschungsstipendien für Aufenthalte in ESA-Einrichtungen

Programmbeschreibung
Theoretische und praktische Forschungsvorhaben in ESA-Einrichtungen, entweder zur Förderung der Zusammenarbeit des Heimatinstitutes mit einer dieser Einrichtungen für Wissenschaftler und Ingenieure mit Forschungserfahrung oder als Gelegenheit zum Einstieg in die Forschungsprogramme der ESA für Wissenschaftler aus verwandten Disziplinen.

Folgende Einrichtungen kommen in Frage:

ESTEC (European Space Research and Technology Centre)
Keplerlaan 1, Postbus 299, 2200 AG Noordwijk, ZH, Niederlande

ESOC (European Space Operations Centre)
Robert-Bosch-Str. 5, 64293 Darmstadt

ESRIN (European Space Research Institute)
Via Galileo Galilei, Casella Postale 64, 00044 Frascati, Italien

Stipendienleistungen
Stipendienhöhe
Die Stipendien werden individuell nach der Qualifikation des Kandidaten bzw. der Kandidatin und seinem bzw. ihrem Alter und Familienstand festgelegt. Sie betragen normalerweise
- bei ESTEC zwischen HFL 3.790,- und HFL 4.573,-
- bei ESOC zwischen DM 3.549,- und DM 4.282,-
- bei ESRIN zwischen LIT 2.873.210,- und LIT 3.466.490,-

Neben diesem Stipendium können noch andere Mittel entgegengenommen werden.

Die Kosten für die Hin- und Rückreise (Wohnsitz/Gastforschungsinstitut) werden übernommen, möglicherweise auch die Reisekosten für den begleitenden Ehepartner, nicht jedoch für mitreisende Kinder. ESA hat ein Pflichtversicherungspaket für Krankheit und Unfall für alle Stipendiaten und Stipendiatinnen vorgesehen. Weitere Einzelheiten erfährt der Stipendiat nach der Verleihung des Stipendiums.

Laufzeit
Die ESA-Stipendien werden normalerweise für die Dauer eines Jahres verliehen mit Verlängerungsmöglichkeit um ein weiteres Jahr.

| Auslandsstipendien anderer Organisationen | European Space Agency (ESA) | 7 |

Bewerbungsvoraussetzungen

Die Bewerberinnen und Bewerber sollten zum Zeitpunkt der Bewerbung promoviert sein oder über vergleichbare Forschungserfahrung verfügen. Das Stipendium kann nicht zum Zwecke der Promotion vergeben werden.

Bewerbungstermin und -ort

Die Bewerber sollten sich um ein Stipendium bei folgender Adresse bewerben:

Education Office ESA
8-10, rue Mario Nikis, 75738 Paris Cedex 15, Frankreich

sowie beim

Personnel Office derjenigen ESA-Einrichtung, bei der der Stipendiat die Forschungsarbeiten ausführen möchte.

Bewerbungen können jederzeit eingereicht werden.

II. Externe Programme – Forschungsstipendien in europäischen und amerikanischen Instituten

Programmbeschreibung

Die externen Forschungsstipendien werden den Kandidatinnen und Kandidaten verliehen, die spezifische Forschungsprogramme durchführen möchten auf einem Gebiet, das enge Beziehungen zum ESA-Programm unterhält, und zwar auf naturwissenschaftlichen, ingenieurwissenschaftlichen und anwendungsbezogenen Gebieten. Die Forschungsstipendien können an europäischen und amerikanischen Instituten in Anspruch genommen werden – nur nicht an den Instituten, an denen die Kandidaten bereits wissenschaftlich tätig sind. Hierdurch soll die notwendige Mobilität in diesem Bereich gewährleistet sein.

Stipendienleistungen

Stipendienhöhe

Das Stipendium besteht aus einer Pauschalsumme, die in jedem Jahr neu festgesetzt wird für das Land, in dem das Gastinstitut liegt.

Das Stipendium wird im Voraus gezahlt, und zwar in vier gleichen Raten für eine zwölfmonatige Laufzeit. Zusätzlich werden Reisekosten und ein Krankenversicherungsschutz übernommen. Das bedeutet, dass die Stipendiatinnen und Stipendiaten neben dem ESA-Stipendium andere Mittel entgegennehmen können, wenn es sich nicht ebenfalls um Forschungsstipendien handelt. Die gegenwärtigen Monatsraten betragen für die Länder:

7 Auslandsstipendien anderer Organisationen — European Space Agency (ESA)

- Belgien   FB   78.907,–
- Dänemark   DKR   17.833,–
- Deutschland   DM   4.064,–
- Finnland   SFK   12.032,–
- Frankreich   FF   14.755,–
- Großbritannien £   1.366,–
- Italien   LIT   3.289.950,–
- Irland   IRL £   1.408,–
- Kanada   CN $ 2.253,–
- Niederlande   HFL   4.340,–
- Norwegen   NKR   19.756,–
- Österreich   ÖS   29.498,–
- Spanien   PTA   260.878,–
- Schweden   SKR   18.547,–
- Schweiz   SFR   4.721,–
- USA $ 2.212,–

Die Kosten für die Hin- und Rückreise (Wohnsitz/Gastforschungsinstitut) werden übernommen, möglicherweise auch die Reisekosten für den begleitenden Ehepartner, nicht jedoch für mitreisende Kinder.

ESA hat ein Pflichtversicherungspaket für Krankheit und Unfall für alle Stipendiatinnen und Stipendiaten vorgesehen. Weitere Einzelheiten erfährt der Stipendiat nach der Verleihung des Stipendiums.

Laufzeit
Die ESA-Stipendien werden für die Dauer eines Jahres verliehen; die Forschungstätigkeit muss innerhalb von 3 Monaten nach Stipendienvergabe aufgenommen sein. Die Stipendien können höchstens für ein weiteres Jahr verlängert werden.

Bewerbungsvoraussetzungen
Die Bewerberinnen und Bewerber sollten über die Promotion oder über einen vergleichbaren Abschluss verfügen und den Nachweis führen können, dass ihre Forschungserfahrung so bestellt ist, dass sie gleich nach Eintreffen am Gastinstitut als Mitglied einer Forschungsgruppe tätig werden können.

Wahl des Gastinstituts
Die Bewerberinnen und Bewerber um externe Forschungsstipendien sollten die Gastinstitute aus folgenden Bereichen wählen:
- europäische Institute und Universitäten
- amerikanische Universitäten
- NASA-Zentren

Vor Antragstellung muss der Kandidat bzw. die Kandidatin den Nachweis führen können, dass das Gastinstitut die Aufnahme zusichert, für den Fall, dass der Bewerber ein ESA-Stipendium erhält. Ein entsprechendes Schreiben ist dem Antrag beizufügen.

| Auslandsstipendien anderer Organisationen | European Space Agency (ESA) | 7 |

Bewerbungstermin und -ort
Die Bewerber sollten sich um ein Stipendium bei folgender Adresse bewerben:

Education Office ESA
8-10, rue Mario Nikis, 75738 Paris Cedex 15, Frankreich

Vollständige Bewerbungsunterlagen sollten bis zum 31. März für die Frühjahrsauswahl bzw. bis zum 30. September für die Herbstauswahl eingehen. Die Auswahl der Bewerber wird innerhalb von zwei Monaten nach den jeweiligen Bewerbungsterminen durch die ESA vorgenommen.

Sonstiges
Hinweis
Stipendien für Forschungsaufenthalte an amerikanischen Universitäten oder NASA-Zentren können nur in den Fällen bewilligt werden, in denen nachweislich die Forschung in Europa auf gleich hohem Niveau nicht möglich ist.

| 7 | Auslandsstipendien anderer Organisationen | Französische Botschaft |

Post-Doc-Stipendien des französischen Außenministeriums

Name und Anschrift der stipendiengebenden Institution
Französisches Außenministerium

Programmbeschreibung
Die Abteilung für Wissenschaft und Technologie bietet Post-Doc-Stipendien für Naturwissenschaftler an.

Stipendienleistungen
Stipendienhöhe
Die monatliche Stipendienrate beträgt 10.890 Francs. Weitere Sozialabgaben werden vom französischen Außenministerium getragen.

Laufzeit
Ein Jahr

Bewerbungsvoraussetzungen
Diese Stipendien richten sich an besonders qualifizierte Kandidaten und Kandidatinnen und werden für ein Jahr verliehen. Die Promotion muss zum Zeitpunkt der Bewerbung bereits abgeschlossen sein. Die Altersgrenze für eine Bewerbung liegt bei 35 Jahren.

Bewerbungsunterlagen
Bewerbungsunterlagen können angefordert werden bei

Französische Botschaft
Abteilung für Wissenschaft und Technologie
Postfach 15 14 03, 10676 Berlin
E-Mail: amba.france.sctall@berliner.b.shuttle.de
Internet: http://www.b.shuttle.de/berliner

Die Auswahl der Stipendiaten erfolgt durch die „Fondation Nationale Alfred Kastler" auf der Grundlage der eingereichten Bewerbungsunterlagen.

Bewerbungstermin und -ort
Jederzeit bei der französischen Botschaft

Auslandsstipendien anderer Organisationen	Fritz Thyssen Stiftung	7

Förderung des wissenschaftlichen Nachwuchses

Name und Anschrift der stipendiengebenden Institution
Fritz Thyssen Stiftung
Am Römerturm 3, 50667 Köln
Telefon (02 21) 2 57 50 51
Telefax (02 21) 2 57 50 92
E-Mail: fts@fritz-thyssen-stiftung.de
Internet: http://www.fritz-thyssen.stiftung.de

Programmbeschreibung
Förderung des wissenschaftlichen Nachwuchses an wissenschaftlichen Hochschulen und Forschungsstätten unmittelbar nach der Promotion.

Stipendienleistungen
Stipendienhöhe
(nach Familienstand und Altersgruppe gestaffelt)
– Grundbetrag plus Auslandszuschlag
– Zuschuss zur freiwilligen Krankenversicherung
– Nebenleistungen

Laufzeit
In der Regel bis zu 1 Jahr

Bewerbungsvoraussetzungen
Promotion

Bewerbungsunterlagen
dienen der FTS und den Fachgutachtern als Information zur Beurteilung des Vorhabens.
– Persönliche Daten
– Thema des Vorhabens
– kurze Zusammenfassung (1–2 Seiten)
– ausführliche Beschreibung (Ziel, Vorgehensweise, Methoden, Zeitplan u.a.)
– Hochschule / Forschungsstätte
– Vorarbeiten / Publikationen
– wirtschaftliche und persönliche Verhältnisse
– Erklärung, dass der Antrag keiner anderen Förderungseinrichtung eingereicht wurde oder wird
– Datum, Unterschrift

Bewerbungstermin und -ort
Kein feststehender Bewerbungstermin, Bewerbungsort: Köln, Anschrift s.o.

| 7 | Auslandsstipendien anderer Organisationen | Fulbright-Kommission |

Stipendien für Studierende und Graduierte der Universitäten und Fachhochschulen

Name und Anschrift der stipendiengebenden Institution
Fulbright-Kommission
(Kommission für den Studenten- und Dozentenaustausch zwischen der Bundesrepublik Deutschland und den Vereinigten Staaten von Amerika)
Oranienburger Straße 13-14, 10178 Berlin
Telefon (0 30) 28 44 43-0 und -42
E-Mail: fulkom@fulbright.de
Internet: http://www.fulbright.de

Programmbeschreibung
Das Fulbright-Programm entstand im Jahr 1946 durch eine Gesetzesinitiative des amerikanischen Senators J. William Fulbright. Die Grundlagen des Fulbright-Programmes sind auf der einen Seite die Förderung von Aus- und Fortbildung, Lehre und Forschung an Hochschulen und wissenschaftlichen Einrichtungen in den USA, auf der anderen Seite dient das Programm dem gegenseitigen Kennenlernen, zwischenmenschlichen Begegnungen im internationalen Rahmen und dem deutsch-amerikanischen Kulturaustausch. Von den Stipendiatinnen und Stipendiaten wird außer sehr guten fachlichen Qualifikationen auch die Bereitschaft erwartet, als inoffizielle Botschafter ihres Landes zur internationalen Verständigung beizutragen.

Das deutsche Fulbright-Programm wird von den Regierungen der Bundesrepublik Deutschland und der Vereinigten Staaten gemeinsam finanziert. Die Stipendien schließen die direkte Einwanderung in die Vereinigten Staaten durch Visa-Regulationen grundsätzlich aus.

Die Fulbright-Kommission in Berlin vergibt Aufenthaltsstipendien zur Erweiterung oder Ergänzung des Studiums an einer amerikanischen Hochschule und zur Begegnung mit dem Gastland. Die Stipendien sind bestimmt für deutsche Studierende/Graduierte, die sich an einer amerikanischen Hochschule voll immatrikulieren. Spezielle Forschungsvorhaben (Dissertation, Studienabschlussarbeiten, etc.) können nicht gefördert werden.

Die Kommission übernimmt für die Stipendiatinnen und Stipendiaten die Bewerbung an den amerikanischen Hochschulen. Sie versucht insbesondere in den Fällen, in denen fortgeschrittene Studienprojekte an bestimmte Hochschulen gebunden sind, entsprechende Hochschulwünsche zu berücksichtigen. Die endgültige Entscheidung über die Hochschule obliegt der Kommission, die die Bewerberinnen und Bewerber unter Berücksichtigung der akademischen und persönlichen Eignung und des kulturpolitischen Auftrags an ausgewiesene Hochschulen in den gesamten USA platziert.

Seit 1995 vergibt die Fulbright-Kommission eine begrenzte Anzahl an Stipendien in Zusammenarbeit mit der privaten deutschen und amerikanischen Wirtschaft.

| Auslandsstipendien anderer Organisationen | Fulbright-Kommission | 7 |

Stipendienleistungen

Aufenthaltsstipendien (für eingeschriebene Studierende und Graduierte der Universitäten)
- Die Stipendien decken die Studiengebühren an der amerikanischen Gasthochschule und die Reisekosten vom Heimatort zum amerikanischen Hochschulort und zurück. Zum Lebensunterhalt während des Studienjahres tragen die Stipendiaten bzw. Stipendiatinnen aus eigenen Mitteln (einschl. BAföG, Renten und anderen auf gesetzlicher Basis beruhenden Leistungen) bei. Die Fulbright-Kommission zahlt innerhalb vorgegebener Grenzen einen Zuschuss zu den Lebenshaltungskosten. Das Stipendium umfasst zusätzlich eine Mindest-Kranken-/Unfallversicherung.
- Vollstipendien, die außer den genannten Leistungen auch die volle Übernahme der Lebenshaltungskosten vor Ort umfassen, stehen in sehr geringem Umfang nur Studierenden offen.

Stipendien für Studierende und Graduierte der Fachhochschulen
- Aufenthaltsstipendien werden auch an Studierende und Graduierte der Fach- und Gesamthochschulen vergeben. Sie dienen neunmonatigen Ergänzungsstudien in „graduate schools" amerikanischer Hochschulen. Zusätzlich, und besonders für jüngere Studierende der Fachhochschulstudiengänge, die ohne Studienabschluss den USA-Aufenthalt antreten möchten, werden einige Aufenthaltsstipendien bereitgestellt, die ein einsemestriges Studium an einer US-Hochschule und ein einsemestriges studienrelevantes Praktikum bei ausgesuchten US-Firmen kombinieren („Alumni Program").

Laufzeit
In der Regel werden die Stipendien für ein akademisches Jahr (9 Monate), beginnend Ende August/Anfang September, vergeben.

Bewerbungsvoraussetzungen
- Deutsche Staatsangehörigkeit (deutsch-amerikanische Doppelstaatsangehörigkeit muss nach amerikanischen Maßgaben zum Ausschluss führen)
- Alter nicht über 35 Jahre
- Hochschulreife (Abitur oder gleichwertiger Nachweis)
- Studium von mindestens 5 Semestern an einer Universität zum Zeitpunkt des Stipendienantritts, davon mindestens 2 an einer Hochschule im Zuständigkeitsbereich der Hochschulrektorenkonferenz
- Gute englische Sprachkenntnisse sind Voraussetzung. Amerikanische Hochschulen verlangen den in Deutschland abzulegenden „Test of English as a Foreign Language" (TOEFL).
- Das Studium in den USA soll auf dem deutschen Studiengang aufbauen und fachlich, sprachlich sowie landeskundlich vorbereitet sein.
- Studierende der Medizin können kein Fachstudium im engeren Sinne fortsetzen, aber Randgebiete studieren.
- Studierende der Fachrichtung Jura können kein engeres Fachstudium betreiben, doch ist ein Studium fachverwandter Bereiche möglich. Für die Aufnahme in rechts-

7	Auslandsstipendien anderer Organisationen	Fulbright-Kommission

vergleichende Studienprogramme (LL.M./M.C.L.) setzen amerikanische Law Schools den Nachweis des ersten juristischen Staatsexamens voraus.
– Aus dem Kreis der Kunst- und Musikhochschulen können sich Studierende der nicht zu den darstellenden und bildenden Künsten zählenden Fächer (zum Beispiel Architektur, Kommunikationswissenschaften, Musikerziehung) um Aufenthaltsstipendien bewerben.
– Allen Studierenden der Kunst- und Musikhochschulen steht die Möglichkeit der Bewerbung für ein Reisestipendium offen (siehe Programm „Fulbright-Kommission: Reisestipendien" auf der nächsten Seite).
– Fulbright-Stipendien können nicht zum Zwecke der Anschlussfinanzierung für schon in USA begonnene Studienaufenthalte vergeben werden.

Bewerbungsunterlagen

Die Ausschreibungen erfolgen für Studierende und Graduierte der Universitäten im April/Mai, für Studierende und Graduierte der Fach- und Gesamthochschulen im Mai/Juni für das Studienjahr, das im August/September des folgenden Kalenderjahres in den USA beginnt. Ausschreibungsplakate hängen im Akademischen Auslandsamt der Hochschulen und in den Fachbereichen aus. Bewerbungsunterlagen sind nur während des Ausschreibungszeitraumes erhältlich und müssen in dieser Zeit auch wieder eingereicht werden.

Bewerbungstermin und -ort

In den Ausschreibungen werden die genauen Bewerbungsfristen festgelegt.

An Universitäten/Wissenschaftlichen Hochschulen immatrikulierte Studierende bewerben sich über das Akademische Auslandsamt ihrer Hochschule.

Alle graduierten Interessenten fordern die Bewerbungsunterlagen und -richtlinien direkt bei der Kommission in Berlin an.

Das weitere Bewerbungsverfahren sieht (außer bei graduierten Bewerberinnen und Bewerbern) Vorauswahlen an den Hochschulen und sich anschließende Zentralauswahlen, auch in Form persönlicher Bewerbungsgespräche, vor. Endgültige Auswahlentscheidungen werden allen Bewerbern im November schriftlich bekannt gegeben.

Sonstiges

Die Fulbright-Kommission strebt für alle Stipendiatinnen und Stipendiaten die Zulassung als „graduate student" an. Voraussetzung hierfür ist in der Regel, dass in Deutschland die entsprechenden Zulassungstest (GRE und GMAT) abgelegt werden.

| Auslandsstipendien anderer Organisationen | Fulbright-Kommission | 7 |

Reisestipendien

Name und Anschrift der stipendiengebenden Institution
Fulbright-Kommission
(Kommission für den Studenten- und Dozentenaustausch zwischen der Bundesrepublik Deutschland und den Vereinigten Staaten von Amerika)
Oranienburger Straße 13-14, 10178 Berlin
Telefon (0 30) 28 44 43-0 und -42
E-Mail: fulkom@fulbright.de
Internet: http://www.fulbright.de

Programmbeschreibung
Die Fulbright-Kommission vergibt Reisestipendien für Studierende und Graduierte der Universitäten und Wissenschaftlichen Hochschulen und der Kunst- und Musikhochschulen, die für die Zulassung an eine amerikanische Gasthochschule und die Finanzierung ihres Studienaufenthaltes eigene Arrangements treffen. Bewerbungsunterlagen für das im Sommer beginnende Studienjahr liegen von Mitte November bis Mitte Januar bei den Akademischen Auslandsämtern aus.

Auch Hochschullehrerinnen und -lehrer und junge promovierte Wissenschaftlerinnen und Wissenschaftler können sich zum Zweck der Lehre und Forschung an amerikanischen Hochschulen und wissenschaftlichen Einrichtungen für Reisestipendien bewerben.

Bewerbungstermin und -ort
Anfragen sind zu richten an die Fulbright-Kommission, Deutsches Programm, Anschrift s.o.

| 7 | Auslandsstipendien anderer Organisationen | German Marshall Fund |

Congressional Fellowship Program

Name und Anschrift der stipendiengebenden Institution
The German Marshall Fund of the United States
Friedrichstr. 113a (Eingang Oranienburger Straße), 10117 Berlin

Programmbeschreibung
Seit einigen Jahren führt die American Political Science Association ein Congressional Fellowship Program durch, in dessen Rahmen junge Akademiker und Akademikerinnen die Möglichkeit erhalten, die Tätigkeit des US-Kongresses aus der Perspektive des Mitarbeiters eines Senators oder Abgeordneten kennen zu lernen. Mit finanzieller Unterstützung des German Marshall Fund of the United States nehmen an diesem Programm seit 1982 jeweils auch zwei deutsche Fellows teil. Nach einer einmonatigen Einführungsphase arbeiten die Fellows als Staff Assistants im Büro eines Kongress-Mitglieds und gewinnen dadurch eine einzigartige „Innenansicht" des amerikanischen Kongresses und der Tätigkeit eines seiner Mitglieder.

Stipendienleistungen
Stipendienhöhe
Während der Dauer des Aufenthaltes in den USA erhalten die Stipendiatinnen und Stipendiaten ein monatliches Stipendium in Höhe von circa $ 1.500,–, ein bescheidenes Büchergeld und die Aufwendungen für eine Reise in den Wahlkreis „ihres" Abgeordneten. Außerdem werden die Transatlantik-Flugkosten erstattet.

Laufzeit
10 Monate. Die Praktika beginnen im November 2002.

Bewerbungsvoraussetzungen
Abgeschlossenes sozial-, rechts- oder wirtschaftswissenschaftliches Studium; Vertrautheit mit den politischen Systemen der Bundesrepublik Deutschland und der USA; gründliche Kenntnisse der Funktion und Arbeitsweise des amerikanischen Kongresses.

Es werden gute Englischkenntnisse vorausgesetzt.

Bewerbungsunterlagen
Bewerbungen (in englischer Sprache) mit Lebenslauf, neuerem Passfoto, wissenschaftlichem Werdegang und einer kurzen Erläuterung über den Stellenwert der Tätigkeit als Congressional Fellow für die zukünftige akademische oder berufliche Laufbahn und die Gutachten zweier Hochschullehrer oder Hochschullehrerinnen (in einem Fall kann auch das Gutachten von einer anderen geeigneten Persönlichkeit eingereicht werden) werden erbeten an das ZENAF, zu Händen von Professor Kurt L. Shell (Adresse siehe nächste Seite).

| Auslandsstipendien anderer Organisationen | German Marshall Fund | 7 |

Bewerbungstermin und -ort
Zentrum für Nordamerikaforschung (ZENAF)
z. Hd. Prof. Kurt L. Shell
Robert-Mayer-Straße 1, 60325 Frankfurt am Main
Telefon (0 69) 79 82-85 21
E-Mail: ZENAFDIR@em.uni-frankfurt.de

Die Bewerberinnen und Bewerber werden von einer überregional und interdisziplinär zusammengesetzten Gutachtergruppe unter Vorsitz von Professor Kurt L. Shell Anfang 2002 ausgewählt.

Bewerbungsschluss ist der 30. November 2001.

| 7 | Auslandsstipendien anderer Organisationen | GFPS-Polska |

Stipendien für einen Studienaufenthalt in Polen

Name und Anschrift der stipendiengebenden Institution
GFPS-Polska c/o GFPS e.V.
Postfach 41 03 53, 12113 Berlin
Internet: http://www.gfps.org

Programmbeschreibung
Die GFPS-Polska fördert zusammen mit ihrer Partnerorganisation GFPS e.V. (Gemeinschaft für studentischen Austausch in Mittel- und Osteuropa e.V.), ebenfalls einer privaten, von Studierenden getragenen Stipendienorganisation, den wissenschaftlichen Austausch sowie persönliche Begegnungen zwischen Studierenden und Graduierten aus Polen, Deutschland und der Tschechischen Republik. Die Stipendien werden Studierenden und Graduierten aller Fachrichtungen bei wissenschaftlicher und persönlicher Eignung für ein Semester zuerkannt und dienen dazu, ein wissenschaftliches Projekt voranzutreiben sowie die Kenntnisse der Sprache und Kultur des Gastlandes zu erweitern und zu vertiefen.

Stipendienleistungen
Stipendienhöhe
Die Stipendien in Höhe von monatlich 1.200 PLN werden für die Dauer eines Semesters vergeben. Es besteht die Möglichkeit der Teilnahme an einem Semestersprachkurs (intensiv) oder an den regulären Universitätsveranstaltungen an bestimmten polnischen Universitäten.

Laufzeit
ein Semester

Bewerbungsvoraussetzungen
- Zielgruppe sind Studierende und Graduierte aller Fächer
- Höchstalter 30 Jahre
- Interesse an Kultur und Gesellschaft Polens
- gute Leistungen im bisher absolvierten Studium
- mindestens Grundkenntnisse der polnischen Sprache

Bewerbungsunterlagen
- Bewerbungsformulare (anzufordern unter Beifügung eines adressierten und mit DM 3,– frankierten Rückumschlags (DIN B5) oder unter http://www.gfps.org)
- Zeugniskopien
- Gutachten von zwei Hochschullehrern
- Sprachnachweis

Auslandsstipendien anderer Organisationen	GFPS-Polska	7

Bewerbungstermin und -ort
15. Mai für das jeweils folgende WS (1. September bis 28. Februar)
30. Oktober für das jeweils folgende SS (1. Februar bis 30. Juli)
Bewerbungsanschrift: s.o.

Sonstiges
Die Stipendiaten sind verpflichtet, an einem dreitägigen StipendiatInnenseminar teilzunehmen und der GFPS-Polska schriftlich am Ende ihres Stipendiums über ihre Erfahrungen zu berichten. Sie werden vor Ort von der GFPS-Polska betreut.

7 Auslandsstipendien anderer Organisationen — Gleiss Lutz Hootz Hirsch

Alfred-Gleiss-Stipendium

Name und Anschrift der stipendiengebenden Institution
Gleiss Lutz Hootz Hirsch
Rechtsanwälte
Dr. Anja Mengel LL.M.
Friedrichstraße 71, 10117 Berlin
Telefon (0 30) 20 94 64-63
Telefax (0 30) 20 94 64-44
E-Mail: anja.mengel@gleiss-law.com
Internet: http://www.gleiss-law.com

Programmbeschreibung
Die Sozietät Gleiss Lutz Hootz Hirsch vergibt in Zusammenarbeit mit dem DAAD in Erinnerung und zu Ehren des Gründers der Kanzlei das Alfred-Gleiss-Stipendium zum Graduiertenstudium (LL.M.) des privaten und öffentlichen Wirtschaftsrechts an einer Universität in den USA oder Großbritannien. Ziel der Kanzlei ist die Förderung von Auslandsstudien für junge, begabte Juristen, um so einen wichtigen Beitrag zum Verständnis des internationalen Rechts zu leisten.

Professor Dr. jur. Alfred Gleiss war einer der bedeutenden Anwälte der Nachkriegszeit. Er gehörte zu den Nestoren des deutschen und europäischen Kartellrechts. Mehr als 300 Veröffentlichungen geben davon Zeugnis. Er engagierte sich zeitlebens für den internationalen Austausch, den Blick über die Grenzen und für die Völkerverständigung. Mit seiner Arbeit ist er Vorbild für junge Juristen, die zugleich wirtschaftsberatend und wissenschaftlich arbeiten wollen. Die von ihm gegründete Sozietät Gleiss Lutz Hootz Hirsch ist heute eine der großen international ausgerichteten deutschen Kanzleien; sie ist auf allen Gebieten des nationalen und internationalen Wirtschaftsrechts tätig.

Stipendienleistungen
Stipendienhöhe
Die Stipendienleistungen entsprechen den regulären DAAD-Stipendienleistungen für das entsprechende Gastland (s. Übersicht S. 296 ff.).

Gleiss Lutz Hootz Hirsch wird bei herausragender Qualifikation die Leistungen für das Stipendium zusätzlich erhöhen, zum Beispiel durch die volle Übernahme der Studiengebühren.

Bewerbungsunterlagen und -voraussetzungen
Die Abwicklung der Stipendienvergabe erfolgt durch den DAAD im Rahmen seiner regulären LL.M.-Auswahl. Bewerbungsvoraussetzungen, Bewerbungsunterlagen, Auswahlverfahren und Bewerbungstermin sind identisch (s. S. 126 f.). Die Bewerberinnen und Bewerber erklären sich mit der Weitergabe ihrer Bewerbungsunterlagen an die Kanzlei Gleiss Lutz Hootz Hirsch einverstanden.

| Auslandsstipendien anderer Organisationen | Gleiss Lutz Hootz Hirsch | 7 |

Bewerbungstermin und -ort
31. März 2002 beim DAAD

Sonstiges
Auf Wunsch vermittelt Gleiss Lutz Hootz Hirsch dem Stipendiaten im Anschluss an sein Studium ein Praktikum bei einer ihrer ausländischen Partnerkanzleien.

7	Auslandsstipendien anderer Organisationen	Gottlieb Daimler- und Karl Benz-Stiftung

Hermann von Helmholtz-Gastprofessur

Name und Anschrift der stipendiengebenden Institution
Gottlieb Daimler- und Karl Benz-Stiftung
Dr.-Carl-Benz-Platz 2, 68526 Ladenburg
Telefon (0 62 03) 10 92-0
Telefax (0 62 03) 10 92-5
E-Mail: info@daimler-benz-stiftung.de
Internet: http://www.daimler-benz-stiftung.de

Programmbeschreibung
Austauschprogramm zur Förderung der Zusammenarbeit zwischen Wissenschaftlern der Universität Kaliningrad und deutschen Wissenschaftlern in Forschung und Lehre.

Stipendienleistungen
Stipendienhöhe
Die finanzielle Unterstützung orientiert sich an ähnlichen Programmen, zum Beispiel der DFG (Deutsche Forschungsgemeinschaft) und umfasst einen Tagessatz, eine Reisekostenpauschale und Krankenversicherung (für russische Wissenschaftler auch Reisekosten innerhalb Deutschlands). Es wird erwartet, dass das normale Gehalt vom Heimatinstitut während des Auslandsaufenthaltes weiterbezahlt wird.

Laufzeit
Dauer einer Gastprofessur an der Universität Kaliningrad (bzw. in Deutschland): mindestens 3 Wochen, maximal ein akademisches Jahr (300 Tage).

Bewerbungsvoraussetzungen
Das Programm richtet sich an Wissenschaftlerinnen und Wissenschaftler, die die Promotion abgeschlossen haben. Es wird vorausgesetzt, dass die Antragsteller selbst Kontakt zu dem jeweiligen Partnerinstitut aufnehmen und das wissenschaftliche Vorhaben sowie die Arbeitsbedingungen vorklären. Bewerber bzw. Bewerberinnen und Partner müssen in einer gemeinsamen Sprache (Deutsch, Russisch, Englisch ...) kommunizieren können.

Bewerbungsunterlagen
 – Kurze Projektbeschreibung
 – Lebenslauf
 – Publikationsliste der letzten 5 Jahre
 – Einladungsschreiben der Gastinstitution und/oder des Partners, in dem für den Gastwissenschaftler entsprechende Unterkunft und wissenschaftliche Infrastruktur garantiert werden

Bewerbungsformulare können bei der Stiftung angefordert werden.

| Auslandsstipendien anderer Organisationen | Gottlieb Daimler- und Karl Benz-Stiftung | 7 |

Bewerbungstermin und -ort
Termine sind bei der Stiftung zu erfragen.

Das Austauschprogramm hat am 1. Januar 1993 begonnen und ist zunächst bis zum Jahr 2003 befristet.

7	Auslandsstipendien anderer Organisationen	Gottlieb Daimler- und Karl Benz-Stiftung

Forschungsstipendien

Name und Anschrift der stipendiengebenden Institution
Gottlieb Daimler- und Karl Benz-Stiftung
Dr.-Carl-Benz-Platz 2, 68526 Ladenburg
Telefon (0 62 03) 10 92-0
Telefax (0 62 03) 10 92-5
E-Mail: info@Daimler-Benz-Stiftung.de
Internet: http://www.daimler-benz-stiftung.de

Programmbeschreibung
Für die Forschungstätigkeit junger Deutscher im Ausland sowie junger Ausländer an deutschen Forschungseinrichtungen werden Stipendien im Rahmen der Promotion vergeben.

Stipendienleistungen
Stipendienhöhe
Orientiert an den Stipendienleistungen anderer Fördereinrichtungen, werden die Stipendien an die besonderen Bedingungen der Forschungsprojekte angepasst. Studiengebühren werden nicht übernommen.

Zur Förderung wissenschaftlicher Arbeiten über die Fachgrenzen hinweg findet einmal pro Jahr ein Stipendiaten-Treffen statt. Ehemaligen Stipendiaten wird der Status eines „Fellow" verliehen. Initiativen ehemaliger Stipendiatinnen und Stipendiaten zur Einrichtung von multidisziplinären Arbeitskreisen werden unterstützt.

Laufzeit
Abhängig von den Notwendigkeiten des Forschungsprojektes bis 2 Jahre, danach ein weiteres Jahr als Darlehen

Bewerbungsvoraussetzungen
- Gute fachwissenschaftliche Qualifikationen
- Ein klar definiertes Forschungsvorhaben
- Die Arbeitsmöglichkeiten müssen mit der aufnehmenden Einrichtung vorgeklärt sein.
- Das Interesse der aufnehmenden Institution (evtl. auch der Heimatinstitution) ist zu dokumentieren.
- Altersgrenze: 30 Jahre

Das Programm ist offen für alle Fachdisziplinen, Themen und Länder. Arbeiten nach einer Promotion, Aufbaustudien sowie Studien- oder Praktikumsaufenthalte und Diplomarbeiten werden nicht gefördert.

| Auslandsstipendien anderer Organisationen | Gottlieb Daimler- und Karl Benz-Stiftung | 7 |

Bewerbungsunterlagen
Die Bewerbung erfolgt ohne spezielle Formulare. Auf Klammerheftung, Prospekthüllen etc. sowie beidseitige Beschriftung soll verzichtet werden. Folgende Unterlagen sind einzureichen:
- Knappe Erläuterung und Begründung des Forschungsthemas (max. 3 Seiten) (Projektbeschreibung mit konkreten Angaben auch zur vorgesehenen Methodik)
- Einladungsschreiben der aufnehmenden Forschungseinrichtung. In dem Schreiben sollte das Interesse der Institution erkennbar sein – besonders aussagekräftig ist zum Beispiel die Bereitschaft zu einem materiellen Engagement. Wird mit der Forschungsarbeit ein Auslandsaufenthalt direkt fortgesetzt, sollte die wissenschaftliche Einbindung in Kooperation mit einer Forschungseinrichtung des Heimatlandes dokumentiert werden
- Grobe Planung des Projektablaufs, der Kosten und der vorgesehenen Finanzierung für den gesamten Aufenthalt
- Bisheriger wissenschaftlicher Werdegang und tabellarischer Lebenslauf
- Ein Gutachten (verschlossen oder direkt zugeschickt)
- Prüfungszeugnisse der wissenschaftlichen Ausbildung seit Schulabschluss (vollständige Kopien von Abitur, Zwischenprüfung, Abschlussexamen, etc. mit Noten).

Bewerbungstermin und -ort
Nach einer Vorauswahl werden die Bewerberinnen und Bewerber zu einem Seminar nach Ladenburg eingeladen, in dem sie ihre Projekte persönlich vorstellen.

Bewerbungsschluss: 1. April und 1. Oktober

7	Auslandsstipendien anderer Organisationen	Japan Society for the Promotion of Science/ Science and Technology Agency/ National Science Council

Forschungsaufenthalte für Promovierte in Japan bzw. Taiwan

Name und Anschrift der stipendiengebenden Institution
JSPS: Japan Society for the Promotion of Science
Jochi-Kioizaka Bldg., 6-26-3 Kioi-cho
Chiyoda-ku, Tokyo 102, Japan
Telefon +81-3-32 63-17 21
Telefax +81-3-32 63-18 54
Telex J32281

STA: Japan Science and Technology Corporation (ZST)
Honcho 4-1-8
Kawaguchi-shi, Saitama ken
332-0012 Japan
Telefon 0 48-2 26-56 30
Telefax 0 48-2 26-57 51
Internet: http://www.jst.go.jp

NSC: National Science Council
19th Fl., 106, Hoping East Road, Sec. 2
Taipei 10636 / Taiwan, R.O.C.

Programmbeschreibung
Für Forschungsaufenthalte an japanischen Universitäten und Hochschulen werden für deutsche promovierte Nachwuchswissenschaftlerinnen und -wissenschaftler aller Fachrichtungen jährlich bis zu 25 Forschungsstipendien der Japan Society for the Promotion of Science (JSPS) angeboten.

Für Forschungsaufenthalte an staatlichen und außeruniversitären Forschungseinrichtungen werden für deutsche Natur- und Ingenieurwissenschaftlerinnen und -wissenschaftler mit Promotion oder gleichwertiger Qualifikation jährlich bis zu 15 Forschungsstipendien der Science and Technology Agency (STA) angeboten.

Für Forschungsaufenthalte in Taiwan werden für deutsche promovierte Nachwuchswissenschaftlerinnen und -wissenschaftler aller Fachrichtungen jährlich bis zu 2 Forschungsstipendien des National Science Council (NSC) angeboten.

Stipendienleistungen
Stipendienhöhe
 – Eine monatliche Stipendienrate in Höhe von Yen 270.000,– (JSPS und STA)
 – Ein monatlicher Mietzuschuss bis zu Yen 100.000,– (JSPS) bzw. Wohnung (STA)
 – Eine monatliche Familienzulage in Höhe von Yen 50.000,– (STA und JSPS)
 – Eine Krankenversicherung (STA und JSPS)
 – Ein Hin- und Rückflugticket, economy class (JSPS und STA)

Auslandsstipendien anderer Organisationen	Japan Society for the Promotion of Science/ Science and Technology Agency/ National Science Council	7

- Ein Betrag für wissenschaftliche Reisen innerhalb Japans bis zu Yen 115.000,- jährlich (STA)
- Eine Umzugsbeihilfe bis zu Yen 200.000,- (JSPS und STA)

Laufzeit
STA: 6 bis 24 Monate
JSPS: 12 bis 24 Monate
NSC: mindestens 6 Monate

Bewerbungsvoraussetzungen
- Promotion
- STA: Höchstalter 35 Jahre, bzw. Promotion nicht länger als 6 Jahre zurückliegend
- JSPS: Höchstalter 38 Jahre (Vollendung des 38. Lebensjahres) und Promotion nicht länger als 6 Jahre zurückliegend
- NSC: Höchstalter 35 Jahre
- Einladung durch einen japanischen Wissenschaftler
- Publikationen in wissenschaftlichen Zeitschriften
- Forschungsplan, abgestimmt mit dem Gastgeber
- sehr gute Sprachkenntnisse (für Geisteswissenschaftler [STA und JSPS]: Japanisch; für Naturwissenschaftler: mindestens Englisch)

Auf Antrag können die JSPS und die STA einen Intensiv-Sprachkurs für Japanisch finanzieren.

Bewerbungsunterlagen
Bewerbungsformulare sind zu erhalten bei:
Alexander von Humboldt-Stiftung
Jean-Paul-Straße 12, 53173 Bonn
Telefon (02 28) 8 33-0
Telefax (02 28) 8 33-2 12
E-Mail: select@avh.de
Internet: http://www.humboldt-foundation.de

Bewerbungstermin und -ort
Die vollständigen Bewerbungsunterlagen können jederzeit bei der Alexander von Humboldt-Stiftung (Anschrift s.o.) eingereicht werden. Die Bewerbungen werden drei Mal jährlich (Februar, Juni, Oktober) dem zuständigen Auswahlausschuss der AvH vorgelegt und sofort mit Empfehlungen an die JSPS bzw. STA weitergegeben. Die endgültige Entscheidung, die von der JSPS bzw. STA getroffen wird, wird dem Bewerber bzw. der Bewerberin wenige Wochen später mitgeteilt.

Antragseingang bis 10. Oktober für die Februar-Sitzung
Antragseingang bis 10. Februar für die Juni-Sitzung
Antragseingang bis 10. Juni für die Oktober-Sitzung

7	Auslandsstipendien anderer Organisationen	Lutherischer Weltbund

Internationales Stipendien- und Austauschprogramm

Name und Anschrift der stipendiengebenden Institution
Lutherischer Weltbund
Internationales Stipendien- und Austauschprogramm
150 Route de Ferney, 1211 Genf 20, Schweiz

Deutsches Nationalkomitee des Lutherischen Weltbundes
Stipendienprogramm
Diemershaldenstr 45, 70184 Stuttgart

Programmbeschreibung
Die Stipendien des Lutherischen Weltbundes sollen deutschen Theologinnen und Theologen sowie kirchlichen Mitarbeiterinnen und Mitarbeitern ermöglichen, für ein akademisches Jahr im Ausland zu studieren.

Kurzprogramme für praxisorientierte Ausbildungsgänge (ab 3 Monaten) sind ebenfalls möglich.

Besondere Studien in Osteuropa (theologische Fakultäten) – ohne Sprachkenntnisse des Gastlandes, also wesentlich in deutscher Sprache, aber verbunden mit der Verpflichtung, Deutschunterricht bzw. Lektürekurse für Studierende am Ort zu geben.

Als Studienland kommt grundsätzlich jedes Land in Frage, in dem es ein Nationalkomitee des Lutherischen Weltbundes oder eine Lutherische Kirche gibt.

Stipendienleistungen

Stipendienhöhe
Erfolgreiche Bewerberinnen und Bewerber erhalten für die Dauer ihres Aufenthalts im Ausland ein Taschengeld bei freier Unterkunft und Verpflegung oder einen Zuschuss bzw. ein Vollstipendium zur Bestreitung der Lebenshaltungskosten. Die Höhe des Stipendiensatzes ist von Land zu Land verschieden.

Laufzeit
Diese Stipendien werden ausgeschrieben für das kommende akademische Jahr und für Ausbildungen von kurzer Dauer, die im kommenden Jahr anfangen sollen.

Bewerbungsvoraussetzungen
Die Stipendien sind in erster Linie für Theologinnen und Theologen mit abgeschlossenem ersten theologischen Examen bestimmt, die weitere Studien oder praxisbezogene kurze Ausbildungen benötigen. Auch Studierende vor dem ersten Examen können in besonderen Fällen im Rahmen eines Gruppenstipendiums ein einjähriges Stipendium an einer theologischen Fakultät im Süden (Afrika, Lateinamerika, Asien oder Pazifik) erhalten.

| Auslandsstipendien anderer Organisationen | Lutherischer Weltbund | 7 |

Ausreichende Sprachkenntnisse des vorgesehenen Studienlandes und akademische Qualifikationen sind erforderlich. Auch nichttheologische kirchliche Mitarbeiterinnen und Mitarbeiter müssen ihre jeweilige Fachausbildung abgeschlossen haben. Alle Bewerberinnen und Bewerber benötigen eine Befürwortung ihrer eigenen lutherischen oder unierten Kirche.

Bewerbungsunterlagen
Für die Bewerbung für das DNK/LWB-Programm sind folgende Unterlagen einzureichen:
- Empfehlung (von der Kirchenleitung, Gemeinde reicht aus)
- Zwei akademische Empfehlungen
- Lebenslauf und Lichtbild
- Abiturzeugnis (Kopie)
- Weitere akademische Zeugnisse, zum Beispiel Zwischenprüfung, Zeugnisse der alten Sprachen
- Persönliche Erklärung über Zielvorstellung, Motivation und Studienplan
- Nach Möglichkeit Nachweis von Sprachkenntnissen (für anglophone Länder TOEFL-Test)
- Gesundheitszeugnis

Bewerbungstermin und -ort
Anträge sind jeweils bis zum 30. August bzw. 15. Februar einzureichen bei:

Stipendienreferat
Deutsches Nationalkomitee des Lutherischen Weltbundes
Diemershaldenstraße 45, 70184 Stuttgart
Telefon (07 11) 21 59-3 62 und -3 65

| 7 | Auslandsstipendien anderer Organisationen | Max Kade Foundation |

Forschungsaufenthalte in den USA für Naturwissenschaftler und Mediziner

Name und Anschrift der stipendiengebenden Institution
Max-Kade-Foundation

Programmbeschreibung

Die Max-Kade-Foundation in den Vereinigten Staaten von Amerika hat die Deutsche Forschungsgemeinschaft (DFG) gebeten, ihr bei der Durchführung eines Stipendienprogramms behilflich zu sein, das zur Förderung von Forschungsaufenthalten junger Naturwissenschaftler und Mediziner aus Deutschland in den Vereinigten Staaten bestimmt ist.

Die Stipendien sollen hoch qualifizierten Nachwuchswissenschaftlerinnen und Nachwuchswissenschaftlern (mit abgeschlossener Promotion) zukommen, die sich bereits durch eine mehrjährige selbstständige Forschungstätigkeit ausgewiesen haben.

Stipendienleistungen
Stipendienhöhe
US $ 31.100,– Grundstipendium
US $ 1.000,– Fahrtkosten einschließlich Rückreise
US $ 1.400,– Studienreisen innerhalb USA und Sachkostenzuschuss
US $ 33.500,– Stipendien für Ledige

US $ 4.000,– Zuschlag für Ehegatten
US $ 1.000,– Reisekosten für Ehegatten
US $ 38.500,– Stipendien für Verheiratete

US $ 500,– Reisekosten je Kind
US $ 39.000,– Stipendien für Verheiratete mit 1 Kind

Es ist möglich, dass sich die Stipendiensätze ändern; Auskünfte hierüber gibt die Deutsche Forschungsgemeinschaft.

Ein Fahrtkostenzuschuss für mitreisende Familienangehörige kann nur gewährt werden, wenn diese den Stipendiaten für die gesamte Dauer des Aufenthaltes in den USA begleiten.

Die Kosten für den Transatlantikflug werden dem Stipendiaten nach Ankunft am Hochschulort erstattet.

Der Stipendienbetrag wird durch die Max-Kade-Foundation der jeweiligen Gastuniversität zur Verfügung gestellt und dem Stipendiaten in monatlichen Raten ausgezahlt.

Kindergeld ist in dem Stipendium nicht enthalten; es muss gegebenenfalls bei dem für den Wohnort des Stipendiaten zuständigen deutschen Arbeitsamt – Familienkasse – beantragt werden.

Auslandsstipendien anderer Organisationen	Max Kade Foundation	7

Laufzeit
Die Stipendien werden im Allgemeinen für die Dauer von 12 Monaten vergeben. Verlängerungen sind nur in begründeten Ausnahmefällen möglich. Weiterhin wird erwartet, dass der Bewerber nach Abschluss seines Forschungsvorhabens nach Deutschland zurückkehrt.

Bewerbungsvoraussetzungen
Die Bewerberinnen und Bewerber sollen in der Regel nicht älter als 45 Jahre sein.

Der Bewerber soll das wissenschaftliche Institut, an dem er während seines Aufenthaltes in den USA zu arbeiten wünscht, selbst auswählen. Er trägt die Verantwortung dafür, dass die Vereinbarungen über die Bereitstellung eines Arbeitsplatzes bis zum Antritt des Stipendiums erfolgreich abgeschlossen sind. Jeder Bewerber muss eine schriftliche Bestätigung des Gastinstituts vorlegen, aus der hervorgeht, dass die für eine erfolgreiche Durchführung des Forschungsvorhabens erforderlichen Arbeitsmöglichkeiten bestehen.

Forschungsaufenthalte an Instituten außerhalb des Hochschulbereiches können nur unter bestimmten Voraussetzungen gefördert werden. In derartigen Fällen sollte daher zunächst bei der DFG angefragt werden, ob ein entsprechender Antrag berücksichtigt werden kann.

Anträge von Wissenschaftlerinnen und Wissenschaftlern, die sich bereits in den USA aufhalten, können in diesem Programm nicht berücksichtigt werden. Dies gilt auch für Bewerbungen zu Vorhaben, deren Durchführung eine Anschlussfinanzierung aus Drittmitteln anderer Geldgeber erfordert. Ebenso müssen auch Anträge von Nachwuchswissenschaftlern ausgeschlossen werden, die sich mit Parallelbewerbungen bereits an die DFG oder andere Drittmittelgeber gewandt haben oder beabsichtigen, dies zu tun. Außerdem können keine Aufenthalte in den USA gefördert werden, die ausschließlich oder überwiegend der fachlichen Ausbildung dienen.

Bewerbungsunterlagen
Dem formlosen Antrag sind folgende Unterlagen (dreifach) beizugeben:
- Lebenslauf
- Beschreibung der bisherigen wissenschaftlichen Tätigkeit einschließlich Ausbildung
- Liste der wissenschaftlichen Veröffentlichungen
- Bestätigung des Institutsdirektors, dass dem Stipendiaten nach Beendigung seines Aufenthaltes in den USA eine seinen Leistungen angemessene Position am Institut zur Verfügung stehen wird
- Detaillierter Arbeitsplan für den Aufenthalt in den USA
- Schriftliche Aufnahmebestätigung des Gastinstitutes, aus der hervorgeht, dass die für eine erfolgreiche Durchführung des Forschungsvorhabens erforderlichen Arbeitsmöglichkeiten bestehen

| 7 | Auslandsstipendien anderer Organisationen | Max Kade Foundation |

- Angabe von drei Referenzen (Benennung von Wissenschaftlern, die sich zur Ausbildung und zur wissenschaftlichen Tätigkeit des Antragstellers äußern können)
- Angaben zur Dauer des Forschungsvorhabens und zum Zeitraum, für den das Stipendium erbeten wird
- Erklärung, ob Zuwendungen von dritter Seite zur Verfügung stehen oder beantragt worden sind

Bewerbungstermin und -ort
Anträge sind zu richten an die
Deutsche Forschungsgemeinschaft
z.Hd. Frank Grünhagen
Ref. Internationale Zusammenarbeit (IZ3)
Kennedyallee 40, 53175 Bonn
Telefon (02 28) 8 85-22 31
Telefax (02 28) 8 85-25 50
E-Mail: Frank.Gruenhagen@dfg.de

| Auslandsstipendien anderer Organisationen | Dr. Mildred Scheel Stiftung | 7 |

Auslandsstipendien zur Förderung der wissenschaftlichen und klinischen Onkologie

Name und Anschrift der stipendiengebenden Institution
Dr. Mildred Scheel Stiftung für Krebsforschung
Thomas-Mann-Straße 40
53111 Bonn
Telefon (02 28) 7 29 90-0
Telefax (02 28) 7 29 90-11

Programmbeschreibung
Unmittelbare Förderung der wissenschaftlichen und klinischen Onkologie durch Vergabe von Stipendien an Wissenschaftlerinnen und Wissenschaftler, Ärzte und Ärztinnen, die in der Onkologie tätig sind oder beabsichtigen, in der Onkologie tätig zu werden. Die Stipendien sind nur für die Tätigkeit an Institutionen im Ausland vorgesehen.

Stipendienleistungen
Stipendienhöhe
Für Reisekosten für Hin- und Rückreise des Stipendiaten sowie der Familienangehörigen (Ehepartner und Kinder) gelten Bahnfahrt/2. Klasse oder Flugzeug/Touristenklasse. Die Buchung der Reise erfolgt durch den DAAD. Für die Unterkunft und Nebenausgaben steht ein dem Lebensalter und Familienstand des Bewerbers und den Lebenshaltungskosten des Gastlandes angepasster monatlicher Betrag zur Verfügung. Es gelten die Grundbeträge und Auslandszuschläge der Deutschen Forschungsgemeinschaft.

Es ist nicht möglich, während der Stipendienzeit gleichzeitig ein anderes Stipendium in Anspruch zu nehmen.

Laufzeit
Die Stipendien werden in der Regel bis zu einem Jahr gewährt, mit der Möglichkeit der Verlängerung auf insgesamt zwei Jahre. Die Mindestdauer eines Stipendiums beträgt 3 Monate. In besonders begründeten Fällen kann nach der Rückkehr ein Übergangsstipendium in der Heimatinstitution bis zu einem Jahr gewährt werden.

Bewerbungsvoraussetzungen
- Das wissenschaftliche oder klinische Vorhaben an der Gastinstitution muss die eindeutige Relevanz zur Onkologie aufweisen.
- Für die Gewährung eines Stipendiums ist die abgeschlossene Promotion Voraussetzung (Postdoktoranden-Stipendium).
- Die Bewerberinnen und Bewerber müssen über Erfahrungen in der wissenschaftlichen oder klinischen Onkologie verfügen.

| 7 | Auslandsstipendien anderer Organisationen | Dr. Mildred Scheel Stiftung |

- Stipendien können nur an Wissenschaftler und Ärzte vergeben werden, die im Bundesgebiet tätig sind und hier ihren ständigen Wohnsitz haben. Bewerber sollen in der Regel die deutsche Staatsangehörigkeit besitzen.
- Höchstalter für eine Bewerbung ist das 40. Lebensjahr, soweit die Berufsausbildung des Bewerbers (bei Akademikern abschließende Hochschul- oder Staatsprüfungen) nicht länger als 10 Jahre zurückliegt.
- Englische und/oder gute Sprachkenntnisse des Gastlandes sind erforderlich.
- Die Bestätigung einer Anstellung nach der Rückkehr in die Heimatinstitution oder in eine andere Institution innerhalb Deutschlands ist Vorbedingung für die Gewährung eines Stipendiums.
- Die gewünschte Gastinstitution muss die Aufnahme und Arbeitsmöglichkeit des Bewerbers schriftlich bestätigen.

Bewerbungsunterlagen

Ein Merkblatt mit Angaben über die einzureichenden Unterlagen und genauen Informationen über das Bewerbungsverfahren kann bei der o.g. Adresse angefordert werden.

Die Begutachtung der Stipendienanträge erfolgt durch einen vom Vorstand der Stiftung berufenen Gutachterausschuss. Das Verfahren schließt grundsätzlich ein persönliches Gutachtergespräch sowie die anschließende Bewertung des Antrages durch den Gutachterausschuss ein.

Nach Bewilligung des Stipendiums erfolgen die weitere verwaltungsmäßige Bearbeitung und die Betreuung der Stipendiatinnen und Stipendiaten durch den DAAD.

Bewerbungstermin und -ort

Stipendien können jederzeit beantragt werden. Die Bewerbung sollte möglichst frühzeitig, mindestens vier Monate vor dem beabsichtigten Beginn des Auslandsaufenthaltes eingereicht werden. Nach Bewilligung muss das Stipendium innerhalb eines Jahres angetreten werden.

Bewerbungsadresse siehe oben.

| Auslandsstipendien anderer Organisationen | Minerva Stiftung | 7 |

Minerva-Stipendien

Name und Anschrift der stipendiengebenden Institution
Minerva Stiftung
Gesellschaft für die Forschung m.b.H.
Hofgartenstraße 8
80539 München

Programmbeschreibung
Durch dieses Programm erhalten israelische und deutsche Wissenschaftlerinnen und Wissenschaftler aller Universitäten und Forschungseinrichtungen ihrer Länder die Möglichkeit zu längerfristigen Forschungsaufenthalten an Einrichtungen im Gastland zwischen 6 und 36 Monaten.

Bewerbungsvoraussetzungen
Minerva-Stipendien stehen Wissenschaftlern aus allen deutschen und israelischen Hochschulen und Forschungseinrichtungen offen, insbesondere auf den Gebieten der Natur- und Ingenieurwissenschaften sowie der Mathematik. Die Stipendien sind vor allem für jüngere Wissenschaftler nach deren Promotion gedacht. Es können aber auch Doktoranden sowie ältere Wissenschaftler und Hochschullehrer gefördert werden.

Bewerbungsunterlagen
Antragsformulare sind über folgende Kontaktanschrift erhältlich:
Minerva-Stipendienbüro
Frau Heidrun Zimmermann
Max-Planck-Institut für Kernphysik
Saupfercheckweg 1
69029 Heidelberg
Telefon (0 62 21) 38 32 11
Telefax (0 62 21) 51 66 06
E-Mail: minerva@mpi-hd.mpg.de

Bewerbungstermin und -ort
31. Januar und 31. Juli

Sonstiges
Die Mittel für Minerva-Stipendien werden vom Bundesministerium für Bildung und Forschung (BMBF) zur Verfügung gestellt und von der Minerva Stiftung, einer Tochter der Max-Planck-Gesellschaft, verwaltet.

Verantwortlich für die sachgerechte Vergabe der Mittel dieser Programme ist das Minerva-Stipendienkomitee. Vorsitzender: Prof. Dr. Walter Stühmer, Max-Planck-Institut für experimentelle Medizin, Göttingen.

| 7 | Auslandsstipendien anderer Organisationen | Minerva Stiftung |

Minerva „Seed Grants"

Name und Anschrift der stipendiengebenden Institution
Minerva Stiftung
Gesellschaft für die Forschung m.b.H.
Hofgartenstraße 8
80539 München

Programmbeschreibung
Minerva „Seed Grants" werden an deutsche und israelische Doktoranden in Anerkennung herausragender wissenschaftlicher Leistungen vergeben. Sie ermöglichen einen zwei- bis dreimonatigen Aufenthalt im jeweiligen Gastland. Ziel ist es, erste wissenschaftliche Kontakte zu unterstützten.

Bewerbungsvoraussetzungen
Die Nominierung für einen „Seed Grant" erfolgt auf Empfehlung des wissenschaftlichen Betreuers des Kandidaten.

Bewerbungsunterlagen
Antragsformulare sind über folgende Kontaktanschrift erhältlich:
Minerva-Stipendienbüro
Frau Heidrun Zimmermann
Max-Planck-Institut für Kernphysik
Saupfercheckweg 1
69029 Heidelberg
Telefon (0 62 21) 38 32 11
Telefax (0 62 21) 51 66 06
E-Mail: minerva@mpi-hd.mpg.de

Bewerbungstermin und -ort
31. Januar und 31. Juli

Sonstiges
Die Mittel für Minerva-Stipendien werden vom Bundesministerium für Bildung und Forschung (BMBF) zur Verfügung gestellt und von der Minerva Stiftung, einer Tochter der Max-Planck-Gesellschaft, verwaltet.

Verantwortlich für die sachgerechte Vergabe der Mittel dieser Programme ist das Minerva-Stipendienkomitee. Vorsitzender: Prof. Dr. Walter Stühmer, Max-Planck-Institut für experimentelle Medizin, Göttingen.

| Auslandsstipendien anderer Organisationen | Minerva Stiftung | 7 |

Gentner-Symposien und deutsch-israelische Minervaschulen

Name und Anschrift der stipendiengebenden Institution
Minerva Stiftung
Gesellschaft für die Forschung m.b.H.
Hofgartenstraße 8
80539 München

Programmbeschreibung
Jährlich werden ein Symposium, alternierend vornehmlich in Physik, Biologie und Chemie, sowie Minervaschulen, besonders ausgerichtet auf Nachwuchswissenschaftler, abwechselnd in Israel und Deutschland durchgeführt.

Stipendienleistungen
Gentner-Symposien und Minervaschulen werden jeweils mit bis zu DM 50.000,- unterstützt.

Bewerbungsvoraussetzungen
Anträge für die Finanzierung von Gentner-Symposien und Minervaschulen können von israelischen und deutschen Wissenschaftlern gestellt werden.

Bewerbungsunterlagen
Antragsformulare sind über folgende Kontaktanschrift erhältlich:
Minerva-Stiftung
Frau Sieglinde Reichardt
Hofgartenstraße 8
80539 München
Telefon (0 89) 21 08-12 42
Telefax (0 89) 21 08-14 51
E-Mail: reichardt@mpg.gv-mpg.de

Bewerbungstermin und -ort
1. März

Sonstiges
Die Mittel für Gentner-Symposien und deutsch-israelische Minervaschulen werden vom Bundesministerium für Bildung und Forschung (BMBF) zur Verfügung gestellt und von der Minerva Stiftung, einer Tochter der Max-Planck-Gesellschaft, verwaltet.

Verantwortlich für die sachgerechte Vergabe der Mittel dieser Programme ist das Minerva-Stipendienkomitee. Vorsitzender: Prof. Dr. Walter Stühmer, Max-Planck-Institut für experimentelle Medizin, Göttingen.

| 7 | Auslandsstipendien anderer Organisationen | Ökumenischer Rat der Kirchen |

Austausch- und Stipendienprogramme

Name und Anschrift der stipendiengebenden Institution
Ökumenischer Rat der Kirchen
Austausch- und Stipendienprogramm
150 Route de Ferney, 1211 Genf 20, Schweiz

Programmbeschreibung
Die Stipendien des Ökumenischen Rates der Kirchen sollen deutschen Theologinnen und Theologen sowie kirchlichen Mitarbeiterinnen und Mitarbeitern ermöglichen, für ein akademisches Studienjahr, in Ausnahmefällen auch länger, im Ausland zu studieren oder praxisorientiert in einem bewährten Projekt mitzuarbeiten. Hauptzweck des Auslandsaufenthaltes – neben dem individuellen Studienzweck – ist das gegenseitige ökumenische Kennenlernen und die Erfahrung von Christentum in einem anderen kulturellen Kontext.

Grundsätzlich kommt jedes Land in Frage, in dem es ein qualifiziertes Ausbildungsinstitut oder eine theologische Fakultät gibt.

Stipendienleistungen

Stipendienhöhe
Erfolgreiche Bewerberinnen und Bewerber erhalten für die Dauer ihres Stipendiums im Ausland ein Taschengeld bei freier Unterkunft und Verpflegung bzw. ein Vollstipendium zur Bestreitung der Lebenshaltungskosten, evtl. ein Büchergeld und in einigen Fällen Krankenversicherung, Reisekosten müssen Bewerber oder ihre Landeskirchen übernehmen. Die Höhe des Stipendiensatzes ist von Land zu Land verschieden.

Laufzeit
Stipendien werden für 6 bis 12 Monate vergeben, in der Regel vom September eines Jahres bis zum Juli des Folgejahres.

Bewerbungsvoraussetzungen
Die Stipendien sind für Theologinnen und Theologen mit abgeschlossenem ersten theologischen Examen und auch für Vikare und Pfarrer sowie kirchliche Mitarbeiterinnen und Mitarbeiter bestimmt, die eine Befürwortung ihrer Landeskirche haben. Ausreichende Sprachkenntnisse des vorgesehenen Studienlandes und akademische Qualifikationen sind je nach Art des Vorhabens erforderlich.

Bewerbungsunterlagen
Bewerbungen sind auf besonderen Formularen einzureichen, die beim unten genannten Stipendienreferat erhältlich sind. Anfragen sollen Hinweise auf die Erfüllung der Bewerbungsvoraussetzungen geben. Persönliche Beratung ist empfohlen.

| Auslandsstipendien anderer Organisationen | Ökumenischer Rat der Kirchen | 7 |

Bewerbungstermin und -ort

Anträge sind bis zum 30. August des dem geplanten Aufenthalt vorausgehenden Jahres bei der unten genannten Bewerbungsstelle einzureichen. Entscheidungen werden je nach Studienbeginn im November des Jahres oder im Frühjahr des Folgejahres durch das Stipendienkomitee des Ökumenischen Rates der Kirchen getroffen.

Stipendienreferat
Diakonisches Werk der EKD
Postfach 10 11 42, 70010 Stuttgart
Telefon (07 11) 21 59-3 62 und 21 59-5 06

| 7 | Auslandsstipendien anderer Organisationen | Pädagogischer Austauschdienst |

Fremdsprachenassistenten-Stellen an ausländischen Bildungseinrichtungen

Name und Anschrift der stipendiengebenden Institution
Sekretariat der Ständigen Konferenz der Kultusminister
der Länder in der Bundesrepublik Deutschland
Pädagogischer Austauschdienst
Nassestraße 8, Postfach 22 40, 53012 Bonn
Telefon (02 28) 5 01-0
Telefax (02 28) 5 01-3 01
Internet: http://www.kmk.org/pad/home.htm

Programmbeschreibung
Der Pädagogische Austauschdienst der Kultusministerkonferenz vermittelt Studierende der modernen Fremdsprachen sowie Referendarinnen und Referendare (Lehramt) als Fremdsprachenassistenten an ausländische Bildungseinrichtungen vorwiegend im Sekundarbereich (in Kanada und USA an Colleges und Universitäten).

Der Austausch von Fremdsprachenassistenten hat eine doppelte Zielsetzung:
– Förderung der sprachlichen und landeskundlichen Kenntnisse der ausländischen Schülerinnen und Schüler durch die Begegnung mit dem „native speaker"
– Erweiterung und Vertiefung der eigenen Kenntnisse über Sprache und Kultur des Gastlandes sowie Einblick in das ausländische Erziehungswesen und seine Unterrichtsmethoden

Stipendienleistungen
Stipendienhöhe
Die Fremdsprachenassistenten erhalten einen Unterhaltszuschuss, der die notwendigen Lebenshaltungskosten deckt. Reisekosten müssen selbst finanziert werden. Die Vermittlung einer Stelle als Fremdsprachenassistent in die USA ist mit der Gewährung eines Fulbright-Reisestipendiums verbunden.

Laufzeit
Je nach Zielland 7 bis 10 Monate, in der Regel September/Oktober bis April/Juni.
Australien und Neuseeland: Januar/Februar bis November/Dezember.

Bewerbungsvoraussetzungen
Europa: mindestens 4 Semester Hochschulstudium an einer deutschen Universität. Priorität haben angehende Fremdsprachenlehrerinnen und -lehrer mit Studien- oder Schwerpunktfach der Landessprache des Ziellandes.

Übersee: Nachweis des 1. Staatsexamens mit Prüfungsfach Englisch bzw. für Québec Französisch. Kanada und Australien bevorzugen ferner Bewerberinnen und Bewerber mit DaF.

- deutsche Staatsangehörigkeit
- nicht älter als 30 Jahre bei Austauschbeginn
- unabhängig (verheiratete Bewerber und Bewerber mit Kind können nicht unbedingt mit einem Stellenangebot rechnen)

Bewerbungsunterlagen

Bewerbungsunterlagen sind in der Regel bei den Akademischen Auslandsämtern sowie den Seminaren für Anglistik und Romanistik erhältlich, ebenso im Internet (Adresse s. Vorseite)

Bewerbungstermin und -ort

Für die USA spätestens 15. Oktober eines jeden Jahres, für alle anderen Länder 1. Dezember eines jeden Jahres.

Bewerbungen sind bei den zuständigen Kultusministerien bzw. Senatsverwaltungen (ggf. Vortermine beachten) einzureichen.

| 7 | Auslandsstipendien anderer Organisationen | The Rhodes Trust |

Rhodes-Stipendien für Studierende nach Oxford

Name und Anschrift der stipendiengebenden Institution
The Rhodes Trust
Rhodes House, Oxford, Großbritannien

Programmbeschreibung
Aus dem Erbe von Cecil Rhodes erhalten alljährlich über 60 Studierende aus dem Commonwealth, aus Südafrika, den USA und aus Deutschland ein Stipendium, das ihnen ein zwei- oder dreijähriges Studium in Oxford als Undergraduates oder als Graduates ermöglicht. Es werden bis zu vier Stipendien jährlich vergeben.

Stipendienleistungen
Stipendienhöhe
Den Stipendiatinnen und Stipendiaten werden derzeit mindestens £ 8.700,– jährlich ausgezahlt. Darüber hinaus werden sämtliche Studiengebühren und ähnliche Abgaben unmittelbar beglichen. Die Auszahlung erfolgt in Raten. Der Betrag wird in der Regel jährlich angepasst.

Laufzeit
Das Studium kann in Oxford nur mit dem Beginn des akademischen Jahres im Oktober angetreten werden. Rhodes-Stipendien können nicht für eine kürzere Zeit als zwei Jahre gewährt werden. Die Weiterzahlung des Stipendiums für ein drittes Jahr wird davon abhängig gemacht, ob der Stipendiat während seiner Oxforder Studienzeit die Erwartungen der Trustees hinsichtlich seiner wissenschaftlichen Arbeit und seines allgemeinen Verhaltens erfüllt.

Bewerbungsvoraussetzungen
Als Bewerberinnen und Bewerber werden Deutsche zugelassen, die bei Ablauf der Bewerbungsfrist mindestens 20 und nicht älter als 25 Jahre sind. Dabei wird dieser Zeitpunkt jedoch um die Zeit des abgeleisteten Wehr- oder Ersatzdienstes hinausgeschoben. Sie müssen zum Zeitpunkt der Bewerbung entweder mindestens drei abgeschlossene Semester an einer deutschen Universität studiert oder einen ersten Abschluss einer anderen Universität haben und die englische Sprache in Wort und Schrift fließend beherrschen, um aus dem Studium in Oxford Gewinn zu ziehen.

Darüber hinaus werden verlangt:
– Ein wesentlich überdurchschnittliches Abiturergebnis
– Studienleistungen, die besser als „gut" sind
– Drei aussagekräftige Gutachten, darunter mindestens zwei von Hochschullehrern; diese Gutachten werden vom Sekretär des Auswahlkomitees eingeholt.

| Auslandsstipendien anderer Organisationen | The Rhodes Trust | 7 |

Bewerbungsunterlagen
Einzelheiten über die Bewerbung sind aus einem Merkblatt zu ersehen, das beim Sekretär des deutschen Auswahlkomitees zusammen mit dem Vordruck für die Bewerbung angefordert werden kann.

Bewerbungstermin und -ort
Bewerbungen für den Antritt des Studiums in Oxford müssen spätestens mit Poststempel des 30. September des vorausgehenden Jahres beim Sekretär des deutschen Auswahlkomitees eingegangen sein.

Sekretär des deutschen Auswahlkomitees
Thomas Böcking
Alte Schlossstr. 9, 96253 Untersiemau
Telefax (0 95 65) 27 88

Sonstiges
Die Auswahl der deutschen Stipendiatinnen und Stipendiaten erfolgt durch ein von den Treuhändern der Rhodes-Stiftung in Oxford eingesetztes deutsches Auswahlkomitee, dem unter anderen auch frühere Stipendiaten angehören. Das Auswahlkomitee trifft anhand der Bewerbungen und eingeholter Referenzen eine Vorauswahl und lädt die in die engere Wahl genommenen Bewerberinnen und Bewerber zu einer Auswahlsitzung ein, bei der bis zu vier Stipendiaten bestimmt werden. Das Stipendium wird erst wirksam, wenn der Stipendiat in ein Oxforder College aufgenommen worden ist und die jeweilige Fakultät ihm einen Studienplatz zugeteilt hat. Hierbei ist die Stiftung behilflich. Dies erfolgt meist im Laufe des Frühjahres. Erst dann erhalten die für das Stipendium benannten Bewerberinnen und Bewerber vom Rhodes Trust die Bestätigung, dass sie im folgenden Oktober das Studium in Oxford antreten können.

7	Auslandsstipendien anderer Organisationen	Robert Bosch Stiftung Studienstiftung des deutschen Volkes

Stiftungskolleg für internationale Aufgaben der Robert Bosch Stiftung und der Studienstiftung des deutschen Volkes

Name und Anschrift der stipendiengebenden Institutionen

Robert Bosch Stiftung GmbH
Heidehofstraße 31, 70184 Stuttgart
Telefon (07 11) 4 60 84-0
Telefax (07 11) 4 60 84-1094
E-Mail: anke.schmidt@bosch-stiftung.de
Internet: http://www.Bosch-Stiftung.de/kolleg

Studienstiftung des deutschen Volkes e.V.
Mirbachstr. 7, 53173 Bonn
Telefon (0228) 8 20 96-48 (Manuela Weber)
Telefon (0228) 8 20 96-85 (Dr. Niels Weidtmann)
Telefax (0228) 8 20 96-67
E-Mail: weber@studienstiftung.de
E-Mail: weidtmann@studienstiftung.de
Internet: http://www.studienstiftung.de

Programmbeschreibung
Ziel des Programms ist es, jährlich 20 jungen, besonders fähigen und begabten Hochschulabsolventen aller Disziplinen die Möglichkeit zu geben, sich gezielt auf eine internationale berufliche Führungstätigkeit im öffentlichen Bereich vorzubereiten. Die Kollegiaten führen projektbezogene Arbeitsvorhaben in nationalen und internationalen Einrichtungen durch. Ergänzend finden drei gemeinsame Kollegphasen während der Stipendienzeit statt.

Programmablauf
Phase I:
- Kollegphase I, Internationale Politik (September)
- Arbeitsvorhaben, im Regelfall an einer Institution im Inland (Oktober bis Dezember)
- Kollegphase II, Verhaltensbezogenes Training (zum Beispiel Verhandlungstechniken, Präsentation) (Januar)

Phase II:
- Arbeitsvorhaben im Ausland (Februar bis Juli)
- Kollegphase III, Abschlusskolloquium, Kontaktseminar, Erfahrungsaustausch (September)

Die Zeit bis zum Start des Programms im September wird zur Vorbereitung der Arbeitsvorhaben/Projekte genutzt. Sprachkenntnisse, die für die Auslandsaufenthalte notwendig sind, können ebenfalls in dieser Zeit erworben werden.

Stipendienleistungen
Stipendienhöhe
Die Kollegiaten erhalten während des Kollegjahres ein Stipendium in Höhe von monatlich DM 2.500,– sowie ein Reisekostenbudget. Zuschläge werden für Ehepartner (monatlich DM 500,–; nur während der Auslandsphasen) und Kinder (monatlich DM 300,–) gezahlt. Außerdem können Kosten für Unterricht in der Sprache des Ziellandes erstattet werden.

| Auslandsstipendien anderer Organisationen | Robert Bosch Stiftung Studienstiftung des deutschen Volkes | 7 |

Bewerbungsvoraussetzungen
- Schul- oder Hochschulbildung größtenteils in Deutschland bzw. an einer deutschen Hochschule im Ausland
- herausragender Abschluss an einer Universität oder Fachhochschule
- sehr gute Kenntnisse des Englischen und einer weiteren modernen Fremdsprache
- insgesamt 1 Jahr Auslandserfahrung nach Schulabschluss
- berufsähnliche Erfahrung (zum Beispiel Praktika während des Studiums)
- Höchstalter 28, für Bewerber mit Wehr- oder Zivildienst 29 Jahre
- breite persönliche Interessen und gesellschaftliches Engagement

Bewerbungstermin und -ort
Die Bewerbungsfrist für das Programm 2002/2003 endet am 15. März 2002.

Weitere Hinweise zum Bewerbungsverfahren und das Bewerbungsformular können Sie im Internet bei beiden Institutionen abrufen.

Aussichtsreiche Bewerber werden zu einem Auswahlverfahren im Mai eingeladen. Die Entscheidung fällt bis Ende Mai.

| 7 | Auslandsstipendien anderer Organisationen | Robert Bosch Stiftung |

Lektorenprogramm zur Förderung der Geistes- und Sozialwissenschaften in Mittel- und Osteuropa (Fachlektorenprogramm)

Name der stipendiengebenden Institution
Robert Bosch Stiftung GmbH

Durchführung der Programme
Universität Hohenheim
Osteuropazentrum (770)
Projektleitung: Angelika Kohn
70593 Stuttgart
Telefon (07 11) 4 59-39 70 oder (07 11) 4 59-39 77
Telefax (07 11) 4 59-38 68
E-Mail: lektoren@uni-hohenheim.de
Internet: http://www.boschlektoren.de

Programmbeschreibung
Programmziele
– Unterstützung der Aus- und Weiterbildung von Studierenden der Geistes- und Sozialwissenschaften in Mittel- und Osteuropa durch die Vermittlung neuer Forschungsansätze, Methoden und Lehrinhalte
– Förderung der wissenschaftlichen Beziehungen Deutschlands zu den Ländern Mittel- und Osteuropas durch die Entwicklung eines akademischen Nachwuchses, der über Landes- und Sprachkenntnisse der jeweils anderen Region verfügt
– Wissenschaftliche und landesspezifische Weiterqualifizierung der Stipendiatinnen und Stipendiaten

Programmbeschreibung
Die Stipendiatinnen und Stipendiaten sind während eines Studienjahres Mitglied des Lehrkörpers einer Gasthochschule in Mittel- und Osteuropa und führen selbstständig Lehrveranstaltungen durch im Rahmen ihrer Fachdisziplin (Rechts-, Politik- und Wirtschaftswissenschaften sowie Geschichte) bzw. im Rahmen des fachsprachlichen Deutschunterrichts für Studenten nichtphilologischer Fächer.

Programmablauf
– Lehrtätigkeit: 1. September 2002 bis 31. Juli 2003 (Verlängerung um 1 Jahr möglich)
– Unterrichtspensum: 12 Wochenstunden
– Förderung des Austauschs der Lektoren untereinander durch Einführungsseminar, Zwischen- und Bilanztreffen
– Projektarbeit in kulturellem und bildungspolitischen Rahmen wird unterstützt, 1996 Gründung des Vereins MitOst e.V. durch ehemalige Lektoren, der den Sprach- und Kulturaustausch mit den mittel- und osteuropäischen Ländern sowie den Kontakt der Lektoren untereinander fördert.

| Auslandsstipendien anderer Organisationen | Robert Bosch Stiftung | 7 |

Stipendienleistungen
Stipendienhöhe
- ein monatliches Stipendium von DM 1.600,– (ggf. zuzüglich regionaler Zuschläge)
- Kostenerstattung für die Hin- und Rückreise ins Gastland sowie die Reisen zu Vorbereitungsseminar und Regionaltreffen, in begrenztem Umfang auch für Sprachkurs und Lehrmaterial
- Abschluss einer Auslandskrankenversicherung während des Aufenthaltes im Gastland

Bewerbungsvoraussetzungen
- Absolventinnen und Absolventen der Rechts-, Wirtschafts- und Politikwissenschaften sowie der Geschichte
- Nachhaltiges Interesse an Mittel- und Osteuropa wird vorausgesetzt.
- Bewerber mit Kenntnissen der Landessprache sowie mit Lehrerfahrung werden bevorzugt.
- Die Muttersprache sollte in der Regel Deutsch sein, das Erlernen der Landessprache vor Ort wird erwartet und unterstützt.
- Höchstalter 35 Jahre
- Abstand zum Studienabschluss nicht länger als fünf Jahre

Bewerbungsunterlagen
Bewerbungsformulare und weitere Informationen können mit einem frankierten Rückumschlag (DIN B5) beim Osteuropazentrum angefordert werden.

Weitere Bewerbungsunterlagen:
- Lebenslauf
- Zeugniskopien
- Empfehlungsschreiben eines Hochschullehrers

Bewerbungstermin und -ort
Die Bewerbungsfrist für das Programmjahr 2002/2003 endet am 31. Januar 2002.

| 7 | Auslandsstipendien anderer Organisationen | Robert Bosch Stiftung |

Lektorenprogramm zur Förderung der deutschen Sprache und Landeskunde an Hochschulen in Mittel- und Osteuropa (Sprachlektorenprogramm)

Name der stipendiengebenden Institution
Robert Bosch Stiftung GmbH

Durchführung der Programme
Universität Hohenheim
Osteuropazentrum (770)
Projektleitung: Angelika Kohn
70593 Stuttgart
Telefon (07 11) 4 59-39 70 oder (07 11) 4 59-39 77
Telefax (07 11) 4 59-38 68
E-Mail: lektoren@uni-hohenheim.de
Internet: http://www.boschlektoren.de

Programmbeschreibung
Programmziele
- Entwicklung von verwertbaren Landes- und Sprachkenntnissen der Studierenden in Mittel- und Osteuropa durch die Vermittlung moderner Lehrinhalte und Methoden sowie eines aktuellen und differenzierten Deutschlandbildes
- Förderung der sprachlichen wie interkulturellen Verständigungsfähigkeit des akademischen Nachwuchses des Heimat- wie des Gastlandes
- Erwerb von berufspraktischen und landesspezifischen Kompetenzen durch die Stipendiaten

Programmbeschreibung
Die Lektorinnen und Lektoren sind während eines Studienjahres Mitglied des Lehrkörpers der Gasthochschule in Mittel- und Osteuropa und führen selbstständig Lehrveranstaltungen durch im Rahmen
- des Fremdsprachenunterrichts Deutsch,
- des fachsprachlichen Deutschunterrichts für Studenten nichtphilologischer Fächer,
- der Germanistik sowie der Deutschlehrerausbildung.

Programmablauf
- Lehrtätigkeit: 1. September 2002 bis 31. Juli 2003 (Verlängerung um 1 Jahr möglich)
- Unterrichtspensum: 12 Wochenstunden
- Förderung des Austauschs der Lektoren untereinander durch Einführungsseminar, Zwischen- und Bilanztreffen
- Projektarbeit in kulturellem und bildungspolitischem Rahmen wird unterstützt, 1996 Gründung des Vereins MitOst e.V. durch ehemalige Lektoren, der den Sprach- und Kulturaustausch mit den mittel- und osteuropäischen Ländern sowie den Kontakt der Lektoren untereinander fördert.

| Auslandsstipendien anderer Organisationen | Robert Bosch Stiftung | 7 |

Stipendienleistungen
Stipendienhöhe
- Ein monatliches Stipendium von DM 1.600,- (ggf. zuzüglich regionaler Zuschläge)
- Kostenerstattung für die Hin- und Rückreise ins Gastland sowie die Reisen zu Vorbereitungsseminar und Regionaltreffen, in begrenztem Umfang auch für Sprachkurs und Lehrmaterial
- Abschluss einer Auslandskrankenversicherung während des Aufenthaltes im Gastland

Bewerbungsvoraussetzungen
- Zielgruppe sind Absolventen und Absolventinnen sowie fortgeschrittene Studierende der Fächer Germanistik, Deutsch als Fremdsprache (DaF) sowie der Fremdsprachenphilologien, ggf. auch der Geistes- und Sozialwissenschaften, sofern das Studium auf Mittel- und Osteuropa bezogen ist.
- Ein nachhaltiges Interesse an Mittel- und Osteuropa wird vorausgesetzt.
- Bewerber mit abgeschlossenem Hochschulstudium, Kenntnissen der Landessprache sowie Lehrerfahrung werden bevorzugt.
- Muttersprache muss Deutsch sein, das Erlernen der Landessprache wird erwartet und unterstützt.
- Höchstalter 30 Jahre
- Abstand zum Studienabschluss nicht länger als fünf Jahre

Bewerbungsunterlagen
Bewerbungsformulare und weitere Informationen können mit einem frankierten Rückumschlag (DIN B5) beim Osteuropazentrum angefordert werden.

Weitere Bewerbungsunterlagen:
- tabellarischer Lebenslauf
- Zeugniskopien
- Empfehlungsschreiben eines Hochschullehrers

Bewerbungstermin und -ort
Bewerbungsschluss ist der 31. Januar 2002.

| 7 | Auslandsstipendien anderer Organisationen | Sniadecki-Stiftung |

Forschungsstipendien der Sniadecki-Stiftung

Name und Anschrift der stipendiengebenden Institution
Fundacja im. Jana i Jedrzeja Sniadeckich
ul. Slawkowska 17, 31-016 Krakow, Polen
Telefon (00 48 12) 4 29 44 72
Telefax (00 48 12) 4 22 54 22
E-Mail: Sniadecki@pau.krakow.pl
Internet: http://qukis.if.uj.edu.pl/~sniadecki

Programmbeschreibung
Die Sniadecki-Stiftung verleiht Stipendien an hoch qualifizierte ausländische Wissenschaftlerinnen und Wissenschaftler in der Regel bis zum Alter von 40 Jahren. Die Stipendien werden Wissenschaftlern aller Fachrichtungen allein auf der Grundlage der wissenschaftlichen Leistung und Eignung angeboten. Die Bewerbungen werden von einer Auswahlkommission begutachtet, die sich aus polnischen Wissenschaftlern aller Fachrichtungen zusammensetzt. Die Stipendien werden nur für langfristige Aufenthalte verliehen. Die Forschungsprojekte und die polnischen Gastgeber sind von den Bewerberinnen und Bewerbern selbst zu wählen. Über Einzelheiten des Forschungsprojekts und die zeitliche Planung verständigen sie sich mit den vorgesehenen Gastgebern vor der Antragstellung bei der Stiftung. Das polnische Institut, an dem der Bewerber bzw. die Bewerberin arbeiten will, ist bei der Beschaffung einer Unterkunft behilflich.

Stipendienleistungen
Stipendienhöhe
Das monatliche Forschungsstipendium entspricht dem Monatsgehalt eines Assistenzprofessors in Polen. Die Stiftung übernimmt die zusätzlichen Kosten für einen ein- bis zweimonatigen polnischen Sprachkurs.

Laufzeit
Die Forschungsstipendien können für bis zu 10 Monaten beantragt werden.

Bewerbungsvoraussetzungen
Bewerberinnen und Bewerber können jederzeit ihre Unterlagen einreichen, wenn sie
– einen der Promotion vergleichbaren akademischen Grad (Ph.D. oder Äquivalent) erworben haben,
– Erfahrung in eigenständiger Forschungstätigkeit an einer Hochschule bzw. einem Forschungsinstitut außerhalb Polens nachweisen,
– als Ergebnis dieser Tätigkeit eine Liste von Veröffentlichungen vorlegen,
– in der Regel nicht älter als 40 Jahre sind.

Auslandsstipendien anderer Organisationen — Sniadecki-Stiftung

Bewerbungsunterlagen
- Bewerbungsformular
- Lebenslauf
- Zwei Empfehlungsschreiben
- Detaillierter Forschungsplan (3 bis 5 Seiten)
- Liste der Veröffentlichungen
- Schriftliche Arbeitsplatzzusage

Bewerbungstermin und -ort
Bewerbungen können jederzeit beim Sekretariat der Sniadecki-Stiftung eingereicht werden. Das neueste Merkblatt ist beim Sekretariat der Stiftung erhältlich. Die Begutachtung der Anträge dauert zwischen neun und zwölf Monaten. Die Auswahlkommission der Sniadecki-Stiftung tritt zwei Mal jährlich zusammen, zumeist im Mai und November.

Die Stiftung empfiehlt, spätestens fünf Monate vor diesen Terminen die vollständigen Bewerbungsunterlagen beim Sekretariat einzureichen. Es ist die Aufgabe des Bewerbers bzw. der Bewerberin, für die Vollständigkeit der Unterlagen zu sorgen. Falls Anträge nicht komplett übersandt werden, werden diese ohne Bearbeitung an den Bewerber zurückgeschickt bzw. es muss mit einer längeren Korrespondenz und Bearbeitungszeit gerechnet werden.

| 7 | Auslandsstipendien anderer Organisationen | Studienstiftung des deutschen Volkes |

Bucerius-Jura-Programm
ZEIT-Stiftung Ebelin und Gerd Bucerius – Studienstiftung

Name und Anschrift der stipendiengebenden Institution
Studienstiftung des deutschen Volkes
Mirbachstraße 7, 53173 Bonn
Telefon (02 28) 8 20 96-27/-65
Telefax (02 28) 8 20 96-67
E-Mail: weyand@studienstiftung.de
Internet: http://www.studienstiftung.de

Programmbeschreibung
Die Kenntnis ausländischer Rechtssysteme, Auslandserfahrungen und sehr gute Sprachkenntnisse werden für die erfolgreiche berufliche Entwicklung von Juristen immer wichtiger. Das Bucerius-Jura-Programm ermöglicht besonders qualifizierten Juristen, Forschungs- und Studienvorhaben im Ausland zu realisieren. Das Programm ist sehr flexibel, so dass auch unkonventionelle Projekte gefördert werden können. Das Projekt sollte auf mindestens sechs Monate angelegt sein. Vorgaben für bestimmte Länder gibt es nicht.

Mit der Vergabe eines Stipendiums ist die Aufnahme in die Studienstiftung des deutschen Volkes verbunden.

Stipendienleistungen
Stipendienhöhe
- Monatliches Vollstipendium in Höhe von DM 2.000,– (USA: DM 2.500,–, Japan: DM 3.100,–
- Verheiratetenzuschlag, falls der Ehepartner kein eigenes Einkommen hat (innerhalb Europas: DM 400,–, ansonsten DM 600,–)
- Ein einmaliges Startgeld (DM 1.000,–)
- Kosten für eine An- und Abreise
- Studiengebühren bis maximal DM 10.000,– vollständig, vom darüber hinausgehenden Anteil 50 Prozent
- Weitere Projektkosten können nach Rücksprache in angemessenem Umfang berücksichtigt werden.

Bewerbungsvoraussetzungen
- Abschluss der Ersten Juristischen Staatsprüfung mit mindestens „vollbefriedigend" vor Antritt des Stipendiums
- Höchstalter bei Bewerbung: 32 Jahre
- Der Bewerber bzw. die Bewerberin konzipiert ein eigenes Forschungsprojekt.
- Der Erwerb eines LL.M.-Grades oder eines Master-Abschlusses wird nur dann gefördert, wenn das Projekt zusätzlich eine Forschungskomponente beinhaltet.

| Auslandsstipendien anderer Organisationen | Studienstiftung des deutschen Volkes | 7 |

- Die Bewerbung bei der gewünschten Institution oder Hochschule im Ausland liegt in der Hand des Bewerbers bzw. der Bewerberin.
- Eine vorherige Mitgliedschaft in der Studienstiftung ist keine Bedingung.
- Der Bewerber darf nicht schon durch ein anderes Sonderprogramm der Studienstiftung nach Studienabschluss gefördert worden sein.

Bewerbungsunterlagen
Bewerbungsmappen können jederzeit bei der Studienstiftung angefordert werden.

Bewerbungstermin und -ort
31. März und 31. Oktober

Vorauswahl auf der Basis der schriftlichen Bewerbungsunterlagen. Die „Finalisten" werden etwa 10 Wochen nach dem Bewerbungstermin zu Auswahlgesprächen eingeladen.

Sonstiges
Die Finanzierung der Stipendien erfolgt durch die Erträge eines Fonds, den Dr. Gerd Bucerius und die ZEIT-Stiftung der Studienstiftung zur Verfügung gestellt haben.

| 7 | Auslandsstipendien anderer Organisationen | Studienstiftung des deutschen Volkes |

China-Stipendienprogramm

Name und Anschrift der stipendiengebenden Institution
Studienstiftung des deutschen Volkes
Mirbachstraße 7, 53173 Bonn
Telefon (02 28) 8 20 96-97/36
Telefax (02 28) 8 20 96-67
E-Mail: p.antes@studienstiftung.de
Internet: http://www.studienstiftung.de

Programmbeschreibung
Erwerb gründlicher Sprach-, Landes- und Fachkenntnisse sowie praktischer Erfahrung in der VR China durch Kontakte auf allen wissenschaftlichen und wirtschaftlichen Gebieten. Für hoch qualifizierte Studierende aller Fächer (außer Hauptfach Sinologie). Jährlich werden 10 Stipendien vergeben.

Programmablauf
20 Bewerberinnen und Bewerber werden jährlich zu einem Intensivkurs Chinesisch (im August an der Universität Trier) zugelassen. Im November werden 10 Stipendien für das einjährige Studium in China vergeben. Im März folgt ein zweiter Intensivkurs in Trier, danach Einzelunterricht am jeweiligen Hochschulort der Stipendiaten. Anfang September Aufbruch der Stipendiatinnen und Stipendiaten nach China (voraussichtlich an die Universität Nanjing). Das erste Semester sieht Sprachkurse vor, im zweiten werden Fachstudien stärker berücksichtigt. Ausnahmen für Teilnehmer mit weit fortgeschrittenen Sprachkenntnissen sind möglich. Nach dem zweiten Semester mehrwöchiges Praktikum in einem deutsch-chinesischen Unternehmen. Die verbleibende Zeit soll für Reisen innerhalb Chinas genutzt werden. In begründeten Fällen besteht die Möglichkeit, zu spezifischen Studien nach China zurückzukehren.

Stipendienleistungen
– Finanzierung der beiden vorbereitenden Sprachkurse
– DM 1.000,– für Privatunterricht bis zur Abreise nach China
– Monatliches Stipendium in Höhe von DM 1.100,– (für 12 Monate)
– Kosten für die An- und Abreise (Hinreise in der Gruppe, Rückreise individuell)
– Die Studiengebühren werden von chinesischer Seite getragen.

Bewerbungsvoraussetzungen
– Vorgesehen für Studierende, besonders auch aus jüngeren Semestern
– Sprachliche Vorkenntnisse sind erwünscht, aber nicht Bedingung
– Vorherige Mitgliedschaft in der Studienstiftung ist nicht nötig

| Auslandsstipendien anderer Organisationen | Studienstiftung des deutschen Volkes | 7 |

Bewerbungstermin und -ort
    Bewerbungsschluss ist der 31. März. Bewerbungsunterlagen können bei der Studienstiftung (Anschrift s.o.) angefordert werden.

Sonstiges
    Finanziert durch die Alfried Krupp von Bohlen und Halbach-Stiftung seit 1986

| 7 | Auslandsstipendien anderer Organisationen | Studienstiftung des deutschen Volkes |

ERP-Stipendienprogramm

Name und Anschrift der stipendiengebenden Institution
Studienstiftung des deutschen Volkes
Mirbachstraße 7, 53173 Bonn
Telefon (02 28) 8 20 96-69/62
Telefax (02 28) 8 20 96-67
E-Mail: r.antes@studienstiftung.de
Internet: http://www.studienstiftung.de

Programmbeschreibung
Aufbaustudium an einer führenden Hochschule der USA für hoch qualifizierte Nachwuchskräfte, die eine Karriere im öffentlichen Bereich (im weitesten Sinn) anstreben und sich bereits aktiv (in jedweder Form) gesellschaftlich oder politisch engagiert haben. Jährlich werden circa 16 Stipendien vergeben.

Programmablauf
Studium an einer der führenden Hochschulen in den USA. Dauer: 12 bis maximal 20 Monate, darin integriert ein Praktikum (2 bis 3 Monate Dauer) im öffentlichen Bereich. (Möglich Forschungsaufenthalt, LL.M., MBA, PhD. teilw.)

Stipendienleistungen
- Monatliches Vollstipendium von US $ 1.500,–
- Ein einmaliges Startgeld von US $ 500,–
- Kosten für die An- und Abreise
- Studiengebührenzuschuss von maximal US $ 20.000,– pro Studienjahr
- Für die Praktika können Reise- und Aufenthaltszuschüsse beantragt werden.

Bewerbungsvoraussetzungen
- Nachwuchskräfte aus den Rechts-, Wirtschafts-, Staats- oder Gesellschaftswissenschaften
- Höchstalter bei Bewerbung: 30 Jahre
- Spätestens zum Zeitpunkt der Abreise muss das Studium abgeschlossen sein, Mindestnote „gut", bei Juristen „vollbefriedigend"
- Vorherige Mitgliedschaft in der Studienstiftung ist nicht notwendig.

Bewerbungsunterlagen
Bewerbungsmappen können bei der Studienstiftung angefordert werden.

Das konkrete Studienvorhaben ist vom Bewerber bzw. der Bewerberin selbst zu formulieren. Bewerbung an der gewünschten Hochschule und Vorbereitungen für das Praktikum liegen beim Bewerber. Dieses Programm ist eine Ergänzung zum McCloy Academic Scholarship Program. Bewerbungen für die Harvard University sind hier ausgeschlossen.

| Auslandsstipendien anderer Organisationen | Studienstiftung des deutschen Volkes | 7 |

Bewerbungstermin und -ort
Bewerbungsschluss: 30. November. Nach einer Vorauswahl werden die „Finalisten" im Februar zu Auswahlgesprächen eingeladen.

Sonstiges
Finanziert seit 1994 durch das BMWI als Verwalter des ERP-Sondervermögens

7 Auslandsstipendien anderer Organisationen — Studienstiftung des deutschen Volkes

Haniel-Stipendienprogramm

Name und Anschrift der stipendiengebenden Institution
Studienstiftung des deutschen Volkes
Mirbachstraße 7, 53173 Bonn
Telefon (02 28) 8 20 96-69/62
Telefax (02 28) 8 20 96-67
E-Mail: r.antes@studienstiftung.de
Internet: http://www.studienstiftung.de

Programmbeschreibung
Auslandsstudien und Praktika im außereuropäischen und europäischen Ausland (insbesondere Zusatzstudien in Osteuropa, Asien, Lateinamerika, Afrika oder im Nahen Osten). Ausgezeichnete Nachwuchskräfte sollen Zusatzqualifikationen zur Übernahme von Aufgaben in der internationalen Arbeitswelt erwerben. Jährlich werden 7 bis 8 Stipendien vergeben.

Programmablauf
- 2 Semester Studium im Ausland, möglichst mit international anerkanntem Zusatzabschluss
- Mindestens 2 Monate Praktikum bei einem Wirtschaftsunternehmen des Gastlandes
- Dauer: in der Regel 12 Monate insgesamt (maximal 20 Monate)
- Teilfinanzierungen von Ph.D.-Programmen und Promotionen nicht möglich

Stipendienleistungen
- Monatliches Vollstipendium (in europäischen Ländern DM 1.500,–, in USA und den meisten außereuropäischen Ländern DM 2.000,–)
- Ein einmaliges Startgeld in Höhe von DM 1.000,–
- Übernahme der Studiengebühren bis zu maximal DM 10.000,–
- Kosten für die An- und Abreise

Bewerbungsvoraussetzungen
- Abgeschlossenes Hochschul- oder Fachhochschulstudium der Fächer Wirtschafts-, Rechts-, Staats- und Sozialwissenschaften sowie Wirtschaftsingenieurwesen
- In Ausnahmefällen auch Studierende höherer Semester und anderer Fächer
- Höchstalter bei Bewerbung: 30 Jahre
- Der Studienabschluss sollte bei Bewerbung nicht länger als ein Jahr zurückliegen, Mindestnote „gut", bei Juristen „vollbefriedigend"
- Nachweis von Sprachkenntnissen bei Vorhaben außerhalb des englisch- oder französischsprachigen Raumes erforderlich
- Vorherige Mitgliedschaft in der Studienstiftung ist nicht notwendig.

| Auslandsstipendien anderer Organisationen | Studienstiftung des deutschen Volkes | 7 |

Bewerbungsunterlagen
Bewerbungsmappen können bei der Studienstiftung angefordert werden.

Projekt und Bewerbung an der gewünschten Hochschule sowie Vorbereitungen für das Praktikum müssen vom Bewerber bzw. der Bewerberin selbst formuliert werden.

Bewerbungstermin und -ort
Bewerbungsschluss ist am 1. November. Nach einer Vorauswahl werden die „Finalisten" zum Auswahlgespräch im März eingeladen.

Sonstiges
Finanziert seit 1991 durch die Haniel-Stiftung

| 7 | Auslandsstipendien anderer Organisationen | Studienstiftung des deutschen Volkes |

Hölderlin-Programm

Name und Anschrift der stipendiengebenden Institution
Studienstiftung des deutschen Volkes
Mirbachstraße 7, 53173 Bonn
Telefon (02 28) 8 20 96-65/-56
Telefax (02 28) 8 20 96-67
E-Mail: weyand@studienstiftung.de
Internet: http://www.studienstiftung.de

Programmbeschreibung
Die Studienstiftung des deutschen Volkes bietet herausragenden Studierenden ein elternunabhängiges Stipendium an, das ein Studienjahr im europäischen Ausland ermöglicht. Im Jahr 2002 werden aus privaten Mitteln 100 solcher Jahresstipendien für das Studienjahr 2002/2003 vergeben. Mit der Vergabe eines Stipendiums ist die Aufnahme in die Studienstiftung verbunden.

Stipendienleistungen
– Jahresstipendium von zwölf Monatsraten à DM 1.000,– für ein Auslandsstudium in jedem Land Europas, kein Zuschuss zu Reisekosten oder Studiengebühren
– Die Stipendienzusage eröffnet auch die Möglichkeit, an einem Sprachkurs – einer beliebigen Fremdsprache – teilzunehmen.

Bewerbungsvoraussetzungen
– Das Programm ist offen für Studierende aller Fachrichtungen.
– Zum Zeitpunkt der Bewerbung muss das vierte Studiensemester abgeschlossen sein.
– Aus dem Grundstudium sind herausragende Studienleistungen nachzuweisen.

Bewerbungsunterlagen
– Studierende (bis zum siebten Studiensemester) können von Hochschullehrern aller deutschen Universitäten für das Auslandsstipendium nominiert werden: mit formlosem, detailliertem Vorschlagsgutachten. Das Gutachten muss Angaben zu Name, Anschrift, Alter und Studiensemester enthalten, besondere Studienleistungen kommentieren und eine ausführliche Vorschlagsbegründung geben.
– Bei Eintreffen des Vorschlagsgutachtens werden Bewerbungsunterlagen an die Kandidaten versandt.

Bewerbungstermin und -ort
Vorschläge von Hochschullehrern bis spätestens 1. Februar 2002 an:
Studienstiftung des deutschen Volkes
„Hölderlin-Programm"
Mirbachstraße 7, 53173 Bonn

Über die Vergabe der Stipendien wird nach dem 15. März 2002 entschieden.

| Auslandsstipendien anderer Organisationen | Studienstiftung des deutschen Volkes | 7 |

Sonstiges

Das Hölderlin-Programm wird finanziert von der Alfried Krupp von Bohlen und Halbach-Stiftung, dem Stifterverband für die deutsche Wissenschaft, der Allianz Lebensversicherungs AG, der Siemens Unternehmensberatung und dem Förderverein Kurt Fordan für herausragende Begabungen e.V.

| 7 | Auslandsstipendien anderer Organisationen | Studienstiftung des deutschen Volkes |

McCloy Academic Scholarship Program

Name und Anschrift der stipendiengebenden Institution
Studienstiftung des deutschen Volkes
Mirbachstraße 7, 53173 Bonn
Telefon (02 28) 8 20 96-69/62
Telefax (02 28) 8 20 96-67
E-Mail: r.antes@studienstiftung.de
Internet: http://www.studienstiftung.de

Programmbeschreibung
Zweijähriges Aufbaustudium für hoch qualifizierte Nachwuchskräfte an der John F. Kennedy School der Harvard University mit Ziel „Master of Public Administration". Das Studium an der John F. Kennedy School erfordert Kommunikationsfähigkeit, Interesse an Fragestellungen, die den öffentlichen Bereich (im weitesten Sinne) betreffen, sowie Bezug zur Praxis. Jährlich werden bis zu 8 Stipendien vergeben.

Programmablauf
Das Programm wird in Harvard durch einen Programmdirektor betreut. Kein anderer Abschluss als der MPA möglich. Die Kurse an der J.F.K. School können mit Studien an anderen Harvard „Professional Schools" (Law, Business Admin., Design, Arts a. Sciences) sowie an Hochschulen der Boston Area (MIT, Fletcher School of Diplomacy) kombiniert werden. Zwischen den Studienjahren wird ein Praktikum erwartet.

Stipendienleistungen
– Monatliches Vollstipendium von US $ 1.500,–
– Ein einmaliges Startgeld in Höhe von US $ 500,–
– Kosten für die An- und Abreise
– Die Studiengebühren werden von amerikanischer Seite getragen.

Bewerbungsvoraussetzungen
– In erster Linie für Nachwuchskräfte aus den Rechts-, Wirtschafts- und Gesellschaftswissenschaften. Ausnahmen sind möglich, wenn das spezielle Studienvorhaben an der Kennedy School zu verwirklichen ist.
– Höchstalter bei Bewerbung: 30 Jahre
– Der Studienabschluss muss spätestens zum Zeitpunkt der Abreise erreicht sein; Mindestnote „gut", bei Juristen „vollbefriedigend" (ausländische Abschlüsse: Master Degree, kein B.A.).
– Vorherige Mitgliedschaft in der Studienstiftung ist nicht notwendig.

Auslandsstipendien anderer Organisationen	Studienstiftung des deutschen Volkes	7

Bewerbungstermin und -ort
Bewerbungsschluss: 30. November

Bewerbungsmappen, Programmbroschüre und Verzeichnis der Kennedy School können bei der Studienstiftung angefordert werden. Nach einer Vorauswahl werden die „Finalisten" zum Auswahlgespräch im Februar eingeladen.

Sonstiges
Finanziert seit 1993 vom BMWi als Verwalter des ERP-Sondervermögens, McCloy-Stipendien-Stiftung (Stifterverband für die Deutsche Wissenschaft), Boston Consulting Group, Förderverein Kurt Fordan für herausragende Begabungen, Harvard University.

| 7 | Auslandsstipendien anderer Organisationen | Studienstiftung des deutschen Volkes |

Programm Wissenschafts- und Auslandsjournalismus Dr. Alexander und Rita Besser-Stiftung

Name und Anschrift der stipendiengebenden Institution
Studienstiftung des deutschen Volkes
Mirbachstraße 7, 53173 Bonn
Telefon (02 28) 8 20 96-36/37
Telefax (02 28) 8 20 96-67
E-Mail: p.antes@studienstiftung.de
Internet: http://www.studienstiftung.de

Programmbeschreibung
Nachhaltige Verbesserung des Wissenschafts- und Auslandsjournalismus durch Förderung der Aus- und Fortbildung von Nachwuchskräften. Die Arbeitsvorhaben sollen der Vermittlung journalistischer Fähigkeiten dienen, nicht aber eine theoretische Arbeit „über" Journalismus sein. Gefördert werden Projekte, die praktische Erfahrungen in der Medienarbeit vermitteln: Volontariate, Praktika und Stagen in Redaktionen, Verlagen, Rundfunk- oder Fernsehstationen oder in der Bild-/Textbearbeitung. Ergänzende Studien an Journalistenschulen oder entsprechenden Institutionen im In- und Ausland können gleichfalls gefördert werden.

Stipendienleistungen
Eine medienerfahrene Auswahlkommission der Studienstiftung wählt unter den Bewerbern die Stipendiatinnen und Stipendiaten aus und legt die Ausstattung der Stipendien je nach Vorhaben individuell fest.

Bewerbungsvoraussetzungen
- Nach einem Studium beliebiger Fachrichtungen sollte eine journalistische Tätigkeit in der Wissenschafts- oder Auslandsberichterstattung angestrebt sein.
- Höchstalter 35 Jahre
- Ein mit mindestens „gut", bei Juristen „vollbefriedigend", abgeschlossenes Hochschul- oder Fachhochschulstudium und eine Mindestdauer des Vorhabens von neun Monaten

Das Studien- oder Arbeitsvorhaben ist vom Bewerber bzw. der Bewerberin selbst zu formulieren; die Bewerbung bei der gewünschten Institution oder Hochschule und die Vorbereitungen liegen ganz beim Bewerber.

Bewerbungsunterlagen
Bewerbungsmappen sind bei der Studienstiftung anzufordern.

| Auslandsstipendien anderer Organisationen | Studienstiftung des deutschen Volkes | 7 |

Bewerbungstermin und -ort
Bewerbungstermin für zweisemestrige Vorhaben ist jeweils der 31. März.

Für kürzere Arbeitsvorhaben können sich Studienstiftler auch außerhalb dieser Termine bewerben.

Sonstiges
Finanziert sei 1994 durch die Dr. Alexander und Rita Besser-Stiftung im Stifterverband für die deutsche Wissenschaft. Verantwortlich im Sekretariat der Studienstiftung: Dr. Peter Antes.

7	Auslandsstipendien anderer Organisationen	Südosteuropa-Gesellschaft

Stipendien zur Südosteuropa-Forschung

Name und Anschrift der stipendiengebenden Institution
Südosteuropa-Gesellschaft
Widenmayerstr. 49, 80538 München
Telefon (0 89) 21 21 54-0
Telefax (0 89) 2 28 94 69
E-Mail: Suedosteuropa-Gesellschaft@t-online.de
Internet: http://www.suedosteuropa-gesellschaft.com

Programmbeschreibung
Vergeben werden Stipendien an den wissenschaftlichen Nachwuchs für die Südosteuropa-Forschung in Deutschland. Gefördert werden Forschungsreisen zum Studium in Bibliotheken und Archiven, zur Kontaktaufnahme mit wissenschaftlichen Institutionen etc. in Südosteuropa (Albanien, Bosnien und Herzegowina, Bulgarien, Griechenland, Bundesrepublik Jugoslawien, Kroatien, Mazedonien (ehemalige Jugoslawische Republik), Republik Moldawien, Rumänien, Slowakische Republik, Slowenien, Türkei, Ungarn und Zypern).

Stipendienleistungen
Stipendienhöhe
Übernahme der Reisekosten vom Wohnort zum Forschungsort und zurück.

Laufzeit
Kurzfristige Aufenthalte

Bewerbungsvoraussetzungen
Zielgruppe sind jüngere deutsche Wissenschaftlerinnen und Wissenschaftler (Diplomanden, Doktoranden, Habilitanden, Mitarbeiter an Forschungsinstituten, Höchstalter 40 Jahre) aus dem Bereich der Südosteuropa-Forschung. Bevorzugt werden wirtschafts-, sozial- und geisteswissenschaftliche Fachbereiche.

Bewerbungsunterlagen
Folgende Unterlagen müssen eingereicht werden:
– Ausführliche Erläuterung und Begründung des Forschungsvorhabens
– Gutachten des betreuenden Professors bzw. Institutsleiters
– Lebenslauf mit Angaben zum bisherigen Studiengang, bereits durchgeführten Forschungsprojekten und gegebenenfalls vorliegenden Publikationen
– Nach Abschluss der Forschungsreise ist eine detaillierte Abrechnung mit Bestätigung über die Dauer des Aufenthalts sowie ein Bericht über das Ergebnis der Reise vorzulegen.

Bewerbungstermin und -ort
Es besteht keine feste Bewerbungsfrist. Anschrift s.o.

| Auslandsstipendien anderer Organisationen | Zahnmedizinischer Austauschdienst | 7 |

Auslandsfamulaturen für Studierende der Zahnmedizin

Name und Anschrift der stipendiengebenden Institution
Zahnmedizinischer Austauschdienst
Mallwitzstr. 16, 53177 Bonn
Telefon (02 28) 8 55 70
Internet: http://www.zad-online.com

Programmbeschreibung
Der Zahnmedizinische Austauschdienst (ZAD) wurde 1981 von Studierenden für Studierende gegründet. Eine seiner Aufgaben ist Hilfe bei der Organisation von Auslandsfamulaturen für Studierende der Zahnmedizin bzw. junge Approbierte von deutschen Universitäten. Dafür sind an allen deutschen Universitäten „Local Exchange Officers" (LEOs) tätig, die Ansprechpartner für Famulaturinteressierte sind. Sie verfügen über Adressen, Famulaturberichte anderer Studierender sowie über Antragsformulare für Reisekostenzuschüsse.

Stipendienleistungen
Bei Famulaturen außerhalb Europas (auch auf Malta, Zypern, Island und in den Staaten der GUS östlich des Urals) kann über den DAAD ein Reisekostenzuschuss gewährt werden.

Bewerbungstermin und -ort
Anträge für die Reisekostenzuschüsse sind beim Local Exchange Officer an der Universität erhältlich. Sie sind beim ZAD in Bonn (s.o.) einzureichen. Es besteht kein Rechtsanspruch auf Förderung.

Anhang

Literaturangaben

Zur Vorbereitung eines Auslandsaufenthaltes sollte man einige der nachstehend aufgeführten Handbücher zu Rate ziehen. Sie sind bei der Planung des Studien- bzw. Forschungsvorhabens im Ausland und der Wahl der Gasthochschule oder -forschungsstätte außerordentlich nützlich. Die Adressenverzeichnisse dieser Handbücher erleichtern den ersten Kontakt zu ausländischen Hochschullehrern. Ferner bieten sie Informationen über Stipendienangebote.

Literaturangaben, die sich speziell auf einzelne Länder beziehen, sind im Teil 4 dieser Broschüre aufgeführt. Darüber hinaus befindet sich auf der Internet-Homepage des DAAD ein umfangreicher Bookmark-Katalog, der ausgewählte weltweite www-Adressen zu Studium und Forschung, Bildung und akademischer Ausbildung enthält (http://www.daad.de/bookmarks/bm-f-d/index.html) unter „Studieren und Forschen im Ausland".

Die im Folgenden aufgeführten Publikationen sind im Allgemeinen bei den Akademischen Auslandsämtern bzw. Sekretariaten der Hochschulen oder bei den Universitätsbibliotheken verfügbar.

The World of Learning – The standard and authoritative guide to educational, scientific and cultural institutions all over the world. Hrsg.: Europa Publications Ltd., 18 Bedford Square, London WC1B 3JN, Großbritannien (erscheint jährlich). Das Werk enthält wichtige Informationen über alle Universitäten und Hochschulen eines Landes, über Museen, Bibliotheken, Forschungsinstitute und wissenschaftliche Vereinigungen.

International Handbook of Universities. Hrsg.: D.J. Aitken, International Association of Universities, 1 rue Miollis, 75732 Paris Cedex 15, Frankreich (erscheint alle 2 Jahre). Das Buch enthält u.a. Angaben über Fakultäten, akademische Grade und Staatsexamina, mit denen ein Studium an der Hochschule abgeschlossen werden kann, Gebühren, das akademische Jahr, Bibliotheksbestände, Anzahl der Dozenten und Studierenden.

Commonwealth Universities Yearbook. A Directory to the Universities of the Commonwealth and the handbook of their association. Hrsg.: Association of Commonwealth Universities, John Foster House, 36 Gordon Square, London WC1H 0PF, Großbritannien (erscheint jährlich).

Handbuch der Hochschulen. Ostmittel-, Südosteuropa und Gemeinschaft Unabhängiger Staaten. Hrsg.: Hochschulrektorenkonferenz. Bad Honnef: Bock

Handbuch auf gemeinsamem Weg. Kooperationsbeziehungen deutscher Hochschulen mit Hochschulen und Wissenschaftseinrichtungen in Mittel-, Ost- und Südosteuropa. Hochschulrektorenkonferenz. Bad Honnef: Bock

Study Abroad. Hrsg.: United Nations Educational, Scientific and Cultural Organization (UNESCO), 7 place de Fontenoy, 75007 Paris, Frankreich (erscheint alle 3 Jahre). Dieser Band enthält u.a. Hinweise auf Stipendienangebote supranationaler Institutionen der ganzen Welt; Förderungsmöglichkeiten zum Studium in einem bestimmten Land sind unter den einzelnen Ländern aufgeführt; ferner Angaben zu den folgenden Themen: Akademisches Jahr, Informationsquellen für Studierende, Zulassungsbedingungen, Gebühren und Ausgaben, Vorbereitungs- und Sonderkurse. Das Handbuch weist außerdem auf regelmäßig veranstaltete Ferienkurse hin.

Literaturangaben

The Far East and Australasia. Annual survey containing detailed information about all the countries in the Far Eastern and Australasian region. Europa Publications Ltd., 18 Bedford Square, London WC1B 3JN, Großbritannien

The Middle East and North Africa. Annual survey containing detailed information about all the countries in the Middle East and North Africa. Europa Publications Ltd., 18 Bedford Square, London WC1B 3JN, Großbritannien (erscheint jährlich)

Africa South of the Sahara. A survey and reference book of all the countries south of the Sahara Desert. Europa Publications Ltd., 18 Bedford Square, London WC1B 3JN, Großbritannien (erscheint mindestens alle 2 Jahre)

South America, Central America and the Caribbean. Seventh edition of a survey and directory of the countries of the region. Europa Publications Ltd., 18 Bedford Square, London WC1B 3JN, Großbritannien (erscheint mindestens alle 2 Jahre)

The Europa World Year Book. A World Survey. Volume I: International Organizations, countries of the world arranged alphabetically from Afghanistan to Jordan. Volume II: Countries of the world arranged alphabetically from Kampuchea to Zimbabwe. Europa Publications Ltd., 18 Bedford Square, London WC1B 3JN, Großbritannien (erscheint jährlich)

Europa kommt – gehen wir hin! Hrsg.: Bundesanstalt für Arbeit, Nürnberg (Versand durch DKF Multimedia GmbH, Mainzer Straße 35, 65239 Hochheim

Andreas Neuner: Das Euro-Handbuch/Studium und Stipendium. Hrsg.: mvg-Verlag, Landsberg a.L. 1996

Studienführer Europa – Wirtschaftswissenschaften und Jura. Hrsg.: CKAG Colonia Konzern AG, Köln. Stuttgart: Raabe-Verlag 1996

Europa – Weiterbildung – Studienführer (Europäische Integration, Politik, Wirtschaftswissenschaften, Jura). Informationen über europarelevante Weiterbildungsmöglichkeiten. Hrsg.: Integrationsbureau EDA/EVD, Bundeshaus Ost, 3003 Bern, Schweiz

World Directory of Medical Schools. Hrsg.: World Health Organization, Genf

Giesen: Das MBA-Studium. Hrsg.: Joerg E. Staufenbiel, Köln 2000

Giesen/Rappmund-Gerwers/Stephan: Studieren für Europa. Hrsg.: Joerg E. Staufenbiel, Köln 1997

Stephan: Studieren nach dem Studium. Hrsg.: Joerg E. Staufenbiel, Köln 2000

Gundolf Seidenspinner: Durch Stipendien studieren. München: mvg-Verlag

Verzeichnis der deutschen Stiftungen 2000. Hrsg.: Bundesverband Deutscher Stiftungen e.V. Verlag Hoppenstedt GmbH, Pf 10 01 39, 64201 Darmstadt, Tel.: (0 61 51) 38 00, Fax: (0 61 51) 38 03 60, E-Mail: hoppenstedt@t-online.de

Ziele, Aufgaben und Programme des Deutschen Akademischen Austauschdienstes

Der DAAD als eine gemeinsame Einrichtung der deutschen Hochschulen hat die Aufgabe, die Hochschulbeziehungen mit dem Ausland vor allem durch den Austausch von Studierenden, Graduierten und Wissenschaftlern zu fördern. Seine Programme sind offen für alle Länder und alle Fachrichtungen und kommen Ausländern wie Deutschen gleichermaßen zugute. Daneben unterstützt der DAAD durch eine Reihe von Dienstleistungen – Informations- und Publikationsprogramme, Beratungs- und Betreuungshilfen – die internationalen Aktivitäten der Hochschulen und wirkt beratend an der Gestaltung der auswärtigen Kulturpolitik mit.

Der Austauschdienst der Hochschulen wurde erstmals 1925 auf der Grundlage akademischer Eigeninitiative errichtet, 1945 aufgelöst und im Jahre 1950 wieder gegründet als eingetragener Verein privaten Rechts. Seine ordentlichen Mitglieder sind – auf Antrag – die Hochschulen, die in der Hochschulrektorenkonferenz (HRK) vertreten sind, sowie die Studentenschaften dieser Hochschulen. Zum Jahresende 1999 gehörten dem DAAD insgesamt 233 Hochschulen und 128 Studentenschaften verschiedener Hochschularten an.

Von dieser Zielsetzung her ergeben sich folgende Aufgabenfelder:

– die Vergabe von Stipendien an ausländische und deutsche Studierende, Praktikanten, jüngere Wissenschaftler und Hochschullehrer zur Förderung sowohl der Aus- und Fortbildung im Hochschulbereich als auch von Forschungsarbeiten;

– die Vermittlung und Förderung deutscher wissenschaftlicher Lehrkräfte aller Fachrichtungen zu Lang- und Kurzzeitdozenturen an ausländischen Hochschulen (einschließlich Lektoren für deutsche Sprache, Literatur und Landeskunde);

– die Information über Studien- und Forschungsmöglichkeiten im In- und Ausland durch Publikationen, mündliche und schriftliche Auskünfte sowie durch die Organisation und Förderung von Informationsaufenthalten ausländischer und deutscher Wissenschaftler und Studentengruppen;

– die Betreuung der ehemaligen Stipendiatinnen und Stipendiaten, vor allem im Ausland, durch Wiedereinladung, durch Alumni-Seminare und Publikationen, wie zum Beispiel den „DAAD Letter – Hochschule und Ausland", „PostSkript" und das „Alumni-Forum" im Internet.

In einer Reihe wichtiger EU-Mobilitäts- und Kooperationsprogramme nimmt der DAAD die Aufgabe der „nationalen Stelle" für Deutschland wahr. Das gilt für die hochschulbezogenen Teile des SOKRATES- und des LEONARDO-Programms sowie für das TEMPUS-Programm. In allen diesen Programmen leistet der DAAD Informations- und Beratungsarbeit, in einigen auch darüber hinausgehende Unterstützung in der Programmadministration.

Adressen des DAAD im In- und Ausland

Geschäftsstelle Bonn
Deutscher Akademischer Austauschdienst
Postfach 20 04 04, 53134 Bonn
Kennedyallee 50, 53175 Bonn
Telefon: (02 28) 88 2-0
Telefax: (02 28) 88 2-4 44
Telex: 885515 daad d
E-Mail: postmaster@daad.de
Internet: http://www.daad.de

Büro Berlin
Deutscher Akademischer Austauschdienst
Postfach 240, 10106 Berlin
Markgrafenstraße 37, 10117 Berlin
Telefon: (0 30) 20 22 08-0
Telefax: (0 30) 2 04 12 67
E-Mail: BKP.berlin@daad.de

Außenstellen

Außenstelle Jakarta (seit 1990)
DAAD Jakarta Office
Jl. Jend. Sudirman, Kav. 61-62
Summitmas I, Lt. 19
Jakarta 12190 / Indonesien
Telefon: (00 62 21) 52 00 87-0, 5 25 28 07
Telefax: (00 62 21) 5 25 28 22
E-Mail: daadjak@rad.net.id

Außenstelle Kairo (seit 1960)
German Academic Exchange Service
11 Sh. Saleh Ayoub
Cairo-Zamalek / Ägypten
Telefon: (00 202) 7 35 27 26
Telefax: (00 202) 7 37 07 22
E-Mail: daadcairo@link.com.eg

Außenstelle London (seit 1952)
German Academic Exchange Service
34, Belgrave Square
London SW1X 8QB / Großbritannien
Telefon: (00 44 20) 72 35 17 36
Telefax: (00 44 20) 72 35 96 02
E-Mail: info@daad.org.uk

Außenstelle Mexico City (vorläufig)
Servicio Alemán de Intercambio Académico
c/o Deutsche Botschaft
Presse- und Kulturabteilung
apdo. Postal 1 07 92
0600 Mexico, D.F. / Mexico
Telefon: (00 52) 52 81 73 98
Telefax: (00 52) 52 81 73 99
E-Mail: daadmx@prodigy.net.mx

Außenstelle Moskau (seit 1993)
Deutscher Akademischer Austauschdienst
Leninskij Prospekt, 95 a
117313 Moskau / Russische Föderation
Telefon: (00 70 95) 1 32 24 29, 1 32 23 11
Telefax: (00 70 95) 1 32 49 88
E-Mail: daad@col.ru

Außenstelle Nairobi (seit 1973)
German Academic Exchange Service
Regional Office for Africa
Bishops House, Bishops Road,
Upper Hill, P.O.Box 14050
Nairobi / Kenia
Telefon: (00 25 42) 72 97 41, 72 26 60
Telefax: (00 25 42) 71 67 10
E-Mail: daad_nairobi@bigfoot.com

Außenstelle New Delhi (seit 1960)
German Academic Exchange Service
Regional Office
Bangladesh, India, Nepal, Sri Lanka
176, Golf Links
New Delhi 110003 / Indien
Telefon: (00 91 11) 4 61 51 48, 4 61 50 09
Telefax: (00 91 11) 4 69 09 19
E-Mail: daadnd@bol.net.in

Außenstelle New York (seit 1971)
German Academic Exchange Service
950 Third Avenue
New York, N.Y. 10022 / USA
Telefon: (00 12 12) 7 58 32 23
Telefax: (00 12 12) 7 55 57 80
E-Mail: daadny@daad.org

Adressen des DAAD im In- und Ausland

Außenstelle Paris (seit 1963)
Office Allemand d'Echanges Universitaires
24, rue Marbeau, 75116 Paris / Frankreich
Telefon: (00 331) 44 17 02 30
Telefax: (00 331) 44 17 02 31
E-Mail: infodaad@daad.asso.fr

Maison Heinrich Heine
27 C, Bd. Jourdan
75014 Paris / Frankreich
Telefon: (00 331) 44 16 13 00
Telefax: (00 331) 44 16 13 01
E-Mail: coliver@maison-heinrich-heine.org

Außenstelle Peking (seit 1994)
Deutscher Akademischer Austauschdienst
Xisanhuan Beilu 2, P.O.Box 8936-46
Beijing, 100089 / VR China
Telefon: (00 86 10) 68 45 67 02
Telefax: (00 86 10) 68 45 67 04
E-Mail: daad@public.bta.net.cn

Außenstelle Rio de Janeiro (seit 1972)
Serviço Alemão de Intercâmbio Acadêmico
Rua Presidente Carlos de Campos, 417
22231-080 Rio de Janeiro / Brasilien
Telefon: (00 55 21) 5 53 32 96
Telefax: (00 55 21) 5 53 92 61
E-Mail: daad@daad.org.br

Außenstelle Tokio (seit 1978)
Deutscher Akademischer Austauschdienst
Akasaka 7-5-56, Minato-ku
Tokio 107-0052 / Japan
Telefon: (00 813) 35 82 59 62
Telefax: (00 813) 35 82 55 54
E-Mail: daadtyo@gmd.co.jp

Außenstelle Warschau (seit 1997)
Niemiecka Centrala Wymiany Akademickiej
Przedstawicielstwo w Warszawie
ulica Czeska 24
03-902 Warschau / Polen
Telefon: (00 48 22) 6 17 48 47, 6 16 13 08
Telefax: (00 48 22) 6 16 12 96
E-Mail: daad@sgh.waw.pl

Informationsbüros

Büro San José
Servicio Alemán de Intercambio Académico
c/o CONARE, Apdo. 374
2050 San Pedro Montes de Oca / Costa Rica
Telefon: (00 506) 2 96 82 31 (direkt)
Telefax: (00 506) 2 96 82 76
E-Mail: daad@conare.ac.cr

Büro Südafrika
Dr. Ingrid Laurien
P.O.Box 269
2050 Wits / Südafrika
Telefon: (00 27 11) 7 17 93 34
Telefax: (00 27 11) 7 17 93 35
E-Mail: 120daad@muse.wits.ac.za

Büro Ukraine
Thomas Zettler
Pr. Peremohy, 37
KPI, Korpus 1
252 056 Kiew / Ukraine
Telefon: (00 38 044) 2 41-76 69
Telefax: (00 38 044) 2 41-76 69
E-Mail: daadkiew@ntu-kpi.kiev.ua

Büro Westbank
Dr. Helga Baumgarten
DAAD Representative
P.O.Box 20334
East Jerusalem 91203 / Via Israel
Telefon: (00 97 22) 6 26 21 06
Telefax: (00 97 22) 6 26 21 08
E-Mail: daad@netvision.net.il

Index

Index

Länderspezifische Seiten (Teil 4) siehe Inhaltsverzeichnis 8 ff.

Fachrichtungen und Fächer
Architektur und Bau 16 f., 25
Biotechnologie 112 ff.
Geisteswissenschaften 120 f., 135 f., 199 f.
– Anglistik 35
– Arabisch 48 f.
– Geschichte, Politologie 36 f., 115 f., 135 f., 327, 352 ff., 370 f.
– Romanistik 42 ff.
– Ostasiatische Sprachen 128
– Slavistik, Russistik 45 f.
– Theologie 38 f., 382 f., 392 f.
Gesundheitswesen/Medizin 106 ff., 384 ff., 387 f.
Ingenieurwissenschaften 54, 106 ff., 149 f., 355 f., 380 f.
Kunst 17, 30 ff., 70 f., 139 ff., 147
Mathematik/Informatik 109 ff., 389
Naturwissenschaften 106 ff., 199 f., 350, 355 f., 359 ff., 364 f., 384 ff., 389
Rechtswissenschaften 25, 115 f., 122 f., 126 f., 135 f., 146, 156 f., 329, 374 f., 406 f.
Sozialwissenschaften 120 f., 352 ff.
Wirtschafts- und Verwaltungswissenschaften 36 f., 115 f., 122 f., 124 f., 135 f., 137 f, 327, 330, 412 f.

Allgemeiner Index
Alexander von Humboldt-Stiftung (AvH) 320 f.
Altersgrenze (s. auch Teil 4, Länderseiten) 14
Arbeitsaufenthalte 325
Arbeitsproben 16 f., 30 ff., 139 f.
Aufbaustudien 51 ff., 90 f., 126 f., 129 f., 129 f., 325 f.
Auswahlverfahren 19 f.

BaföG 3, 22, 24, 312 ff.
Begabtenförderung 88 f.
Berufsakademien 88
Bewerbungshinweise 13 ff., 24 f., 88 f.
Bewerbungstermin und -ort 18 f.
Bewerbungsunterlagen 14 ff.
Bildungsinländer 13 f.

Boehringer Ingelheim Fonds/BIF 322 ff.
The Boston Consulting Group GmbH und Partner 325 f.
Britische Botschaft 327 f.
The British Council 329

Carl Duisberg Gesellschaft e.V. 330 ff.
Dr. Carl Duisberg-Stiftung 350 f.
Deutsche Forschungsgemeinschaft (DFG) 341 ff.
Deutscher Famulantenaustausch (DFA) 347
Deutsches Komitee der AIESEC 348 f.
Deutsch-Französische Hochschule (DFH) 339 f.
Doktorandenstipendien 92 ff., 135 f., 322 ff.
Doppelförderung 22, 89
Dozenturen 170 ff.

Ehepartner, mitreisend, (s. auch Teil 4, Länderseiten) 21
Einschreibung an ausländischen Hochschulen 14
Emmy-Noether-Programm 343 f.
Ergänzungsstudien 90 f., 129 f.
EU-Programme 302 ff.
Europäische Bewegung Deutschland 352 ff.
Europäische Organisation für Kernforschung (CERN) 355 ff.
European Space Agency (ESA) 358 ff.

Fachhochschulstudierende 334, 367
Fachkurse 67 f., 69, 70 f., 154 ff.
Fachtest GMAT 16, 124 f., 256 f.
Famulaturen 347
Finanzierung (DAAD) 20 f., 296 ff.
Forschungsstipendien (alle Fächer) 90 f., 117 ff., 120 f., 320 f., 341 f., 378 f., 380 f., 404 f.
Französische Botschaft 364
Fremdsprachen-Assistenten 394 f.
Fritz Thyssen Stiftung 365
Fulbright-Kommission 366 ff.

Index

Gastprofessur 376 f.
Gegenstipendien (s. auch Teil 4, Länderseiten) 21 f.
The German Mashall Fund 370 ff.
GFPS-Polska 372 f.
Gleiss Lutz Hootz Hirsch 374 f.
GMAT s. Fachtest GMAT
Gottlieb Daimler- und Karl Benz-Stiftung 376 ff.
Graduiertenförderung der Länder 316 ff.
Graduiertenkolleg 89
GRE s. Zulassungstest GRE
Gruppenprogramme 72 f., 74 ff., 78 ff., 82 f.

Habilitationsstipendien 343 f., 345
HIV-Test (s. auch Teil 4, Länderseiten) 22

IELTS s. Sprachtests
Informationsaufenthalte s. Studienreisen
Internationale Studien- und Ausbildungspartnerschaften (ISAP) 72 f.

Jahresstipendien alle Fächer (Ausnahmen s. dort) 26 f., 90 f., 92 ff., 97 ff., 199 f.
Jahresstipendien bestimmte Fächer/Länder 30 ff., 35, 36 f., 37, 42 ff., 45, 106 ff., 112 ff., 115 f, 117 ff., 199 f., 218, 260, 267 f.. 272 f., 279, 289, 328, 329, 352 ff., 355, 366 ff., 374 f., 382 f.
Japan Society for the Promotion of Science (JSPS)/Science and Technology Agency (STA)/National Science Council 380 f.

Krankenversicherung 21
Kurse s. Sprachkurse, Fachkurse
Kurzstipendien 51 ff., 54, 84 f., 103 ff., 148, 149 f., 200, 218

Lektorate 166 ff., 400 f., 402 f.
Leonardo da Vinci 303 f.
Literatur (s. auch Teil 4, Länderseiten) 424 f.
LL.M Aufbaustudium s. Rechtswissenschaften 126 f.
Lutherischer Weltbund 382 f.

Marie Curie Forschungsstipendien 309 f.
Master-Stipendien 101 f., 103 ff., 124 f., 126 f., 135 f., 281 f., 293
Max Kade-Foundation 384 ff.

MBA-Programme 16, 126 f., 325 f.
Dr. Mildred Scheel-Programm 387 f.
Minerva-Stiftung 389 ff.

Ökumenischer Rat der Kirchen 392 f.

Pädagogischer Austauschdienst 394 f.
Post-Doc-Programme 97 ff., 109 ff., 200, 268, 364
Praktisches Jahr 25
Praktika 50, 78 ff., 85, 331, 334, 335, 336, 337, 338, 348 f., 370 f.
Projektbezogener Personenaustausch 160 ff.

Regierungsstipendien s. Gegenstipendien
Reise-Beihilfen 346, 351, 369
The Rhodes Trust 396 f.
Robert Bosch Stiftung GmbH 398 ff.
Rückkehrstipendium 167

Sabbatical Year 358
Semesterstipendien 40 f., 47, 48 f., 101 f., 146, 372 f.
Sniadecki-Stiftung 404 f.
SOKRATES / ERASMUS 305 f.
Sprache und Praxis 131 f., 133 f.
Sprachen (Semester-/Jahresstipendien) 45 f., 47, 48 f., 131 f., 133 f., 295
Sprachen (Sprachkurse) 55 ff., 59 f., 61 f., 63 f., 65 f., 151 ff., 218, 232 f., 277
Sprachtests (IELTS, TOEFL) 16, 256 f.
Stipendienleistungen, -raten 20 ff., 296 ff.
Stipendienzusage 22
Studienreisen 74 ff.
Studienstiftung des deutschen Volkes 406 ff.
Studium und Praxis (kombiniert) 28 f., 50, 330, 331, 412 f.
Südosteuropa-Gesellschaft 420

TEMPUS 307 f.
TOEFL s. Sprachtest

Wettbewerbe (Gruppenprogramm) 82 f.
Wissenschaftleraustausch, bilateral 164 f.

Zahnmedizinischer Austauschdienst (ZAD) 421
Zulassungstest (GRE) 256 f.